本书出版得到

教育部人文社会科学重点研究基地项目
（项目批准号：16JJD780012）
资　　助

边疆考古学与民族史研究论丛

边疆考古与民族史续集

郑君雷　著

科学出版社

北京

图书在版编目（CIP）数据

边疆考古与民族史续集／郑君雷著. —北京：科学出版社，2019.3
（边疆考古学与民族史研究论丛）
ISBN 978-7-03-050812-6

Ⅰ.①边…　Ⅱ.①郑…　Ⅲ.①边疆考古–中国–文集　②民族历史–中国–文集　Ⅳ.①K872-53②K28-53

中国版本图书馆CIP数据核字（2016）第288681号

责任编辑：赵　越／责任校对：邹慧卿
责任印制：肖　兴／封面设计：美光设计

科 学 出 版 社 出版
北京东黄城根北街16号
邮政编码：100717
http://www.sciencep.com

中国科学院印刷厂 印刷
科学出版社发行　各地新华书店经销
*
2019年3月第　一　版　　开本：787×1092　1/16
2019年3月第一次印刷　　印张：21 1/2
字数：500 000
定价：188.00元
（如有印装质量问题，我社负责调换）

序

郑君雷在吉林大学考古专业本科毕业后，先是师从魏存成教授攻读硕士学位，主攻鲜卑考古；后在 1993 年成为我的博士研究生，主攻东北战国至秦汉时期考古。在攻读博士学位期间，我指导他做类型学研究，他写成了《战国时期燕墓陶器的初步分析》，后来被《考古学报》2001 年第 3 期刊用。在做毕业论文"中国东北地区汉墓研究"时，我让他到北京图书馆查阅日本人早年在朝鲜境内发掘的汉墓的材料，对他认识东北汉墓确实深入了一步，在论文答辩时得到答辩委员们一致肯定，答辩委员会主席刘庆柱先生曾建议将论文分为上、下两篇，投寄《考古学报》。后来，刘先生主编的《中国考古学·秦汉编》中，"东北地区汉墓发现与研究述要"就是由郑君雷在他博士论文的基础上写作的。

郑君雷取得博士学位后，留校任教。除了继续研究东北地区战国秦汉考古和鲜卑考古外，从 2001 年起参加了我主持的"长城地带游牧文化带的形成过程"这个科研项目的一个子项目，因为他此前已经翻译诺曼·哈蒙德的《寻找玛雅文明》一书，并由浙江人民出版社出版，有相当好的英文底子，所以请他综合研究英文文献中对游牧文化的界定和游牧文化起源的诸家观点，在他 2002 年调到中山大学任教后，继续完成这一工作。所以，他在参加工作后发表的一系列论文，有相当一部分都是在以上三个研究方向上的成果，直到现在都没有放弃在这些方向上的努力。

在他到中山大学任教之后，我很欣喜地看到，他在从北国到南疆的大环境改变后，能够相当快地适应新的工作环境，以增长自己的知识和提高研究能力为基础，开辟了新的研究方向。其中最主要的便是研究西汉时期中国边远地区汉文化的形成问题。进行这样的研究，他的视野便从东北地区和北方长城地带扩展到长城地带更西的"西域"，也就是今天的新疆地区，而且以中山大学实际从事田野工作的峡江地区为基点，向西南一直扩展到云贵高原，向南面扩展到岭南地区并兼及了古越族广泛分布的东南沿海地区，甚至注意到了"红河交通道"这一通向今天中国国境之外地区的古代文化通道。在很广阔的地域内，研究了不同历史条件和地理环境下汉文化形成的不同模式。当然，以一人之力在短期内形成系统的见解，肯定是粗浅的，可以引起许多争议的。但是，我认为这样一个研究课题，是一个可以引领风气并值得他自己毕生为之努力的重大方向。因为从秦代开始直到东汉的 400 多年间，中国有很大一片地域处于统一的政权管理之下，现代中国主体民族——汉族便是大体上分布在这个地域中的。这片地域中的居民在文化上如何逐步一体化，便是今天的汉族形成，以及中华民族各族与汉族不断一体化的重要历史基础之一。

　　回想 20 世纪 50 年代初，苏联史学家叶菲莫夫发表《论中国民族的形成》一文，根据斯大林的民族理论模式，认为汉族形成于 19～20 世纪之间，范文澜先生在《历史研究》上发表《试论中国自秦汉时成为统一国家的原因》一文，认为汉族在秦汉时期就已经形成。当时，"汉民族的形成问题"成为中国史研究的"五朵金花"之一。那时的研究是在马克思主义的理论指导下主要运用文献史料来进行的。后来，中国田野考古逐步开展，到 20 世纪末，俞伟超先生从考古学上提出了"考古学中的汉文化问题"。他认为：考古学文化可以视为人们共同体一切活动的综合体，这种共同体历经血缘纽带到地缘纽带的变化，考古学文化的形成途径及其文化的组成成分和内容，亦因而发生相应变化。两汉时汉文化的出现，反映了秦代以前的众多族群，在血缘关系、语言、文化（特别是信仰）、主观认同等方面不断融合，这样形成的族群又不断融入新的成分而不断扩大，"即是后代所谓的以汉人、汉族为称，一直继续到现在"。当然，从族群的观点来看，汉代这种人群集团只是自称为"中国人"，而边疆异族人群则开始其为"汉人"。直到元忽必烈时期，"汉人"还仅指灭金时金国的居民（其中包括契丹、渤海、女真、高丽等），而把南宋境内的居民另称为"南人"。所以现代的"汉族"是在漫长历史过程中不断扩大内涵的。汉代实际上只是形成了它的核心部分。而汉文化的研究反映出这种汉族历史核心形成的情形。

　　当然，要研究这样大的一个问题，单单以一人之力，恐怕即便是用毕生精力，鞠躬尽瘁，死而后已，也难以完成的。然而，按今天流行的办法，组织一个大的团队，按地域分成多少个课题组，分工合作来做，往往会变成平铺直叙的一大堆材料的组合，缺少一个有独到之见的灵魂。所以，郑君雷有勇气把西汉前期的汉文化统一划分成几个区域，总结每个区域的特点，虽然难免粗浅，却提出了一种系统的独到的见解。如果有志于也参加这一重要题目的研究的人员，就并不会是对某个区域、某个特点再做细化或修改、补充，而可以在总体上进行更深入的探讨和质疑，激发出更多、更新的独特创见，才能使我们对汉族乃至整个中华民族的认识做出有意义的贡献。

　　就郑君雷本人来说，要做这样大的题目，自然不能局限于考古学这一种研究手段，所以在他的这部论文集中，可以看到他对与考古学相关的人类学、民族学、地理学、文献学等多方面知识的钻研和把握，在和他同时代的考古学者中，他的勤奋好学、不断充实自己是很值得称道的。

　　我对这部论文集中最感兴趣的一篇文章，是《〈中国东北地区汉墓研究〉旧稿检讨》。

　　我觉得，因为考古学研究中新材料层出不穷的特点，每个从事这种研究的人，总是需要根据不断发现的新材料来检验自己做过的研究是否正确，哪些地方需要修改。如果一定要以为有人能高明到发表的论文结论一点都不能改，才算是大师，那是完全不符合实践论观点的。郑君雷能够不断注意新发表的材料，检查自己过去的研究结论有哪些是正确的，应该坚持的，哪些是需要修正、补充的，这才是考古研究应有的态度。我自己在研究东北系青铜剑时，就曾执着于类型学演变的一个特征，得出这种剑起源于辽东的结论。但见到更多的新发表材料后，在《中国东北系铜剑再论》一文中便修正为起源于辽西了。最近，上海古籍出版社有意要重印《林沄学术文集》，我打算对过去的文章也做一番检讨，用按语把发现错了的地方指出来，以免继续误导读者。借此机会申明：郑君雷的论文中有一处是我造成的错误，关于战国燕墓陶器的排队。我当时仅从发表的几件陶匜排队出发，引申出全部陶器的序列。现在看来，还是陈光掌握了更多的燕国陶器，所排的队更正确（《东周燕文化分期论》载《北京文博》1997年4期、1998年1、2期）。当然《战国时期燕墓陶器的初步分析》一文也仍有可取之处，读者当可在比较中择善而从。

深望郑君雷在已经取得的研究成果上，不骄不躁，攀登不息！

林 沄

2018年2月25日于长春剑桥园

目　　录

概　论　编

西汉边远地区汉文化的形成模式 …………………………………………………… 1

论"西汉墓幽州分布区" ……………………………………………………………… 6

关于游牧性质遗存的判定标准及其相关问题

　　——以夏至战国时期和汉代北方长城地带为中心 ………………………… 16

"游牧性质遗存判定标准"的一些图示和一点补充 …………………………… 51

东部鲜卑"名实"与鲜卑考古学的族属研究 ……………………………………… 64

嫩江平原与"中国北方长城地带"的东界

　　——兼析"长城地带""北方文化带"等学术概念 ………………………… 72

东北边疆编

《中国东北地区汉墓研究》旧稿检讨 ……………………………………………… 83

东北郡县以外地区秦汉时期的考古发现与研究 ……………………………… 113

辽阳汉魏图画小识三则 ………………………………………………………… 128

辽宁锦县昌盛石椁墓与辽东属国 ……………………………………………… 134

关于渤海国的"高丽"标识 ……………………………………………………… 140

"东北文化区"意义上的燕云地区辽墓 ……………………………………… 143

北方边疆编

北方草原地区秦汉时期的考古发现与研究 …………………………………… 152

察右后旗三道湾墓地文化因素分析 …………………………………………… 166

林西井沟子的早期游牧遗存及其他

　　——《林西井沟子——晚期青铜时代墓地的发掘与综合研究》读后 …… 174

在把握乌桓社会经济形态的基础上探寻其遗存

　　——读《游牧者的抉择——面对汉帝国的北亚游牧部族》札记 ………… 184

鄂尔多斯高原战国秦汉时代族群地理···194

上孙家寨墓地——河湟谷地汉文化形成发展的缩影·····················202

西南边疆编

巴蜀"船棺葬"——船棺的界定、类型及文化内涵·····················215

峡江地区汉晋南朝花纹砖上的车轮纹饰····································226

战国秦汉时期"红河交通道"的考古学背景·····························238

南方边疆编

岭南战国秦汉墓的"架棺"葬俗··251

俗化南夷——岭南秦汉时代汉文化形成的一个思考·····················269

南越国"西于王"事迹钩沉···276

也说"瓯骆联盟"和"瓯骆国"···284

吴越文化与中原文化交融轨迹的解析
　　——兼论江浙地区汉文化形成发展的"共生类型"·················293

其　他　编

西方学者关于游牧文化起源研究的简要评述·····························301

北方草原造型艺术研究的开篇
　　——读《中国北方游牧民族的造型艺术与文化表意》·············313

广东海上丝绸之路史迹中的"航线遗存"··································317

北魏洛阳外郭城复原研究的初步检讨··325

后记···333

西汉边远地区汉文化的形成模式

"汉文化的形成"是中国历史学和考古学研究上的重大课题，也是中国文化研究和文明研究的重要内容。这一课题承载内涵之丰富厚重，以及涉及领域之宽广宏阔，实在不是一篇短文能够说清楚的。这里只是从考古学研究的角度谈谈对于"西汉边远地区汉文化形成研究"的几点初步认识。

"汉文化"与"汉文化的形成"

在"汉文化的形成"研究领域，考古学材料的重要性自不待言。地不爱宝，新发现层出不穷，大量的新材料还有可能引发知识体系的更新，考古学在这一研究领域的分量还会加大。就谨慎的考古学者而言，一是对于"汉文化"的概念和"形成"的标志理解不统一，二是对于运用考古学材料直接探讨汉文化形成的有效性抱有疑虑，因此其注意力和相关成果仍然集中在考古学意义上的资料分析和研究方面，多数人并不愿意付诸笔墨去直接讨论这类容易流于空泛的话题。不过考古学者对于"汉文化形成"的关注和思考却是一直存在的。

考古学者的一般思路，是认为"汉族的形成"与"汉文化的形成"密切相关，甚至可以视为汉文化形成的重要标志。在考古学上，或许可以将各地尤其是边远地区汉墓的考古学文化面貌最终趋于一致与汉民族的基本形成相联系。这一过程的完成，一般是在武帝以后。解释这一过程，将战国晚期至西汉前期与西汉中晚期两个阶段的墓葬材料加以对比很能说明问题。

这一思路在技术层面具有很强的可操作性，因此容易为一般学者所接受。但是进入学理层面，难免有人会追问，"能否界定出秦汉的汉族"、"什么是汉文化"、"如何看待边远地区汉文化的特殊性及其考古学表现"这一类问题。而且，考古学文化与"族"的共同体是否基本一致？若不一致应该如何处理？这些民族学和考古学上的基础问题未必有定论，经常是各执己见——越讨论越糊涂。尤其是置放在西汉帝国开疆拓土的宏大空间场域、历史背景和历史进程中，这样考虑问题有些简单化。

在有些历史学者看来，汉文化有三个方面的含义，即："以汉字为载体，以汉族文化为主体，以汉朝为标志"[①]，这一概念是否精到当然可以讨论，但是较为丰满。在考

① 陈玉龙、杨通方、夏应元等：《汉文化论纲——兼述中朝中日中越文化交流》，北京大学出版社，1993年。

古学操作层面，至少可以牵连出汉代疆域范围、汉代纪年范围、汉城、汉式墓葬制度（葬俗、葬式、棺椁和随葬器物）、汉式器物、汉陶、汉字（碑刻、铭文、印章、封泥、榜题）等一串相对客观的标准，关联性更强，观察点更多。但是本质上仍然不能完全回答类似的诘问。

文化其实是联结世界的途径。西汉边远地区汉文化的形成，意味着边远地区与西汉帝国成为一体，在政治、军事、经济、文化和社会生活的各个层面密不可分、相互依赖。意味着边远地区已经建立起西汉帝国主导的社会秩序，也就是西汉政府对边远地区的有效管理。这些内容，都可以放在"统一"的维度上来考量。葛剑雄先生认为，"统一的主要标准应当是政治上的服从和一致，而不能仅仅根据制度上的相似和文化上的类同。"[①] 在西汉边远地区汉文化形成的研究中，这种考量相对超脱出物质文化的束缚，提供出更广阔的思考空间。也可以说，在西汉边远地区，"汉文化的形成"就是对当地前期政治体系的整体否定。还应该认识到，汉文化的形成是一个复杂的历史过程，汉文化因素的构成情况会有许多阐释空间。

"汉文化形成研究"的研究视野

在这样的认识体系中研究西汉边远地区汉文化的形成，考古学操作层面的着眼点并不拘泥于考古学文化中汉文化因素的绝对数量，以及前期的考古学文化体系是否被整体性地颠覆和替代。还需要考察边远地区与中原地区以及诸边远地区之间相互依存的时代背景和社会背景，也不必然是选取西汉武帝的时间截面。依据这些认识，我们将西汉边远地区划分为西北朝鲜、辽西辽东、内蒙古中南部长城地带、河西走廊和河湟谷地、四川盆地、云贵高原、岭南和东南沿海八个区域，从考古人类学上分别讨论各地区"汉文化的形成模式"。

将此八个地区串连成一个整体的"华夏边缘"，是为了更加清晰地观察"汉文化形成"的整体格局和历史过程。苏秉琦先生将中国新石器时代和早期青铜时代的考古学文化分为六大区系，即"以燕山南北长城地带为重心的北方，以山东为中心的东方，以关中（陕西）、晋南、豫西为中心的中原，以环太湖为中心的东南部，以环洞庭湖与四川盆地为中心的西南部和以鄱阳湖——珠江三角洲为中轴的南方"[②]，这种史前和早期青铜时代的考古学文化格局深远地影响着历史时期的人文地理。费孝通先生认为中华民族聚居地区由北部草原区、东北高山森林区、青藏高原区、云贵高原区、沿海区、中原区六大板块和西北民族走廊、藏彝走廊、南岭走廊三大走廊组成，板块是以走廊相联结的[③]。考古学上的"区系类型"学说和民族学上的"民族走廊"理论强调的都是整体格局，对于全面完整地认识西汉边远地区汉文化形成的历史过程有着深刻启发。

① 葛剑雄：《统一与分裂——中国历史的启示》，生活·读书·新知三联书店，1994 年，第 85～94 页。
② 苏秉琦：《中国文明起源新探》，生活·读书·新知三联书店，2001 年。
③ 李绍明：《藏彝走廊研究中的几个问题》，《巴蜀文化研究动态》2005 年第 2 期。

我们以为，这八个西汉边远地区，实际上能够串连为"辽海走廊"、"北方长城地带"、"藏彝走廊"和"珠江地带"四条考古学文化地带或族群通道。而考古学文化地带的概念，在学术史层面可以追溯至童恩正先生提出的"从东北至西南的边地半月形文化传播带"[①]以及佟柱臣先生提出的"阴山"和"南岭——武夷山"两条新石器文化接触地带[②]。

考古学与人类学相结合有可能大为开拓考古学的研究视野和研究深度，但是在中国范围内，多是停留在理念的讨论上，比较成功的个案研究仍然罕见。另一方面，虽然考古学也被许多学者视为人类学的分支学科之一，但是由于中国考古学的具体发展情况，事实上与人类学渐行渐远，这种局面其实也影响到历史维度对人类学研究的纵深支撑。"西汉边远地区汉文化的形成"研究，是考古人类学的极好实践。王明珂先生认为，华夏认同与中国边界的形成具有生态资源背景；华夏认同一旦产生，就大量吸附边缘人群，直至生态边界的极限地区；华夏边缘最终在汉代得以形成与保持[③]。林耀华先生的"经济文化类型"体系强调地理环境在很大程度上决定着经济发展方向，强调经济文化类型决定着族群的文化特征，并且充分考虑到经济文化类型与历史进程的关系[④]。这些认识，对于考古学者进行"西汉边远地区汉文化的形成研究"有着很好的启迪。中国的边疆在更广阔空间维度上就是亚洲内陆的核心，文化人类学"中心与边缘"的视野在这一课题上也会发酵出许多新鲜认识。

西汉边远地区汉文化形成的几种模式

根据这些认识论基础，我们初步将"西汉边远地区汉文化的形成"归纳为八种模式。

一、西北朝鲜。西北朝鲜在西汉前期只有零星汉文化因素，武帝元封四年（前107年）开设朝鲜四郡以后，以"乐浪汉墓"为代表的汉文化从整体上取代了土著文化。从考古学文化、自然地理、历史沿革、族群结构、风俗习尚和行政设置等背景因素分析，辽东郡与乐浪郡关系极为密切。西北朝鲜新石器时代以来的考古学文化发展线索和历史进程与辽东地区大致同步，西北朝鲜的汉文化是伴随着辽东地区发展的历史节奏和历史内容而形成的，开设朝鲜四郡是西汉政府经略燕辽地区整体战略的组成部分，因此称为"汉文化形成的伴生类型"。

二、辽西辽东。至迟在战国中期，燕国已占据辽西辽东地区。战国燕文化在基质上属于中原文化，但是燕僻在边陲，燕民中存在以貊人为主体的土著成分，被中原诸侯视为"燕貊邦"。战国燕文化与中原文化的关系，在某种程度上类似于澳门土生葡人

① 童恩正：《试论我国从东北至西南的边地半月形文化传播带》，《文物与考古论集》，文物出版社，1987年。
② 佟柱臣：《中国新石器时代文化三个接触地带论——中国新石器时代文化综合研究之一》，《史前研究》，1985年第2期。
③ 王明珂：《华夏边缘：历史记忆与族群认同》，社会科学文献出版社，2006年。
④ 参见林耀华：《民族学通论》，中央民族大学出版社，1997年，第88~96页。

与葡萄牙母体文化的关系。西汉杨雄《方言》记载"燕代朝鲜洌水之间"是汉语的一个方言区，《史记·货殖列传》将"上谷至辽东"视为一个独立的人文地理单元。辽西辽东地区的西汉墓中普遍存在故燕文化因素，这一地区的西汉文化是在故燕文化基础上发展而来的，因此称为"汉文化形成的土生类型"。

三、内蒙古中南部长城地带。北方长城地带战国时期为秦、赵、燕三国北方边地，即《史记·匈奴列传》所谓"冠带战国七，而三国边于匈奴"。林沄先生认为北方长城地带游牧文化带的最终形成是在战国中期，与游牧的北亚蒙古人种大批南下有关①。汉匈关系是北方长城地带西汉时期历史背景的主线索，武帝以后西汉政府比较稳固地控制住这一地区。西汉王朝大量移民实边，"新秦中"成为内地移民的新家园。由于居民和田卒来自内地，内蒙古中南部长城地带西汉墓的面貌与中原地区颇为相似。因此称为"汉文化形成的移民类型"。

四、河西河湟。西汉政府经略河西走廊的主要目的是"隔绝羌胡"，作为控制西域、出击匈奴的前出阵地和后勤基地。经略河湟谷地的主要目的则是为了控制西羌，屏障陇右。河西河湟地区缺乏广阔的经济腹地，设置郡县的初衷并非出自经济原因，河西四郡的人口和辖县数明显偏低。根据西汉政府经略这一地区的战略目的、较少的编户人口、完备的塞防体系、严密的军屯组织、复杂的民族结构、不同于北方边塞大部地区的经济文化类型（与"绿洲耕牧型"或"山地耕牧型"较为接近），以及这种种历史背景在考古遗存上的表现，将此地区概括为"汉文化形成的军戍类型"。

五、四川盆地。巴文化和蜀文化是两支各自独立发展的考古学文化，在发展过程中形成了较大共同性，以船棺葬为代表的巴蜀文化表现出浓郁的地方特色。《汉书·地理志》记载"巴、蜀、广汉本南夷，秦并以为郡"，显然先秦的巴蜀地区尚被视为西南夷地，而《史记·货殖列传》记述的西南夷已经不包括巴蜀之地。公元前316年秦举巴蜀以后，秦文化的强势介入先行削弱了巴蜀文化的根基，巴蜀文化在战国晚期早段已经逐渐转型。西汉初期巴蜀的汉文化，是在接续秦文化深刻影响和持续作用的历史背景下而形成的，秦文化为巴蜀文化迅速融入汉文化奠定了基础。因此称为"汉文化形成的续生类型"。

六、云贵高原。两汉政府完全掌控西南夷地区是一个渐进而缓慢的进程。在土著青铜文化最为发达的滇池地区，迟至西汉晚期才开始出现汉式陶器。西汉王朝在云贵高原实行羁縻统治，主要依靠当地的王侯君长进行治理。以羁縻方式进行统治有两个层面的原因。在策略层面，可以从封闭切割的地理环境、西南夷占主体的人口情况、分散性的社会结构、不均衡的社会发展状态以及当地居民丰富多样的生计模式等方面进行解释。在战略层面，与西汉帝国满足于西南贸易网络的畅通和丰厚资源的获取有关。我们将这种比较特殊的形态称为"汉文化形成的羁縻类型"。

七、岭南。南越国的政治制度、百官制度、宫寝制度、陵墓制度、度量衡等都以

---

① 林沄：《中国北方长城地带游牧文化带的形成过程》，《林沄学术文集》（二），科学出版社，2008年。

秦汉体制为基础，却有所变易。南越国统治阶层引领的南越国文化实质上是一种越汉混合的新型越文化，这类族群集团可以称为"次生越人"（包括越化汉人）。"次生越人"与"比较纯粹的土著越人"、"受到汉文化一定影响的土著越人"共同构成南越国的族群基础。南越国土著越人与南下汉人血缘和文化的交融大趋势，是"次生越人"的形成和发展壮大，"次生越人"是岭南汉族的最重要来源，因此称为"汉文化形成的次生类型"。

八、东南沿海。江浙一带西汉前期汉墓中的吴越文化因素一直相当强烈，武帝至成帝阶段甚至有增加的趋势。福建地区西汉时期汉文化的传播则主要集中在闽江流域，其他地区很少发现。吴春明先生指出，"华南越系土著民族文化与'南岛语族'间是一个巨大的跨界民族文化共同体体系"。[①] 与西汉其他边远地区汉文化整体取代土著文化不同，在东南沿海地区汉文化的形成过程中，"环太平洋文化底层"的文化因素得以积淀和延续，甚至发展起来，直至影响到今天的华南社会。我们将这种情况称为"汉文化形成的涵化类型"。

西汉边远地区汉文化形成的历史意义

中国历史疆域和现实版图的形成过程，有着秦汉帝国大一统的深远影响。我们将中国历史边疆划分为既是历史过程（时间结构）又是空间结构的四个轮廓。"萌芽轮廓"是秦汉帝国形成以前的边疆，基本地域在春秋外围封国至战国诸侯开疆拓土的范围。秦并天下，疆域拓展至北方长城地带、半月形文化传播地带和珠江地带。西汉至明清稳固控制的本土地域一般在此范围，大致介于中央政权边疆治理体系中直属体制与羁縻体制的过渡地带，称为"基础轮廓的内圈"。前清版图大致介于羁縻体制与蕃属体制的过渡地带，除蒙古国外，基本在现今国界线内，称为"基础轮廓的外圈"。现今边界以外的一些地区，与中原政权曾经存在羁縻或者蕃属甚至直属关系，或者与内附民族乃至中原政权保持较密切联系，而且现今国界内外的考古学文化往往构成某一整体，因此将这些地区称为"外延轮廓"，不能完全割裂出来。

我们注意到，以此八个西汉边远地区汉文化的形成标志，串连起来的"辽海走廊"、"北方长城地带"、"藏彝走廊"和"珠江地带"构成了中国历史边疆基础轮廓的内圈，而诸种形成模式的讨论则解释了这个"内圈"的建构过程。这些内容就是西汉边远地区汉文化的形成在"中华民族多元一体格局"中的历史意义。

原载《人民论坛·学术前沿》2010年12月号（总第311期）

---

①　吴春明：《"南岛语族"起源与华南民族考古》，《东南考古研究》（第3辑），厦门大学出版社，2003年。

论"西汉墓幽州分布区"

　　20 世纪 90 年代初苏秉琦先生将史前诸考古学文化划分为六大区系，影响深远。历史时期考古学文化的区块划分问题自然也引起学者思考。徐苹芳先生认为历史时期考古学分区与史前考古学文化分区在内容和方法上均有不同，指出"在秦汉以后历史考古学文化分区中，墓葬（包括葬式和葬俗）的分区占有重要位置"[①]，此点应当成为共识。

　　具体到汉代，俞伟超先生将西汉前期墓葬分为关中地区、三晋两周地区、长江中下游地区（包括江汉、四川盆地、长沙和江淮）、山东北部及东部地区、北方地区（包括陕西、山西、河北中北部）和辽东地区计六区[②]。王仲殊先生将秦汉时代的中国划分为关中和广义的中原地区、长江中下游的江南地区、长江上游的四川盆地、长城沿线和北方草原地带、以辽河流域为主的东北地区、岭南的珠江流域、川黔滇高原地区、甘青地区、新疆地区计九区[③]，在很大程度上亦是依据汉墓材料。

　　1949 年以来各地积累的汉墓资料已在万座以上，有待于系统整理，新的汉墓研究成果对于认识或者完善汉代考古学文化分区也许会有启发。笔者在研究辽东汉墓时注意到这一地区的西汉墓存在许多共性，确与许多地区殊相[④]，所以俞伟超先生将辽东地区视为一个独立文化区，王仲殊先生将以辽河流域为主的东北地区视为一个独立文化区。我这里要补充的是，将辽东地区西汉墓与周邻地区比较，这一文化区的范围或还可以扩展，大体与汉代幽州行政范围中比较稳定的部分重合，可以暂称为"西汉墓幽州分布区"。

　　本文只是一个论纲。

一

　　辽东地区西汉墓比较集中地分布在辽河以东的浑河、太子河流域和辽东半岛，大体属于燕汉辽东郡范围。其中浑河、太子河流域西汉墓的发现地点主要有辽阳市、沈阳市、抚顺县等地，辽东半岛西汉墓的主要发现地点有大连市、旅顺口区、金州区、

---

① 徐苹芳：《中国历史考古学分区问题的思考》，《考古》2000 年第 7 期。
② 转引自徐苹芳文。
③ 《中国大百科全书·考古学卷》"秦汉考古"条，中国大百科全书出版社，1986 年。
④ 郑君雷：《中国东北地区汉墓研究》，吉林大学博士学位论文，1997 年。

新金县等地，本文分别以辽阳地区和大连地区概称。

大连地区发表的西汉墓材料相当丰富，已经构成比较完整的演变序列，可以划分为西汉前期、西汉中后期、新莽三期。西汉前期有陶礼器墓和日用陶器墓两类陶器组合，均是承续战国燕墓传统，单室土圹墓。前者包括大连营城子 M19[①]、大连大潘家 M3[②]、新金花儿山 M1[③] 等墓例，陶礼器组合关系比较松散，零散出有鼎、盒、壶；后者包括旅顺牧羊城 M1[④]、旅顺尹家村 M10[⑤] 等墓例，一般出有罐、盆、盘。西汉中后期包括新金花儿山 M7、新金马山墓[⑥]、旅顺李家沟 M20（前后双室土圹墓）[⑦] 等墓例，夫妻合葬较普遍，陶器种类明显增加，出现镳、尊、箪、耳杯、魁、灯、薰、方炉等陶器和井、灶、猪俑、狗俑等模型明器。新莽前后有大连营城子 M1[⑧]、营城子 M45[⑨]、沙岗 M2[⑩] 等墓例，均为砖室墓，单室、木结构顶盖单室和前后双室附侧室等结构，夫妻合葬较普遍，开始随葬陶仓。大连地区西汉时期也有瓮棺葬（旅顺尹家村）。

参照大连地区陶器演变线索，辽阳地区汉墓期别亦可以划分为相应三期。西汉前期包括辽阳鹅房 LOM1[⑪] 等陶礼器和抚顺刘尔屯 M2[⑫] 等日用陶器墓，单室土圹墓，陶礼器墓组合一般为鼎、盒、壶，日用陶器墓出有罐、壶，亦有瓮棺葬（沈阳郑家洼子[⑬]）。西汉中后期的刘尔屯 M3 亦是单室土圹墓，出有罐、长颈瓶、箪，可能是夫妻合葬。新莽前后有辽阳唐户屯 M62[⑭]（左右双室石椁墓）、上伯官屯 M2[⑮]（单砖室墓）等墓例，出现丛葬，出有长颈瓶、瓶、奁、箪、耳杯、罐、盘、盆、瓮等陶器和仓、井、灶等模型明器。

大连和辽阳地区西汉墓的整体面貌和发展线索具有比较明显的共性，主要表现在西汉以土圹墓为主、新莽前后出现砖室墓、西汉中期出现夫妻合葬、西汉前期有两种陶器组合、若干陶器承续战国燕墓发展线索、主要陶器种类和形制相似、存在瓮棺葬等方面。虽然从现有材料看辽阳地区西汉中后期的陶器种类明显不如大连丰富（可能与墓例有关），但是已经可以确定，辽东汉墓的共性不仅局限于西汉前期。

---

① 于临祥：《营城子贝墓》，《考古学报》1958 年第 4 期。

② 刘俊勇：《辽宁大连大潘家村西汉墓》，《考古》1995 年第 7 期。

③ 旅顺博物馆、新金县文化馆：《辽宁新金县花儿山汉代贝墓第一次发掘》，《文物资料丛刊》（4），文物出版社，1981 年。

④ ［日］原田淑人：《牧羊城——南满洲老铁山麓汉及汉以前遗迹》，（日本）东亚考古学会，1931 年。

⑤ 朝·中联合考古发掘队：《岗上·楼上》，（日本）六兴出版，1986 年。

⑥ 新金文化馆：《辽宁新金县马山汉代贝墓》，《文物资料丛刊》（第 4 期），文物出版社，1981 年。

⑦ 于临祥：《旅顺李家沟西汉贝墓》，《考古》1965 年第 3 期。

⑧ ［日］关东厅博物馆：《营城子——前牧城驿附近的汉代壁画砖墓》，（日本）东亚考古学会，1934 年。

⑨ 于临祥：《营城子贝墓》，《考古学报》1958 年第 4 期。

⑩ 大连市文物管理委员会：《辽宁大连沙岗子发现两座东汉墓》，《考古》1991 年第 2 期。

⑪ 李文信：《东北文物工作队一九五四年工作简报》，《文物参考资料》1955 年第 3 期。

⑫ 抚顺市博物馆：《辽宁抚顺县刘尔屯西汉墓》，《考古》1983 年第 11 期。

⑬ 朝·中联合考古发掘队：《岗上·楼上》，（日本）六兴出版，1986 年。

⑭ 沈欣：《辽阳唐户屯一带的汉墓》，《考古通讯》1955 年第 4 期。

⑮ 伦俊岩：《沈阳上伯官汉墓清理报告》，《辽海文物学刊》1991 年第 2 期。

二

　　辽西、京津唐地区西汉墓的整体面貌和发展线索与辽东地区西汉墓具有许多共性。

　　辽西地区西汉墓主要分布在热河山地的朝阳一带和辽西走廊的锦州附近，大体属于燕汉辽西郡的范围。朝阳地区西汉墓的主要发现地点有朝阳市、喀左县、凌源县等地，锦州地区主要发现于锦州市区。朝阳地区西汉前期单室土圹墓占绝大多数，亦有单室石椁墓（凌源安杖子[①]M3）和瓮棺葬（喀左三台子[②]M6），朝阳袁台子[③]M119、喀左三台子M3等陶礼器墓零散出有鼎、盒、豆、壶等，袁台子M62、安杖子M4等日用陶器墓零散出有罐、盆、盘。西汉中后期包括袁台子M7、M11、M12等，前后双室土圹墓或单室石椁墓，鼎、豆等陶礼器绝迹，出有壶、盒、罐、盘等，出现陶尊、陶灶，有的随葬铁凿或铁镢。新莽前后的徐台子墓[④]为单室石椁墓，随葬陶罐。锦州地区西汉前期均为单室土圹墓，国和街[⑤]M3等陶礼器墓零散出有鼎、壶、盘、罐，国和街M1等日用陶器墓出有罐。西汉中后期包括中央马路M1、丰乐街M3[⑥]等，多数为单室土圹墓，亦有单室石椁墓（中央马路M18），出现夫妻合葬，鼎、壶等陶礼器明显减少，出现鐎、尊、釜、仓等陶器。

　　京津唐地区大体属于燕汉渔阳郡、广阳国的范围，发表汉墓数量很多，大体可以划分为以北京和以唐山为中心的两块。北京地区西汉墓主要发现地点有北京昌平、怀柔和河北易县等地。易县东沈村[⑦]、燕下都6号遗址[⑧]、怀柔城北[⑨]、昌平史家桥[⑩]、白浮[⑪]、半截塔[⑫]等地均为土圹墓，新莽前后出现单室砖室墓（半截塔[⑬]）。另外怀柔城北有瓮棺葬。北京地区西汉前期存在两种陶器组合，陶礼器墓随葬鼎、盒、壶、罐，日用陶器墓主要出有罐。鼎、壶等陶礼器比较发达，陶鼎、若干陶壶承续战国燕墓陶器发展线索，束颈陶壶是西汉一直存在的典型陶器。新莽前后出现耳杯、奁、薰、案、勺等陶器和仓、井、灶等模型明器，东汉前期鼎、壶等陶礼器消失。唐山地区西汉墓主要发现地点有河北唐山市、滦南县、大厂县、天津宁河县等地。唐山贾各庄[⑭]、大厂大坨

---

① 辽宁省文物考古研究所：《辽宁凌源安杖子古城址发掘报告》，《考古学报》1996年第2期。
② 金殿士：《辽宁省喀左县三台子乡发现西汉墓葬》，《文物》1960年第10期。
③ 辽宁省博物馆文物队：《辽宁朝阳袁台子西汉墓1979年发掘简报》，《文物》1990年第2期。
④ 田立坤：《朝阳十二台营子附近的汉墓》，《北方文物》1990年第3期。
⑤ 吴鹏、辛发、鲁宝林：《锦州国和街汉代贝墓发掘简报》，《辽海文物学刊》1992年第1期。
⑥ 刘谦：《辽宁锦州汉代贝壳墓》，《考古》1990年第8期。
⑦ 河北省文化局文物工作队：《1964～1965年燕下都墓葬发掘报告》，《考古》1965年第11期。
⑧ 河北省文物考古研究所：《燕下都"6"号遗址汉墓发掘简报》，《文物春秋》1990年第3期。
⑨ 北京市文物工作队：《北京怀柔城北东周两汉墓地》，《考古》1962年第5期。
⑩ 北京市文物工作队：《北京昌平史家桥汉墓发掘》，《考古》1963年第3期。
⑪ 北京市文物工作队：《北京昌平白浮村汉、唐、元墓葬发掘》，《考古》1963年第3期。
⑫ 北京市文物工作队：《北京昌平半截塔村东周和两汉墓》，《考古》1963年第3期。
⑬ 半截塔M1等墓简报认为是东汉墓，通过对北京地区汉墓的综合研究，时代应在新莽前后。
⑭ 安志敏：《河北省唐山市贾各庄发掘报告》，《考古学报》第6册，1953年。

头 ①、宁河田庄坨 ② 等地西汉墓均为土圹墓,新莽前后出现单室砖室墓(滦南小南庄 ③)和石椁墓(唐山陡河水库 ④),也有瓮棺葬(陡河水库)。西汉中后期存在两种陶器组合,陶礼器墓随葬鼎、盒、壶、罐等,日用陶器墓随葬罐、盆、盘等。新莽前后陶器有尊、罐、瓮、盆、盘等,其中盖罐是战国燕墓小口壶的遗型。

辽西和京津唐地区西汉墓亦以土圹墓为主,亦在新莽前后出现砖室墓,亦在西汉中期出现夫妻合葬,西汉前期亦有两种陶器组合(唐山地区西汉前期材料缺乏,但是西汉中后期仍然存在两种陶器组合),西汉前期亦有承续战国燕墓发展线索的陶器,相应各期的主要陶器种类与辽东相似,若干陶器形制也与辽东相似(如"燕下都 6 号遗址"墓地和易县东沈村墓地的陶鼎),亦有瓮棺(在白云翔先生的统计中,京津唐和辽东是战国秦汉时期瓮棺葬分布最为密集的两个地区 ⑤)。因此辽西、京津唐地区西汉墓可以与辽东地区西汉墓归入一个考古学文化区。

三

从墓葬形制和随葬器物两方面分析,辽东、辽西、京津唐地区西汉墓与周邻的长城地带、河北中南部、山东和乐浪汉墓有较明显的差别。

自河套平原穿过阴山山脉至燕山北麓的战国秦汉长城中段(包头、呼和浩特、集宁、张家口一线)大体属于西汉朔方和并州刺史部的北境,其中张家口地区西汉至东汉前期的主要墓地有河北阳原北关 ⑥、阳原三汾沟 ⑦、怀安耿家屯 ⑧、万安北沙城 ⑨ 等。长城地带从西汉至东汉前期一直存在土圹墓(山西朔县 ⑩、浑源毕村 ⑪、河北阳原北关、万安北沙城、内蒙古杭锦旗乌兰陶勒盖 ⑫),同时横穴、竖井墓道、斜坡墓道等结构的土洞墓亦占有重要比例(朔县、阳原三汾沟、怀安耿家屯、内蒙古凉城北营子 ⑬),约在西汉末年至东汉初期出现单室砖室墓(朔县)。

山东半岛和鲁南苏北大体属于西汉青州及兖州、徐州一部(山东半岛汉墓材料比

① 天津市文化局考古发掘队:《河北大厂回族自治县大佗头遗址试掘简报》,《考古》1966 年第 1 期。
② 邸明:《宁河县田庄坨汉墓》,《文物资料丛刊》(9),文物出版社,1985 年。
③ 滦南县文管所:《滦南汉墓清理简报》,《文物春秋》1991 年第 4 期。
④ 河北省文物管理委员会:《唐山市陡河水库汉、唐、金、元、明墓发掘简报》,《考古通讯》1958 年第 3 期。
⑤ 白云翔:《战国秦汉时期瓮棺葬研究》,《考古学报》2001 年第 3 期。
⑥ 河北省文物研究所:《河北阳原县北关汉墓发掘简报》,《考古》1990 年第 4 期。
⑦ 河北省文物研究所、张家口地区文化局:《河北阳原三汾沟汉墓群发掘报告》,《文物》1990 年第 1 期。
⑧ 河北省文化局:《河北怀安耿家屯清理了两座西汉墓葬》,《文物参考资料》1954 年第 12 期。
⑨ [日]水野清一:《万安北沙城——蒙疆万安县北沙城及怀安汉墓》,(日本)东亚考古学会,1946 年。
⑩ 平朔考古队:《山西朔县秦汉墓发掘简报》,《文物》1987 年第 6 期。
⑪ 山西省文物工作委员会、雁北行政公署文化局、大同市博物馆:《山西浑源毕村西汉木椁墓》,《文物》1980 年第 6 期。
⑫ 伊克昭盟文物工作站:《杭锦旗乌兰陶勒盖汉墓发掘报告》,《内蒙古文物考古》1991 年第 1 期。
⑬ 内蒙古文物考古研究所:《凉城县北营子汉墓发掘简报》,《内蒙古文物考古》1991 年第 1 期。

较零散，从文登石羊村[①]、青岛崂山古庙[②]、莱西岱墅[③]、莱西董家庄[④]等地材料看，地理环境相对封闭的山东半岛与鲁南西汉墓面貌相似）。山东地区西汉前期主要是土圹墓（临沂金雀山[⑤]、济宁潘庙[⑥]），亦有石圹墓（临沂银雀山[⑦]）和竖井墓道土洞墓（徐州子房山[⑧]）。西汉中期以后，土圹墓继续占有多数，砖室墓（潘庙）、石椁墓（崂山古庙[⑨]）、石椁砖箱墓（潘庙）和瓮棺葬（临沂陈白庄[⑩]）逐渐增加。东汉以后流行石椁墓（有些以画像石砌筑）。

西汉武帝元封三年（前108年）开设朝鲜四郡，其中乐浪郡的中心地域在平壤附近的大同江下游和载宁江流域，以平壤市为中心，包括平安南道、黄海南道、黄海北道等地发现大批具有中原式文化特征的汉晋墓葬。日本学者高久健二将乐浪汉墓划分为西汉中期、西汉后期、新莽至东汉前期、东汉中后期和汉末魏晋五期[⑪]。乐浪汉墓主要是木椁墓和砖室墓，其中木椁墓从西汉中期延续至汉末曹魏（梧野里M19），土坑竖穴，设置墓道，椁室有单室和双室两种，放置单棺、双棺、三棺甚至四棺。砖室墓出现较晚，大约是在东汉中后期，而且有木结构顶盖的形制（石岩里M120）。

在汉墓形制结构方面，与辽东、辽西、京津唐西汉时期土圹墓居于绝大多数、新莽前后出现砖室墓不同，长城地带西汉时期土洞墓占有重要比例；山东地区西汉时期存在土洞墓和石圹墓，西汉中期已经出现砖室墓；西北朝鲜直至东汉中后期才出现砖室墓。

在随葬器物方面，长城地带西汉前期出有鼎、盒、壶、罐等陶器，西汉中后期至东汉初期陶器有鼎、盒、壶、钫、罐、盆、魁、瓿等陶器和井、灶、房屋、人物俑等模型明器，部分陶器施彩绘，西汉晚期彩绘更加发达。随葬铜器非常流行，以朔县墓地为例，西汉中期锺、钫、鼎、鐎、壶、洗、灯、薰等成组铜礼器发达，西汉末期至东汉初期铜器趋于衰退。与辽东、辽西、京津唐地区比较，长城地带西汉墓出有陶钫、鬲、瓿，陶鼎、壶、罐的形制不同（尤其陶壶流行平底），陶器彩绘发达，盛行随葬铜器。鲁南苏北地区西汉墓属于银雀山类型，大致是关东、关中的西汉文化与当地固有的夷文化、楚文化和其他文化传统相结合而产生的一个西汉地方文化类型[⑫]，鼎、罐、

①　山东省文物管理处：《山东文登县的汉木椁墓和漆器》，《考古学报》1957年第1期。

②　孙善德：《青岛市郊区发现汉墓》，《考古》1980年第6期；孙善德、刘璞：《青岛崂山县发现一座西汉夫妇合葬墓》，《文物资料丛刊》（9），文物出版社，1985年；时桂山：《山东崂山古庙汉墓》，《文物资料丛刊》（4），文物出版社，1981年。

③　王明芳：《山东莱西县岱野西汉木椁墓》，《文物》1980年第12期。

④　莱西县文化馆：《莱西县董家庄西汉墓》，《文物资料丛刊》（9），文物出版社，1985年。

⑤　临沂市博物馆：《山东临沂金雀山九座汉代墓葬》，《文物》1989年第1期。

⑥　国家文物局考古领队培训班：《山东济宁郊区潘庙汉代墓地》，《文物》1991年第12期。

⑦　山东省博物馆、临沂文物组：《临沂银雀山四座西汉墓葬》，《考古》1975年第6期。

⑧　徐州博物馆：《江苏徐州子房山西汉墓葬清理简报》，《文物资料丛刊》（4），文物出版社，1981年。

⑨　孙善德：《青岛市郊区发现汉墓》，《考古》1980年第6期。

⑩　临沂市博物馆：《临沂的西汉瓮棺、砖棺、石棺墓》，《文物》1988年第10期。

⑪　[日]高久健二：《乐浪古坟文化研究》，学研出版社，1995年。

⑫　魏航空：《三楚地区西汉墓葬的考古学文化谱系》，吉林大学硕士学位论文，1990年。

壶等陶器可以区别出秦式、楚式、吴越式、当地汉式和中原汉式等不同系统，肩双耳陶壶、高领陶罐、盘口陶罐、瓿等陶器比较常见，硬陶、釉陶和原始瓷器有一定数量，耳杯、圆奁、鐎、圈足杯等陶器和仓、井、灶、家畜俑、人物俑等模型明器的出现时间更早。乐浪汉墓西汉中后期的随葬器物大体与内地相似，但是其中的敞口深腹罐、敞口扁腹罐等陶器颇有地方特点，同时经常伴出细形青铜短剑，而且西汉后期至东汉前期武器、车马具、铁工具、服饰用具、铜镜、漆器、青铜容器等器物的出现比率较之辽东、辽西、京津唐地区明显为高（也可能与墓例等级有关）。

河北中南部属于冀州范围，西汉墓的整体面貌亦与辽东、辽西、京津唐地区有别，以西汉中晚期为例，土圹墓（邢台曹演庄 ①）以外，竖井墓道土洞墓（石家庄赵陵铺 ②、磁县讲武城 ③）和砖圹木结构顶板墓（讲武城、任邱东关 ④）均有一定数量，已经出现砖室墓（赵陵铺）；随葬陶器见有鼎、盒、壶、罐、尊等，有些施彩绘，任邱东关流行圜底陶罐。此外这一地区汉代还有空心砖墓（邢台曹演庄、霸县）、陶棺（邯郸）和瓦片葬（保定东关外）⑤。河北中南部西汉墓可以纳入中原汉墓分布区的范畴，这里不展开讨论。

四

辽东、辽西、京津唐地区的范围与汉代幽州的行政区划基本重合。

西汉武帝元封五年（前106年）设部刺史，幽州刺史部察涿、勃海、上谷、渔阳、右北平、辽西、辽东、玄菟、乐浪九郡和广阳国；《续汉书·郡国志》载东汉顺帝永和五年（140年）幽州刺史部察涿、代、广阳、上谷、渔阳、右北平、辽西、辽东、玄菟、乐浪十郡和辽东属国。两相比较，郡国略有差别，西汉幽州的勃海郡（治在河北沧州附近）东汉入冀州（治在河北南皮附近），西汉并州的代郡（治在河北蔚县附近）东汉入幽州（治在山西阳高附近），只是西南线和西线有所伸缩。从西汉武帝至东汉桓帝，幽州刺史部比较稳定的范围大致包括北京、天津、河北北部和东北部、辽宁大部和西北朝鲜。在这个地域内，武帝其前的秦末汉初，韩广、臧荼、卢绾先后占据燕辽，高祖十二年（前195年）以刘建为同姓燕王；卫氏朝鲜则占有西北朝鲜，这个阶段可视为汉代幽州之先声。献帝中平六年（189年）公孙度自立为"辽东侯""平州牧"，公孙氏割据辽地五十载并且经营西北朝鲜，这个阶段实则汉代幽州之尾闾。至于这一地域的东线和东南线，西汉武帝元朔元年（前128年）曾置苍海郡（地当东北朝鲜），旋罢；元封四年（前107年）置临屯、真番郡（不可确指），昭帝始元五年（前82年）

① 河北省文化局文物发掘组：《河北省几年来发现的考古资料》，《文物》1956年第7期。
② 河北省文物管理委员会：《河北石家庄市赵陵铺镇古墓清理简报》，《考古》1959年第7期。
③ 河北省文物管理委员会：《河北磁县讲武城古墓清理简报》，《考古》1959年第1期。
④ 天津市文化局考古发掘队：《河北任邱东关汉墓清理简报》，《考古》1965年第2期。
⑤ 河北省文化局文物发掘组：《河北省几年来发现的考古资料》，《文物》1956年第7期。

"罢临屯、真番以并乐浪、玄菟"[①]；东汉献帝建安年间，公孙康开乐浪南境置带方郡。凡此数郡建置既短，且地在边缘，几可略而不计。另外在吉林市郊发现一些汉式特征的汉代墓葬[②]，绝大多数材料尚未发表，且处于夫余地境，暂不讨论。

据此，汉代幽州的基本范围可以确定在北京、天津、河北北部和东北部、辽宁大部和西北朝鲜。在此基本范围内，辽东、辽西、京津唐地区西汉墓的面貌有较大相似性，发展线索亦大体相同，只有张家口地区和西北朝鲜比较特殊。前面以辽东地区西汉墓为基准，择其主要方面比较，将辽东、辽西、京津唐西汉墓归入同一个考古学文化区。实际上，这几个地区彼此间的联系也可以具体讨论，诸如朝阳和唐山地区西汉中后期陶器均以罐、盆、盘为主，种类简单；锦州地区西汉前期鼎、壶、罐等主要陶器的形制与北京地区颇相似，西汉中后期受到大连地区影响出现鐎、尊、釜、仓等陶器；辽阳地区西汉前期陶鼎的形制与战国晚期燕墓和北京、朝阳、锦州地区类同；唐山、朝阳、锦州、辽阳地区西汉均存在石椁墓；锦州和大连地区的海滨地带均流行"贝墓"[③]等。辽东、辽西、京津唐已占有汉代幽州基本范围的大部，根据汉墓面貌和发展线索，结合地理环境、民族构成、行政设置等背景因素，可以划出一个独立的西汉墓分布区，暂称为"西汉墓幽州分布区"。

值得注意的是西北朝鲜、张家口地区与"西汉墓幽州分布区"的关系。乐浪汉墓有若干陶器与东北地区周汉时期土著居民的陶器相似。贞柏洞 M92 的敞口深腹罐承续的是东北地区新石器时代以来平底筒形罐的传统。《朝鲜古迹图谱》收录大同江面汉墓出土的肩双耳罐、肩双耳壶均见于河北滦平梨树沟门战国墓地[④]，颈双耳罐亦见于唐山贾各庄[⑤]战国燕墓（M16），颈双耳壶亦见于贾各庄（M11）和喀左北山根战国燕墓[⑥]，也有可能是非燕文化因素在战国燕墓中的孑遗。同书收录的竹节颈陶壶则是大连地区西汉墓中颇有特点的器类，大连营城子墓地出有 32 件，旅顺李家沟 M20 等地也有发现，其前身可以追溯到东周时期的新金县碧流河石盖墓[⑦]和王屯石棺墓[⑧]。另外乐浪西汉中后期汉墓中经常伴出的细形青铜短剑是东北系青铜短剑的分化形式。乐浪置郡以后，《汉书·地理志》称"都邑颇放效吏及内地贾人……郡初取吏于辽东"。显然西北朝鲜与"西汉墓幽州分布区"在历史背景上具有比较密切的联系，从这点上可以将西北朝鲜视为"西汉墓幽州分布区"内的一个比较特殊的地区。

张家口地区西汉前期鼎、壶、盒形制与长城地带其他地区有别，尤其是陶壶与北

① 《后汉书·东夷列传》。

② 李文信：《吉林市附近之遗迹和遗物》，《李文信考古文集》，辽宁人民出版社，1992 年。

③ 东北地区汉墓报告和研究文章中常使用"贝墓"一词，包括在土扩墓中直接以贝壳填埋尸体，或在棺椁外填充贝壳，以及在砖室墓或石室墓的砖壁或石壁外填充贝壳等情况。

④ 承德地区文物保护管理所、滦平县文物保护管理所：《河北滦平县梨树沟门墓群清理发掘简报》，《文物春秋》1994 年第 2 期。

⑤ 安志敏：《河北唐山市贾各庄发掘报告》，《考古学报》（第六册），1953 年。

⑥ 傅宗德、陈莉：《辽宁喀左县出土战国器物》，《考古》1988 年第 7 期。

⑦ 旅顺博物馆：《辽宁新金县碧流河大石盖墓》，《考古》1984 年第 8 期。

⑧ 许明纲：《大连地区古代石筑墓葬研究》，《博物馆研究》1990 年第 2 期。

京地区汉墓比较相近，陶器图案有浓厚的战国燕墓风格。其后张家口地区西汉墓的面貌与长城地带其他地区相比仍然有特点，如阳原三汾沟墓地均为平顶土洞墓（朔县部分土洞墓有天井），土洞墓的木椁外围立有边柱（朔县不见），而且未见鼎、盒、瓿等陶器。因此张家口地区与"西汉墓幽州分布区"也有一定联系，尤其是在西汉前期。

当然"西汉墓幽州分布区"其内诸地的西汉墓面貌和发展线索仍然各有具体特点。以大连地区为例，这里西汉前期受燕文化因素的影响弱于辽西，并且存在比较明显的土著文化因素；西汉中后期及其后一直受到山东地区比较强烈的影响，陶器种类丰富（与山东微山两城山[①]、平阴新屯墓地[②]、沂水荆山墓[③]、沂水西水旺 M2[④] 等地相似），汉墓面貌发生明显变化。就其他诸区西汉墓的发展线索而言，战国燕文化因素孑遗以外，大体说来，辽阳地区亦有源自西面陆路北京、锦州方向的文化因素；锦州地区西汉前期与北京地区颇相似，西汉中后期亦受到大连地区影响；朝阳地区与京津唐地区有相当多的共性，同时与长城地带存在一定联系，而且西汉前期存在某些土著文化因素（如袁台子 M52 等殉牲）；北京地区中原文化因素更加强烈（如大葆台的黄肠题凑墓[⑤]），西北朝鲜的土著文化因素则相当明显。

<h1 style="text-align:center">五</h1>

"西汉墓幽州分布区"的形成和维系受到特定历史、民族、地理和文化背景制约。

战国时期这一地域均属于燕地（箕氏朝鲜战国晚期亦曾受燕国羁縻[⑥]），秦末汉初燕王韩广、臧荼、卢绾先后割据自立。经过西汉前期的经营，至武帝元朔元年（前128年）废燕王领地及元封四年（前108年）开设朝鲜四郡以后，汉朝的统治才堪称稳定。西汉前期故燕势力强大，因此西汉前期普遍存在承续战国燕墓的文化因素。

燕国在向东、北方向开疆拓土的过程中并未完全攘斥秽、貊等非燕系居民，冀北、冀东、辽西等地战国燕墓中往往燕文化因素与非燕文化因素共存[⑦]，《汉书·高祖纪上》"北貉、燕人来致枭骑助汉"的记载仍将燕人、貉人并称。"西汉墓幽州分布区"边塞内外活跃着匈奴、秽、貊、乌桓、夫余、高句丽等民族，汉朝边塞不时受到巨大压力（苍海、临屯、真番郡先后罢置，玄菟郡迭次内迁，两汉之际右北平、辽西、辽东、乐浪郡部分属县或弃或徙），《汉书·地理志》亦称玄菟、乐浪"皆朝鲜、濊貊、句骊蛮夷"。大连、朝阳地区西汉前期的土著文化因素以及西北朝鲜比较明显的地方特点与此有关。

"西汉墓幽州分布区"西面的长城地带属于幽州上谷郡和并州北部，本身亦是边

① 微山县文管所：《山东微山县发现汉、宋墓葬》，《考古》1995 年第 8 期。
② 济南市文化局文物处：《山东平阴新屯汉画像石墓》，《考古》1988 年第 11 期。
③ 沂水县文物管理站：《山东沂水荆山西汉墓》，《文物》1985 年第 5 期。
④ 马玺伦、刘一俊、孔繁刚：《山东沂水县西水旺庄汉墓》，《考古》1990 年第 9 期。
⑤ 北京市古墓发掘办公室：《大葆台西汉木椁墓发掘简报》，《文物》1977 年第 6 期。
⑥ 郑君雷：《大宁江长城的相关问题》，《史学集刊》1997 年第 1 期。
⑦ 郑君雷：《战国燕墓中的非燕文化因素及其历史背景》，《文物》2005 年第 3 期。

塞；隔海相望的山东半岛、东南沿海汉墓地方特点也相当突出，相对封闭的地理环境在一定程度上限制了中原文化因素在这一地域的传播。在民族构成和地理条件的基础上，"西汉墓幽州分布区"内形成了自身的文化习俗特点，扬雄《方言》记载"燕代朝鲜洌水之间"是汉语的一个方言区，《史记·货殖列传》称"上谷至辽东地踔远，人民希，数被寇，大与赵、代俗相类，而民雕捍少虑"。"西汉墓幽州分布区"内部的共性以及与长城地带、河北中南部、山东地区西汉墓的疏远即源于此。

值得注意的是，虽然"西汉墓幽州分布区"存在某些地域特征，但是与汉代其他边远地区比较，自西汉中后期以后，汉代北方边境一线的长城地带和"西汉墓幽州分布区"（不包括西北朝鲜）与中原地区汉墓最为相似，地方文化因素并非特别强烈。这种状况大概与汉代一直将北方边塞作为重点经略地区有关。

六

"西汉墓幽州分布区"形成的基础因素源自战国燕，其初期重心是在北京一带，有一个逐渐形成、稳定下来和向东北地区扩展的过程。至西汉中后期，大连地区逐渐成为另一个重心，与北京地区并举成为一个"杠铃形结构"。在这个相对稳定的"杠铃形结构"中，大体而言，京津唐和朝阳地区更为接近，组成西块，辽东、锦州和西北朝鲜组成东块。"西汉墓幽州分布区"是一个开放和变化的文化单元，其最为稳定的部分为辽东、辽西和京津唐。在西汉前期，其辐射力曾经在一定程度上影响到张家口地区；虽然有某些特殊性，但是根据历史背景和若干文化因素，西汉中后期的西北朝鲜也可以归入这一单元。

东汉以来，原先的"西汉墓幽州分布区"的东、西两块有逐渐分野的趋势。在东块，大连和辽阳地区的东汉墓面貌更加一致（如东汉中后期至汉末曹魏均流行石椁墓、家族丛葬和设置尸床）。从有限的墓例看（锦县西网墓[1]），锦州地区仍然与辽东更具共性。而西北朝鲜与辽东的联系则明显加强（乐浪汉墓 A 型砖室墓的木结构顶盖亦见于大连营城子 M8、M45；王培新先生以为乐浪汉墓 B、C 型砖室墓文化的渊源是在以辽东为主的北方地区[2]；辽东半岛碧流河西南的渤海湾沿岸和西北朝鲜东汉中后期均流行花纹砖墓；乐浪汉墓的部分陶器也与辽东相似，如石岩里 M205 与大连前牧城驿 M802[3] 的敞口折腹罐等）。在西块，京津唐地区东汉墓的面貌（顺义临河村[4]、平谷西柏店[5]、迁安于家村[6]）则与中原地区趋于一致，未见辽东地区的石椁墓，陶器种类和形制与辽东也有一些差别（如绿釉陶器有相当数量）。东、西两块逐渐分野的根源，首先是

① 傅俊山：《锦县西网汉墓发掘简报》，《辽宁文物》1981 年第 2 期。
② 王培新：《公元 2～4 世纪西北朝鲜砖室墓初步研究》，《边疆考古研究》（第 2 辑），科学出版社，2004 年。
③ 旅顺博物馆：《辽宁大连前牧城驿东汉墓》，《考古》1986 年第 5 期。
④ 北京市文物管理处：《北京顺义临河村东汉墓发掘简报》，《考古》1977 年第 6 期。
⑤ 北京市文物工作队：《北京平谷西柏店和唐庄子汉墓发掘简报》，《考古》1962 年第 5 期。
⑥ 迁安县文物保护所：《河北迁安于家村一号汉墓清理》，《文物》1996 年第 10 期。

"西汉墓幽州分布区"形成和维系的背景因素在西块影响渐小，而在东块仍然发挥作用；另一方面是中原地区对于西块的影响加深，同时东块辽东半岛、西北朝鲜与山东半岛、东南沿海的联系进一步得以加强[①]。不过就整体而言，东、西两块仍然存在较大共性，"杠铃形结构"尚未断裂。

笔者在撰写博士毕业论文《中国东北地区汉墓研究》时曾经附带提出"汉墓幽州分布区"的概念，论述比较简略，本文仍然是为了重申"汉墓幽州分布区"这一观点。鉴于两汉墓一并讨论涉及材料太过繁杂，因此将重点放在了"西汉墓的幽州分布区"上，限于篇幅，仍然只是一个论纲。徐苹芳先生在《中国历史考古学分区问题的思考》一文中指出，在研究中国历史时期考古学文化分区问题时需要结合考虑当时的地理分区（人文地理和行政区划）[②]。就"西汉墓幽州分布区"而言，其范围基本上与西汉幽州刺史部比较稳定的部分相重合，大体也就是历史上人文地理概念中的"燕辽渤碣"（即《史记·货殖列传》的"上谷至辽东"、《汉书·地理志》的"燕地"、《方言》的"燕代朝鲜洌水之间"）。因此笔者以为，关于"西汉墓的幽州分布区"或者"汉墓幽州分布区"的讨论，应该是历史时期考古学分区的一个有益的个案尝试。

原载《考古与文物》2005年第6期

---

① 郑君雷：《汉代东南沿海与辽东半岛、西北朝鲜海路文化交流的几个考古学例证》，《汉代考古与汉文化国际学术讨论会》，齐鲁书社，2006年。
② 徐苹芳：《中国历史考古学分区问题的思考》，《考古》2000年第7期。

关于游牧性质遗存的判定标准及其相关问题

——以夏至战国时期和汉代北方长城地带为中心

游牧社会的经济文化形态与农耕文明迥异，吸引着诸多学者的目光。

就中国学者而言，对于游牧民族的关注还有另外一层含义。自从有文献记载以来，中原农耕民族与北方游牧民族的碰撞几与中国古代历史相始终。这些北方游牧民族周期性的胡马南牧，迫使中原王朝不断适应性地调整其政治机制，而北方游牧民族则在文化和血液上不断地为中华民族注入新鲜成分。可以说，中国历史上中原农耕民族与北方游牧民族的冲突与交流不但构成了世界文明史上的独特景观，而且是中华文明不断发展和自我更新的重要推动力量和刺激因素。

不过，中国文献史籍对于北方游牧民族的记载是在西汉司马迁《史记》以后逐渐清晰起来的，我们对于其前的认识非常模糊，其后的清楚亦只是相对而言。因此考古学者希望通过对遗存的分析来了解北方游牧族群，重点之一就是解决中国北方游牧业的起源问题。

各种迹象表明，夏至战国时期是解决这一问题的重点时段，作为北方游牧民族与中原农耕民族接触前沿的北方长城地带是解决这一问题的关键地区。考古学者的视点越来越多地投向夏至战国时期北方长城地带的遗存。

那么，根据什么标准来确定这一时期的游牧性质遗存？先让我们回顾一下考古学者在这个问题上的认识过程。

一、认识史述略

通常理解的游牧是指随带畜群追逐水草迁徙。"随带畜群"，以牲畜作为生产生活资料当然是其有别于其他经济文化类型的突出特征，因此考古学者在判定游牧性质遗存时最初主要是从"畜牧生计"这个角度加以考察，强调畜牧业在社会生活和艺术主题中占有主要地位，同时注意到狩猎业的补充功能，着重指出遗存内涵与农业的不兼容性以及制陶业的落后性。

孙守道先生认为西岔沟墓地属于北方游牧部族遗存，写道："从出土的铜饰板上可以看到这个社会的主要畜产品是马、牛、羊和骆驼，特别是马，无论在经济上还是在军事上都占有相当重要的地位，是交通和阵战的主要工具，出土的大量马牙和马头骨也是直接的例证。大量的手制夹砂粗陶器，一小部分细石器的继续使用，铜饰板上猎犬、猎鹰形象的出现，以及若干细石镞、多种样式的铜铁镞等，乃至少许皮衣残片的存留，都说明了北方民族那种逐水草、猎禽兽、食肉衣皮的游牧生活方式。特别值得指出的是在墓地中没有发现一件可作为农业生产工具的工具，来自汉族的铁农具只是镢、斧、锛、锄四种，没有镰刀，而前三种不过是拿来作为补助性的兵器而已"①。

郑隆先生判断扎赉诺尔墓地属于鲜卑遗存，指出"墓中以大量的牛、马、羊骨殉葬，显然这一部落的民族是以游牧为生。出土数量较多的镞、矛以及弓囊等武器，说明其善于骑射。在墓葬中大量使用桦木制作的木棺和桦树皮制作的盒和牌等遗物，具有地方特色。铜饰牌上铸造的动物形象和骨饰板上刻制的人物等，说明遗物的造型艺术也有独特风格。由于此种民族生活是以游牧狩猎为主，因此在陶器的制作上，就较粗陋。而骨器、木器和铁制的武器，因在生活中大量的使用和需要，故出土较多，制作上发展到了较高的水平"②。

速机沟墓地出土有鹤头形、羊头形、狻猊形、马形、狼头形铜饰件和鹿形铜牌饰等一批鄂尔多斯式铜器，"作者很深刻地掌握了各种动物在各种情况下的不同姿态和动作，所以在艺术处理上就能得其真而传其神"。"这许多动物中，羊、马是牧民们饲养的家畜，鹿是日常猎获的动物，鹤是常见的飞鸟，狻猊可能是牧民们见过的凶猛的野兽，而动物的雌雄相伴，母奔公逐是草原上常见的情景，所以这些动物正是当时现实生活的写照，它具有浓厚的草原民族的艺术特点。这批动物形饰件，生动地表现了当时鄂尔多斯辽阔的草原上的图景"。因此"为研究北方草原游牧民族的物质文化发展史提供了新资料"③。

居无常处的"追逐水草迁徙"是游牧区别于其他牧业经营方式的特征。因此其后的著述有时是从"畜牧生计"和"非定居性"这两个角度对游牧性质遗存加以考察，而且有些文章已经注意到其他经济形式甚至农业与畜牧生计的某种兼容性，有些文章则试图对游牧性质遗址与"定居性"的矛盾进行解释。

"（榆树老河深）墓葬出土的车马具、生产工具说明这支部族以游牧为主，农业在它的经济生活中只占一定的地位。这类文化性质的墓葬近年各地多有发现，常见于'依河傍水'的冲积岗地上，很少发现其定居的住址，这种现象是由于'居无定所'、'随畜牧而转移'造成的。这里没有发现农作物的痕迹，没有发现诸如犁、铧等农业生产工具。游牧经济也是离不开一般农业上常用生产工具的。诸如镰刈草以作青贮，或用耒、镢营造穹庐等。我们注意到，在我国古代北方有些少数民族，尽管它的经济生活以游牧为主，但也不完全排斥农业的发展。……这里的农业可能是作为它游牧生活的一种补充"。"牲畜，特别是马，是当时人们极为珍惜的财产。从殉葬看，这支部族在历史上，曾普遍流行过殉牲制度。而到了这个时期，殉马的数量明显减少，不是每

① 孙守道：《匈奴西岔沟文化古墓群的发现》，《文物》1960 年第 8/9 期合刊。
② 郑隆：《内蒙古扎赉诺尔古墓群调查记》，《文物》1961 年第 9 期。
③ 盖山林：《内蒙古自治区准格尔旗速机沟出土一批铜器》，《文物》1965 年第 2 期。

墓必有殉牲，大致表明当时人们已经把马视作与生活紧密相关的财产了。在大多数墓中，不分男女，均葬有镳或马衔，贫者一副，富者两副或三副，质地多为铁，也有铜和鹿角。这也说明马是他们生活中不能离开的牲畜"①。请注意这段文字对农业生产工具用途的理解和关于农业对游牧生活补充作用的表述。

"平洋墓地延续的时间如此之长，一般说来当与定居生活和农业生产有直接关联。可是出土的300多件生产工具（兵器），无论形制还是用途，都与农业生产相去甚远，相反，倒与渔猎活动密不可分。品类多样、数量居首的骨镞、骨弭，表明弓矢是狩猎活动的主要装备。铜铁质料的箭镞，无疑是非常锐利的武器，然而，由于数量有限便显得相当珍贵，推测它有更重要的用途。猎取的禽兽，确知的有鹿、兔、鼢鼠、飞禽和鲶鱼等"。"在部分墓葬中出土了100多具狗、马、牛、猪、羊的遗骨。狗的数量最多，其次是马，再次是牛、猪、羊。经鉴定，狗、马、牛、猪、羊都是人们饲养的家畜"。"当时人们的经济生活是以畜牧业为主，兼营渔猎，停留在'俗随水草，居无常处'、食肉衣皮的游牧状态中。此外，社会分工业已产生，除纺织业和制陶业仍保留比较原始的性质外，先进的金属加工业相继出现并日渐发展起来"②。除去提及渔猎业对畜牧业的补充作用以外，请注意这段文字对游牧族群社会分工的表述。

"在西沟畔匈奴墓地附近发现的居住遗址，是匈奴考古中的重要发现之一。匈奴族是一个游牧民族，居无定所。所以，匈奴的遗址是很难发现的"。"他们仍各有分地。也就是说，他们只能在一个较大的游牧地范围内活动。这就必然导致了匈奴有某种局部定居的可能。从目前发现的桃红巴拉，补洞沟和西沟畔地区的匈奴墓来看，均延续了相当长的时间。桃红巴拉地区不仅有春秋末期的匈奴墓，也有战国末期的匈奴墓，同时，还发现了汉代时期的匈奴墓，补洞沟和西沟畔地区也大致如此。说明了在这些地区游牧的匈奴人，可能属于不同的部落。随着历史的发展和汉人的影响，在局部地区的定居生活可能已经出现。所以，在西沟畔发现的遗址和苏联布利亚特或蒙古发现的村镇遗址，可能就属于这种情况，从苏联布利亚特发现的伊沃勒加镇遗址中，出土的犁铧和储存谷物的大型陶器和石磨来看，策·道尔吉苏荣推测：'当时的农业已经普遍'。但至少说以农耕作为游牧业的补充可能已经出现。至于说上述的遗址中，所发现的农业生产工具和陶器，可能是出于汉人工匠之手。但是，我们也不能完全排除这个时期的匈奴人也可能掌握了汉人的制陶、冶铁和耕种技术"③。

20世纪90年代以来对于中国古代北方游牧族群的考古学研究更加深入，许多研究在不同侧面涉及游牧性质遗存的判定标准问题。

有些学者着眼于对某一文化类型或者某一区域遗存进行整体分析，以判断其是否属于游牧性质。林沄先生指出夏家店上层文化的一个突出特征是"它有明显是定居生活的较大的村落，虽然堆积不如夏家店下层文化厚，但有用石块、石板或土坯建筑并

① 吉林省文物考古研究所：《榆树老河深》，文物出版社，1987年，第110页。
② 黑龙江省文物考古研究所：《平洋墓葬》，文物出版社，1990年，第171页。
③ 郭素新：《试论汉代匈奴文化的特征》，《内蒙古文物考古》1981年创刊号。

栽柱的长期性住房，房子外面有的还有围墙。有相当发达的陶器，颇多大型容器。遗址内有许多窖穴（建平水泉遗址还发现三座贮有大量炭化谷物的粮窖遗迹）。遗址中发现猪、狗、马、牛、羊、鸡的骨骼，而猪和鸡的饲养是定居生活的显著标志"，"因此不可能是属于游牧民族的东胡遗存"①。王明珂先生认为鄂尔多斯及其邻近地区在春秋战国至汉初时期的人群已经处于一种依赖动物畜养而经常移动的生活状态——即出现从事专化游牧业的人群，证据在于：①文化遗存大多出于墓葬，而绝少发现居住遗址；②墓葬中多有马、羊骨随葬，少数例子中亦发现有牛与狗骨随葬，猪骨仅见于个别例子；③可被用于翻土的铲、收割用的长方形带孔石刀，以及谷类加工用的杵、臼几乎不见②。

有些学者对某一游牧民族的文化遗存进行全面梳理，并且对其中与"游牧社会"似有相悖的现象加以解释。乌恩先生对在中国北方长城地带、蒙古高原和外贝加尔地区发现的城址、定居点、农业生产工具、粮食作物遗骸、粮食盛储器皿、制陶作坊、冶金作坊等匈奴遗存进行了研究，指出："随着匈奴国家政权的建立和社会生产力的发展，以及对外联系的加强，昔日分散的游牧经济已不适应社会的发展，逐渐出现了定居点，农业和手工业生产"，认为这些情况与匈奴人口成分复杂有关③。

有些学者对在传统史学观念中被归入游牧族群的若干北方民族重新检讨。林沄先生根据北方地区先秦时期的自然地理环境以及李家崖文化、红山文化、夏家店下层文化和夏家店上层文化的定居形式和经济形态，认为"从夏代开始的气候干冷化过程，也并未很快就将这一地区变成游牧地带"。文献史料中并没有戎狄属于游牧民的记载，反而是有城居，而且军队以步兵为主。"更重要的是，从人种上说战国以前的戎狄就是后来的胡的前身也是难以成立的"，"中国、蒙古和俄国西伯利亚汉代及其后匈奴、鲜卑、契丹的颅骨材料均属北方蒙古人种，其中一部分有北极蒙古人种的特征；而中国北方青铜时代的颅骨材料绝大多数都属于东亚蒙古人种，其中一部分有南亚蒙古人种的特征"。因此提出"戎狄非胡"的见解④。

我们注意到，进入20世纪90年代以来，考古学者逐渐认识到游牧社会的形成及维系实质上是一种"专化的经济、社会结构及其与外在世界的互动模式"⑤，这对于了解游牧社会具有重要意义。在我看来，这种互动模式可以理解为基础生产生活资料（如牲畜种类、牲畜数量）、基本生产生活方式（如迁移方式、居住形式、放牧方式）、社会结构（如政治组织、宗族组织、亲属制度、家庭规模）、意识形态（如宗教信仰、思维观念、艺术情趣）与外部世界（包括农耕文化和自然环境）之间的整合和适应，亦即

---

① 林沄：《东胡与山戎的考古探索》，《林沄学术文集》，中国大百科全书出版社，1998年。

② 王明珂：《鄂尔多斯及其邻近地区专化游牧业的起源》，《历史语言研究所集刊》第六十五本，第二分，1994年。

③ 乌恩：《论匈奴考古研究中的几个问题》，《考古学报》1990年第4期。

④ 林沄：《戎狄非胡论》，《林沄学术文集》（二），科学出版社，2008年。

⑤ 王明珂：《鄂尔多斯及其邻近地区专化游牧业的起源》，《历史语言研究所集刊》第六十五本，第二分，1994年。

游牧社会内部及其与外部世界间存在着整体性和适应性。从整体性的角度我们必须充分重视游牧社会内部诸子系统及其与外部世界之间的相互关联、补充和制约作用；从适应性角度则提示我们应该充分考虑到游牧社会在不同地域、不同时期、不同族群中表现出来的具体差异及其发展、变化情况。

这种认识论的深化一方面导致从工具类型的角度对含有畜牧成分的遗存进行具体分析。江上波夫曾经认为"细石器中以大量的刮削器为主，这种刮削器的刃部质硬而脆，利于切开动物的皮肉，却不适于割断植物纤维，因此它代表的人类生业活动可能是畜牧或狩猎"。王明珂先生据此注意到"不同时期磨制石器与细石器、骨角器在所有出土生产工具中所占的比例，却有显著的变化；这个变化或许是某种人类生态变迁的反映"。他对阿善遗址第二、三期各种生产工具比例分析后指出，"陶制生产工具所占比例一直很稳定，但细石器、角骨器、大型石器在所有工具中的比例则有变化，而变化的规律是细石器与角骨器同增同减，而它们与大型石器的增减则相反"。"如果角骨器增加表示当时动物的遗骨容易取得，则细石器与骨角器同增减的现象，似乎也说明这些细石器的使用的确与狩猎或畜牧活动有关"[①]。

或者是从牲畜种类出发对游牧性质遗存具体分析。"羊的高产乳量及高生产率，提供人们日常的食物消费；并且在遭受大量牲畜损失时，能够迅速的恢复。牛、马虽然也提供肉、乳，但更重要的是牛在游牧的移动中能发挥其强劲的负载力；马的机动力能使羊的牧养更有效率，便游牧人力得到适当的支配。而且，马也是作战与防卫的工具，以保护本身资源以及对外获得资源。为了牧养马、牛、羊，社会人群必须在一种分散性的社会结构之中"。王明珂从文化人类学的认识着手，具体讨论了西沟畔、补洞沟、玉隆太、呼鲁斯太、纳林高兔、桃红巴拉、毛庆沟等地的殉牲种类，"以上这些墓葬中的随葬动物遗骸的种属或有不同，但大致不外是马、牛、羊、狗。令人注意的是，在这一带新石器时代晚期遗址中常发现的猪，此时几乎消失在墓葬遗存中"。他将此视为春秋战国至汉初时期鄂尔多斯及邻近地区出现游牧人群的重要证据之一[②]。

更重要的是，考古学者逐渐以相对和辩证的观点来理解游牧社会的"畜牧生计"和"非定居性"，出现"游牧化发达程度"、"半定居放牧"、"典型的游牧经济"、"发达的畜牧经济"等表述方式。杨建华先生对中国北方长城地带春秋战国时期的葬俗进行考察，希望通过分析殉牲情况来探讨经济类型。"通过社会人类学对游牧社会的研究和墓葬中殉牲实际情况的分析我们可以了望到，羊应当是畜群中数量最主要的牲畜。因此，从牲畜数量和牲畜种类看，整个北方地区的西部，即内蒙古西部和甘宁地区（庆阳除外）的游牧化程度最高；北方地区的东部游牧化程度不大发达。由于牛的移动性差，所以岱海地区牛的增多和少量猪的饲养都说明牲畜的游动性较小，冀北地区羊很

① 王明珂：《鄂尔多斯及其邻近地区专化游牧业的起源》，《历史语言研究所集刊》第六十五本，第二分，1994年。

② 王明珂：《鄂尔多斯及其邻近地区专化游牧业的起源》，《历史语言研究所集刊》第六十五本，第二分，1994年。

少，不是发达畜牧经济的特点，尤其是冀北东部未见殉牲的羊"。"如果结合上面分析的各地出土陶器的数量看，游牧化程度与陶器数量是成反比的，即游牧化程度越高，陶器的数量就越少。冀北与内蒙古东部地区墓葬随葬陶器的数量远远多于内蒙古西部和甘宁地区。游牧化程度不仅与陶器的多少有关，而且可能与墓地的规模有一定关系。冀北地区的墓地数量多，规模大，凉城地区次之，固原地区再次之。内蒙古西部至今尚未见到大规模的墓地，恐怕不完全是考古发现的偶然性"①。

需要指出，新疆地区自然条件比较特殊，不仅牲畜骨骼，皮毛制品和农作物残骸有时亦存留下来，同时遗存地点往往有各种形式的当代畜牧业经营方式可供比较，因此 20 世纪 80 年代末期以后发表的考古文献并没有将存在浓厚畜牧成分的遗存简单地归入游牧范畴，而是比较充分地考虑到了游牧社会的复杂性，承认其与农业和定居的兼容性；而且注意到器物形制、功用与畜牧业的关系。应该说，新疆地区的考古文献对于畜牧性质遗存的认识更为客观深入。

"（鄯善苏贝希一号墓地）随葬陶器内盛放的糜子和干巴了的糜子粥，表明糜子是当时居民种植的主要农作物之一。……《汉书》记载这一时期居民'颇知田作'已掌握了一定的农业生产技术。农作物种植是当时居民的一项重要活动，粮食已成为主要的食物来源"。"从墓葬中普遍存在随葬羊骨（肉）和皮、毛织品制成的御寒衣物以及其它生活必需品看出，定居的畜牧饲养和皮毛加工的畜牧业生产仍然是生活中的一个重要组成部分"。"墓地居民定居农业生产已具有一定规模，畜牧业在生活中仍占有重要地位，是农业与畜牧业并存的经济形式。形成这一经济状况的原因，受地理环境因素的影响，同时可以追溯当地居民由游牧生活向定居的农业、畜牧业生产过渡的历史形成过程，从他（她）们的服饰特征和习惯佩戴各式腰袋等风俗中，可以看到这种影子"②。

"寒气沟墓地几十平方公里范围内，是海拔近 2000 米的天然草场和松树林，自然环境适合畜牧业的生产生活。现在塔水村（位于墓地附近）维吾尔族村民相对封闭的自然经济生产生活状况，为我们认识古代居民生产生活状况仍具有一定启示。塔水村现有居民 400 多人，他们春夏季在沟谷宽阔地带种植耐寒农作物，这里无霜期仅 80 天左右，其收获农作物主要作为牲畜过冬饲料的补充，村民口粮从山外购入。……村民随季节更替变换居住地：夏季 6 月份，居住在党参沟，这里海拔较高气温凉爽，便于放牧牲畜；9 月开始，气温逐渐变冷，便迁居海拔较低塔水村，以减少寒冷空气的影响。塔水村的维吾尔族村民适应自然地理气候的自然经济状况，是一份难得的宝贵民俗资料，是寒气沟墓地古代居民自然经济状况的生动写照。寒气沟墓地古代居民也应是以相对定居的畜牧业为主，从固定墓地和随葬大量的羊、马牲畜情况得以证明，同时存在少量农业生产，出土陶器说明了这一点"③。

---

① 杨建华：《春秋战国时期中国北方文化带的形成》，文物出版社，2004 年，第 126 页。
② 新疆文物考古研究所、吐鲁番地区文管所：《鄯善苏贝希墓群一号墓地发掘简报》，《新疆文物》1993 年第 4 期。
③ 新疆文物考古研究所、哈密地区文物管理所：《哈密寒气沟古墓地发掘简报》，《新疆文物》1996 年第 2 期。

"马、牛、羊是游牧民族的最主要的生产资料和生活资料。在四号墓地，几乎每座墓都有殉马和随葬羊的记录，大量随葬马具、木器、弓箭和随身携带的铜刀、磨石，就连葬式都酷似骑马姿态。陶器中残损者占绝大多数，正是逐水草而居的颠沛流离的游牧狩猎生活的真实写照。马做为乘骑是绝不可少的。木制单耳容器十分流行，而且耳孔很小，仅能穿绳，这便于悬挂和迁徙时捆绑。带流陶器的发明，也是与实际生活中的使用价值分不开的，它为乳制品的倒出提供了方便。……另外，随葬容器中屡见整罐的谷物以及大量地方特征鲜明的陶器群和数百座成片的密集的墓葬群，似乎又说明有相对的定居生活，加上二次葬多男子的因素，因此设想，察吾乎沟人应该有一个相对稳定的居住地，住着以石为墙的房子。妇女从事纺织、种植或采集；男子随着季节的转换，赶着牧畜到冬、夏牧场游牧。同时还进行狩猎活动，以补充生活来源和保护畜群的安全"[1]。

"从随葬物看，察吾乎文化的经济形态是以畜牧业为主，同时也经营农业、狩猎和手工业。除出土大量的畜牧业用具和牲畜骨骼外，还出土大批带流嘴的陶器，这种带流嘴的陶器与当时的实际生活密切相联，流嘴便于奶制品的倒出，陶釜和部分带流陶杯、勺杯、陶钵外表有烟炱，说明陶器分工不很固定，从而证明察吾乎人漂泊不定的生活性质。在许多陶器内残存有食物，经鉴定均为栽培植物，即大麦、小麦和粟。通过对人骨骼的研究，龋齿现象较普遍，这充分证明察吾乎文化存在农业。根据古代乌孙有冬都和夏都之分，这和现在生活在这一带从事畜牧业的蒙古族牧民的情况基本一致，使我们认识到，当时的察吾乎人的冬牧场应在山前各条沟内或绿洲上，因为这里无雪可以防御风暴的袭击，使牲畜可以安全过冬。冬天的裕勒都草原人畜无法生存，夏天年老体弱的居民和儿童留守山外，减少因长途跋涉所造成的死亡。这些留守山外的人们可以从事农业和手工业生产。总之，羊、马骨骼，随葬的砺石、铜马衔、骨马镳、木弓、木箭和发达的带流陶器都是墓主人生前骑马放牧、射杀野兽的生动写照。在一件残陶罐上绘有一群休息的骆驼，绘得非常逼真。骆驼在远征中可以耐饥抗渴，誉为'沙漠之舟'，是牧民搬迁的理想工具，侧面反映了当时察吾乎人搬迁工具，放牧的情况。另外，植物的栽培，随葬品中陶器出土数量大，且多为平底器，彩陶发达，这些现象又间接的反映出察吾乎人相对稳定的农业定居生活。通过对发掘资料的整理可得知：察吾乎人过着骑马放牧、兼营农业的生活"[2]。

概言之，前述关于游牧性质遗存的判断标准实质上都是将游牧民"迁移模式"、"居住形式"和"畜牧生计"这几个方面加以细化来进行考察的。但是游牧民的具体生产生活方式和文化传统仍然存在许多差别，况且绝大多数考古学者是站在根植于农耕文明的现代视角上来观察游牧社会的，更未必能够涵盖历史上游牧社会的实际情况。因此，在讨论游牧性质遗存的判断标准之前，首先需要我们理解游牧社会的本质。

① 新疆考古研究所：《和静县察吾乎沟四号墓地 1987 年发掘简报》，《文物》1988 年第 4 期。
② 新疆考古研究所：《和静县察吾乎沟一号墓地》，《新疆文物》1992 年第 4 期。

二、游牧和中国近现代北方游牧社会

按照巴菲尔德（Thomas J. Barfield）①的介绍，现今世界上存在着五个主要游牧地带：

（1）横贯非洲大陆的撒哈拉沙漠以南至非洲大裂谷一线的东非热带草原。牛是最重要的牲畜，也饲养绵羊和山羊，在北部沙漠亦饲养骆驼，这些牲畜为牧民提供肉食以及血、奶制品，而驴只是作为驮畜。几乎不进行狩猎。牧民建筑棚屋，这种固定设施意味着牧民只能在棚屋附近放牧牲畜，畜群迁徙时必然放弃这些棚屋。而且存在由妇女专门负责的园艺业。与其他地区游牧民最大的区别是这里的牧民很少使用运输性动物，而且完全没有帐篷。

（2）撒哈拉沙漠和阿拉伯沙漠。主要饲养单峰骆驼以提供肉食和作为驮畜，沙漠边缘的牧民亦同时饲养绵羊和山羊，但是与骆驼分开畜牧。牧民并不单纯依靠骆驼提供的肉食和奶制品，亦从绿洲上的阿拉伯农民那里获取枣椰等食物，用公驼与商队交换加工制品。贝都因人的黑帐篷是用山羊毛织物制作的，并非沙漠深处游牧人群的产品。

（3）地中海沿岸经安纳托利亚高原和伊朗高原至中亚山区一线。主要饲养绵羊和山羊，牧民根据地势海拔迁徙，畜群种类颇有差异，包括绵羊、山羊、马、双峰骆驼和驴，但是没有对牧场和水源要求更高的牛，牧民在农庄里饲养牛。他们用畜肉和毛、奶、皮革制品与农民交易谷物和加工制品，谷物在牧民的饮食结构中占有主要地位。牧民用黑山羊毛织物制作的帐篷设立营地。

（4）从黑海延伸至蒙古的欧亚大陆草原。这是最著名的游牧地带，游牧族群历史上建立了非常强大的政治组织。畜群包括马、绵羊、山羊、牛和双峰骆驼，运输工具是双轮轻便马车，牧民用毛毡制作圆顶帐篷，特别强调骑马和射箭。

（5）西藏高原及其邻近山区高原。气候条件恶劣。牧民在高原草场上饲养牦牛、绵羊、山羊、马以及犏牛（牦牛与黄牛的杂交后代），在海拔较低的农庄里饲养黄牛，骆驼仅分布在与蒙古地区的交界线上，牦牛可以提供肉食和奶、毛制品。牧民用毛、奶制品与峡谷中的农民交换大麦，以大麦为主食。

另外还有两个可以视为典型游牧社会变体的特殊地区，其社会组织结构和文化传统均与典型游牧社会有所差别：

（1）欧亚北部高纬地区。以苔藓为食的驯鹿是牧民的饲养和狩猎对象，可以提供肉食和奶制品，也是运输工具。

（2）南美安第斯高地。饲养美洲骆驼，牧民的经济传统是高山农耕与牧场相结合。

从巴菲尔德的介绍看，游牧族群的具体生产生活方式和文化传统仍然存在许多差别。究竟根据什么标准来确定游牧族群——那些在固定棚屋附近放牧牲畜的东非牧民

---

① Thomas J. Barfield. The Nomadic Alternative. Prentice-Hall, Inc. A Simon & Schuster Company, 1993: 6-9. 引文笔者译。

和从事园艺业的妇女，那些在农庄中饲养牛群的西亚牧民，那些以高山农耕与牧场相结合作为经济传统的南美牧民，还可以归入典型的游牧人群吗？因此，对于一个不甚典型的游牧社会来说，不同标准的观察者可能会使用"畜牧"、"游牧"、"半游牧"、"半农半牧"等不同表述，其中关键是对于"迁移方式"、"居住形式"和"畜牧生计"的具体理解，焦点在于对"迁移与定居"和"畜牧生计与农耕园艺"这些矛盾的解释。

人类学者注意到，试图对从"迁移方式"、"居住形式"和"畜牧生计"角度对游牧社会作出具有普遍规律性的具体界定几乎是徒劳的。《剑桥非洲百科全书》认为"事实上表明，要找到非洲畜牧主义中的明显'共性'是十分困难的；非洲畜牧主义形式多变，相当复杂"[1]。F. 普洛格（Fred Plog）和 D. G. 贝茨（Daniel G. Bates）的意见极具启示性："在非工业化经济中，大多数牧人都过着游牧生活。在一个明确限定的区域内，他们定期把牧群从这块草地赶往那块草地。他们的流动程度因群体不同而异。在一个群体里，年份不同，流动的程度也不一样。这决定于环境、社会和经济条件。同样，这些条件也决定着专业化的范围，即一个民族依靠畜牧业的程度，只有很少的群体单纯依靠牧群来维持生计。……一旦环境容许，牧人总是要推行一条更广泛的生计策略，在饲养动物的同时，至少种植一些庄稼。实际上，绝大多数牧人，不管他们多么专业化，都主要靠粮食而不是动物产品过活""在众多的关于游牧民族的民族志的描述中，我们得知，个人或家户总是频繁地改变他们的迁移和驻营方式。这不但是为适应经济和政治的条件，也是为了适应社会条件""我们在考察游牧民时，不应陷入一种理解的误区，认为他们僵硬地厮守某一种生活方式或甚至迁移和畜牧也是一成不变的。正如人类学家詹姆士·康斯所说：'如果一个牧民继续留在原地而能够养活他的牧群，那他不会比一个农民更急于迁移'。游牧是一种策略，一种使专业化的畜牧业正常运转的方法。如果这种策略行不通，游牧民就会定居下来，采用其他求生方式""一些个体家庭，比如那瓦乔人和卡里莫炯人中——可能在某一年流动性较大而在下一年则更多地定居""在考察一个牧人社会时，我们往往发现，不少家庭完全摈弃放牧，从事其他行当"[2]。

为了克服"目前学术界出现的'农耕民族'、'游牧民族'、'狩猎民族'乃至'海洋民族'、'骑马民族'等含义颇有争议的术语'在民族分类时'存在的缺陷"，有些学者采用经济文化类型的概念，将中国现代经济文化类型划分为"采集渔猎型组"、"畜牧型组"和"农耕型组"，并且在各组之内划分出不同类型。其中"畜牧经济文化类型组"包括以部分鄂温克族为代表的苔原畜牧、以蒙古族为代表的戈壁草原游牧、以哈萨克族为代表的盆地草原游牧和以藏族为代表的高山草场畜牧四个类型[3]。

仅就畜牧经济文化类型而言，这种划分体系仍有局限性。从"苔原畜牧类型"、

① 葛公尚、曹枫编译：《狩猎民族游牧民族》，中国社会科学院民族研究所，1982年，第156页。
② ［美］F. 普洛格、D. G. 贝茨著，吴爱明、邓勇译，黄坤坊审校：《文化演进与人类行为》，辽宁人民出版社，1988年，第199～209页。
③ 林耀华：《民族学通论》，中央民族大学出版社，1997年，第88～96页。

"戈壁草原游牧类型"、"盆地草原游牧类型"和"高山草场畜牧类型"的表述看，在这种划分体系中使用"畜牧"一词显然是为了强调其与"游牧"在迁移方式、居住形式和畜牧生计上的某种区别，而不同学者恰恰是对"畜牧"、"游牧"以及"半游牧"、"半农半牧"这些概念有着不同理解——"术语"仍然"颇有争议"。以蒙古族为代表的戈壁草原游牧、以哈萨克族为代表的盆地草原游牧、以藏族为代表的高山草场畜牧和以鄂温克族为代表的苔原畜牧这四种类型均被有些学者归入"游牧"范畴。而另外有些学者则将盆地草原游牧类型和高山草场畜牧类型称为"畜牧"或"半游牧"，将苔原畜牧类型称为"畜牧"或"游猎"。不过这种划分体系强调地理环境在很大程度上决定着经济发展方向、强调经济文化类型决定着族群的文化特征，尤其是明确同一民族可能分属不同经济文化类型，例如将部分藏族划入"畜牧组"的"高山草场畜牧类型"，部分藏族划入"农耕组"的"绿洲耕牧类型"。并且充分考虑到经济文化类型是历史进程的产物，认为社会发展、文化交流和环境变迁均有可能带来经济文化类型的更替和进化，对于考古学者在理解游牧社会的基础上思考游牧性质遗存的判定标准有启示价值，特别是有助于考古学者用辩证和发展的眼光来考察游牧民族遗存中的农业因素和定居成分，有其合理成分。

基于此种考虑，我们不妨将问题具体化，首先对以蒙古族为代表的最为著名和最为典型的戈壁草原游牧类型进行考察，然后对含有畜牧经济成分的诸经济文化类型进行分析[①]，以便能够比较全面地理解中国北方近现代游牧社会。

蒙古族游牧民的主要畜种是羊和马，在东部水草丰美的地区牛群也比较重要；在西部植被稀疏的戈壁地区骆驼则具有重要价值。历史上，蒙古族牧民由于自然灾害或社会原因曾经有过成千上万里的远途迁徙，如土尔扈特蒙古原来游牧在塔尔巴哈台附近地区，明代移牧窝瓦河畔，清代乾隆年间内徙，在伊犁附近和科布多西南游牧，这种"远途游牧"的形式近现代几乎消失。20世纪50年代内蒙古地区的蒙古族牧民根据牧场条件的地区差别和季节变化情况，采取不同的牧业经营方式[②]。

终年游牧：呼伦贝尔草原和锡林郭勒东部草原的牧民适应牲畜多、劳力少的情况，牧民每年迁移十数次至数十次，迁徙距离最远达150～200公里。

季节轮牧：根据牧草、气候、水源和地形的差别，选择四季不同的牧场作为固定营盘，但是具体放牧地域却要轮换游牧；在夏秋季节一般3～6天轮换一次，在初冬时分一般10～15天轮换一次，雪后则3～5天轮换一次；而且不同畜种轮换频率也有不同。或者在夏、秋牧场上游牧，在冬、春牧场上定居放牧。这种经营模式为内蒙古大部分牧区所采用，各季间迁移距离一般不超过100公里。此种模式亦包括多种变化形式，例如仅是划分为冬春、夏秋两季牧场或冬、夏、秋三季牧场；为了牲畜"抓膘"，

---

① 本文引述的蒙古族民族志材料不另出注者均见邢莉《游牧文化》和《草原牧俗》；关于鄂伦春族、鄂温克族、达斡尔族、柯尔克孜族、哈萨克族、裕固族的民族志材料见于参考文献中的相关著述，不逐一出注。

② 参见色音：《蒙古游牧社会的变迁》，内蒙古人民出版社，1998年，第111、112页。笔者根据民族志材料有所补充。

有时在固定的季节牧场以外选择其他牧场游牧，即走"敖特尔"等。

定居游牧：冬季在打草饲畜的基础上实行定居放牧，春、夏、秋三季青壮年出外游牧，老弱人口和病弱牲畜留居家园，种植牧草。这是1949年以后吸收部分牧民经验大力推行的经营方式。

定居定牧：在人口多、牲畜少，或者牧场狭小不够季节调剂的地区以及半农半牧地带，则实行这种终年不迁移的经营方式。

除兴安岭地区鄂温克族和鄂伦春族苔原畜牧类型比较特殊以外，中国北方地区被不同观察标准的民族学者归入近现代"游牧"、"半游牧"族群的牧业经营方式均不超出以上四种模式。

盆地草原游牧类型以哈萨克族为代表，亦包括柯尔克孜族、塔吉克族和裕固族等，有些学者称为畜牧或半游牧。其生计特征与戈壁草原游牧型相似，牲畜主要有骆驼、马、牛、绵羊、山羊。牧场坐落在盆地里，较为丰沛的水源潜存着发展农业的可能性。哈萨克族牧户每年在特定的牧场上四季轮牧或两季轮牧；冬季一般定居，有的散居于市郊、农村，有的定牧于河谷森林地带，有的聚为村落，有的定居于山间冬季牧场上。柯尔克孜族牧民在1949年以前一般没有严格的季节牧场划分，不过大致上按照季节转场，1949年以后亦划分四季牧场轮牧。这些游牧方式可以归入"四季轮牧"类型。

高山草场畜牧类型以藏族为代表，有些学者称为"游牧"或"半游牧"。牧场大致按季节划分，多数地区划分为冬、夏、秋三季牧场，亦有划分为四季牧场和冬、夏两季牧场的。从秋季牧场迁往冬季牧场的转场一般路途最远，近者数天，远者半月以上。这种形式可以归入"四季轮牧"类型。有些地区的游牧具有季节性，牧民亦在海拔较低的地区种植青稞和蔓菁等作为人畜越冬时的粮草，一般是在高山融雪青草萌生以后才驱赶羊、牛等牲畜上山，作为冬季定居的永久式住宅则建筑于山下平坝。即便是在夏季，也往往是青壮年男女驱赶牲畜上山，而老幼则留在山下永久性住宅里料理家务并照看青稞。这种形式可以归入"定居游牧"类型。

嫩江流域柯尔克孜族和达斡尔族的畜牧生业形式有些特殊。牲畜在达斡尔族经济生活中占有重要地位，饲养马、牛、羊，牲畜数量是衡量富裕程度的重要标准。他们曾经实行过春、夏、秋三季由各户轮流或者雇用牧工将全屯畜牧统一放牧在江岸湖畔草甸上的畜牧方式；冬季则将牲畜圈养在畜棚里，并且使用一种类似"勒勒车"的木轮大车。清代迁移到嫩江平原的柯尔克孜族最初被限制在百里方圆的范围内，在嫩江、乌裕尔河沿岸边狩猎边游牧，后来出现了定居村落并发展起粗放农业，但是畜牧业在柯尔克孜族的经济生活中占有重要地位。他们饲养马、牛、羊、驴，清朝年间只有羊跟人放牧，牛、马散牧在草原上，一年四季不饮不喂，牧人十天半月骑马去查看一下，往村庄附近赶一赶；民国年间牛、马才跟人放牧，并且在村边和房前屋后挖壕圈或修木栏作为畜圈。柯尔克孜族的木轮大车是从达斡尔族传入的，称为"达斡尔车"。嫩江流域的柯尔克孜族和达斡尔族定居在村落里，但是畜牧生业在其经济生活中占有非常重要的位置，这种草甸畜牧的形式似可视为"定居放牧"，并存在向定居农牧乃至定居农耕的转化趋势。

在以上四种牧业经营模式中，"季节轮牧"、"定居游牧"被有些学者称为"半游牧"，原因在于某些游牧社会组织存在季节性定居，或者是其中的某些家庭、家庭成员具有较强的定居性，或者是存在某种非畜牧生计方式，这两种牧业经营方式可以宽泛地称为游牧。至于"定居定牧"则可以视为游牧社会对地理环境和社会环境的特殊适应方式，在适合条件下可能转化为某种程度的游牧，亦有可能逐渐转向以农耕为主——光绪二十八年（1902 年）清廷正式宣布开放蒙荒，部分游牧民被迫随带畜群西迁，部分游牧民则转向农业生产。蒙地放垦以后的 10 年中，卓索图盟的东土默特左、右旗，喀喇沁旗左、中、右旗、哲里木盟郭尔罗斯旗、昭乌达盟敖汉旗、伊克昭盟准格尔旗、达拉特旗即已成为农区，而土默特旗早已农业化[1]。

事实上，没有任何一个畜牧社会可以在完全脱离农业产品的情况下无限期的存续下去；而且畜牧生计是不稳定的专业化分工，由于季节变化（包括流行性疾疫和短期气候异常）牧民有可能会丧失牲畜，历史学和民族学材料均表明牧人对丧失牲畜具有承受能力。因此丁卡人（Dinka）的一支便没有牛群。惠勒（Waller）在 1976 年也描述了 19 世纪马赛人（Maasa）如何在失去牲畜之后转而向邻近的农夫和猎人寻求救护，直至获得足够牲畜重新恢复畜牧生活的过程[2]。

鉴于从生计角度对畜牧社会进行限定的有效性值得探究，因此大多数人类学者在解释牲畜对于畜牧社会的重要性时宁可选择考察他们在日常生活中对待牲畜的态度，而不是生计。"埃文思-普里查德（Evans-Pritchard）1940 年谈及努尔人（Nuer）时写道：'他们喋喋不休地谈论着牲畜，我时常感觉到绝望，因为除去牲畜和姑娘以外与年轻男子几乎无话可谈，即便是谈到姑娘时也肯定会扯到牛身上'。反之，努尔人对于栽培作物的态度则完全不同，虽然谷物在他们的饮食中占有重要地位，'然而，他们认为园艺业是无奈之举，意味着艰苦乏味的劳作，并非一项理想的职业'。而畜牧牛群则不仅仅是一种转化和行动，而且具有象征意义。在丁卡人（Dinka）、卡里莫炯人（Karimojong）、努尔人和桑布鲁人（Samburu）这类族群中经常可以听到对牛群的颂扬，有时候他们甚至在舞蹈中或放牧时模仿牲畜。即便是不存在此种象征意义的人群，如坦桑尼亚的戈戈人（Gogo，他们大量种植高粱和谷物）'具有一种文化倾向性，几乎不可避免地与牲畜的占有和交换具有密切联系'。威尔森（Wilson）指出：'拥有牲畜是畜牧人群的中心思想观念，这些人群的牲畜至上思想或许可以与尼亚扣萨人（Nyakyusa）作为对比，后者虽然畜牧牛群，却深以耕作为荣，男人夸耀自己锄作时的力量，赞赏那些勤于农耕者'"[3]。这些例子表明了超越牲畜实际功能价值的文化倾

① 色音：《蒙古游牧社会的变迁》，内蒙古人民出版社，1998 年，第 112 页。
② P. T. Robertshaw and D. P. Collett. The identification of pastoral peoples in the archaeological record: an example from East Africa .World Archaeology, 1983, 15 (1): 67-78. 引文笔者译。
③ P. T . Robertshaw and D. P. Collett. The identification of pastoral peoples in the archaeological record: an example from East Africa .World Archaeology, 1983, 15 (1): 67-78. 引文笔者译。

向性。

所以说，理论上的典型纯粹的游牧社会只适合形容特定时段的具体社会组织。由于社会原因和自然因素，一个游牧族群的某些基层单位和个体成员完全有可能过着半游牧生活甚至脱离畜牧生业，一个游牧族群亦有可能在某一阶段过着半游牧生活甚至脱离畜牧生业，而且这几乎不可能进行定量的界定。在形容某个游牧族群或者某个游牧社会这一层面上往往只能使用宽泛的游牧概念，在具体分析某一特定时期或者某些具体基层单位和个体成员时则可以使用严格意义上的"游牧"、"半游牧"、"半农半牧"或者"终年游牧"、"四季轮牧"、"定居游牧"、"定居放牧"等概念。

如果一个族群满足以饲养食草类牲畜（马、牛、绵羊、山羊、驴、骡、骆驼、牦牛等）为主导经济形态、多数家庭或者家庭主要成员有相当时间追逐水草放牧、牲畜及畜产品在其生产生活中占有重要地位、牲畜在其思想观念中占有特殊位置等条件，就可以归入"游牧"范畴。按照这四项条件，戈壁草原游牧、盆地草原游牧、高山草场畜牧这三种经济文化类型均可以称为游牧，而苔原牲畜经济文化类型则不宜归入游牧范畴。苔原畜牧类型是畜牧经济的特殊形态。以苔藓为食的驯鹿是兴安岭地区鄂温克族和鄂伦春族的主要饲养牲畜，用于骑乘和运输，一般不用来肉食。狩猎在经济生活中占有非常重要的地位，他们沿着河流，时分时聚，迁徙不定，四处游猎。捕鱼业亦较为重要，采集业则是经济生活的补充。由于驯鹿与一般游牧社会饲养的牲畜不同，而且鄂温克族和鄂伦春族的衣食主要依靠狩猎对象，因此虽然有学者将这种经济文化类型称为"游牧"或者"半游牧"，但是更多的学者表述为"游猎"。

中国近现代还存在绿洲耕牧和山地耕牧这两种畜牧成分比较浓厚的经济文化类型。绿洲耕牧类型分布在塔里木盆地、准噶尔盆地边缘地带，以及河西走廊、青藏高原东北坡的河湟地区至宁夏一线。包括维吾尔、乌兹别克、塔塔尔、俄罗斯、回、东乡、保安、撒拉、达斡尔、锡伯等民族。一般在绿洲上依靠人工灌溉系统种植农作物，其农耕生活中普遍杂有浓厚的畜牧因素，肉、奶、皮、毛等畜产品在人们衣食中占有较为重要的位置。山地耕牧类型分布在青藏高原东南斜坡、雅鲁藏布江谷地和云贵高原中西部山地，包括藏、羌、纳西、彝、白、普米、拉祜、傈僳等民族。一般在山区经营旱作农业，同时饲养牛、羊、猪、鸡等畜禽，牛、羊多放牧在村舍附近的山坡上。住房多系土墙木顶。这两种经济文化类型当然不能归入游牧范畴，但是就具体基层单位和个体成员的生产生活方式而言，尤其是在绿洲耕牧类型中不排除存在游牧形式的可能性。

三、历史上的中国北方游牧族群

文献史料对中国北方民族的记载是在西汉司马迁《史记》以后逐渐相对清晰起来的。在西周金文和早期文献中出现过鬼方、混夷、獯鬻、猃狁、西戎、山戎、赤狄、白狄等北方部族，但是对其经济形态、生活习俗的记述或付阙如，或者语焉不详，对于这些北方部族是否属于游牧民族的看法并不一致。东周以降，游牧民族在北方草原戈壁纵横驰骋，其具体生产生活情况需要考察。

由于受到《史记》、《后汉书》分别将先秦戎狄写入《匈奴传》和《西羌传》的影响，后世史学家往往将先秦时期的戎狄视为游牧族群，不过这可能是一个重大的历史误会①。至于战国时期的林胡、楼烦和东胡，属于游牧族群似无疑议，惜文献记载太过简略。这里重点以去战国未远的汉代匈奴、鲜卑、乌桓、西羌和西域游牧诸国为例考察中国历史上的北方游牧族群。

1. 游牧地域

历史上的北方游牧民时有远途迁徙，这往往伴随着政治形势和社会环境的重大变化。如战国燕将秦开袭破东胡，东胡却千余里；西汉中后期匈奴退出河套地区和河西走廊，远走漠北；东汉中期匈奴北单于西遁中亚；东汉晚期东部鲜卑自辽西入驻"匈奴故地"；约在东汉前期拓跋鲜卑从"大鲜卑山"南迁"大泽"呼伦湖，汉末再次南迁河套阴山地区。但是其基本游牧方式却是在相对固定的区域内迁移。

游牧民得依水草而生息繁衍，通常情况下首先是选择水草丰美之地作为牧场，广袤的草原戈壁上最适宜游牧的地域相对集中。从汉唐文献分析，阴山、河套以北偏东、河西、居延、乌兰巴托以西和贝加尔湖地区是汉代匈奴人口比较稠密的地带②。漠北则自然条件相对恶劣，"幕北地平，少草木，多大沙"③。游牧民在不得已的情况下只能退而求其次，移牧其他地区，所以汉使郭吉诘问单于"何但远走，亡匿于幕北寒苦无水草之地为？"④，匈奴民歌叹息"亡我祁连山，使我六畜不蕃息，失我燕支山，使我嫁妇无颜色"⑤。同时各种血缘或地缘牧业生产组织需要各自的生存空间，因此游牧范围是有局限的。

《史记·匈奴列传》开篇就提及游牧民"逐水草迁徙，毋城郭常处耕田之业，然亦各有分地"，这种"分地"就是各自有相对固定的游牧区域，当与匈奴自单于庭和左右贤王庭以下至基层的严密社会组织相对应。"置左右贤王，左右谷蠡王，左右大将，左右大都尉，左右大当户，左右骨都侯。……自如左贤王以下至当户，大者万骑，小者数千，凡二十四长，立号曰'万骑'。……诸左方王将居东方，直上谷以往者，东接秽貉、朝鲜；右方王将居西方，直上郡以西，接月氏、氐、羌；而单于之庭直代、云中：各有分地，逐水草移徙。……诸二十四长亦各自置千长、百长、什长、禆小王、相、封都尉、当户、且渠之属"⑥。史料中可以见到匈奴王公贵族拥有固定游牧区域的记载，皋林温禺犊王长年驻牧涿邪山是著名的例子。"（永平十六年，73年）南单于遣左贤王信随太仆祭肜及吴棠出朔方高阙，攻皋林温禺犊王于涿邪山。虏闻汉兵来，悉渡漠去。……

---

① 林沄：《中国北方长城地带游牧文化带的形成》，《林沄学术文集》（二），科学出版社，2008年。
② 袁祖亮：《中国古代边疆民族人口研究》，中州古籍出版社，1999年，第22～26页。
③ 《汉书·匈奴传下》。
④ 《汉书·匈奴传上》。
⑤ 《史记·匈奴列传》司马贞《索隐》引《西河旧事》。
⑥ 《史记·匈奴传》。

（建初元年，76 年）时皋林温禺犊王复将众还居涿邪山，南单于闻知，遣轻骑与缘边郡及乌桓兵出塞击之，斩首数百级，降者三四千人。……（元和二年，85 年）其岁，单于遣兵千余人猎至涿邪山，卒与北虏温禺犊王遇，因战，获其首级而还"[1]。

乌桓的社会组织有"部"、"邑落"和"落"，亦是在相对固定的区域内游牧。"常推募勇健能决斗讼、相侵犯者为大人；邑落各有小帅，不世继也。数百千数自为一部。……大人已下，各自畜牧治产，不相徭役"[2]。东汉建武年间乌桓入居塞内，其游牧区域有限，因此往往以郡地名号。"汉末，辽西乌丸大人丘力居，众五千余落，上谷乌丸大人难楼，众九千余落，各称王，而辽东属国乌丸大人苏仆延，众千余落，自称峭王，右北平乌丸大人乌延，众八百余落，自称汗鲁王"[3]。

检讨文献，在相对固定的范围内移徙当是历史上游牧民的基本游牧方式。如北朝突厥"虽移徙无常，而各有地分"[4]；契丹阻午可汗"始制部族，各有分地"[5]；清代准格尔部"择丰草绿缛处所驻牙而游牧焉。各有分地"[6]。清代蒙古族的牧场大致以旗为界，旗内牧主的牧地亦大致固定。

为了寻找适宜的避风、御寒场所和草场、水源，游牧民的居址一般是在游牧区域内沿南北方向或海拔高度而变换。沿南北方向迁徙的例子如柔然，"冬则徙度漠南，夏则还居漠北"[7]。又如鞑靼人"在冬季他们下到南方较暖和的地方去，夏季他们则上到北方较寒冷的地方。他们在冬天降雪的时候到缺水的牧地放牧，因为雪可以给他们当水用"[8]。依海拔高度变换居址的记载比较晚近。元代蒙古人"大率遇夏则就高寒之地，至冬则趋阳暖薪木易得之处，以避之。过以往，则今日行而明月留，逐水草便畜牧而已"[9]。鞑靼人"每逢冬季届临，他们就移居到一个比较温暖的平原，以便为他们的牲畜找一个水草丰富的草甸；一到夏季，他们又迁移至山区里比较凉爽的地方，那里水草充裕，又可避免马蝇和其他各种吸血的害虫侵扰牲畜。他们在二、三个月里不断地往山上转移，寻觅新的牧场，因为任何一块草甸，它的草料都不能够永远满足那么大群的牲畜的饲养需要"[10]。

2. 庐帐

庐帐是游牧民的基本住宅样式。

---

① 《后汉书·南匈奴传》。
② 《三国志·魏书·乌丸鲜卑东夷传》注引王沈《魏书》。
③ 《三国志·魏书·乌丸鲜卑东夷传》。
④ 《周书·异域下》。
⑤ 《辽史·营卫志中》。
⑥ 《钦定皇舆西域图志》卷三十九《风俗·准噶尔部·畜牧》，乾隆四十七年增修"四库全书"本。
⑦ 《魏书·蠕蠕传》。
⑧ 耿昇、何高济译：《柏朗嘉宾蒙古行纪·鲁布鲁克东行纪》，中华书局，1985 年，《鲁布鲁克东行纪》，第 209 页。
⑨ （元）张德辉《纪行》，转引自李治安：《元世祖忽必烈草原领地考》，《史学集刊》2005 年第 3 期。
⑩ 马可·波罗口述，鲁思梯谦笔录，曼纽尔·科姆罗夫英译，陈开俊、戴树英、刘贞琼等译：《马可波罗游记》，福建科学技术出版社，1981 年，第 62 页。

内蒙古桌子山召烧沟（原书定为新石器时期）、巴丹吉林曼德拉山（原书定为青铜时代甚至晚至历史时期）等地的岩画中已经出现圆形帐篷图案。至迟在西汉，北方游牧族群已经普遍使用穹庐作为住宅，文献提及西汉匈奴、乌桓、西羌、乌孙居住穹庐。

汉代游牧民的各个阶层普遍居住穹庐。匈奴单于接见汉使时提及穹庐。元封元年（前110年）"汉使王乌等窥匈奴。匈奴法，汉使不去节、不以墨黥其面，不得入穹庐。王乌，北地人，习胡俗，去其节，黥面入庐"。元封四年（前107年）杨信使匈奴，"（单于）欲召入，不肯去节，乃坐穹庐外见杨信"[①]。匈奴於轩王曾赐予苏武穹庐。"三岁余，王病，赐武马畜、服匿、穹庐"[②]。普通牧户亦居住穹庐。"光武初，乌桓与匈奴连兵为寇，代郡以东尤被其害。居止近塞，朝发穹庐，暮至城郭"[③]。永初元年（107年）发金城等地羌人征西域，"群羌惧远屯不还，行到酒泉，多有散叛。诸郡各发兵徼遮，或覆其庐落"[④]。

汉代穹庐大概亦是圆形，围以毛毡织物，而且便于拆卸迁移，结构样式或与近现代的蒙古包相似。《盐铁论·论功篇》记匈奴"织柳为室，毡席为盖"；《汉书·西域传下》记江都公主作歌称乌孙"穹庐为室兮旃为墙"。北朝鲜卑的毡帐"以绳相交络，纽木枝枨，覆以青缯，形制平圆，下容百人座，谓之'伞'，云'百子帐'"[⑤]。宋代蒙古人"穹庐有二样。燕京之制用柳木为骨，……可以卷舒，面前开门，上如伞骨，顶开一窍，谓之'天窗'，皆以毡为衣，马上可载。草地之制，用柳木织成硬圈，径用毡挽定，不可卷舒，车上载行，水草尽则移，初无定日"[⑥]。定居游牧或定居放牧的牧民可能居住简易的固定式房屋，例如宋代契丹。"自过古北口，即蕃境。居人草庵板屋，亦务耕种，但无桑柘"[⑦]。

3. 迁移方式

汉代北方游牧民均是随带畜群逐水草迁移。《史记·匈奴传》："唐虞以上有山戎、猃狁、荤粥，居于北蛮，随畜牧而转移。……逐水草迁徙，毋城郭常处耕田之业"；王沈《魏书》："（乌丸）俗善骑射，随水草放牧，居无常处"；《后汉书·西羌传》："所居无常，依随水草。地少五谷，以产牧为业"；《汉书·西域传上》："大月氏本行国也，随畜移徙，与匈奴同俗"。

北方游牧民可以根据具体情况灵活采用"终年游牧"、"季节轮牧"、"定居游牧"和"定居放牧"等牧业经营方式，其中以"季节轮牧"最具普遍性。

对于匈奴和西羌的迁移方式，王明珂先生已经作了精彩分析。他根据"匈奴俗，

---

① 《汉书·匈奴传上》。
② 《汉书·苏建传附苏武传》。
③ 《后汉书·乌桓鲜卑传》。
④ 《后汉书·西羌传》。
⑤ 《南齐书·魏虏传》。
⑥ （南宋）彭大雅：《黑鞑事略》。
⑦ （南宋）叶隆礼：《契丹国志》卷二十四《王沂公行程录》。

岁有三龙祠,常以正月、五月、九月戊日祭天神"①的记载,认为匈奴冬季定点屯居,阴历五月进夏草场开始另一段较为聚合、较为定居的生活,阴历九月则是从夏草场转移至较分散、移动性较强的秋草场的关键时刻。西羌因为兼营农业而且尚未大规模饲养牦牛,其生态空间应当是河谷及附近山区高地。羌人阴历四月离开冬草场下到谷地整地播种,然后开始游牧生活;夏季基本上分散游牧,秋季牲畜肥壮,收获麦子,这时一年的游牧大体完成,可以外出劫掠;冬季则聚集定居于山中至阴历三月底②。匈奴时期的阴山岩画中见有畜牧转场的场面,辽代诸帝的"四时捺钵"实质上是"四季轮牧"的折射。王作之先生总结,从蒙古帝国至清代,新疆北部左右草原的游牧民多数依春秋、夏、冬四季在三地轮牧,少数是按春、夏、秋、冬四季在四地轮牧;昆仑山区的游牧民可能多为冬春、夏秋两季在两地轮牧,也有按春秋、夏、冬四季在三地轮牧者③。

可以设想北方游牧民冬季一般是定居的,文献中也有这方面的明确记载。嚈哒国"无城邑,依随水草,以毡为屋,夏迁凉土,冬逐暖处。……其王巡历而行,每月一处,冬寒之时,三月不徙"④。

4. 车辆

车辆是游牧民的交通运输工具,并曾经用于军事。《盐铁论·散不足篇》记"胡车相随而鸣"。永初三年(109年)汉军在属国故城击破匈奴南单于,"获穹庐车重千余两"⑤;阳嘉三年(134年)汉军在阊吾陆谷击破北匈奴,获"车千余两"⑥。北朝敕勒"乘高车,逐水草,畜牧蕃息",其车辆"车轮高大,辐数至多"⑦;天兴二年(399年)北魏军"别从西北绝漠千余里,破其遗迸七部",获"高车二十余万乘"⑧。契丹"畜牧畋渔以食,皮毛以衣,转徙随时,车马为家"⑨。

岩画表明游牧民使用车辆的年代颇早,俄罗斯图瓦和阿尔泰、蒙古中西部和中国北方地区青铜至早期铁器时代的岩画中经常出现车辆图形,林沄和乌恩先生对岩画车辆的年代和特征进行过讨论⑩。从岩画和铜牌饰图案的比例关系分析,早期车形有两个特点,一是车轮高大,适于在崎岖草地、低凹坑陷沙滩和积雪高原上行进;二是车箱狭小,似不便于载重,而是用作战车。乌恩先生总结,这些车辆的形制基本相同,都

---

①　《后汉书·南匈奴传》。

②　王明珂:《匈奴的游牧经济:兼论游牧经济与游牧社会政治组织的关系》,《历史语言研究所集刊》第六十四本,第一分,1993年。

③　王作之:《新疆古代畜牧业经济史略》,新疆人民出版社,1998年,第122页。

④　《魏书·西域传》。

⑤　《后汉书·耿弇传附耿夔传》。

⑥　《后汉书·西域传》。

⑦　《魏书·高车传》。

⑧　《魏书·太祖纪》。

⑨　《辽史·营卫志中》。

⑩　林沄:《对南山根M102出土刻纹骨板的一些看法》,《林沄学术文集》,中国大百科全书出版社,1998年;乌恩:《论古代战车及其相关问题》,《内蒙古文物考古文集》(第一辑),中国大百科全书出版社,1994年。

是单辕双轮车，车箱为半圆形、圆形或方形，4～8根辐条，有些不刻划辐条，绝大多数驾双马，少数驾四马。约当战国前期车辆形制发生了变化，俄罗斯巴泽雷克墓地出土单辕四轮车，车箱宽敞，上置伞盖，驾四马，宜于载重；辽宁西丰西岔沟、宁夏同心倒墩子等地青铜牌饰上的车形和驾驭方式均较岩画不同，车箱变大，适于载物。

5. 城镇聚落

匈奴"五月，大会龙城，祭其先、天地、鬼神"[①]，文献中还提及颓当城[②]、赵信城[③]，西域行国乌孙"大昆弥治赤谷城"[④]，这说明汉代游牧民有城镇聚落。

游牧民城镇聚落的一种形式是由移动式的帐幕组成。许多学者认为龙城最有可能是由庐帐聚集而成，蒙古，俄国西伯利亚发现过12～17世纪的帐幕城址[⑤]。另一种则是固定式的土木砖石建筑，蒙古境内的十数处匈奴城堡见有壕沟、建筑基址、瓦件、方砖，外贝加尔地区发现伊沃尔加城址、都连村遗址、阿巴坎宫殿址等[⑥]。清代天山以北游牧区形成了二百六七十处经营定居农牧业的庄、区，这些农牧业定居点附近有不同程度的种植业，其内有手工业作坊和商业店铺[⑦]。

固定式的城镇聚落应该具有畜牧业特征。比如伊沃尔加城址附近有一面积不大的小城，城内出有大量马、牛、羊骨，当为供圈放羊、马暂避兵锋的羊马城。新疆吉木萨尔以北的唐代北庭故城的外城北墙有平面略似长方形的羊马城[⑧]。拓跋鲜卑的早期都城盛乐城内除部分牲畜骨骼和骨器可能是拓跋遗物，其他可以确定为五世纪以前拓跋鲜卑的遗物极为稀少[⑨]；中期都城平城"妃妾皆住土室，……养猪羊、牧牛马，种菜逐利"[⑩]。辽上京的北城亦多空旷地，当为契丹毡帐居地。

游牧民有"尚东"的习俗，乌丸"以穹庐为宅，皆东向"[⑪]。因此城镇聚落和主要建筑的正方向有可能朝东。

6. 畜牧生计

文献史料对于游牧民牲畜种类、数量的记载主要见之于掳获、款塞内附和互市情况的记述中，分析这些材料，可以得出几点认识。

（1）就牲畜种类而言，马、牛、羊是游牧族群的常畜。

---

① 《汉书·匈奴传上》。
② 《汉书·韩王信传》。
③ 《汉书·卫青霍去病传》。
④ 《汉书·西域传下》。
⑤ 乌恩：《论匈奴考古研究中的几个问题》，《考古学报》1990年第4期。
⑥ 乌恩：《论匈奴考古研究中的几个问题》，《考古学报》1990年第4期。
⑦ 王作之：《新疆古代畜牧业经济史略》，新疆人民出版社，1998年，第208页。
⑧ 孙秉根：《新疆吉木萨尔北庭古城调查》，《考古》1982年第2期。
⑨ 宿白：《盛乐、平城一带的拓跋鲜卑——北魏遗迹》，《文物》1977年第11期。
⑩ 《南齐书·魏虏传》。
⑪ 《三国志·魏书·乌丸鲜卑东夷传》注引王沈《魏书》。

（2）匈奴饲养的牲畜中以羊数量最大。文献记述汉军掳获时往往不区分牲畜种类，将牛马羊等一并计数。颇珍贵的是记有本始二年（前72年）校尉常惠掳获马、牛、驴、骡、橐驼五万余匹，羊六十余万头[①]；还记有太康八年（287年）匈奴都督大豆得一育鞠等率部来降，携牛二万二千头，羊十万五千口[②]。东部鲜卑的养羊业似乎不甚发达，因为在记述汉军掳获鲜卑牲畜时数次没有提及羊，显得特殊。例如永建二年（127年）耿晔发兵出塞击鲜卑，"斩首数百级，大获其生口牛马什物"；永建六年（131年）渔阳太守遣乌桓击鲜卑，"斩首八百级，获牛马生口"[③]。

（3）骆驼似乎主要分布在匈奴西部、西羌和西域游牧诸国。汉军掳获匈奴骆驼的记载只有两例[④]，均发生在匈奴西部。前述本始二年校尉常惠与乌孙联兵出击匈奴以外；永元元年（89年）窦宪大破北单于于私渠比鞮海，获马、牛、羊、橐驼百余万头[⑤]。汉军掳获西羌骆驼时有记载。永初七年（113年）马贤击牢羌，得驴、骡、骆驼、牛、羊二万余头；元初四年（117年）任尚与狼莫战，得牛、马、驴、羊、骆驼十余万头[⑥]。西域行国有骆驼，例如蒲类国"庐帐而居，逐水草，颇知田作。有牛、马、骆驼、羊畜"[⑦]。骆驼是北方游牧民的重要畜种，分布受到自然条件的一定限制，比较偏于西部地区。汉代以后的分布范围似乎更加广阔。阴山、乌兰察布、巴丹吉林、桌子山、贺兰山、阿尔泰山等地新石器至青铜时代的岩画中骆驼图像是习见题材。《盐铁论·崇礼篇》记"骡驴馲驼，北狄之常畜也"；《魏书·食货志》记"世祖之平统万，定秦陇，以河西水草善，乃以为牧地。畜产滋息，马至二百余万匹，橐驼将半之，牛羊则无数"；《契丹国志》记古北口外"时见畜牧，牛、马、橐驼"[⑧]。今天呼伦贝尔草原也有骆驼分布。

（4）驴似亦主要分布在匈奴西部和西羌。汉军掳获匈奴驴的记载仅两次，与掳获骆驼同例。掳获西羌驴亦时有记载（有时且与掳获骆驼同记），例如汉安三年（144年）赵冲击烧何羌，得牛、羊、驴十八万头[⑨]。西方人类学者认为驴在半游牧族群中的饲养更为普遍。

（5）在对乌桓的记述中强调犬的重要性。"葬则歌舞相送。肥养犬，以彩绳缨牵，并取亡者所乘马、衣物、生时服饰，皆烧以送之"[⑩]。东部鲜卑和室韦养犬业亦发达。应劭称"鲜卑隔在漠北，犬羊为群"[⑪]，室韦"畜宜犬豕，豢养而噉之，其皮用以为韦，男

① 《汉书·常惠传》。《汉书·匈奴传上》记此事件为"虏马、牛、羊、驴、骡、橐驼七十余万"。
② 《晋书·北狄匈奴传》。
③ 《后汉书·乌桓鲜卑传》。
④ 王明珂：《匈奴的游牧经济：兼论游牧经济与游牧社会政治组织的关系》，《历史语言研究所集刊》第六十四本，第一分，1993年。
⑤ 《后汉书·窦融传附窦宪传》。
⑥ 《后汉书·西羌传》。
⑦ 《后汉书·西域传》。
⑧ （南宋）叶隆礼：《契丹国志》卷二十四《王沂公行程录》。
⑨ 《后汉书·西羌传》。
⑩ 《三国志·魏书·乌丸鲜卑东夷传》注引王沈《魏书》。
⑪ 《后汉书·应奉传附应劭传》。

子女人通以为服"①。乌桓和室韦均偏于长城地带东部,似有地域特点。不过在阴山、乌兰察布、巴丹吉林、桌子山、贺兰山、阿尔泰山等地被编著者定在新石器至青铜时代的岩画中犬亦是习见题材。

（6）鹿是一种值得注意的动物。近现代的驯鹿饲养业主要分布在欧亚大陆的北部高纬地区,中国北方游牧民仍然有小量鹿业饲养。虽然秦汉以后的历史文献中罕见游牧民拥有鹿群的记载,不过在蒙古和中国北方早期岩画中时常出现鹿的形象,北方系青铜器上亦经常见到鹿型或鹿纹,欧亚草原则有鹿石的广泛分布,其中蒙古和阿尔泰地区的鹿石且为写实图案。在岩画等图案中,青铜至早期铁器时代的鹿有时作为狩猎对象,有时与马、羊同时出现,似是畜牧对象,历史上的北方游牧民也许存在过畜牧鹿群的阶段。阴山岩画有骑马牧人、马和鹿转场的图案,宁城南山根 M102 刻纹骨板和蒙古毕其特恩——阿姆谷岩画上均有射杀鹿的图案。国外学者认为俄蒙边界西段北线的萨彦山区是最早的驯鹿业中心之一,年代早至狩猎时代②。

（7）在定居游牧、定居放牧甚至季节轮牧的某些情况下,猪也有可能成为牧民的家畜。昆仑山岩画中猪与牧人、家畜（马、牛、驴、骡、骆驼、牦牛、山羊、绵羊羔、狗等）、野牲（盘羊、羚羊、鹿等）同见③。定居畜牧的契丹人养猪业甚至相当发达。出古北口入契丹,"时见畜牧,牛、马、橐驼,尤多青羊、黄豕,亦有挈车帐,逐水草射猎"④。

（8）匈奴畜牧业规模极大,汉军掳获的牲畜辄以数万、十数万乃至百万计。如元朔二年（前 127 年）卫青击楼烦白羊王于河南地,得羊百余万头⑤;阳嘉三年（134年）车师后部司马击北匈奴于阊吾陆谷,获牛羊十余万⑥;建初八年（83 年）"北匈奴三木楼訾大人稽留斯等率三万八千人、马二万匹、牛羊十余万,款五原塞降"⑦。西羌畜牧业亦发达,汉军掳获的牲畜数量亦颇可观。元初三年（116 年）任尚击零昌,得牛、马、羊二万头;建光元年（121 年）马贤击卢忽种人,掠马、牛、羊十万头;建康元年（144 年）卫瑶追击亡羌,得牛、马、羊二十余万头⑧。而乌桓和鲜卑的畜牧业规模似较逊色,汉军掳获的牲畜数量远不及匈奴和西羌。元初六年（119 年）邓遵出塞追击鲜卑,"获生口及牛羊财物甚众";永建二年（127 年）耿晔出塞击鲜卑,"大获其生口牛马什物"⑨。

（9）王明珂先生认为,匈奴的人畜比远低于近代蒙古牧民的最低生存水平,这可

① 《旧唐书·室韦传》。
② A. M. Khazanov. Nomads and the Outside World. Cambridge: Cambridge University Press, 1983: 112. 引文笔者译。
③ 参见王作之:《新疆古代畜牧业经济史略》,新疆人民出版社,1998 年,第 39、40 页。
④ （南宋）叶隆礼:《契丹国志》卷二十四《王沂公行程录》。
⑤ 《汉书·匈奴传上》。
⑥ 《后汉书·西域传》。
⑦ 《后汉书·南匈奴传》。
⑧ 《后汉书·西羌传》。
⑨ 《后汉书·乌桓鲜卑列传》。

能反映着当时匈奴的经济类型以及对辅助性生业的依赖程度都与近代蒙古牧民大有不同。此点特别值得重视。根据《后汉书》和《晋书》的两条记载，他统计匈奴人均 0.5 匹马，牛、羊 3~5 头，或人均 2 头牛、9 头羊；而俄国学者统计 20 世纪初期一个五口之家的蒙古家庭需要马 14 匹、骆驼 3 匹、牛 13 头和 90 头羊才能生活[1]。

7. 牲畜至上观念

牲畜在游牧民的心目中占有特别重要的位置。"突厥兴亡，唯以羊马为准"[2]；"契丹旧俗，其富以马，其强以兵"[3]。牲畜身上往往标有印记，高车"其畜产自记识，虽阑纵在野，终无妄取"[4]，《唐会要·诸蕃马印》记载北方游牧民马印样式达 35 种。

8. 渔猎业

狩猎历来是游牧民经济生活的重要补充。匈奴"其俗，宽则随畜，因射猎禽兽为生业，急则人习战攻以侵伐，其天性也"[5]；乌桓"日弋猎禽兽，食肉饮酪，以毛毳为衣"[6]；吐谷浑"好射猎，以肉酪为粮"[7]；突厥"人徒稀少，不及唐家百分之一，所以能与为敌者，正以逐水草，居处无常，射猎为业"[8]；契丹"每岁正月上旬，出行射猎，凡六十日"[9]。

游牧民亦有捕捞业。"鲜卑众日多，田畜射猎，不足给食。后檀石槐乃案行乌侯秦水，广袤数百里，淳不流，中有鱼而不能得。闻汙人善捕鱼，于是檀石槐东击汙国，得千余家，徙置乌秦侯水上，使捕鱼以助粮"[10]。蒙古人"猎而得者曰兔、曰鹿、曰野彘、曰黄鼠、曰顽羊（其脊骨可为杓）、曰黄羊（其背黄，尾如扇大）、曰野马（如驴之状）、曰河源之鱼（地冷可致）"[11]。

9. 农业

民族志材料表明在游牧经济中纳入某种程度的农业是相当普遍的现象。
《汉书》的《匈奴传》《西域传》记载匈奴有管理农垦的"犁污王"、"梨污都尉"

---

① 王明珂：《匈奴的游牧经济：兼论游牧经济与游牧社会政治组织的关系》，《历史语言研究所集刊》第六十四本，第一分，1993 年。

② 《旧唐书·郑元璹传》。

③ 《辽史·食货志上》。

④ 《魏书·高车传》。

⑤ 《史记·匈奴列传》。

⑥ 《三国志·魏书·乌丸鲜卑东夷传》注引王沈《魏书》。

⑦ 《北史·吐谷浑传》。

⑧ 《资治通鉴·唐纪二十七》"唐玄宗开元四年冬十月"条。

⑨ （南宋）叶隆礼：《契丹国志》卷二十三。

⑩ 《三国志·魏书·乌丸鲜卑东夷传》注引王沈《魏书》。

⑪ （南宋）彭大雅：《黑鞑事略》。

和掌管粮食度支的"粟置支侯"，有"谷稼不熟"[①]、"车师屯田"[②]和戊己校尉降众被安置在零吾水上"田居"[③]的记载，外贝加尔地区出有农业生产工具，充分说明匈奴存在农业经济。分歧在于，乌恩和江天蔚先生认为匈奴农业主要是由掳没的汉人经营[④]，王明珂先生则认为匈奴游牧经济中亦有纳入某种程度农业的可能性[⑤]。文献明确记载乌桓存在一定农业成分。"俗识鸟兽孕乳，时以四节，耕种常用布谷鸣为候。地宜青穄、东墙，东墙似蓬草，实如葵子，至十月熟。能作白酒，而不知作麴蘗。米常仰中国"[⑥]。西羌既言"地少五谷"，似也有少量农业因素，而且文献中屡有西羌"就田业"的记载。至于西域，有些行国基本不存在农业，例如乌孙国"不田作种树，随畜逐水草，与匈奴同俗"[⑦]；婼羌国"随畜逐水草，不田作，仰鄯善、且末谷"[⑧]；移支国"皆被发，随畜逐水草，不知田作"[⑨]。有些行国则农业比较发达，例如蒲类国"庐帐而居，逐水草，颇知田作。有牛、马、骆驼、羊畜"；东且弥国"庐帐居，逐水草，颇田作。其所出有亦与蒲类同。所居无常"[⑩]。

汉代以后的北方游牧族群亦颇有从事农业者。吐谷浑"亦知种田，有大麦、粟、豆"[⑪]；铁勒"近西边者，颇为艺植"[⑫]；契丹皇祖匀德实"喜稼穑，善畜牧，相地利以教民耕"[⑬]；奚人"颇知耕种，岁借边民荒地种稷，秋熟则来获"[⑭]；吉利吉斯（黠戛斯）"颇知田作"[⑮]。"察合台人，至今仍过游牧生活，终年居于帐幕之内；冬夏迁徙各地，常择一安全而易于防守之地，张立帐幕。夏季多居于近河滩而平坦之地，在该地播种麦、棉，栽培瓜类"[⑯]。

10. 手工业

匈奴手工业相当发达，文献记载中有线索可寻的门类包括冶金、陶业、木器制造、车辆制造、毛纺、皮革加工等，这也是游牧社会得以维系的基本手工业门类，在北方游牧族群中应当具有普遍性。例如乌桓"大人能作弓矢鞍勒，锻金铁为兵器，能刺韦作文

---

① 《汉书·匈奴传上》："会连雨雪数月，畜产死，人民疫病，谷稼不熟，单于恐，为贰师立祠室。"
② 《汉书·匈奴传上》：地节四年（前66年）"匈奴怨诸国共击车师，遣左右大将各万余骑屯田右地"。
③ 《汉书·匈奴传下》。
④ 乌恩：《论匈奴考古研究中的几个问题》，《考古学报》1990年第4期；江天蔚：《匈奴史初探七则》，《民族史论丛》，吉林人民出版社，1980年。
⑤ 王明珂：《匈奴的游牧经济：兼论游牧经济与游牧社会政治组织的关系》，《历史语言研究所集刊》第六十四本，第一分，1993年。
⑥ 《三国志·魏书·乌丸鲜卑东夷传》注引王沈《魏书》。
⑦ 《汉书·西域传下》。
⑧ 《汉书·西域传上》。
⑨ 《后汉书·西域传》。
⑩ 《后汉书·西域传》。
⑪ 《北史·吐谷浑传》。
⑫ 《北史·铁勒传》。
⑬ 《辽史·食货志上》。
⑭ 《新五代史》四夷附录第三。
⑮ 《元史·地理志六·西北地附录》。
⑯ ［土耳其］奥玛·李查译，杨兆钧译：《克拉维约东使记》，商务印书馆，1985年，第108页。

绣，织缕毡罽"①；西域行国婼羌"山有铁，自作兵，后有弓、矛、服刀、剑、甲"②。

分析这些记载，完全可以确定历史上的北方游牧民绝非纯而又纯的游牧社会，因时因地，有可能存在定居和其他生计方式，需要具体分析。杨建华先生前已指出，春秋战国时期北方地区的西部，即内蒙古西部和甘宁地区（庆阳除外）游牧化程度最高，北方地区的东部游牧化程度不太发达③。在汉代，活跃在长城地带中段的匈奴游牧经济最为发达，游牧专业化程度最高，超过西部匈奴和漠北匈奴，亦超过乌桓、鲜卑、西羌和西域游牧诸国，其中一个原因当与社会环境有关——与汉军发生冲突的频率和强度均超过其他地区。

四、关于游牧性质遗存的判断标准

通过对中国北方近现代游牧民和历史上北方游牧民的考察，可以对游牧性质遗存的判定提出些参考标准。

1. 关于游牧性质的遗址

（1）游牧民在某些年度、某些季节尤其是冬季有可能定居下来，有可能留下遗迹现象。

北方近现代游牧民冬季定居时期有地穴式、土洞式、土房式、石结构和木结构等多种居住形式，共同特点是比较简易，这类建筑最有可能留有遗迹现象。哈萨克族牧民冬季住房最简单的是"库尔开"，即地窝子；稍为好些的是帐篷式土房"托夏拉"，用树枝编成篱笆，内外两层，中间填以泥土；有些牧主的冬季住房用红松建造。有些柯尔克孜族牧民冬季住木屋和土房，有的穷苦牧民甚至挖土洞或用石块垒砌住房。他们亦有比较复杂的永久式建筑。如蒙古族土木结构的蒙古包式建筑"独贵"，这类建筑遗迹容易保留，而且其圆形式样显示出游牧生活的深刻烙印。"独贵"为圆形房盖，其上覆盖苇草、芦草或茅草，用砖块、石块或土坯建筑墙体，有的用柳条编织成墙壁内外涂抹黏土，室内以一根木柱支撑圆形房顶，有的开窗，有的砌炕，有固定火灶。这种建筑是从游牧向定居生活过渡的产物，在昭克昭盟一带多见④。

圆形毡帐是游牧民最为习见的建筑设施，以蒙古包最为著名，哈萨克族和柯尔克孜族的毡帐均类似蒙古包。蒙古包大致可以分为转移式和固定式两种，后者支架永久性固定，其外有木栅院落⑤。《呼伦贝尔志略》记述蒙古包的构造方法为："就地划直径丈余之圆圈，周围排立木柱，柱间用木棍纵横组织如格，箍着柱上，成一围墙，柱上

---

① 《三国志·魏书·乌丸鲜卑东夷传》注引王沈《魏书》。
② 《汉书·西域传上》。
③ 杨建华：《春秋战国时期中国北方文化带的形成》，文物出版社，2004年，第126页。
④ 邢莉：《游牧文化》，北京燕山出版社，1995年，第95页。
⑤ 邢莉：《游牧文化》，北京燕山出版社，1995年，第92、93页。

端，架木为梁，成一伞形之屋"。搭建和使用毡帐有可能留下遗迹现象，尤其是固定式蒙古包。其墙体必须埋入地下以永久固定，毡帐周围的土地必须砸实，然后用石块或木材固定屋脚，毡帐外还有木栅。这样蒙古包周围可能会形成硬土区，墙体木柱等可能留下柱洞，蒙古包外缘部分则有可能留有圆形土槽或石块圆圈。蒙古包内的火灶一般设于中央，亦有可能发现石块垒砌的灶址。《清稗类钞·风俗类蒙人起居》条云"正中迭石作灶，上加铁围，而置釜焉"。还应该考虑到圆形毡帐有一个发展形成过程，其构架未必与近现代蒙古包完全相同，甚至不一定都是圆形。一般认为蒙古包是由类似于鄂伦春人和鄂温克人的帐篷式"仙人柱"发展而来，此类设施最初大概是以树木为支架覆盖树皮的窝棚，其后演化为覆盖毛皮的帐篷。藏族牧民的庐帐主要用牛毛织物制作，除圆盆形"哇"外，还有四方形"纳舍包"。

游牧民在居址附近有时搭盖简易畜圈，或者形成兽骨堆，也有可能形成遗迹现象。

（2）游牧民在暂时定居时期有可能形成一定规模的社区，甚至城市聚落。

游牧经济的特点决定了牧户的分散性，草原上往往一户或几户牧民形成幕营。但是在某些时候尤其是冬季定居时亦有可能按照各种宗族或社会组织形成某种社区，甚至城镇聚落。

蒙古族历史上有"古列延"、"阿寅勒"和"鄂托克"等牧业组织。产生于氏族血缘集团时期的"古列延"是由几十个或者更多帐幕和幌车围成的多重宿营环圈，逐步演变成为多个氏族构成的集体游牧组织，兼有军事组织性质；10世纪前后产生的"阿寅勒"是以家庭为核心的个体游牧方式，用以表示同在一起宿营的一个、两个或三个禹儿惕（帐幕）组成的小集团，也表示在彼此相距不远的地面上散处着的"禹儿惕——阿寅勒集团"，与"古列延"长期并存；几个"阿寅勒"联合起来称为"鄂托克"，出现在15世纪以后，是一种地缘经济组织，兼有社会组织的性质[①]。

哈萨克族一定的牧户和特定的牧场习惯上多按"耶利"来区分，"耶利"是哈萨克牧民对家庭以上较大血亲集团的通称。建国前后，氏族成员往往围绕各个富有牧户结成"阿乌尔"或称"阿吾勒"进行生产活动。一个阿乌尔由三、五户至十户、二十户牧民组成，有些"阿乌尔"成员具有近亲血缘，或者是同一氏族的远亲血缘，有时也有不同氏族甚至不同民族的成员。夏季是"阿乌尔"牧民聚牧的季节，秋季转场时逐渐分散，冬季牧民定居在"冬窝子"时仍然有许多"阿乌尔"存在，春季转场时"阿乌尔"又逐渐聚合。

柯尔克孜族牧民氏族部落的基层血缘组织称为"阿寅勒"，同时也是不严密的生产组织。藏区各地牧民的社会组织不尽相同，大致是以部落为基础单位，牧场划界、转场迁移等重要经济活动则由部落议事会议决定。青海果洛藏区社会组织分为四级——部、部落、小部落和"日科"，最基层的"日科"（即"帐房圈"）由几户、十几户至几十户组成[②]。

① 邢莉：《草原牧俗》，山东教育出版社，1999年，第95～106页。
② 尕藏才旦：《青藏高原游牧文化》，甘肃民族出版社，2000年，第71页。

游牧民的城镇聚落应该表现出畜牧业发达的特征，如有羊马城、畜圈一类设施，城内建筑不甚密集，城内堆积不甚丰富，出有较多的羊、马、牛骨骼等。

（3）游牧性质遗址往往位于特定地理区域。

王明珂先生认为一个理想的匈奴牧区应当包括三种生态因素：①足以在不同主要季节提供水草资源的广阔草原；②森林与山区，可以作为猎场，提供制作车具、穹庐、弓矢的木材，而且能在草原不适宜居住的时节提供另一个生存空间；③邻近定居聚落的地理位置，以取得自己无法生产制造的日常用品和谷类[①]。这可能适用于所有的北方游牧民，北方游牧族群与中原政权频繁接触的热河山地、阴山、河套、河西走廊一线确实符合这三个条件。在寻找和判定游牧性质遗址时应该注意这样的特定区域。

（4）在确定游牧性质遗址时需要分析地形地貌。

山地的海拔高度变化可以供游牧民转换牧场，在山谷和阳坡选择居址可以躲避风雪，山地森林可以提供制作庐帐、车辆、棺椁、弓箭等的木料，因此山地附近的游牧性质遗存一般比较密集。游牧民夏季营地一般选择在高坡通风处，冬季营地一般选择在山谷、洼地和山地南坡，同时兼顾水草情况。藏族冬季定居的住宅则建筑于山下平坝。方志《青海》记曰"夏日于大山之阴，以背日光。其左、右、前三面则开阔平朗，水道便利。择树木阴密之处而居。冬日居于大山之阳，山不宜高，高则积雪；亦不宜低，低不挡风。左右宜有两狭道，迂回而入则深邃而温暖。水道不必巨川，巨川则易冰，沟水不常冰也"；牧民谚语称"前有照（指充足的阳光和充足的草滩），后有靠（阳坡或高地），既没有照，也没有靠，也应有抱（河流或小溪）"[②]。

（5）由于游牧区木料相对缺乏，土木结构的建筑不会发达，某些具有纪念、祭祀、宗教意义的建筑和墓葬可能使用石结构；受圆形毡帐的影响，有些建筑可能呈圆形。阿尔泰地区和蒙古习见的积石圈、石台、石围、石堆等就是例子，其中必然有许多属于游牧民遗存。

2. 动物骨骼

游牧性质遗存中往往出有动物骨骼，以殉牲最为常见，历史上北方游牧民有以家畜作为牺牲的习俗。例如突厥"死者，停尸于帐，子孙及亲属男女各杀羊、马，陈于帐前祭之，……葬日，……又以祭之羊、马头"[③]。因此可以从分析动物骨骼的种类、数量和比例关系着手来判断游牧性质遗存。

（1）复合畜种较之单一畜种更能够满足欧亚草原上的游牧生活，因此出有多种牲畜骨骼的遗址和墓葬更有可能属于游牧性质遗存。

北方游牧民饲养的动物种类包括马、牛、牦牛、犏牛（牦牛与黄牛的杂交后代）、

---

① 王明珂：《匈奴的游牧经济：兼论游牧经济与游牧社会政治组织的关系》，《历史语言研究所集刊》第六十四本，第一分，1993年。

② 邢莉：《草原牧俗》，山东教育出版社，1999年，第124页。

③ 《北史·突厥传》。

山羊、绵羊、驴、骡和骆驼等，其中马、山羊、绵羊、牛和骆驼对于判断游牧性质遗存具有重要意义。蒙古族牧民将牛、马、山羊、绵羊、骆驼称为"五畜"；在土耳其安纳托利亚高原，尤尔克牧民真正承认的家畜只有山羊、绵羊、牛、骆驼、马五种，总称为"玛拉"，只有这五种家畜才是生产性家畜，并且是放牧对象和财产象征，蒙古语中"玛拉"也有相同的意思①。而牦牛主要分布在青藏高原及其北的阿尔金山、昆仑山、帕米尔高原、天山和阿尔泰山高寒地带，地域分布具有明显局限性。

游牧民利用这些牲畜提供畜力、肉、血、皮、毛产品来满足各种生产生活需要。各种牲畜对自然环境的适应性不同，习性不同，提供的畜力不同。羊具有迅速再繁殖的能力和强韧的适应能力，在游牧经济中比例最大。马的移动性较强，可以在远一点的牧场放牧，无须与牛、羊争食；作为坐骑有利于控制和保护羊群；冬季能踢破冰层得到牧草，而羊可以啃食冰下马吃过的草根；牛则因为有强韧的体力适于作迁徙时的牵引力。山羊在与绵羊混合放牧时可以成为头羊，能够带领吃草时不喜欢移动的绵羊群边就食边移动②。畜产品产量和用途也有差别。甘肃省肃南自治县康乐区裕固族牧民用绵羊毛搓毛线，用来制作衣料"褐子"、口袋和铺地毛毡；而山羊毛则用于搓绳和制作毡房"褐子"。饲养周期和畜产品的生产周期亦不相同。骆驼"生育最晚，八岁以外，始能负重"③。尤尔克牧民不把绵羊看作重要奶源，因为绵羊产奶量比山羊少，而且比山羊更早进入枯奶期（绵羊8月停止挤奶，山羊产奶期是5月至10月，不过绵羊产奶期较早），而牛的产奶期则比绵羊和山羊长得多，通常一年中有9个月的挤奶期（2月至10月）④，因此不同牲畜在游牧民的生产生活中具有某种互补性，他们通过控制畜群规模、畜种比例、牲畜性别和年龄结构，力图构建畜产品产量（肉、奶和皮毛）、畜力使用和草场载畜量的平衡，以维系游牧社会的生存发展。

（2）马匹是欧亚草原游牧带的主导畜种，绵羊是牧民最重要的生产生活资料，马和绵羊的组合已经可以构成游牧生活的最基本要素，游牧性质遗存中最容易出有马和绵羊骨骸。

马匹行动迅捷，嗅觉、视觉和听觉格外灵敏，被牧民视为具有灵性的动物，不但是牧民骑行的交通工具和战斗时的坐骑，而且是牧民狩猎和放牧时的助手；内蒙古地区一名徒步牧民可以放牧150～200头羊，骑在马上可以放牧约500头羊，而两名骑马牧民则可以管理约2000头羊⑤。同时可以提供马肉、马奶、马乳酒、马鬃、马皮、马筋等各种畜产品。因此马匹是欧亚草原游牧民最为珍视的牲畜，在牧业生活中占有极其

① ［日］松原正毅著，赛音朝格图译：《游牧世界》，民族出版社，2002年，第27页。

② 王明珂：《匈奴的游牧经济：兼论游牧经济与游牧社会政治组织的关系》，《历史语言研究所集刊》第六十肆本，第一分，1993年。

③ 周晋熙：《鄂托克旗富源调查记》（民国17年铅印刊行），《鄂托克前期文史资料》（第10辑），政协鄂托克前旗委员会。

④ ［日］松原正毅著，赛音朝格图译：《游牧世界》，民族出版社，2002年，第32～35页。

⑤ 王明珂：《匈奴的游牧经济：兼论游牧经济与游牧社会政治组织的关系》，《历史语言研究所集刊》第六十四本，第一分，1993年。

重要的地位。蒙古族牧民将马匹视为家庭成员。马匹也是哈萨克牧民最为喜爱的牲畜，建国以前最贫困的牧民即使没有一只羊，也有一、两匹马和几峰骆驼。

与其他牲畜比较，羊个体最小，对草料数量要求最少，作为个体容易存活，宰杀后较少的个体出肉量亦便于牧民日常食用，加之迅速再繁殖能力和强韧的适应能力，因此成为游牧社会中最普遍的、比例最大的畜种[①]。宋代蒙古人"牧而庖者以羊为常，牛次之，非大宴会不刑马"[②]。甘肃省阿克塞地区哈萨克族牧民主要以羊肉、羊奶及各种羊奶制品为食，羊皮用来制作衣服；尤其是羊毛可以用来制毡，毛毡用途甚广，是制作毡房、被褥、鞍褥、背囊、口袋、靴袜、驼衣的原料，牧民的日常生活离不开羊毛制品和羊皮制品。内蒙古呼伦贝尔盟新巴尔虎右旗宝格德乌拉等苏木、新疆阿勒泰县五区哈萨克族塔斯贝肯氏族、乌恰县二区柯尔克孜族牧民、青海省环海地区蒙古族和果洛藏族等地游牧民均以羊数量最多。

（3）山羊、牛、骆驼是欧亚草原游牧民的重要畜种，但是重要性不及马和绵羊，而且山羊分布地域受到某种局限。

较之绵羊，山羊食性更杂，抗灾疫能力更强；山羊喜动，在混群放牧时可以领带绵羊。但是山羊肉质不及绵羊，且刨食草根，破坏草场，因此数量远不及绵羊。

牛可以提供肉、奶、毛、皮等畜产品，而且成活率高，出肉率高；更重要的是可以为牧民提供强劲畜力。内蒙古牧区饲养乳牛、犍牛和牤牛，乳牛用来挤奶和繁殖，犍牛用来肉食和拉车，牤牛用于为乳牛配种。甘肃省肃南自治县康乐区的裕固族牧民饲养犏牛和牦牛驮运物品，饲养黄牛耕地。青海湖盆地区的藏族牧民转场时以马群当先，次为牛群，次为羊群，最后为驮运粮食、帐篷、炊具的牛队和载负家属的马队[③]。不过牛对水草的要求较高，而且移动较差。在水草丰美的内蒙古东部牧区牛的比例要超过西部牧区，甘肃省阿克塞地区哈萨克族牧民中牛的数量就很少。

蒙古族牧民将骆驼视为博采众兽之长的灵物和吉祥物，除去提供一般畜产品以外，游牧民主要将骆驼用作交通运输工具，尤其适于沙漠地区。蒙古族牧民使用骆驼作为交通运输工具时主要是驼载，还有驼轿和驼车。

（4）犬是警戒性动物，亦是游牧民畜种构成的有机组成部分。

犬在游牧生活中的作用不在于提供畜产品，而是帮助牧民管理羊群，而且可以消灭狼害，是牧民的帮手。牧民对犬很爱护，也是常见畜种，但是数量较少。

（5）习惯上认为猪和鸡是适应定居生活的家畜、家禽，但是在特殊情况下也未必与游牧生活绝对不相容。

人类学学者一般承认猪可以放牧，但是与专化的草原游牧不能相容。猪是杂食动

① 前举西汉本始二年（前72年）校尉常惠击破和西晋太康八年（287年）匈奴都督大豆得一育鞠率部来降的记载中，羊在牲畜中占最大宗。《隋书·突厥传》记突厥"部落大人相率遣使贡马万匹，羊二万口，驼、牛各五百头。寻遣使请缘边置市，与中国贸易"。
② （南宋）彭大雅：《黑鞑事略》。
③ 周廷儒：《环青海湖区之山季移牧》，《周廷儒文集》，北京师范大学出版社，1992年。

物，没有反刍结构，虽然在哺乳动物中将植物转化为肉类的效率最高，但是与人类争食；并且猪的身体调温系统极不适应炎热、日晒环境，因此早期猪种更喜爱有着充足荫凉和水淖的森林环境，绝不适于游牧饲养[1]。不过青藏高原有游牧民饲养猪的情况。"在牲畜较少的牧区，或者是半农半牧区，蕨麻猪是肉食来源之一。……蕨麻猪是雪域的小型原始地方猪种，是藏民将野猪驯化而成的，……它靠放牧采食为主，采食又以刨蕨麻为主，……蕨麻猪采食能力强，保膘好，长期（终年）野外放牧，公母混群繁殖"[2]。四川小金县结思乡嘉绒藏族"纯牧户主要饲养牦牛，另外也饲养少数的犏牛、黄牛、骡、马、猪等"[3]。土耳其游牧民亦有饲养鸡的记载。尤尔克牧民每个"查得尔"（用黑山羊毛织成的帐篷）都喂养两三只鸡，转场时将鸡腿绑住用驴驮运[4]。

（6）在根据动物骨骼的种类和数量分析畜种构成时需要具体考虑地理小环境、牧户个案、灾疫、社会环境等方面的影响，排除各种偶然因素。

北方地区植被类型多样，涵盖温带荒漠、温带草原、温带稀树灌木草原、温带草甸、温带草本沼泽等类型，但是不同畜种习性有别，对环境适应能力亦不同，因此牧民在饲养时会有所侧重。内蒙古草原上可供牲畜饲用的植物即有500余种，羊草、冰草、针叶茅、冷蒿、黄花苜蓿等牧草为各种牲畜所喜爱；有些牧草则受到特定畜种的偏爱，例如骆驼喜食含碱性的蒿草、它恩草和野葱，喜食柳树叶和榆树叶。而且骆驼不喜饮泉水、河水和活水，而是喜饮碱性水，在水草缺乏的干草原和半沙漠地区更能发挥作用，因此分布受到限制。

除了通常考虑到的社会层级和贫富差别，游牧经济中还存在畜种分工（即分群放牧，如有些牧民专门放马，有些牧民专门牧羊），因此不同牧户占有牲畜的种类和数量有时相差极其悬殊（见表）。

游牧业是极其不稳定的自然经济，雪、旱、风、蝗灾和瘟疫等自然灾害随时可能造成牲畜的大量损失。武帝末年匈奴"连雨雪数月，畜产死，人民疫病"[5]；建武年间"匈奴中连年旱蝗，赤地数千里，草木尽枯，人畜饥疫，死耗太半"[6]。

特定的社会环境和政治局势亦对牲畜种类和数量产生影响。据1952年统计，青海省果洛藏区绵羊占牲畜总数的54.89%，牦牛和犏牛占41.82%，马占2.1%，山羊占1.19%，牛的比重明显高于环青海湖盆地区。除地势高寒的牧场适宜发展养牛业以外，亦有对付马步芳集团掠夺和封锁的因素。在封闭条件下的藏区，牛在经济生活中的重要性超过藏系绵羊，当羊毛不能外销时，其经济价值则大打折扣。更重要的是，一旦马家军前来掠夺，牛比羊更容易转移。1936年原来游牧在新疆巴里坤地区的哈萨克族

① ［美］马文·哈里斯著，叶舒宪、户晓辉译：《好吃：食物与文化之谜》，山东画报出版社，2001年，第73、74页。
② 尕藏才旦：《青藏高原游牧文化》，甘肃民族出版社，2000年，第15页。
③ 李涛、李兴友：《嘉绒藏族研究资料丛编》，四川藏学研究所，1995年，第701页。
④ ［日］松原正毅著，赛音朝格图译：《游牧世界》，民族出版社，2002年，第26、53页。
⑤ 《汉书·匈奴传上》。
⑥ 《后汉书·南匈奴传》。

牧民向甘肃迁移，在盛世才军队的追击下牲畜损失惨重，损失羊 14 万多万只（出发时约有 20 多万只）、马 1 万多匹（原有约 2 万匹）和大量骆驼（原有约 3 万峰），而 1 万多头牛则全部丢弃。

表一　内蒙古呼伦贝尔盟新巴尔虎右旗宝格德乌拉等苏木部分牧户牲畜统计（1993 年，蒙古族）[①]

牧户 ＼ 畜种	羊	马	牛
古力格	3000 余只	300 余匹（头）	
达木丁	1800 只	300 余匹（头）	
西拉呼	500 余只	30 余匹	50 余头
扎木苏荣	450 只	14 匹	90 余头
贡格尔	无	4 匹	无
玛克斯仁	无	6 匹	6 头

表二　新疆阿勒泰地区哈巴河县加尔克巴斯阿吾勒部分牧户牲畜统计（50 年代初期，哈萨克族）[②]

牧户 ＼ 畜种	羊	马	牛	骆驼
加尔克巴斯	两千余只	不足百匹	七、八头	二三十峰
艾尔别克	百余只	十五匹	十数头	七、八峰
萨合都拉	五十来只	四、五匹	三、四头	无
阿不都拉	无	三、四匹	四、五头	无
恰依果孜	无	一匹	五、六头	无
喀拉米歇尔	无	无	无	无

表三　甘肃肃南裕固族自治县康乐区杨哥家部落（中华人民共和国成立前夕，裕固族）[③]

畜种 ＼ 牧户	绵羊	山羊	牦牛	黄牛	犏牛	马	驴	骡
牧主	4 只	2043 只	62 头	87 头	3 头	无	2 头	51 头
中牧	12 只	701 只	6 头	167 头	56 头	10 匹	无	10 头
贫牧	33 只	38 只	6 头	72 头	94 头	无	无	5 头

3. 遗物

既往在根据遗物判定游牧性质遗存时主要集中于车具、马具、兵器和具有草原艺术风格的装饰品等器物，实际上还需要注意牧业生产工具和反映游牧生活特点的日常用具。下面介绍一些近现代北方游牧民使用的器具，希望在分析游牧性质遗存时能够有所启发。

---

①　据色音：《蒙古游牧社会的变迁》，内蒙古人民出版社，1998 年，第 162～166 页。

②　据新疆维吾尔自治区丛刊编辑组：《哈萨克族社会历史调查》，新疆人民出版社，1987 年，第 70、71 页。

③　据甘肃省编辑组：《裕固族东乡族保安族社会历史调查》，甘肃民族出版社，1987 年，第 14 页。

（1）车马具

游牧族群的车马具经常发现，也容易引起注意。

车辆是历史上北方游牧民的交通运输工具，车轮高大是其突出特点。近现代北方游牧民的车辆"由于形状不同，用处各异，车辆也有不同的类型和不同的叫法"[1]，勒勒车（蒙古式牛车）非常著名。车轮多用桦木制成，轮径达1.4～1.5米，相当于牛身高度；载重量大，车身较长，一般在4米以上。近代蒙古族牧民的勒勒车主要有三种：大车、牛车（分为无棚车和库房车）和篷车，另外还有马、骡、驼牵拉的轿车。这些蒙古车的构造分为车上脚和车下脚两部分，车上脚由车轮、车轴、车头组成，车上脚由车辕、车撑、车槽组成。有的勒勒车上悬挂大铃铛。在判断北方游牧民遗存时应该注意符合这些特征和比例关系的车马具。马匹是牧民的主要骑乘工具。蒙古族马具主要有马笼头（由用两段皮条制成的笼头花、缰绳和后兜组成）、马嚼子（将笼头花下后部系以嚼环，嚼环上连以铁嚼）、马鞭子（用皮条或木头、藤条制作，长约0.6米，由皮套、铜箍及皮鞭组成）、马镫、马鞍、马驮具（圆形木架用以盛放器皿，驮柴或驮水）等。骆驼亦是有些牧民的主要运输交通工具。

（2）牧业生产用具

游牧民的日常生产活动包括放牧牲畜、打印记、接羔、去势、剪毛、赶毡、制毯、挤奶、砌圈、打马鬃、剪马尾等，使用多种牧具。皮、铁、骨、角质地的牧具和木质牧具的金属附件有可能遗留下来。新疆地区发现过牛颈栓、羊颈栓、牛鼻栓、驼鼻栓、马腿绊、乳品搅拌杆和鞣制皮革的木擦子等畜牧业生产专用工具[2]，这类不起眼的小件遗物恰恰能显示牧业生产的特点，需要特别注意。不过现今对牧具的研究几近空白。《齐民要术》记载"漠北塞之羊，则八月不铰，铰则不耐寒"，说明至晚在北魏时就已经使用剪刀来剪羊毛。《唐会要·诸蕃马印》记载的马印标记说明金属马印已经普及。

蒙古族牧民的牧具包括套马杆、刮马汗板、羊鞭子、各种毛皮条绳索（系马绳、驼架毛绳、驼绊子、拴羊绳等）、剪刀和毛抓子、驼笼头、驼鼻弓、驼鞍子、驼镫、驼屉子、牛头套等。肃南裕固族牧民的牧具包括牧羊棍、鞭子、奶角子、剪刀、"好老畏"、铁绊、毛绳等。藏族则用刀子割羊毛。套马杆用细桦木制成，长约5～7米，顶端系一皮条，竿子上端有一皮环。梳理马鬃毛的刮马汗板木制，长约30厘米，前部呈长方形，后部窄收，顶端呈方形、椭圆等形状，饰有各种纹样。羊鞭子多是在木棍一头系上绳子或皮条，另一头绑上两根扭曲的粗铁丝。剪羊毛、驼毛的剪刀略大，前部略长，剪完后用毛抓子放入柳条筐；毛抓子用铁丝编成，呈手爪形。驼笼头用驼鬃搓制的绳子制作，没有嚼环；驼鼻弓用木棍或畜骨制成，一头呈尖形，另一头呈叉形，形似剑戟，在骆驼两岁时刺入鼻中隔，不再取下以便牵引；驼镫一般铁制，有些刻有花纹；骆驼长途驮运时使用驼屉子，用毛制驼架垫和两根木棍制成。肃南裕固族牧民的牧羊木棍长约1米；牧鞭子的木杆长约1尺，皮鞭绳长约4～5尺；奶角子是将牛、

---

①　参见宇尔只斤·吉尔格勒：《游牧文明史论》，内蒙古人民出版社，2002年，第68～71页。

②　王作之：《新疆古代畜牧业经济史略》，新疆人民出版社，1998年，第165页。

羊角挖空，尖端打一小洞，再套上皮奶嘴，用来给羊羔喂奶；剪毛工具是铁剪刀；双折1米左右的皮条"好老畏"是用来驱打野兽和驱赶羊群的抛石工具；锁马工具铁绊形似脚镣，来自汉地；毛绳用牛毛或山羊毛搓成，一端有活扣，用来套马。

有些农业生产工具亦可以用为牧业生产工具，分析用途时应该考虑多种可能性。肃南裕固族牧民的铁锹、镢头来自汉地，用来挖圈，数量不多。阿勒泰专区布尔津县西冲胡村的哈萨克牧民普遍使用镰刀打草，亦有铁锹。

（3）日常生活器具

游牧民的某些日常生活器具在用途、质料和造型上反映着游牧生活的特点。

游牧民习惯饮食乳汁及乳制品，盛放乳汁和制作乳制品的器具颇有特色。蒙古族、哈萨克族和柯尔克孜族牧民家庭中普遍备有用来分离黄油的乳桶。乳桶有木制、铜制、铁制、皮制数种。木制乳桶有的呈圆柱状，高约半米，中间有一道木箍，加盖，有的两边各有一木把；铜、铁制乳桶呈圆柱状，两侧有把手。藏族亦有专供打酥油的桶。桶高1米左右，圆盖，盖中心的圆孔内插入一根三尺来长的木柄用以捣动，木柄下端安装十字木架[①]。蒙古族牧民往往用瓦罐、陶器等敞口容器盛放乳汁，用木杵捣马奶。

游牧民往往就地取材，利用比较经久耐用的木、骨、角、皮制品。蒙古族牧民的日常生活器具多木制，如树皮碗、木碗、木碟等餐具，木桶、木槽和木杵等炊具，木臼、木槌等茶具；哈萨克牧民有椭圆形的野杨木盆炊具。蒙古族牧民亦用动物胃囊盛放乳汁，用干的羊肚盛放白油，用皮囊制作乳桶和酿制马奶酒。

有些可以确定为与游牧文化有关的遗物如铜釜等自然当引起注意。铜釜在青铜时代至汉代的北方游牧区域出土颇多，西伯利亚游牧岩画在显著位置上刻划铜釜图像，显然是游牧民的生活器具。

游牧民日常生活用具的器物造型，尤其是陶器造型值得认真分析。

游牧民生活质朴，流动性强，通常而言制陶业不如农区发达，陶器种类、造型较简单。陶器毕竟容易破碎，环耳器皿、穿孔器皿、带柄器皿、束颈器皿、突棱器皿便于用绳索捆绑搬运，扁体器皿便于骑乘时携带，或许是适应迁徙的产物。带流器皿适宜乳制品倾倒，小口的大型器皿适宜液态乳制品存贮和运输，直口或敞口的大型器皿适宜液态乳制品加工，或许是适应乳制品普遍化的产物。陶器生产不便，因此有可能对残破陶器二次加工后使用。汉代匈奴、东部鲜卑、拓跋鲜卑的陶器种类均颇简单。匈奴陶器以小口鼓腹罐和小口收腹罐为主；东部鲜卑陶器以大口舌状唇壶和大口长腹罐为主，有些陶壶从颈部平齐截去，似是对残破器的二次加工。新疆地区存在浓厚畜牧因素的墓葬中经常出有带流陶器、环耳陶器、带柄陶器和穿孔木器；辽西地区和河套地区鲜卑墓地出有颈部有突棱的陶壶；邻近游牧地区的内蒙古伊克昭盟三段地汉代墓地[②]和宁夏盐池县张家场汉墓[③]均出有扁壶，辽代鸡冠壶亦是扁体造型。这些器形可

---

①　尕藏才旦：《青藏高原游牧文化》，甘肃民族出版社，2000年，第21页。

②　魏坚：《三段地墓葬》，《内蒙古中南部汉代墓葬》，中国大百科全书出版社，1998年。

③　宁夏文物考古研究所、宁夏盐池县文体科：《宁夏盐池张家场汉墓》，《文物》1988年第9期。

能显示着游牧民生活的特点。

（4）兵器

狩猎业是游牧经济的重要补充，弓箭当是兵器中的大宗，各种质料的箭镞、骨弓弭等弓箭部件和箭囊等容易发现，且数量最多。原因在于：一则虽然循理而言游牧民可以随葬各类兵器，但是其冶金业发展终究受到各种条件限制，大件金属兵器或许较为珍贵。徐庭曾言"鞑人始初草昧，百工之事，无一而有。其国除孳畜外，更何所产？其人椎朴，安有所能？止用白木为鞍桥，鞯以羊皮，镫亦削木为之。箭镞则以骨，无从得铁"，"后灭金虏，百工之事，于是大备"[1]，讲述虽然夸张，但也说明了一些事实。二则弓箭是狩猎活动中最经常使用的武器。在阴山、卓子山、巴丹吉林、乌兰察布、贺兰山、阿尔泰山等地的岩画中，狩猎图案是新石器时期的主要艺术主题，青铜时期至早期铁器时代的艺术主题虽然以畜牧为主，但是狩猎题材仍然占有重要地位。弓箭是这些狩猎题材岩画上最经常见到的武器。

（5）服饰品

游牧民的服饰亦可以显示其游牧生活印记。

近现代蒙古族和哈萨克族牧民均有系腰带的习俗。长途骑马的蒙古族牧民必须束腰，这样既可以保暖，又可以宽敞胸部使双臂活动不受限制，便于套马和射箭。腰带两边各系一银质套环，其上系带蒙古刀、火镰等物件。哈萨克族牧民的腰带多用牛皮制作，其上镶嵌金银花纹、珊瑚、珍宝、玉石，左侧悬挂皮囊存放杂物，右侧佩小刀便于随时使用或剥肉食。这种佩挂物件的腰带类似唐宋时期北方游牧民族习用的"蹀躞带"。穿缀钉扣珠串，则可以方便地装饰皮革衣物。游牧民妇女的头饰颇为繁复，亦喜爱各种装饰。鄂尔多斯、察哈尔、巴尔虎、阿拉善、乌珠穆沁等地蒙古族妇女的头饰均繁复华丽，缀以各种金银、珍珠、珊瑚、玛瑙、绿松石等饰物，有的重达十余斤。这很容易让我们联想到慕容鲜卑的"步摇冠"以及西沟畔汉代匈奴墓地出土的冠饰。蒙古族妇女且喜戴颈饰、耳饰和手饰，哈萨克姑娘的皮帽上也往往饰有金银珠宝。

在游牧性质的遗存中，皮革制品有时能够保存下来，带钩、带扣、带銙等各类带具需要注意，而且可能出有较多的金银、珠玉、玛瑙、绿松石、金属钉扣等饰件。

4. 艺术主题

家畜是游牧民的生产生活资料，野牲是游牧民的狩猎对象，他们在天穹下放牧牲畜、迁转牧场和攻战射猎，与动、植物群落相依存，共同成为当地生态系统的组成部分，家畜、野牲也自然成为游牧民的艺术主题。从岩画判断，至少在青铜时代内蒙古地区已经驯养家马、家牛、山羊、绵羊、骆驼、家犬和鹿等七种动物[2]。阴山岩画中可以鉴定的动物达40种，其中青铜时代和铁器时代存在（或可能存在）的动物包括适应性强、分布面广的野兔、狐、狼、虎、豹、黑熊，活动于山地森林或森林边缘且喜湿

① （南宋）彭大雅：《黑鞑事略》。
② 盖山林：《巴丹吉林沙漠岩画》，北京图书馆出版社，1997年，第85页。

凉气候的梅花鹿、马鹿、驯鹿、驼鹿、白唇鹿和狍，活动于荒漠草原且喜干冷气候的野马、野驴、黄羊，活动于高山裸岩地带且喜干凉气候的北山羊、岩羊和盘羊[①]。

在北方系青铜器尤其是北方系金属牌饰上经常见有野牲和家畜造型，这其中有许多是游牧民的遗物。陶器上亦可以见到家畜和草场的图案。以东部鲜卑陶器为例，内蒙古哲里木盟采集的舍根文化陶壶饰有马纹（2046、1317）和鹿纹（1314）[②]，科左中旗六家子墓地出二陶壶（102）饰有马纹[③]，科右中旗北玛尼吐墓地出土陶壶饰有水草纹（M36∶1）、马纹和树木纹（M40∶1）[④]。新疆和静县察吾乎一号墓地出土陶罐（M315∶5）饰有骆驼图案[⑤]。

蒙古和阿尔泰地区的鹿石往往为鹿纹写实图案，有的刻有马匹和马车，腰部刻出短剑、弓囊、鹤嘴镐等表示挂在腰带上的武器，亦表现着游牧民的艺术情趣。

阴山、乌兰察布、巴丹吉林和新疆等地的畜牧岩画上经常出现各种符号，有些岩画符号与《唐会要·诸蕃马印》记载的北方游牧民的马印记号和哈萨克族现存氏族部落印记风格相似。遗存中如果存在这类符号印记，则可能暗示着与游牧民有关。

从考古学上辨识游牧性质的遗存具有相当难度，但并非不可企及。王明珂先生认为其途径有两条，其一是需要对游牧社会的特质有深入了解，二是需要特别的发掘技术[⑥]。本文着重对中国北方近现代游牧民和历史上北方游牧民的生计、居住和迁移方式进行考察，旨在说明"游牧"不过是牧民适应具体自然环境和社会环境的选择，他们可能采取各种牧业经营方式，也不排斥其他经济方式，而且存在一定程度的定居性。从此种认识出发，我们就可以持辩证和相对的观点来判定、分析游牧性质遗存。事实上，完全满足上举判定标准的个案遗迹在田野发掘中几乎不存在，更有可能的是我们可以根据某些迹象判断其在某种程度上存在畜牧业成分和移动性。这时则需要将其与同类型遗存通盘考虑，这样可供分析的因素便会增加；如果就整体而言确认该类型遗存的畜牧业成分比较浓厚、移动性较强，结合对自然环境、族属等方面的具体认识，便有可能确定该遗存的经济文化类型属性。

游牧社会是中国文明的另一极，历来为学者所重视，近年来更加引起学者的注意，王明珂先生的论文极有启发性，杨建华、林沄、乌恩等先生也有很好的文章问世[⑦]。解决中国游牧业发生起源以及历史时期北方游牧族群与农耕民族的相互依存关系等重要

---

① 尤玉柱、石金鸣：《阴山岩画的动物考古研究》，《阴山岩画》（附录），文物出版社，1986 年。
② 张柏忠：《哲里木盟发现的鲜卑遗存》，《文物》1981 年第 2 期。
③ 张柏忠：《内蒙古科左中旗六家子鲜卑墓群》，《考古》1989 年第 5 期。
④ 钱玉成、孟建仁：《科右中旗北玛尼吐鲜卑墓地》，《内蒙古文物考古文集》（第一辑），中国大百科全书出版社，1994 年。
⑤ 新疆考古研究所：《和静县察吾乎沟一号墓地》，《新疆文物》1992 年第 4 期。
⑥ 王明珂：《匈奴的游牧经济：兼论游牧经济与游牧社会政治组织的关系》，《历史语言研究所集刊》第六十四本，第一分，1993 年。
⑦ 杨建华：《春秋战国时期中国北方文化带的形成》，文物出版社，2004 年；林沄：《中国北方长城地带游牧文化带的形成过程》，《林沄学术文集》（二），科学出版社，2008 年；乌恩：《欧亚大陆草原早期游牧文化的几点思考》，《考古学报》2002 年第 4 期。

学术课题基础于对游牧性质遗存的分析，判定遗存游牧属性的自然是其前提。本文仅是提出一些思路，希望对这方面的研究有所启迪，自知粗陋，容以后据此标准对北方长城地带的若干遗存再作具体分析。

<h1 style="text-align:center">参 考 书 目</h1>

1. 民族学和民族志

白歌乐、王路、吴金：《蒙古族》，民族出版社，1991年。

鄂伦春族简史编写组：《鄂伦春族简史》，内蒙古人民出版社，1983年。

鄂温克族简史编写组：《鄂温克族简史》，内蒙古人民出版社，1983年。

肃北蒙古族自治县概况编写组：《肃北蒙古族自治县概况》，甘肃民族出版社，1986年。

尕藏才旦：《青藏高原游牧文化》，甘肃民族出版社，2000年。

甘肃省编辑组：《裕固族东乡族保安族社会历史调查》，甘肃民族出版社，1987年。

格勒、刘一民：《藏北牧民——西藏那曲地区社会历史调查》，中国藏学出版社，1993年。

黑龙江省编辑组：《赫哲族社会历史调查》，黑龙江民族出版社，1987年。

李涛、李兴友：《嘉绒藏族研究资料丛编》，四川藏学研究所，1995年。

内蒙古自治区编辑组：《达斡尔族社会历史调查》，内蒙古人民出版社，1985年。

青海省编辑组：《青海省藏族蒙古族社会历史调查》，青海人民出版社，1985年。

青海省编辑组：《青海省回族撒拉族哈萨克族社会历史调查》，青海人民出版社，1985年。

青海省编辑组：《青海土族社会历史调查》，青海人民出版社，1985年。

四川省编辑组：《羌族社会历史调查》，四川省社会科学院出版社，1986年。

四川省编辑组：《四川省阿坝州藏族社会历史调查》，四川省社会科学院出版社，1985年。

四川省编辑组：《四川省甘孜州藏族社会历史调查》，四川省社会科学院出版社，1985年。

新疆维吾尔自治区丛刊编辑组：《哈萨克族社会历史调查》，新疆人民出版社，1987年。

新疆维吾尔自治区丛刊编辑组：《柯尔克孜族社会历史调查》，新疆人民出版社，1987年。

新疆维吾尔自治区丛刊编辑组：《巴里坤哈萨克族社会风俗习惯》，新疆人民出版社，1986年。

新疆维吾尔自治区丛刊编辑组：《柯尔克孜族风俗习惯》，新疆人民出版社，1986年。

2. 岩画研究

盖山林：《阴山岩画》，文物出版社，1986年。

盖山林：《乌兰察布岩画》，文物出版社，1989年。

盖山林：《巴丹吉林沙漠岩画》，北京图书馆出版社，1997年。

梁振华：《桌子山岩画》，文物出版社，1998年。

苏北海：《新疆岩画》，新疆美术摄影出版社，1994年。

汤惠生、张文华：《青海岩画》，科学出版社，2001年。

王系松、许成、李文杰等：《贺兰山岩画（拓本）》，宁夏人民出版社，1990 年。

许成、卫忠：《贺兰山岩画拓本萃编》，文物出版社，1993 年。

赵养峰：《中国阿尔泰山岩画》，陕西人民美术出版社，1987 年。

原载《边疆考古研究》（第 2 辑），科学出版社，2004 年

"游牧性质遗存判定标准"的一些图示和一点补充

　　《关于游牧性质遗存的判定标准及其相关问题》[①]一文（简称《判定标准》）的初稿中原有一些附图，由于笔者未能及时完成技术处理，发表时只得删去，觉得有些遗憾；同时考虑到西方学者从东非考古学材料中辨识畜牧人群的方法值得介绍，因此选择这个题目撰就此文。文章分为两部分，其一图示，其二补充。

一

　　《判定标准》首先回顾了关于游牧性质遗存判断标准的认识史，注意到进入20世纪90年代以来，考古学者已经逐渐以相对和辩证的观点来理解游牧社会的"畜牧生计"和"非定居性"。其后分析"游牧"和中国现代北方游牧社会的实质，指出游牧社会的形成及维系实质上是一种"专化的经济、社会结构及其与外在世界的互动模式"，因此理论上的纯粹游牧社会只适合形容特定时段的具体社会组织，游牧民的迁移方式、驻营方式以及对畜牧生计的依赖程度随着社会环境、自然环境和经济条件而变化：群体不同，年度不同，情况也就不同。然后对历史上北方游牧族群的具体生产生活方式进行考察，确定历史上的北方游牧民亦绝非纯而又纯的游牧社会，因时因地，有可能存在定居和其他生计方式。在这样的认识基础上，文章对游牧性质遗存的判定提出了某些参考标准。其中有些问题如果结合图示来说明可能会更清楚些。

　　历史上北方游牧民的基本游牧方式是随带畜群在相对固定的范围内逐水草迁移，根据具体情况灵活采用"终年游牧"、"季节轮牧"、"定居游牧"和"定居放牧"等牧业经营方式，其中以"季节轮牧"最具普遍性。图一岩画表现的可能就是"转场"[②]，这幅岩画和下面例子可以说明岩画是研究古代北方游牧民的重要材料。内蒙古桌子山召烧沟[③]（原书定为新石器时期）等地岩画中已经出现圆形帐篷图案，至迟西汉北方游牧民已经普遍使用穹庐。汉代穹庐大概亦是圆形，围以毛毡织物，便于拆卸迁移。不

---

　　① 郑君雷：《关于游牧性质遗存的判定标准及其相关问题》，《边疆考古研究》（第2辑），科学出版社，2004年。
　　② 盖山林：《阴山岩画》，文物出版社，1986年，图1358。
　　③ 盖山林：《阴山岩画》，文物出版社，1986年，图1420。

过也应该考虑到圆形毡帐有一个发展过程，其构架也未必与现代蒙古包完全相同。图二是岩画上的穹庐①，图三是蒙古学者设想的蒙古包演化示意图②。游牧经济的特点决定了牧户的分散性，但是在某些时候尤其是冬季定居时亦有可能按照各种宗族或社会组织形成某种社区，甚至城镇聚落。游牧民城镇聚落的一种形式是由移动式的帐幕组成，图四是岩画上的牧民聚落③。

图一　阴山转场岩画

图二　岩画上的穹庐
1～3. 巴丹吉林沙漠岩画　4. 阴山岩画

图三　蒙古学者设想的蒙古包演化示意图

古代北方游牧民饲养的动物种类包括马、牛、山羊、绵羊、驴、骡和骆驼等。不

① 盖山林：《巴丹吉林沙漠岩画》，北京图书馆出版社，1997年，图183、图168、图98；盖山林：《阴山岩画》，文物出版社，1986年，图700。
② 盖山林：《巴丹吉林沙漠岩画》，北京图书馆出版社，1997年，第99页。
③ 盖山林：《巴丹吉林沙漠岩画》，北京图书馆出版社，1997年，图187；盖山林：《阴山岩画》，文物出版社，1986年，图1420。

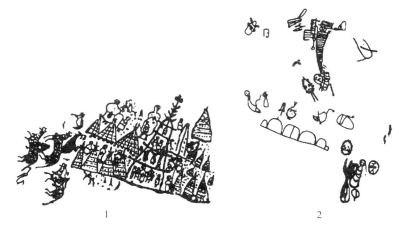

图四　岩画上的牧民聚落
1. 巴丹吉林沙漠岩画　2. 阴山岩画

过蒙古和中国北方早期岩画中时常出现鹿的形象，北方系青铜器上亦经常见到鹿型或鹿纹，欧亚草原则有鹿石的广泛分布。在岩画等图案中，青铜时代至早期铁器时代的鹿有时作为狩猎对象，有时与马、羊同时出现，似是畜牧对象。图五是阴山畜牧岩画上的鹿[①]，说明历史上的北方游牧民也许存在过畜牧鹿群的阶段。考古遗存中经常发现古代北方游牧民的车马具，也容易引起注意。车辆是北方游牧民的运输工具，且曾经用为战车。从图六可以看出，战国以前流行的车型是单辕双轮，驾双马或四马，车箱狭小，而车轮高大是其突出特点[②]，近现代蒙古族勒勒车也是这样。

图五　阴山畜牧岩画上的鹿

游牧民的日常生产活动包括放牧牲畜、打印记、接羔、去势、剪毛、赶毡、制毯、挤奶、砌圈、打马鬃、剪马尾等，牧具能够显示牧业生产的特点。同时游牧民的一些日常生活器具在用途、质料和造型上反映出游牧生活的特点，也需要注意，比如蒙古族、哈萨克族和柯尔克孜族牧民家庭中普遍备有用来分离黄油的乳桶。图七是蒙古族牧民的生活器具和牧具，图八是西藏农区一个庄园的割毛、纺线工具[③]，列举出来供参

① 盖山林：《阴山岩画》，文物出版社，1986年，图1210。
② 参见林沄：《对南山根M102出土刻纹骨板的一些看法》，《林沄学术文集》，中国大百科全书出版社，1998年；乌恩：《论古代战车及其相关问题》，《内蒙古文物考古文集》（第一辑），中国大百科全书出版社，1994年。
③ 引自西藏社会历史调查资料丛刊编辑组：《藏族社会历史调查（六）》，西藏人民出版社，1988年。

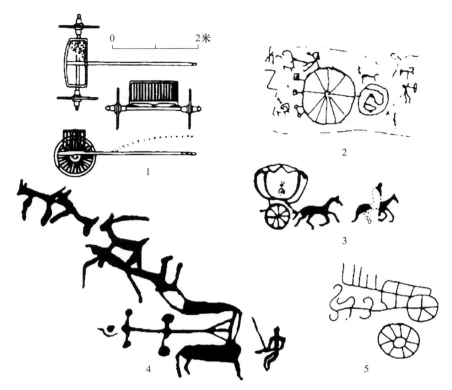

图六　出土马车和岩画上的马车

1. 恰申古墓出土马车[①]　2. 哈萨克斯坦杜拉纳来岩画[②]　3. 蒙古哈恩哈达岩画[③]
4. 乌兰察布岩画[④]　5. 温宿县包孜东岩画[⑤]

考。游牧民往往就便利用比较经久耐用的骨、角、皮制品，图九是东非努尔人的生活用具、牧具和武器[⑥]，可为参考。西伯利亚游牧岩画在显著位置上刻划出铜釜[⑦]（图一〇），可以确定是与游牧民有关的遗物。游牧民的陶器造型值得认真分析。陶器毕竟容易破碎，环耳器皿、穿孔器皿、带柄器皿、大口束颈器皿、突棱器皿便于用绳索捆绑，扁体器皿便于骑乘时携带，或许是适应迁徙的产物。带流器皿适宜乳汁和液态乳制品倾倒，小口的大型器皿适宜乳汁和液态乳制品存贮和运输，直口或敞口的大型器皿适宜乳制品加工，也许是适应乳制品普遍化的产物。游牧民还有可能对残破陶器二次加工后使用。图一一是游牧民陶器造型举例，陶器出自匈奴、东部鲜卑、拓跋鲜卑、契丹墓地以及北方边地。

①　引自林沄：《对南山根 M102 出土刻纹骨板的一些看法》，《林沄学术文集》，中国大百科全书出版社，1998 年。
②　引自苏北海：《新疆岩画》，新疆美术摄影出版社，1994 年，第 535 页，图 10。
③　引自乌恩：《论古代战车及其相关问题》，《内蒙古文物考古文集》（第一辑），中国大百科全书出版社，1994 年。
④　引自盖山林：《乌兰察布岩画》，文物出版社，1989 年，图 881。
⑤　引自苏北海：《新疆岩画》，新疆美术摄影出版社，1994 年，第 394 页，图 4。
⑥　集自［英］埃文思－普里查德著，褚建芳、阎书昌、赵旭东译：《努尔人》，华夏出版社，2002 年。
⑦　引自张玉忠、赵德荣：《伊犁河谷新发现的大型铜器及有关问题》，《新疆文物》1991 年第 2 期。

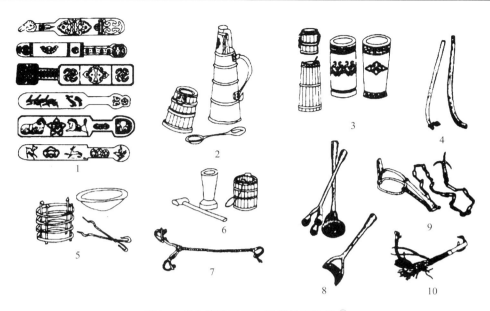

图七　蒙古族牧民的生活器具和牧具①

1. 刮马汗板　2. 高筒茶壶和盛奶器具　3. 分离黄油的乳桶　4. 狩猎工具布鲁　5. 铁锅、火撑和火夹子
6. 汲水桶和捣茶臼　7. 马绊子　8. 打马印工具　9. 铁猎夹　10. 马鞭子

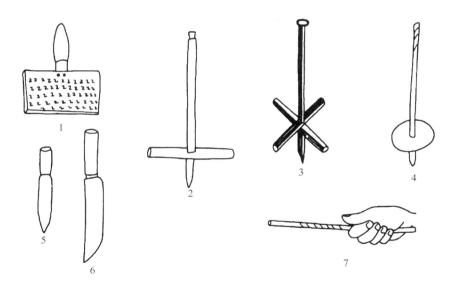

图八　西藏农区拉孜宗杜素庄园割毛、纺线工具

1. 毛梳（木制，正面有许多活动的小铁钩，长23厘米、宽14厘米）　2. 单十字纺锤（木制，中轴长23厘米、直径0.8厘米，纺锤长16.5厘米、直径3厘米）　3. 双十字纺锤（木制，中轴长20.5厘米、直径0.8厘米，纺锤长17厘米、直径1.7厘米）　4. 木轮纺锤（木制，中轴长30厘米、最大直径0.6厘米，上端有螺旋纹，木轮直径7厘米、边缘略薄）　5. 双刃羊毛割刀（铁制木柄，刀片长13厘米、宽2.5厘米）　6. 单刃羊毛割刀（铁制木柄，刀片长20厘米、宽3厘米）　7. 棒形捻线器（长约26厘米，直径约2厘米，棒上斜纹为缠线处）

---

① 图1、3、7、8、10集自邢莉：《草原牧俗》，山东教育出版社，1999年；图2、4~6、9集自邢莉：《游牧文化》，北京燕山出版社，1995年。

图九　东非努尔人的生活用具、牧具和武器
1. 小牛的断奶环　2. 葫芦搅乳器　3. 储存奶酪的葫芦容器
4. 用公牛阴囊制成的皮袋　5. 牛铃和牛轭　6. 牛角和乌矛

图一〇　西伯利亚游牧岩画上的铜釜

　　服饰也可以显示游牧生活的印记。图一二是现代蒙古族妇女头饰与汉代匈奴女子头饰比较[①]。牲畜作为生产生活资料，在游牧民的心目中占有特别重要的位置，自然成为游牧民的艺术主题，陶器上可以见到家畜和草场的图案（图一三）。阴山等地畜牧岩画上经常见有各种符号，其中一些必然与游牧民有关，有些符号并且与唐代游牧民的马印记号和哈萨克族现存氏族部落印记风格相似，图一四是与游牧民有关或可能有关的符号和印记。

---

　　① 伊克昭盟文物工作站、内蒙古文物工作队：《西沟畔汉代匈奴墓地调查记》,《内蒙古文物考古》1981 年创刊号。

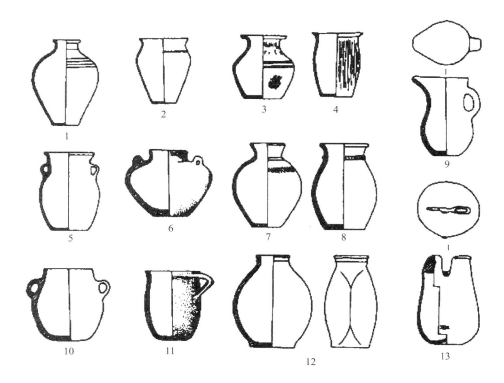

图一一   游牧民陶器造型举例

1. 伊里莫瓦墓地[①]   2. 补洞沟墓地[②]   3. 六家子墓地[③]   4. 舍根墓地[④]   5. 拉布达林墓地[⑤]
6. 扎赉诺尔墓地[⑥]   7. 昌盛石椁墓[⑦]   8. 三道湾墓地[⑧]   9、10. 察吾乎沟口二号墓地[⑨]
11. 桃红巴拉墓地[⑩]   12. 三段地墓地[⑪]   13. 余粮堡辽墓[⑫]

① 乌恩:《论匈奴考古研究中的几个问题》,《考古学报》1990年第4期。
② 伊盟文物工作站:《伊克昭盟补洞沟匈奴墓清理简报》,《内蒙古文物考古》1981年创刊号。
③ 张柏忠:《内蒙古科左中旗六家子鲜卑墓群》,《考古》1989年第5期。
④ 张柏忠:《哲里木盟发现的鲜卑遗存》,《文物》1981年第2期。
⑤ 赵越:《内蒙古额右旗拉布达林发现鲜卑墓》,《考古》1990年第10期。
⑥ 郑隆:《内蒙古扎赉诺尔古墓群调查记》,《文物》1961年第9期。
⑦ 田立坤:《论辽西汉魏墓的乌桓文化因素》,《中国考古学跨世纪的回顾与前瞻——1999年西陵国际学术研讨会文集》,科学出版社,2000年。
⑧ 乌兰察布盟博物馆:《察右后旗三道湾墓地》,《内蒙古文物考古文集》(第一辑),中国大百科全书出版社,1994年。
⑨ 中国社会科学院考古研究所新疆队、新疆巴音郭楞蒙古族自治州文管所:《和静县察吾乎沟口二号墓地发掘简报》,《考古》1990年第6期。
⑩ 田广金:《桃红巴拉的匈奴墓》,《考古学报》1976年第1期。
⑪ 魏坚:《三段地墓葬》,《内蒙古中南部汉代墓葬》,中国大百科全书出版社,1998年。
⑫ 哲里木盟博物馆:《内蒙通辽县余粮堡辽墓》,《北方文物》1988年第1期。

图一二　现代蒙古族妇女头饰与汉代匈奴女子头饰比较
1. 鄂尔多斯地区妇女头饰①　2. 西沟畔 M4 头饰复原②

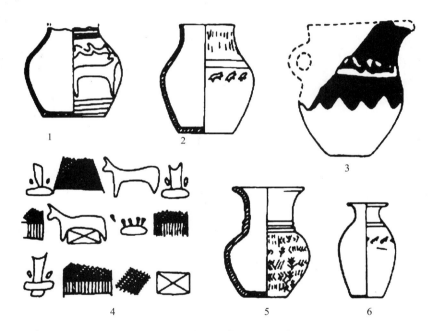

图一三　游牧民陶器纹饰举例
1. 舍根墓地（1314）③　2. 六家子墓地（102）④　3. 察吾乎沟一号墓地（M315：5）⑤
4、5. 北玛尼吐墓地陶壶（M40：1）器表纹饰展开图、北玛尼吐墓地（M37：1）⑥　6. 舍根墓地（1317）⑦

①　引自邢莉：《游牧文化》，北京燕山出版社，1995 年，第 163 页。
②　引自伊克昭盟文物工作站、内蒙古文物工作队：《西沟畔汉代匈奴墓地调查记》，《内蒙古文物考古》1981年创刊号。
③　张柏忠：《哲里木盟发现的鲜卑遗存》，《文物》1981 年第 2 期。
④　张柏忠：《内蒙古科左中旗六家子鲜卑墓群》，《考古》1989 年第 5 期。
⑤　新疆考古研究所：《和静县察吾乎沟一号墓地》，《新疆文物》1992 年第 4 期。
⑥　钱玉成、孟建仁：《科右中旗北玛尼吐鲜卑墓地》，《内蒙古文物考古文集》（第一辑），中国大百科全书出版社，1994 年。
⑦　张柏忠：《哲里木盟发现的鲜卑遗存》，《文物》1981 年第 2 期。

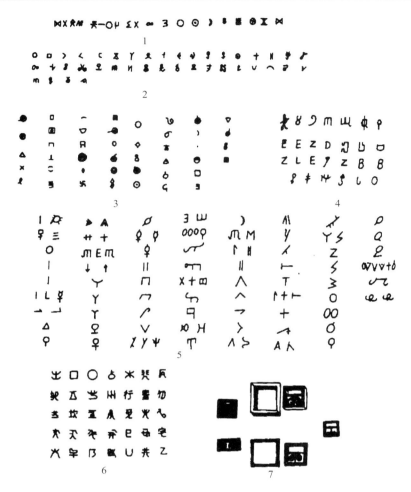

图一四　与游牧民有关或可能有关的符号和印记
1. 阴山岩画[①]　2. 乌兰察布岩画[②]　3. 巴丹吉林岩画[③]
4、5、7. 新疆岩画、哈萨克氏族部落印记、木垒县菜子沟墓葬出土印记[④]
6.《唐会要》中的"诸蕃马印"[⑤]

二

　　《判定标准》曾经引述 F. 普洛格（Fred Plog）和 D. G. 贝茨（Daniel G. Bates）的观点："在非工业化经济中，大多数牧人都过着游牧生活。在一个明确限定的区域内，他们定期把牧群从这块草地赶往那块草地。他们的流动程度因群体不同而异。在一个群体里，年份不同，流动的程度也不一样。这取决于环境、社会和经济条件。同样，这

---

①　引自盖山林：《阴山岩画》，文物出版社，1986年，第374页。
②　引自盖山林：《乌兰察布岩画》，文物出版社，1989年，第302页。
③　引自盖山林：《巴丹吉林沙漠岩画》，北京图书馆出版社，1997年，第128、129页。
④　引自苏北海：《新疆岩画》，新疆美术摄影出版社，1994年，第426、430~433、266页。
⑤　引自邢莉：《草原牧俗》，山东教育出版社，1999年，第73页。

些条件也决定着专业化的范围，即一个民族依靠畜牧业的程度，只有很少的群体单纯依靠牧群来维持生计。……一旦环境允许，牧人总是要推行一条更广泛的生计策略，在饲养动物的同时，至少种植一些庄稼。实际上，绝大多数牧人，不管他们多么专业化，都主要靠粮食而不是动物产品过活"。"在众多的关于游牧民族的民族志的描述中，我们得知，个人或家户总是频繁地改变他们的迁移和驻营方式。这不但是为适应经济和政治的条件，也是为了适应社会条件"。"我们在考察游牧民时，不应陷入一种理解的误区，认为他们僵硬地厮守某一种生活方式或甚至迁移和畜牧也是一成不变的。正如人类学家詹姆士·康斯所说：'如果一个牧民继续留在原地而能够养活他的牧群，那他不会比一个农民更急于迁移'。游牧是一种策略，一种使专业化的畜牧业正常运转的方法。如果这种策略行不通，游牧民就会定居下来，采用其他求生方式"。"在考察一个牧人社会时，我们往往发现，不少家庭完全摈弃放牧，从事其他行当"[①]。

这段引文足以说明，游牧民的具体生产生活方式和文化传统存在许多差别，因时因地，可能存在某种程度的定居和采取其他生计方式。现代西方人类学者普遍以为，从畜牧生计的角度对游牧社会进行限定的有效性值得怀疑，因此转而考察在日常生活中对待牲畜的态度，即文化倾向性，通过文化心理来限定游牧社会。笔者在《判定标准》中引述 P. T. 罗伯肖（P. T. Robertshaw）和 D. P. 科利特（D. P. Collett）举出的例子，"埃文思－普里查德（Evans-Pritchard）1940 年谈及努尔人（Nuer）时写道：'他们喋喋不休地谈论着牲畜，我时常感觉到绝望，因为除去牲畜和姑娘以外与年轻男子几乎无话可谈，即便是谈到姑娘时也肯定会扯到牛身上'。反之，努尔人对于栽培作物的态度则完全不同，虽然谷物在他们的饮食中占有重要地位，'然而，他们认为园艺业是无奈之举，意味着艰苦乏味的劳作，并非一项理想的职业'。而畜牧牛群则不仅仅是一种转化和行动，而且具有象征意义。在丁卡人（Dinka）、卡里莫炯人（Karimojong）、努尔人和桑布鲁人（Samburu）这类族群中经常可以听到对牛群的颂扬，有时候他们甚至在舞蹈中或放牧时模仿牲畜。即便是不存在此种象征意义的人群，如坦桑尼亚的戈戈人（Gogo，他们大量种植高粱和谷物）'具有一种文化倾向性，几乎不可避免地与牲畜的占有和交换具有密切联系'。威尔森（Wilson）指出：'拥有牲畜是畜牧人群的中心思想观念，这些人群的牲畜至上思想或许可以与尼亚扣萨人（Nyakyusa）作为对比，后者虽然畜牧牛群，却深以耕作为荣，男人夸耀自己锄作时的力量，赞赏那些勤于农耕者'"[②]。这些例子表明了超越牲畜实际功能价值的文化倾向性。

P. T. 罗伯肖和 D. P. 科利特指出，民族志材料表明，在丁卡人、戈戈人和努尔人等现代东非牧民中比较普遍地存在园艺业，他们虽然不种植谷物，却在很大程度依赖用小牲畜交换来的农产品。显然从生计角度对畜牧社会进行限定的意义值得探究，而且

---

① F. 普洛格、D. G. 贝茨著，吴爱明、邓勇译，黄坤坊审校：《文化演进与人类行为》，辽宁人民出版社，1988 年，第 199～209 页。

② P. T. Robertshaw and D. P. Collett. The identification of pastoral peoples in the archaeological record: an example from East Africa. World Archaeology, 1983, 15 (1): 67-78.（引文笔者译）

从考古学上进行食物结构分析本来就有明显局限性，即便动物骨骼保存下来，栽培作物的种子一般也不会存留，因为碳化的概率不大。因此他们认为有必要通过"文化倾向性"来限定畜牧人群，问题是，人类学家可以通过观察人们在日常生活中对待牲畜态度来确定其文化倾向性，进而确认畜牧人群，而考古学家于此则似乎无能为力。为此，P. T. 罗伯肖和 D. P. 科利特依据肯尼亚"中央裂谷地带"的考古学材料，提出了一种从文化价值观的角度识别畜牧人群的模式 [1]。原文思维跳跃性较大，缺乏必要的转承和解释，这里依照笔者的理解将其逻辑思路重新梳理介绍如下。

国外学者在讨论肯尼亚"中央裂谷地带"及其邻近半干旱地区游牧业起源问题时经常涉及"畜牧新石器时代"（PN）这一概念，指的是在"晚期石器时代"的技术水平上以畜牧经济为基础的社会历史发展阶段。一般认为当时的社会组织由牧民或者猎人兼牧民构成，证据有三，其一是遗址出土的动物骨骼以驯养的牛和公山羊为主；其二是未发现人工栽培的农作物种子；其三是这些遗址位于现今热带草原或开阔林地。P. T. 罗伯肖和 D. P. 科利特以为前两点论据需要具体分析。

"畜牧新石器时代"遗址存在两种动物群构成，一种以牛和公山羊占优势；一种在驯养动物以外，还有相当数量的大中型有蹄类野生动物。非洲已知被从事混合经济的农夫所占据遗址的动物群构成情况与其颇为相似，例如南非奥兰治自由邦（Orange Free State）的几处遗址（年代在数百年前）。那里的动物群也是以驯养动物为主，同时大中型有蹄类动物亦占有相当比例，有的学者确信其生业方式是农耕兼营一些狩猎。因此将"畜牧新石器时代"人群推想为从事混合经济的农夫的可能性是存在的，某些线索可以支持这种假设。P. T. 罗伯肖和 D. P. 科利特认为，一方面，由于东非地区的考古发掘中几乎没有使用有效的筛选技术，因此人工栽培的农作物种子是否存在尚且不能定论。另一方面，有若干间接证据说明当时存在农耕。第一，阿基拉（Akira）等六处遗址的集水区域可以划分出十二种土壤类型，适合农耕的土壤类型在多数遗址占有主要比例；而且非洲本土农作物对于贫瘠土壤和干旱气候有着相当强的适应性。据此可以确认存在农业潜能，多数年份可以丰收。第二，在肯尼亚"中央裂谷地带"及邻近地区出有两种磨光石斧，第一种石斧比较轻小，略呈凿状，刃端没有或几乎没有崩疤，模拟实验表明适宜切割木材；第二种石斧比较厚重，顶端略呈马鞍状，凸起处适宜横向装柄，可能是锄头，刃端的明显崩疤大约是在多石的田地上锄作造成的。另外纳罗苏拉（Narosura）等遗址出有磨光磨盘，其上没有研磨赭石的痕迹，当是妇女加工谷物的工具。第三，历史语言学的复原显示当时人群几乎天然地熟悉高粱和各种谷物。因此说，"畜牧新石器时代"也存在农耕的可能性。

在"畜牧新石器时代"亦可能存在农耕的前提下，考古学家如何确认当时人群的文化心理究竟是倾向于农耕还是倾向于畜牧呢？P. T. 罗伯肖和 D. P. 科利特以为，畜牧经济的生计基础是不稳定的专业分工，季节变化、疾疫和短期气候异常均有可能导致牧

---

[1] P. T. Robertshaw and D. P. Collett. The identification of pastoral peoples in the archaeological record: an example from East Africa. World Archaeology, 1983, 15 (1): 67-78.（引文笔者译）

民暂时失去畜群。他们因此设想"畜牧新石器时代"也可能发生过暂时失去畜群的事情。

"畜牧新石器时代"人群占据的是平原地区，其邻近的东部高地是肯尼亚的主要农耕区。如果这些暂时失去畜群的人群在文化心理上倾向于农耕，他们必然采取另一种替代生计方式，即移民高地成为专业农夫。东部高地的早期铁器时代开始于公元200年左右，与"畜牧新石器时代"的最早遗址相距1000年以上，这么长的时间跨度完全可以满足专业化农耕的发展，但是在东部高地绝未发现早期铁器时代以前的定居社区。如果这些暂时失去畜群的人群在文化心理上倾向于畜牧，从历史学和民族学材料分析，在这种情况下牧民应该会采取某些方式重振畜群以回复到畜牧生活的轨道。"中央裂谷地带"的遗址出有大量野生动物骨骼，几乎或完全没有驯养动物，有可能是那些暂时失去牲畜人群的遗址，他们最初应该兼营狩猎和农耕，目的是重振畜群以继续在这个地区畜牧。以上两个证据可以说明"畜牧新石器时代"人群的文化心理是倾向于畜牧的。

在以上推理基础上，P. T. 罗伯肖和 D. P. 科利特提出了"中央裂谷地带"畜牧经济类型的发展模式。他们认为，在公元200~300年的早期铁器时代，农耕居民进占了东部高地，这时"中央裂谷地带"的"畜牧新石器时代"人群可以从邻近地区通过贸易来获取农产品，从农耕束缚中解脱出来，于是有可能增加牲畜并集中精力于专业化的畜牧经营，其生计方式便从畜牧、农耕和狩猎混合型转化为专业畜牧经营型。笔者理解，也就是为专业游牧化奠定了基础。

P. T. 罗伯肖和 D. P. 科利特还将"畜牧新石器时代"和"畜牧铁器时代"（PIN）的遗址分布、规模和类型进行了对比。他们认为，由于"畜牧新石器时代"的人群兼营农耕，其居址选择必然受到需要邻近耕地的限制，局限在一个特定范围。可以设想，大型遗址应该具有丰富的居住废墟，邻近水源和可耕地；小型居址的选择应该优先考虑良好的畜牧条件和季节性供水条件，距耕地较远一些，或许可以发现少量房基、食物残骸和遗物。随着"畜牧铁器时代"的经济重心转移到专化的畜牧经营，居址选择的束缚被削弱，分布范围当更为广泛；由于所有成员都可以加入游牧行列，居址的规模也应该相对同一。东非现代游牧民的迁移模式是随着干、湿季节的变化在草原和山地间移动，在"中央裂谷地带"，"畜牧新石器时代"的遗址集中分布在海拔6000英尺至7000英尺之间，降水量从不足600毫米至1200毫米；而"畜牧铁器时代"遗址的分布则远不止这一范围。他们还认为，由于"畜牧新石器时代"的农耕束缚，人群的定居方式和迁移模式受到较多限制，因此各地陶器风格的差异性应该超过"畜牧铁器时代"。

P. T. 罗伯肖和 D. P. 科利特的这篇文章题为《考古学材料中畜牧人群的辨识——以东非为例》，重点是讨论如何以文化倾向性的角度辨识畜牧人群，附及"中央裂谷地带"畜牧经济类型的发展模式。其中根据文化价值观识别畜牧人群以及对"畜牧新石器时代"和"畜牧铁器时代"遗址和陶器的对比认识对于研究游牧业的起源和游牧性质遗存的判定都有启示作用，有些方法也可以酌情借鉴。尤其是在畜牧社会研究中引入文化价值观，对于中国考古学者而言比较新颖。不过其推理过程有较大的假想成分，也需要注意。笔者对这篇文章的理解可能有不甚准确之处,原因之一是缺乏相关背景知识。关于非洲大陆包括肯尼亚"中央裂谷地带"游牧业的起源研究,笔者准备另文介绍[①]。P. T. 罗伯肖和 D. P. 科利特以为肯尼亚"中央裂谷地带"的专业化畜牧源自混合经济,出现时间也迟至早期铁器时代,与多数西方学者比较晚近的观点相合。

北方长城地带游牧文化带的形成和历史上北方游牧族群的研究,近来颇为中国学者关注,笔者于此也有兴趣。从考古学上判定游牧性质遗存是这些开展相关研究的基础,《判定标准》成文后,感觉有些新认识,因此加上图示部分,缀就此文。以上图示和补充,希望与《判定标准》参照阅读。

原载《内蒙古文物考古》2007 年第 2 期

①　参见郑君雷、曹小曙:《近东、中东和非洲大陆游牧业起源研究的若干背景资料译介》,《农业考古》2005年第 3 期。

东部鲜卑 "名实" 与鲜卑考古学的族属研究

"把鲜卑在文化上分为拓跋鲜卑和东部鲜卑两大支，并从这种观点去分析'鲜卑遗存'的文化属性"是鲜卑考古学研究的习惯做法，不过这一流行观点受到林沄先生的质疑[①]。我们知道，既往鲜卑考古学研究大抵循此划分体系展开，并且由此衍生出一系列相关认识，因此鲜卑遗存是否"真的应该分为拓跋鲜卑和东部鲜卑两大支"确实是有必要认真检讨的学术命题。我们在此仅讨论鲜卑史和鲜卑考古学研究中的"东部鲜卑"概念，并由此出发对鲜卑考古学中的族属研究谈些看法。

一

林沄先生认为"把鲜卑分为拓跋鲜卑和东部鲜卑两大部分，把慕容鲜卑归入东部鲜卑，其实是马长寿在《乌桓与鲜卑》一书中使用的权宜性分类名词，根本不应作文化分类概念来理解"。我们觉得，马长寿先生划分东部鲜卑的出发点是族源和文化，即"起源于蒙古草原东部的鲜卑山"的东胡之后，但是在论述中逐渐与地域因素交织在一起。只要是活动于蒙古草原东部（有时包括中部）的鲜卑集团，且不是源出拓跋鲜卑，就都被纳入了"东部鲜卑"的范畴。"古代的鲜卑，按其部落起源的地区和同其他部落融合的情况来说，大致可分为两种"[②]的划分标准，实际上是已经调和了这种转换。

在马长寿先生的《乌桓与鲜卑》中，檀石槐联盟基本上被视作早期东部鲜卑，尤其是联盟的中部和东部；因为怀疑西部大人推演可能是《魏书·帝纪·序纪》中的献帝邻（第二推寅），西部被认为有拓跋鲜卑成分，但是也没有明确指明其他西部大人就不是东部鲜卑（马长寿先生怀疑宴荔游就是《后汉书·鲜卑传》中的"燕荔阳"[③]）。轲比能是来路不明的"小种鲜卑"，他统一的"东部鲜卑"大体是檀石槐联盟的中部、东部，西部已经不包括在内了。马长寿先生划分的后期东部鲜卑包括慕容、宇文和段氏三部，都是活动在蒙古草原东部，其中"东方宇文、慕容氏，即宣帝时东部"[④]，多

---

① 林沄：《内蒙古地区鲜卑墓葬的发现和研究·序》，《林沄学术文集》（二），科学出版社，2008年。原文为魏坚主编《内蒙古地区鲜卑墓葬的发现和研究》（科学出版社，2004年）的序言。本文引述林沄先生观点未出注释者均见该文。
② 马长寿：《乌桓与鲜卑》上海出版社，1962年，第171页。
③ 马长寿：《乌桓与鲜卑》上海出版社，1962年，第185页。
④ 《魏书·官氏志》。

数学者将此 "宣帝时东部" 理解为 "檀石槐时代的三部之一"①，不过宇文部出自南匈奴；段部则是日陆眷 "诏诱亡叛"②形成的，与檀石槐联盟没有任何关系；只有慕容部在《十六国春秋》中被记为 "号曰东胡" "分保鲜卑山"③，这是北魏崔鸿讲秦汉之际的事情，附会成分居多。因为史迹无从详细考证，因此马长寿先生在 "后期的东部鲜卑"一节开篇就说："治三世纪鲜卑史的人们往往感觉到三世纪前叶的部落联盟和三世纪后叶的慕容、段氏、宇文三部前后连续不起来"④。随着地域因素的逐渐突出，马长寿先生划分的东部鲜卑在文化分类的意义上也逐渐模糊起来。

马长寿先生划分的东部鲜卑，无论是在早期的檀石槐联盟时期、轲比能复兴时期，还是后期的慕容、宇文和段氏三部时期，不但无法从 "东胡之后"的族源上串连起来，而且每个阶段的文化内涵也没有共性。马长寿先生已经指出，檀石槐联盟 "不只包括了宇文鲜卑、慕容鲜卑，而且包括了拓跋鲜卑、……其内容是相当复杂的"⑤。即便是在联盟的东部，宇文部 "其先南单于远属也"（姚薇元先生推测宇文莫槐即 "东部四大人中之槐头"，原名当为 "莫槐头"⑥），"其语与鲜卑颇异。人皆髡发而留其顶上，以为首饰，长过数寸则截短之。妇女披长襦及足，而无裳焉"⑦，与鲜卑分明不同。段部则是 "以辽西为统治中心，按地域原则组成的政治集团。……段部的部众，包括多个不同民族。部众之间，统治者与部众间，没有任何血缘关系。这一集团可以被称作段部、段国，却不是段氏鲜卑族"⑧。

韦正先生对 "东部鲜卑"的概念进行过辨析，认为 "檀石槐本分其地为东、中、西三部。后世著称的东部鲜卑宇文、慕容、拓跋大约分属东中西三部，北魏立国后，自然以拓跋为主轴，遂将东汉时期的东中两部省称为东部鲜卑，檀石槐时期以地域为经的划分方式，经此调整具有了较多的族类色彩。马长寿先生所说的 '东部鲜卑'包括檀石槐时期的东中两部，现在大多数学者也按照这个内涵使用这个概念，可以说不无根据"⑨。这种对 "东部鲜卑"的理解本质上与马长寿先生相同，而且认为 "东部鲜卑"在北魏时已经成为文化分类概念。

实际上，马长寿先生划分拓跋鲜卑和东部鲜卑的初衷，在于恢复还原北魏建立以后慕容部、段部和宇文部三部的鲜卑身份。他写道："从汉人的文献记载言，东部鲜卑在前，拓跋鲜卑在后，二者显然有所区别。但自拓跋鲜卑的贵族统一中原、建立北魏以后，他们便把鲜卑名称霸为己有，对于东部鲜卑的段氏、慕容氏集团称为

———————

① 姚大力：《论拓跋鲜卑部的早期历史——读〈魏书·序纪〉》，《复旦学报》2005 年第 2 期。
② 《北史·徒何段就六眷传》。
③ 〔北魏〕崔鸿：《十六国春秋·前燕录》记 "慕容廆，字奕落瑰，昌黎棘城人。昔高辛氏游于海滨，留少子厌越以君北夷，世居辽左，号曰东胡。秦汉之际，为匈奴所败，分保鲜卑山，因复以为号"。
④ 马长寿：《乌桓与鲜卑》，上海出版社，1962 年，第 198 页。
⑤ 马长寿：《乌桓与鲜卑》，上海出版社，1962 年，第 186 页。
⑥ 姚薇元：《北朝胡姓考》，科学出版社，1958 年，第 168 页。
⑦ 《北史·匈奴宇文莫槐传》。
⑧ 辛迪：《段氏鲜卑起源考》，《内蒙古大学学报》2005 年第 1 期。
⑨ 韦正：《鲜卑墓葬研究》，《考古学报》2009 年第 3 期。

'白部'或者'徒何'，对于宇文氏集团称为'匈奴'。这种做法显然是喧宾夺主，不甚公允的。但在文献上已经造成既成事实，我们所以用'东部鲜卑'和'拓跋鲜卑'二词加以区别。"① 因此，我们认为马长寿先生的"东部鲜卑"是从文献中借用的术语，由于划分标准和文化内涵不统一，作为文化和族群分类概念确实不清晰。如果在考古学研究中继续使用这一概念，则需要作认真的界定。

二

　　文献史料有"段匹磾，东部鲜卑人也"②、"赀虏，本匈奴也，匈奴名奴婢为赀。……不与东部鲜卑同也"③ 的记载，还有"匈奴宇文莫槐，……世为东部大人"④，"东方宇文、慕容氏，即宣帝时东部"⑤、"库莫奚国之先，东部宇文之别也"⑥ 等记载。这些字面上的"东部鲜卑"和"东部"或许暗示和强化了将"东部鲜卑"作为文化分类概念的印象，不过这两个字面概念没有明确的指代对象和文化延续关系，讲的只是蒙古草原上的地理方位，即游牧区域居于草原东部而已。

　　先说字面上的"东部"。"檀石槐既立，乃为庭于高柳北三百余里弹汗山啜仇水上，东西部大人皆归焉。……乃分其地为中东西三部"⑦，说明檀石槐联盟建立之前已经有所谓"东部"，建立之后又划分了新的"东部"，前后两个"东部"的部属自然有所调整。自《通鉴》胡注发微，许多学者认为檀石槐联盟的中部大人慕容就是后世慕容部之始，此却与"东方宇文、慕容氏，即宣帝时东部"直接抵牾（所以姚薇元先生认为"宣帝时东部"后面脱漏"中部"两字⑧）。李志敏先生则认为"宣帝时东部"是与拓跋鲜卑相比较而言的概念，"此'东方'为方位词，指宇文及慕容二部位居拓跋鲜卑居地之东方。'东部'乃'西部'（西部鲜卑）之对称词，指檀石槐时的中部和东部部落的'东胡鲜卑'"⑨。

　　再说字面上的"东部鲜卑"。段部本身不是一个"民族体"，与檀石槐联盟以及宇文、慕容两部都没有族源和文化关系。"古书中只有《晋书·段匹磾传》有'段匹磾，东部鲜卑人也'。但同书没有说任何其他人也是东部鲜卑。所以只是说段匹磾这个人是东部的鲜卑人，并不把'东部鲜卑'作为鲜卑的分类概念"⑩。至于活动在河西走廊"不与东部鲜卑同也"的赀虏，若视之为匈奴中的杂胡，其族源和文化习俗的比较对象

① 　马长寿：《乌桓与鲜卑》上海出版社，1962 年，第 171、172 页。
② 《晋书·段匹磾传》。
③ 《三国志·魏书·乌丸鲜卑东夷传》注引鱼豢《魏略·西戎传》。
④ 《北史·匈奴宇文莫槐传》。
⑤ 《魏书·官氏志》。
⑥ 《魏书·库莫奚传》。
⑦ 《三国志·魏书·乌丸鲜卑东夷传》注引王沈《魏书》。
⑧ 　姚薇元：《北朝胡姓考》，科学出版社，1958 年，第 170、171 页。
⑨ 　李志敏：《嘎仙洞的发现与拓跋魏发祥地问题》，《中国史研究》2002 年第 1 期。
⑩ 　林沄：《内蒙古地区鲜卑墓葬的发现和研究·序》，《林沄学术文集》（二），科学出版社，2008 年。

应该是鲜卑整体, 这个 "东部鲜卑" 只能理解为东方的 (东邻的) 鲜卑; 若视之为西部鲜卑中的部族集团 (姚薇元先生认为鲜卑西部 "本匈奴亡奴婢, 种类糅杂"①, 唐长孺先生认为赀虏是乞伏鲜卑②), 比较对象首先是蒙古草原中、西部的其他鲜卑集团, 不可能莫名地只与更东方向的鲜卑集团比较, 因此这个 "东部鲜卑" 仍然以理解为东方的鲜卑较为妥帖。

显然, 文献字面上的 "东部" 和 "东部鲜卑" 强调的只是方位关系, 与其相似的还有文献中的 "西部鲜卑"、"西部"、"中部" 等概念。比如, 有些学者相信檀石槐联盟的西部大人推寅是《魏书·帝纪·序纪》拓跋鲜卑的第一推寅 (宣帝)③ 或第二推寅 (献帝邻), 却无法证明置鞬落罗、宴荔游等其他西部大帅也是拓跋鲜卑;《魏书》往往将拓跋鲜卑称为西部, 但《三国志·魏书·鲜卑传》分明还有 "西部鲜卑蒲头" 这样的敌对部落 (这支西部鲜卑又被称河西鲜卑④)。

北方游牧民从匈奴开始流行 "三分其众" 的两翼制度, 其中包括檀石槐联盟和拓跋鲜卑, 所谓 "东部"、"西部" 这些方位概念确实也有可能体系化 (所辖属部众相对固定)。"当游牧政权没有南下中原或所控制的农耕地区比较少时, 两翼制度的表现形态一般呈现为面向中原的东、中、西三部, 如匈奴、鲜卑檀石槐大联盟、柔然、突厥、回纥、蒙古汗国均是如此。……当北方游牧政权南下中原或所控制的农耕地区比较多时, 则呈现为南、中、北 (或左、中、右) 的三部形态"⑤。不过两翼制度下的方位概念主要反映着游牧区域的划分和军政组织体系的调整, 虽然有文化分类的意味, 但从来不是严格意义上的。

与马长寿先生将鲜卑分为拓跋鲜卑和东部鲜卑两大支不同, 王钟翰先生在鲜卑史研究中划分出东部鲜卑、北部鲜卑和西部鲜卑三大支, "根据各部落发源地区和同其他部落融合情况, 大致可分为东部鲜卑和北部鲜卑, 后又在两者基础上演化出西部鲜卑"。"东部鲜卑经过檀石槐、轲比能等部落联盟时期, 后来发展成为慕容氏、段氏、宇文氏";"拓跋鲜卑, 应包括建立代、魏的拓跋部, 建立南凉的河西鲜卑秃发部等, 而习惯上往往仅指北部鲜卑";"西部鲜卑主要指河西鲜卑、陇西鲜卑, 一说还包括源出于慕容鲜卑的吐谷浑"⑥。王钟翰先生对东部鲜卑的划分与马长寿先生基本相同, 西部鲜卑则与北部鲜卑和东部鲜卑有所交叉, 因此也有许多讨论空间。

即便按照两大支或三大支的划分, 每一大支的情况也很复杂。"以拓跋部为例, 据《魏书·官氏志》分析, 3 世纪初神元皇帝力微时, 除了帝室十姓外, 其他异姓加入拓

---

①　姚薇元:《北朝胡姓考》, 科学出版社, 1958 年, 第 5 页。

②　唐长孺:《魏晋杂胡考》,《魏晋南北朝史论丛》, 生活·读书·新知三联书店, 1978 年。不过将赀虏视为乞伏鲜卑在年代学上似有问题, 见白凤岐:《谈谈匈奴的奴隶——"赀虏"》,《黑龙江民族丛刊》1990 年第 4 期。

③　《资治通鉴·魏纪九》"元帝景元二年" 条胡三省注。

④　《三国志·魏书·牵招传》记为 "河西鲜卑附头"。参见马长寿:《乌桓与鲜卑》, 上海出版社, 1962 年, 第 190 页, 注释 1。

⑤　肖爱民:《中国古代北方游牧民族两翼制度研究》, 人民出版社, 2007 年, 第 311 页。

⑥　王钟翰:《中国民族史概要》, 山西教育出版社, 2004 年, 第 143、150、156 页。

跋部的政治组织内的，还有七十五个姓。其中可考知的匈奴姓六、丁零（包括高车）姓六、柔然姓三、乌桓姓二、其他鲜卑姓七、卢水胡姓一等等。"① 鲜卑文化分类体系的模糊性，自然会影响鲜卑考古学的族属认识。

三

　　遗存的族属判断在北方游牧民族考古研究中尤其受到重视。"自从宿白先生凿破鸿蒙的《东北、内蒙古地区的鲜卑遗迹》发表以来"（林沄先生语），族属研究一直是鲜卑考古学的重要内容。这其中首先是汉晋鲜卑遗存的判定，即将鲜卑遗存从同时期的匈奴、乌桓等北方游牧民族遗存中识别出来（乌恩先生对汉代匈奴遗存与鲜卑遗存的区别进行过重要讨论②）；其次是鲜卑内部各种部族集团遗存的判定，主要是拓跋鲜卑、东部鲜卑、三燕、盛乐——平城时期的代魏、吐谷浑遗存的识别。鲜卑源流也与族属研究相关联，这主要包括东胡遗存和早期契丹遗存的探索，也许未来还应该包括对早期库莫奚遗存和早期柔然遗存的关注。

　　考古学文化族属研究的前提之一，是对文献记载的"族"的历史真实作正确解读，在鲜卑考古学上首先就是对各种鲜卑集团作符合实际的文化分类，但是北方游牧民族的"名号"和文献记载在理解上有许多不确定性和阐发空间。不惟东部鲜卑，拓跋鲜卑的族源早有两种说法，《宋书》和《南齐书》以为匈奴种，《魏书》称源出"大鲜卑山"，这个"大鲜卑山"与"鲜卑山"之间是什么关系？拓跋鲜卑与以秃发部为代表的河西鲜卑、以乞伏部为代表的陇西鲜卑之间又是什么关系？轲比能的"小种鲜卑"以及文献中的"别种""别部"究竟具有什么样的文化分类意义？在学术层面如何认识与鲜卑同源同俗的乌桓、源出匈奴的宇文鲜卑这类民族集团？我们觉得，鲜卑的文化分类需要考虑"民族体"的实质，才能跳出在文献考证中打圈圈的死胡同。

　　我们以前讨论过，北方民族史上东胡、匈奴、鲜卑、突厥、契丹、蒙古这类专名层面上的民族集团，其实都是各种"根基性小族群"出自社会环境和利益选择而形成的"情境族群"③；或者可以径直理解为"政治体"，即"以政治关系和政治权力为纽带构建起来的社会团体"④。他们的群体成员并不完全是凭借血缘传承和文化传统这类天然性的根基元素凝聚在一起，具有客观一致的内部特征，鲜卑以及鲜卑旗号下的各种部族集团也不例外。如果一定要将鲜卑这个"政治体"与"民族体"挂钩，我们还是比较赞同王俊杰先生关于鲜卑形成阶段性的看法，即"鲜卑一词，在不同时期有不同的内涵和意义。大体说来，东汉曹魏时期，鲜卑开始由辽东塞外鲜卑部落的名称变为北

① 林沄：《内蒙古地区鲜卑墓葬的发现和研究·序》，《林沄学术文集》（二），科学出版社，2008年。
② 乌恩：《试论汉代匈奴与鲜卑遗址的区别》，《中国考古学会第六次年会论文集》，文物出版社，1990年。
③ 郑君雷：《文化人类学的族群认同与考古学文化的族属研究》，《思想战线》，2007年第3期。
④ 罗新认为北方民族（阿尔泰语系民族）的名号主要指政治名号（political titulary），以及从政治名号衍生出来的其他专名（proper names），如人名、地名和族名等。见罗新：《中古北族名号研究》，北京大学出版社，2009年，第1页。

方诸游牧部落的泛称，西晋十六国时期，泛称鲜卑的北方诸游牧部落以几个比较强大的部落集团为中心，分别结成了若干军事政治集团，到拓跋魏统一北方前后，鲜卑才作为一个民族正式形成"①。

陈寅恪先生指出，"在胡人种族问题上，存在着两个需要注意的现象。一是血统关系的变化。胡人部落组织以血统为要素，然因时代的推移，经济、社会阶层的转变，血统绝非单纯。……二是地区关系的成立，一个种族在某地居住过，后来就把某地居民全成某族人"，"而所谓某族人，往往不是依据血统，而是依据地区。一个地区居住着很多种族的人，其中有一个是主要的，这个地区所有的种族，便以此主要种族的名称为自己的名称了"②。我们觉得，此种"政治体"的进一步泛化，就是以"地域体"来指代"民族体"。《魏书》中将段氏和慕容氏称为"徒何"就是以地域代称民族，北朝隋唐史料中屡见的"代人"虽然属于特殊的社会集团，但是大致与北族同义③。我们认为马长寿先生划分的后期东部鲜卑，在某种意义上具有此种"地域体"的韵味。

在北方游牧民族考古学的族属研究中，我们通常是将特定的考古学文化、类型以及划分出来的器物组、群与文献记载的"族"对应挂钩，这种操作模式的背后，是相信文献记载的"族"具有物质文化的一致性。现在从"情境族群"、"政治体"、"地域体"这些意义上认识鲜卑这个"民族体"，那些出自政治利益的联合和依附、武力的征服和吞并、婚媾和收继或者仅仅是攀附等而加入进来的"他族"与核心部族、主体部族在物质文化上就可能有着明显差异，因此北方游牧民族考古学文化族属研究的方法论有必要作更深入的思考。

四

当前鲜卑考古学的族属研究成果主要集中在东北地区西部和内蒙古地区中南部方向，以乔梁、田立坤、魏坚、孙危、韦正等学者的认识较具系统性和代表性。原来被认为与鲜卑有关的吉林榆树老河深中层墓地已经公认属于夫余，完工墓地实际"主要含有汉书二期文化和西汉匈奴文化两种文化成分"④；巴林左旗南杨家营子、察右旗下黑沟和七郎山、商都县东大井、北票市喇嘛洞等墓地在鲜卑遗存中的特殊性也引起充分重视。

近来，韦正先生将海拉尔河流域以扎赉诺尔墓地为代表的遗存推定为东部鲜卑，将西辽河流域以六家子墓地、舍根墓地为代表的遗存推定为乌桓⑤；倪润安先生论证三

① 王俊杰：《魏晋南北朝时期的鲜卑是不是一个民族》，《西北师院学报》1985 年第 3 期。
② 万绳楠：《陈寅恪魏晋南北朝史讲演录》第六篇《五胡种族问题》，黄山书社，1987 年，第 93、94、97 页。
③ ［日］松下宪一：《北朝隋唐时代史料中的"代人"》，《魏晋南北朝史研究：回顾与探索——中国魏晋南北朝史学会第九届年会论文集》，湖北教育出版社，2009 年。
④ 潘玲、林沄：《平洋墓葬的年代与文化性质》，《边疆考古研究》（第 1 辑），科学出版社，2002 年。
⑤ 韦正：《鲜卑墓葬研究》，《考古学报》2009 年第 3 期。

道湾墓地和东大井墓地属于檀石槐鲜卑[①]；吴荭等先生指出河西走廊墓葬中的鲜卑因素[②]与河西鲜卑有关。中山大学马艳同学在博士论文写作中认为东大井墓地的女性"骑马步"葬俗和陶器上的鸡冠状附耳见于黑海北岸的斯基泰——萨尔马特遗存，提出东大井类型遗存可能与铁弗匈奴有关，七郎山墓地的人群可能来自欧亚草原西部。这些新认识很值得注意。

鲜卑考古学族属研究的各种讨论自然有其合理成分和启发性。但是我们也注意到，每每新的考古学材料出现，就会对原有的族属认识形成很大冲击，尤其是在境外考古材料在空间地域上已经纳入整体研究视野的情况下。林沄先生指出，"过去我们所总结的鲜卑墓的特征，有的并不是鲜卑独有的。例如，头宽足窄的木葬具，在德列斯图依墓地也有不少例子。反过来说，上面所举完工和外贝加尔墓葬的相似点，也不一定是匈奴墓所独有的特征。从完工墓地出发，自然就提出这样的问题：在已被认定的鲜卑墓葬中，还有没有匈奴墓葬呢？究竟如何识别匈奴和鲜卑墓的区别性特征呢"？鉴于鲜卑"民族体"的种种复杂情况，我们觉得在传统的学术关注和研究方法以外，鲜卑考古学的族属研究还可以有以下几点认识。

第一，考古学文化的族属研究实际上只能立足于核心部族的识别。正仿佛匈奴族源问题的实质就是考虑冒顿赖以建立联盟的核心力量究竟是具有什么样体质形态和文化特征的某一个或某几个族团[③]；无论如何界定鲜卑、东部鲜卑、拓跋鲜卑这些概念，那些以各种方式加入进来的边缘性的族群集团，在考古学上仍然应该明确称为"他族"。田立坤认为喇嘛洞三燕文化墓葬应该是以夫余为主体的遗存[④]，韦正将喇嘛洞遗存与慕容鲜卑遗存本身、七郎山墓群与拓跋鲜卑本身相区别的表述是正确而且有必要的。即使喇嘛洞墓地的古代居民在族群认同上属于鲜卑，我们在考古学文化上也应该明确称为夫余或其他，以避免族属研究的混乱。

第二，在文献记载有限且理解上歧义纷出的情况下，需要考虑是否有必要建立考古学自己的学术概念体系，这包含两层意思。其一，是根据考古学研究的实际情况重新界定历史文献中的概念术语，如"东部鲜卑"。其二，是跳出文献，直接用考古学文化特征来表述学术概念，这可以举卜工先生对岭南地区青铜时代古国体系的研究加以说明，他尝试用考古学文化特征描述岭南青铜文明的亮点，依据将博罗横岭山等遗存代表的古国称为"夔纹古国"的认识和经验，判断还有格纹古国、釉陶古国、素面古国、绳纹古国、石矛古国等存在[⑤]。鲜卑内部的各种部族集团，或许可以考虑根据考古学文化特征进行文化分类。

第三，考古学文化的族属研究不仅以确定族属为目标，还应该将各种层面情境族

① 倪润安：《内蒙古三道湾和东大井墓地为檀石槐鲜卑遗存论》，《考古》2011 年第 3 期。
② 吴荭、王策、毛瑞林：《河西墓葬中的鲜卑因素》，《考古与文物》2012 年第 4 期。
③ 林沄：《关于中国的对匈奴族源的考古学研究》，《林沄学术文集》，中国大百科全书出版社，1998 年。
④ 田立坤：《三燕文化墓葬的类型与分期》，《汉唐之间文化的互动与交融》，文物出版社，2001 年。
⑤ 卜工：《岭南文明进程的考古学观察》，《历史人类学学刊》（第三卷第二期），香港科技大学华南研究中心，2005 年。

群的建构过程作为研究内容。这在鲜卑遗存的族属研究中其实已经有着不自觉的体现，包括根据 "根基性族群" 的考古学文化特征识别 "情境族群" 中的核心部族和边缘部族（如在三燕考古学文化中识别出夫余遗存）；划分器物组群以分析文化因素的源流消长（如倪润安先生将三道湾和东大井墓地的随葬器物划分为五组，认为占有主导地位的 E 组属于新兴的檀石槐鲜卑[①]）；通过丧葬习俗考察各类人群集团在考古学上的亲缘关系（如王新宇和魏坚先生对七郎山墓地偏洞室墓、侧身屈肢葬、束腿习俗的认识[②]），其实都是 "情境族群" 建构过程的研究基础和研究内容，将相关遗存在空间上或者时间上串连起来统一考察可以更清楚地观察这个过程（如乔梁先生对各处鲜卑遗存的讨论[③]）。我们觉得在族属研究中应该有意识地作些 "情境族群建构过程" 的研究个案，这样的研究也体现着陈寅恪先生 "不应过多地去考虑血统的问题，而应注意 '化' 的问题" 的民族史观[④]。

附记：文章写作时笔者在哈佛大学，手头材料不方便，匆匆成文，权且充作林沄先生文章的读后记。

原载《中国·乌珠穆沁边疆考古国际学术研讨会论文集》，科学出版社，2014 年

---

① 倪润安：《内蒙古三道湾和东大井墓地为檀石槐鲜卑遗存论》，《考古》2011 年第 3 期。
② 王新宇、魏坚：《察右中旗七郎山墓地》，《内蒙古地区鲜卑墓葬的发现和研究》，科学出版社，2004 年。
③ 乔梁：《鲜卑遗存的认定与研究》，《中国考古学的跨世纪反思》，香港商务印书馆，1999 年。
④ 万绳楠：《陈寅恪魏晋南北朝史讲演录》第十八篇《北齐的鲜卑化及西胡化》，黄山书社，1987 年，第 292 页。

嫩江平原与"中国北方长城地带"的东界

——兼析"长城地带""北方文化带"等学术概念

　　嫩江平原主要是指嫩江流域的中下游地区，行政范围大致包括黑龙江省西部的齐齐哈尔、大庆地区和吉林省西北部的白城地区。嫩江平原地处东北文化区与北方草原文化区的连接地带，与北方长城地带东段也有文化关联；其考古遗存的文化属性，涉及考古学上对"中国北方长城地带"、"北方地带"、"东北文化区"[①]、"欧亚内陆"[②]等学术概念的认识，其中与中国北方长城地带的文化关系尤其值得关注。

一、考古学术语中的"中国北方长城地带"

　　据夏明亮等对学术史的梳理，日本学者江上波夫、水野清一[③]1935年最早提出和使用"长城地带"的概念，美国学者拉铁摩尔[④]则是"第一个明确将长城作为一个'地带'去考察其周边区域的人地关系、社会景观、历史功能等的学者"（1939年）。而"大陆学者最早、最全面对'长城地带'进行论述、划分的"是苏秉琦先生，"以长城地带为中心的北方地区"是苏秉琦区系类型理论中的六大区系之一。此后，"'燕山南北长城地带考古'这一专题逐渐深入，……这使'长城地带'逐渐成为一个比较成熟的考古学名词"[⑤]。

　　"长城地带"确实只是一个"比较成熟"的考古学名词，至少其地理范围就是模糊的，而且似乎也没有谁对"长城地带"与"中国北方长城地带"[⑥]概念的异同作过认真讨论，多数情况是混为一谈。笔者以为，考古学上"长城地带"和"中国北方长城地带"指代不同。后者明言"北方"，是将"长城地带"的文化史置放在类似于考古学区

　　①　郭大顺：《东北文化区的提出及意义》，《边疆考古研究》（第1辑），科学出版社，2002年。

　　②　余太山认为"欧亚内陆"是地理名称，大致东起黑龙江、松花江流域，西抵多瑙河、伏尔加河流域。见余太山：《内陆欧亚古代史研究》，福建人民出版社，2005年，第1页。

　　③　［日］江上波夫、水野清一：《内蒙古·长城地带》，（日本）东亚考古学会，1935年。

　　④　［美］欧文·拉铁摩尔著，唐晓峰译：《中国的亚洲内陆边疆》，江苏人民出版社，2010年。

　　⑤　夏明亮、童雪莲：《"长城地带"考古学术语属性探讨》，《东北史地》2012年第5期。

　　⑥　依夏明亮文统计，首次以"中国北方长城地带"为题名的学术会议是吉林大学边疆考古研究中心召开的"中国北方长城地带青铜时代考古国际学术研讨会"（2001年），首次以"中国北方长城地带"为题名的论述是林沄《中国北方长城地带游牧文化带的形成过程》（2002年）。林沄先生2002年3月在台北召开的"文化差异与通则：纪念张光直先生学术研讨会"上宣读此文，2003年5月发表于《燕京学报》新十四期，后收入《林沄学术文集》（二）。

系框图的"北方地区"中加以考察，其文化内涵和地理范围较之"长城地带"也就出现了差异。另外，后者同时又将"北方长城地带"的文化史置放在欧亚草原的宏观背景和学术视野中加以考察，所以强调了"中国"。

林沄先生认为，"所谓'中国北方长城地带'，并非指历代所筑长城经由的全体地域，而是指古来中原农业居民与北方游牧人互相接触的地带而言。这个地区东起西辽河流域，经燕山、阴山、贺兰山，到达湟水流域和河西走廊。大体上包括了今天的内蒙古东南部、河北北部、山西北部、陕西北部、内蒙古中南部、宁夏、甘肃和青海的东北部。这一地带，从文化地理的角度来说是'农牧交错带'。其经济形态自古以来时农时牧，不断发生变化"①。这段话概括出了"中国北方长城地带"的本质文化属性和历史发展脉络，也界定了"中国北方长城地带"的地理范围。

柯斯莫（Nicola Di Cosmo）使用"北方地带"来称谓"包括东起黑龙江、吉林西达新疆连绵的沙漠、草原和森林地区"②，地理范围与中国考古学术语中习惯表述的"北方地区"、"北方文化带"和"长城地带"均有不同。林沄先生在对柯斯莫《中国前帝国时期的北部边疆》的述评中，指出柯氏将新疆尤其是东北地区纳入"北方地带"未妥。林沄先生理解的"北方地带"实际是他所说的"中国北方长城地带"，不包括东北地区和新疆地区，因此主张将"黑龙江西部和内蒙古东南部一样看作东北系青铜器与北方系青铜器同时到达的文化交叉地带"③。

考古学研究中通常将中国北方长城地带分为东、中、西三部分，或者称为东、中、西三段，多数学者以文化史上的辽西地区（内蒙古东南部的赤峰市和辽宁西部的朝阳市）为中国北方长城地带的东段，依林沄先生的认识，中国北方长城地带"东起西辽河流域"，则其东段或可包括内蒙古东南部的通辽市和辽宁北部的铁岭市；再向东北方向，则是属于"文化交叉地带"的黑龙江西部。黑龙江西部与"中国北方长城地带"的文化关系，或者说黑龙江西部在"中国北方长城地带"上的意义，再明确地说"中国北方长城地带"的东段能否延伸至黑龙江西部，有必要加以讨论。黑龙江西部的核心地域，就是嫩江平原。

二、嫩江平原的考古遗存和历史背景

就本文的研究时段，嫩江平原的考古学文化序列大致划分为四个主要阶段，套用

① 林沄：《中国北方长城地带游牧文化带的形成过程》，《林沄学术文集》（二），科学出版社，2008年，第39页。

② Nicola Di Cosmo. The Northern Frontier in Pre-imperial China. The Cambridge History of Ancient China from the Origins of Civilization to 221 B. C., Chapter Thirteen. Cambridge University Press, 1999: 885-893. 按，柯斯莫论述的"中国前帝国时期的北部边疆"的地域范围包括黑龙江、吉林至新疆一线，林沄先生将此地域范围译为"北方地带"，见下文注释；李海荣先生译为"北方地区"，见李海荣：《〈中国前帝国时期的北部边疆〉一文介评》，《北方文物》2002年第2期。柯斯莫原文使用的是一词，宜译为"北方地带"。

③ 林沄：《柯斯莫〈中国前帝国时期的北部边疆〉述评》，《林沄学术文集》（二），科学出版社，2008年，第78、79页。

黑龙江区域考古学的框架体系，分别称为新石器时代——青铜时代、早期铁器时代早段（战国西汉）、早期铁器时代晚段（东汉魏晋）[①]和辽金时期。

（1）赵宾福将嫩江流域新石器时代的考古学文化序列和编年划分为三段，即：小拉哈一期甲组遗存（距今 6500 年左右）、靶山类型（距今 5500～5000 年）和昂昂溪文化（距今 4000 年左右）[②]。自青铜时代以后，嫩江流域"识别了夏至魏晋时期的六支文化遗存。这六支考古文化遗存依年代早晚顺序分别是小拉哈文化（夏至商代早期）、古城类型（商代晚期）、白金宝文化（西周至春秋时期）、汉书文化（战国至西汉时期，按，有些学者称为汉书二期文化）、红马山文化（东汉时期）、大安渔场墓葬遗存（魏晋时期）"[③]，赵宾福并且将嫩江流域夏至战国时期考古学文化（小拉哈文化、古城类型、白金宝文化、汉书二期文化）具体划分为七段，而以汉书二期文化晚期为代表的第八段已经进入西汉纪年。[④]

（2）"平洋墓葬"包括泰来县砖厂墓地和战斗墓地[⑤]。平洋墓葬主体年代属于战国，晚期阶段可至西汉中晚期，"平洋墓葬就是汉书二期文化的墓葬"[⑥]已经得到学术界公认。嫩江平原汉书二期文化的其他墓葬地点包括讷河大古堆[⑦]、富裕小登科[⑧]（晚期墓葬）、杜尔伯特官地[⑨]、镇赉坦途北岗子[⑩]等地，时代大致在战国。通榆兴隆山墓地[⑪]年代在西汉中晚期，齐齐哈尔三家子墓地[⑫]的年代整体晚于平洋墓葬，可能进入东汉纪年。吉林大安后套木嘎第六期遗存亦属于汉书二期文化，年代范围在战国至西汉。

汉书二期文化在西北方向越过大兴安岭进入内蒙古，呼伦贝尔市陈巴尔虎旗完工墓地主要含有汉书二期文化和西汉匈奴文化两种文化成分，"在保持其固有的文化传统和主要体质特征的同时，完工墓地的人群受到来自西北部匈奴文化的强烈影响"[⑬]，年代相当于西汉中晚期。在松辽平原中部，辽宁西丰西岔沟墓地[⑭]（西汉中晚期）、吉林榆树老河深中层墓葬[⑮]（西汉末年至东汉初年，夫余遗存）见有汉书二期文化因素的流布。在东面，汉书二期文化与干流松花江上游的"庆华遗存"也有文化联系。

---

① 黑龙江考古学界一般认为早期铁器时代早段相当于中原地区的战国两汉，早期铁器时代晚段相当于魏晋南北朝。参见许永杰：《黑龙江省铁器时代的聚落考古》，《边疆考古研究》（第 2 辑），科学出版社，2004 年。

② 赵宾福：《嫩江流域三种新石器文化的辨析》，《边疆考古研究》（第 2 辑），科学出版社，2004 年。

③ 张伟、田禾：《嫩江流域唐代文化遗存辨识——以大庆沙家窑辽墓为出发点》，《北方文物》2012 年第 1 期。

④ 赵宾福：《中国东北地区夏至战国时期的考古学文化研究》，科学出版社，2009 年，第 69 页。

⑤ 黑龙江省文物考古研究所：《平洋墓葬》，文物出版社，1990 年。

⑥ 潘玲、林沄：《平洋墓葬的年代与文化性质》，《边疆考古研究》（第 1 辑），科学出版社，2002 年。

⑦ 黑龙江省文物考古研究所：《黑龙江讷河大古堆墓地发掘简报》，《文物》2009 年第 6 期。

⑧ 黑龙江省文物考古研究所：《黑龙江小登科墓葬及相关问题》，《北方文物》1986 年第 2 期。

⑨ 赵善桐：《黑龙江官地遗址发现的墓葬》，《考古》1965 年第 1 期。

⑩ 白城地区博物馆、文管所、镇赉县文化局等：《吉林省镇赉县坦途北岗子青铜时代墓葬清理报告》，《博物馆研究》1993 年第 1 期。

⑪ 中澍：《通榆县兴隆山鲜卑墓清理简报》，《黑龙江文物丛刊》1982 年第 3 期。

⑫ 黑龙江省文物考古研究所、齐齐哈尔市文管站：《齐齐哈尔市大道三家子墓葬清理》，《考古》1988 年第 12 期。

⑬ 潘玲：《伊沃尔加城址和墓地及相关匈奴考古问题研究》，科学出版社，2007 年，第 148～150 页。

⑭ 孙守道：《"匈奴西岔沟文化"古墓群的发现》，《文物》1960 年第 8/9 期合刊。

⑮ 吉林省文物考古研究所：《榆树老河深》，文物出版社，1987 年。

汉书二期文化是战国西汉时期松嫩平原北部最为强势的考古学文化。关于汉书二期文化居民的族属，早年曾经有学者认为平洋墓葬为拓跋鲜卑及其先世遗存[①]，有些学者则将松嫩平原北部青铜时代和早期铁器时代的考古遗存与夫余先世北夷橐离国挂钩[②]。平洋墓葬居民的人种类型主要与东北亚蒙古人种接近（也与北亚蒙古人种和东亚蒙古人种相关）[③]，新近研究表明汉书二期文化居民（后套木嘎六期组、平洋组、大古堆组和完工组）属于先秦时期的古东北类型[④]。

（3）嫩江平原东汉时期的考古学文化以红马山文化为代表，红马山文化分布于嫩江上游靠近中游的河段沿岸，主要包括讷河市境的红马山遗址、二克浅晚期墓葬[⑤]、库勒浅晚期墓葬[⑥]、兔子地遗址和嫩江县境的铁古拉遗址等。张伟指出，"红马山文化与汉书二期文化、平洋墓葬在年代上应该是接续的"，陶器群中的"壶、单耳杯、豆、三足兽形器、支座等，是汉书二期文化和平洋墓葬等考古遗存的传统器物，……属于嫩江流域考古学文化传统"，而"数量众多的罐"则显示了与呼伦贝尔东汉遗存的密切联系和相互影响[⑦]。红马山文化与大兴安岭西侧的拓跋鲜卑遗存关系密切，乔梁认为这"表明了南下的拓跋鲜卑集团中还有向东挺进到嫩江流域的一支"[⑧]，倪润安则认为红马山文化向西影响到了呼伦贝尔地区的汉代遗存[⑨]。吉林大安渔场墓地[⑩]一般认为魏晋时期的鲜卑墓地[⑪]，潘玲认为时代约在东汉晚期[⑫]。

（4）北朝隋唐时代的嫩江平原属于南部室韦居地，但是考古遗存基本是空白。近来张伟、田禾将大庆沙家窑辽墓改定为唐代早、中期，认为其中包括室韦、契丹和黑水靺鞨三种文化因素[⑬]。辽代南部室韦被纳入契丹之地。大致以嫩江为界，以西属于上京道，以东属于东京道（金代嫩江以西属于临潢府路，以东属于上京路）。吉林白城洮北区"城四家子古城"和大安市"塔虎城遗址"与辽代泰州和长春州有关，其中泰州属于节度使级建制。根据乔梁、杨晶的介绍[⑭]，嫩江流域的辽代墓葬发现主要有龙江朱

① 黑龙江省文物考古研究所：《平洋墓葬》，文物出版社，1990年，第182页。
② 干志耿提出白金宝文化为"橐离文化"，见干志耿：《古代橐离研究》，《民族研究》1984年第2期；王绵厚提出庆华古城为夫余先世"橐离国"故地，见王绵厚：《秦汉东北史》，辽宁人民出版社，1994年，第260页。
③ 潘其凤：《平洋墓葬人骨的研究》，《平洋墓葬》（附录一），文物出版社，1990年。
④ 肖晓鸣、朱泓：《汉书二期文化居民的种族类型及相关问题——基于后套木嘎遗址人骨新材料的探索》，《边疆考古研究》（第17辑），科学出版社，2015年。
⑤ 安路、贾伟明：《黑龙江讷河二克浅墓地及其问题探讨》，《北方文物》1986年第2期；黑龙江省文物考古研究所：《黑龙江讷河市二克浅青铜时代至早期铁器时代墓葬》，《考古》2003年第2期。
⑥ 黑龙江省文物考古研究所：《黑龙江讷河市库勒浅青铜时代至早期铁器时代墓葬》，《考古》2006年第5期。
⑦ 张伟：《红马山文化辨析》，《北方文物》2007年第3期。
⑧ 乔梁：《黑龙江汉晋时期考古学遗存的分布与文化格局》，《边疆考古研究》（第13辑），科学出版社，2013年。
⑨ 倪润安：《呼伦贝尔地区两汉时期考古遗存的分组与演变关系》，《边疆考古研究》（第9辑），科学出版社，2010年。
⑩ 吉林省博物馆文物队、吉林大学历史系考古专业：《大安渔场古代墓地》，《考古》1975年第6期。
⑪ 杨晶：《吉林大安渔场墓地的时代与族属》，《考古与文物》1988年第4期。
⑫ 潘玲：《对部分与鲜卑相关遗存年代的再探讨》，《边疆考古研究》（第13辑），科学出版社，2013年。
⑬ 张伟、田禾：《嫩江流域唐代文化遗存辨识——以大庆沙家窑辽墓为出发点》，《北方文物》2012年第1期。
⑭ 乔梁、杨晶：《黑龙江省西部的辽代墓葬》，《北方文物》2001年第4期。

家坎墓地、龙江西甸子墓、龙江广厚二村墓、齐齐哈尔三合砖厂墓、齐齐哈尔富拉尔基墓、齐齐哈尔长岗子墓、泰来辽墓、泰来塔子城墓、泰来后窝堡墓、泰来平等村墓等。

辽泰州（城四家子古城或塔虎城）金代沿用为新泰州，设置都统司、元帅府、节度使、东北路招讨司等机构；克东县乌裕尔河南岸的蒲裕路城也是金代重要城址[①]。嫩江下游辽金时称为鸭子河，是辽金皇帝"春捺钵"之地，在吉林乾安县花敖泡东南岸和查干湖西南岸发现辽金时期的春捺钵遗址群。此外，自嫩江西岸至大青山的金界壕，东端起自嫩江西岸的莫力达瓦达翰尔旗，向西南方向的金中都延伸。

至此，可以根据历史背景和考古发现将嫩江平原的考古遗存划分为四个主要阶段：即新石器时代和青铜时代的诸考古学文化（约公元前 4500 年至春秋）、汉书二期文化（相当于战国西汉）、红马山文化和以大安渔场墓地为代表的遗存（东汉魏晋）和辽金遗存（以辽代遗存为主体）。

辽金以后，元代的嫩江平原先后属于铁木哥斡赤斤后王封地和辽阳行省（开元路和泰宁路），明代先是属于努尔干都司辖地，其后海西女真与兀良哈大致以嫩江为界分布。元明时期的嫩江平原主要是兀良哈的游牧区，考古遗存发现不多。元代沿用辽金泰州城故址，先后设置泰宁卫、泰宁府，明代设置为兀良哈三卫之一的泰宁卫指挥司，成为这一地区的政治中心。清代嫩江平原还有达斡尔族和自新疆东迁的柯尔克孜族居住，在嫩江中游左岸发现 9 座达斡尔族将军墓[②]。

三、嫩江平原考古遗存的文化属性
及生业形态的阶段性变化

张忠培先生指出，嫩江流域（包括松花江与嫩江交汇处附近和呼伦贝尔地区）是一个相对独立的考古学文化分布区[③]。张光直先生则注意到"黑龙江—大兴安岭这一区域的文化，与红山文化很为近似"[④]。嫩江平原不同阶段的考古遗存分别显示出与东北文化区、北方草原文化区以及与中国北方长城地带的文化关联，并且反映出生业形态的阶段性变化。

（1）嫩江平原新石器时代和青铜时代的考古遗存属于东北文化区的范畴。新石器时代小拉哈一期甲组遗存的夹砂直口筒形罐是东北文化区的典型陶器形制，靶山类型和昂昂溪文化发达的细石器、骨器（单排倒刺骨鱼镖、侧边凹槽骨刀梗、曲柄骨枪头等）表现出以"渔猎为主的经济形态，代表着东北地区固有的文化传统"[⑤]。这种渔猎文化传统一直延续至历史时期，甚至可以在这层文化意义上理解辽金皇帝的"四时捺钵"制度。

---

① 黑龙江省文物考古研究所：《黑龙江克东县金代蒲裕路古城发掘简报》，《考古》1987 年第 2 期。
② 许永杰：《黑龙江考古界说》，《北方文物》2001 年第 4 期。
③ 张忠培：《黑龙江考古学的几个问题的讨论》，《北方文物》1997 年第 1 期。
④ 张光直：《对中国先秦史新结构的一个建议》，《中国考古学论文集》，生活·读书·新知三联书店，1999 年。
⑤ 郭大顺：《东北文化区的提出及意义》，《边疆考古研究》（第 1 辑），科学出版社，2002 年。

　　进入青铜时代，"小拉哈文化应该是由本地区以附加堆纹筒形罐为代表的昂昂溪文化稍晚阶段的遗存发展而来的，并且经过以白金宝 F3012 组为代表的过渡阶段，最后演化成了白金宝文化"[①]。嫩江平原青铜时代和战国西汉时期的诸考古学文化在陶器形制、纹饰、组合等方面均显示出东北文化区的特征，以及与东北地区的考古遗存的普遍关联。

　　（2）至汉书二期文化阶段，嫩江平原与北方长城地带的文化联系较为明显。根据潘玲对平洋墓葬文化因素的分析[②]，早期墓葬（战国早、中期）"随葬的明确可判定年代的铜器都来自长城地带，如双孔饰、鼓腹管、双联泡、齿状饰，其中鼓腹管和双联泡在长城地带各区都有发现，是较为普遍流行的器物"。中期墓葬（约战国中晚期至西汉早期）"长城地带的文化因素主要体现在管銎的和銎孔式的铜镞、镂空球形铜铃、狗为主要用牲畜类方面"，其中来自冀北玉皇庙文化的因素仍然占主体；但是早期流行的"一次单人葬"已经逐渐转变为以"二次多人合葬"为主要埋葬形式。

　　平洋墓葬的主体文化因素仍然属于东北文化区范畴。而且至平洋墓葬晚期（西汉中晚期），"来自长城地带的文化因素已经所剩无几"；早期墓葬的三足陶罐虽然也是长城地带的文化因素，但"很快吸收了嫩江本地的传统使形制发生变化"。潘玲还指出平洋墓葬来自外贝加尔地区的文化因素有"燕尾形"骨镞，来自欧亚草原的文化因素主要是金丝拧绕耳饰。王立新注意到，受贝加尔湖沿岸古代文化的影响而产生的珍珠纹陶器在嫩江流域"从晚商前后出现，中经白金宝文化而延续到汉书二期文化"[③]。

　　《平洋墓葬》认为"当时人们的经济生活是以畜牧业为主，兼营渔猎，停留在'俗随水草，居无常处'、食肉衣皮的游牧状态中"[④]。笔者曾经讲到，平洋墓葬（汉书二期文化）古代居民"当是东北地区以渔猎为主的人群集团，但是受到来自北方长城地带"戎狄"文化因素的强烈冲击和来自蒙古高原"胡人"文化因素的影响"[⑤]。此外，嫩江下游的肇源望海屯遗址发现过反映吉林农安田家陀子遗址文化因素的遗存[⑥]。

　　（3）东汉魏晋时期，嫩江平原以红马山文化和大安渔场墓地为代表的考古遗存显示出与北方草原的密切联系。倪润安认为新莽至东汉早期以拉布达林组墓葬为代表的遗存来自红马山文化，东汉早期至东汉中晚期以扎赉诺尔组墓葬为代表的遗存"主要文化因素是来自海拉尔河以北地区的红马山文化和来自外贝加尔地区的布尔霍图伊文化，同时也包含了此前平洋文化在当地的遗留因素"，而"嘎仙洞应视作红马山文化从东向西翻越大兴安岭过程中的遗存"[⑦]。

①　赵宾福：《松嫩平原早期青铜文化的发现与认识》，《边疆考古研究》（第1辑），科学出版社，2002年。
②　潘玲：《平洋墓葬再研究》，《边疆考古研究》（第10辑），科学出版社，2011年。
③　王立新：《中国东北地区所见的珍珠纹陶器》，《边疆考古研究》（第2辑），科学出版社，2004年。
④　黑龙江省文物考古研究所：《平洋墓葬》，文物出版社，1990年，第171页。
⑤　马艳、郑君雷：《林西井沟子的早期游牧社会及其他——〈林西井沟子〉读后》，《考古》2013年第12期。
⑥　乔梁：《黑龙江汉晋时期考古学遗存的分布与文化格局》，《边疆考古研究》（第13辑），科学出版社，2013年。
⑦　倪润安：《呼伦贝尔地区两汉时期考古遗存的分组与演变关系》，《边疆考古研究》（第9辑），科学出版社，2010年。

　　乔梁则认为："到了东汉阶段，红马山文化所体现的与大兴安岭西侧早期鲜卑文化的联系，表明了南下的拓跋鲜卑集团中还有向东挺进到嫩江流域的一支，类似的遗存发现的线索尚很少，反映了鲜卑的东进可能并没有形成大规模的扩张，但从远在三江平原腹地的凤林古城所出土的鲜卑式铜鍑来看，汉晋时期鲜卑集团对东方的影响仍不能小觑。汉书文化的终结很可能与鲜卑的东进南下存在着联系，除去红马山文化在大兴安岭东侧的出现外，以往在吉林大安渔场和后宝石等地的发现也能够透露一些端倪"①。

　　虽然"呼伦贝尔地区的东汉时期考古遗存对红马山文化的影响更大一些"，但是"红马山文化与汉书二期文化、平洋墓葬"存在千丝万缕的渊源关系"，而且"大安渔场墓地遗存与红马山文化存在着一定的继承关系"②。红马山文化的基础仍然在于东北文化区；随着红马山文化的确认，大安渔场墓地的文化属性（是否鲜卑遗存）出现可以继续讨论的空间，不能轻易排除其作为东北文化区衍生物的可能性。"红马山文化经济类型以渔猎经济形态为主，辅之以原始农业"③，大安渔场墓地的经济形态主要是渔猎、畜牧兼营。

　　（4）辽金时期，嫩江平原的考古遗存表现出东北文化区与北方草原文化区的复合性状，生业方式也呈现出游牧、渔猎、农耕的混合形态。如果大庆沙家窑唐墓包涵"室韦、契丹和黑水靺鞨三种文化因素"的认识不误，则嫩江平原考古学文化的复合性状和生业方式的混合形态在唐代早、中期就已经出现了。

　　契丹是游牧民族，渔猎经济也占有重要地位，不过辽朝建立前许多契丹人已经定居农耕。但是辽代族群构成（契丹、奚—汉、渤海）和经济形态（游牧—定居农耕）的二元结构整体上仍然存在。辽帝国政治重心和文化根基所在的上京、中京处于北方草原边隅的西辽河流域，实际是文化史上的"辽西区"范围，因此辽帝国通常被视为东北地方民族政权。

　　乔梁、杨晶指出，嫩江流域随着契丹势力的崛起，"这一区域成为契丹二十部族放牧之地，辽朝在此建立了泰州等行政设置以统辖之"④。他们认为，嫩江平原辽墓的族属除契丹人以外，"砖圹墓的死者之中很可能有一部分是承担着耕牧和徭役戍边双重任务的汉族边户"，"由塔子城所出的辽'大安七年'残刻来看，当地的汉人不仅数量较多，同时还结成一定的社会组织"，"汉人也有可能被编入纠军或与之相关的组织"；而"富拉尔基墓和二村墓群正处于辽代突吕不室韦部和涅刺拏古部的分布区域之内"，泥质陶、细颈长体的壶类、用猪头骨或猪下颌骨随葬等现象皆非契丹葬俗，"有可能同辽代的室韦部族有关"。嫩江平原的辽金遗存反映了契丹、汉人、室韦、女真的共处融合线索。

　　①　乔梁：《黑龙江汉晋时期考古学遗存的分布与文化格局》，《边疆考古研究》（第13辑），科学出版社，2013年。
　　②　张伟：《红马山文化辨析》，《北方文物》2007年第3期。
　　③　张伟：《红马山文化辨析》，《北方文物》2007年第3期。
　　④　乔梁、杨晶：《黑龙江省西部的辽代墓葬》，《北方文物》2001年第4期。

（5）元明时期嫩江平原多为兀良哈的游牧地。清代嫩江流域的达斡尔族定居在村落里，但是畜牧业非常重要，从事农牧兼营的经济生活[①]。清代迁移到嫩江平原的柯尔克孜族最初被限制在方圆百里的范围内，在嫩江、乌裕尔河沿岸边狩猎边游牧，后来出现了定居村落并发展起粗放农业，但是畜牧业在经济生活中占有重要地位[②]。

元明时期嫩江平原古代居民的生业方式先是向游牧转化，至清代逐渐发展起粗放农业，以农牧兼营为主，但是渔猎经济依然较为重要。在民族志中，农耕生活杂有浓厚畜牧因素的族群，生计方式往往更为复杂，1930年代的达斡尔族尚且"朝为农而暮为猎，今日为匠而明朝为渔，善养牲畜，能驯劣马"[③]。

四、相关学术概念辨析及"中国北方长城地带"的东界

在北方地区和涉及蒙古高原乃至欧亚内陆的考古学研究中，时常出现"中国北方长城地带"、"北方长城地带"、"长城地带"、"北方文化带"、"北方地带"等名词术语。讨论中国北方长城地带的东界，需要对这些考古学概念略加辨析。

首先要明确"中国北方长城地带"、"北方长城地带"、"长城地带"这三个概念在文化含义上的异同。前面已述，考古学上的"长城地带"与"中国北方长城地带"指代不同。如果不是刻意强调"北方长城地带"文化史在欧亚内陆意义上的宏观背景和学术视野[④]，则"中国北方长城地带"和"北方长城地带"这两个概念应当等同，而与"长城地带"有差别。

长城具有文化标识和文化符号的意义。"（中国）北方长城地带"是在"北方地区"[⑤]或者"北方历史——文化区"[⑥]的考古学区系框图中（即"北方地区中的长城地带"）、以中原农耕文化区为参照坐标、以燕山南北和内蒙古中南部为地域重心、以生态环境作为地理基础建立起来的学术概念，强调的是"游牧"与"定居农耕"在族群、环境、生业、文化、社会形态等诸多方面表现出来的二元对立和统一。其经济文化类型具有弹性，表现为"时农时牧"或"农牧结合"的经济特性和历史特征，其文化意义和历史价值主要体现在酝酿长城和长城发挥作用的时间段上。

而"长城地带"超出了"北方地区"（或"北方历史——文化区"）的考古学区系框图背景，地域范围可以延伸至西汉烽燧经行的新疆东部，也可以延伸至燕秦汉长城

① 内蒙古自治区编辑组：《达斡尔族社会历史调查》，内蒙古人民出版社，1985年。
② 新疆维吾尔自治区丛刊编辑组：《柯尔克孜族社会历史调查》，新疆人民出版社，1987年。
③ 《达斡尔民族志略》。转引自梁钊韬、陈启新、杨鹤书：《中国民族学概论》，云南人民出版社，1985年，第412页。
④ "北方长城地带"是开放的文化单元，中国北方考古尤其是北方民族考古更是国际性的学术课题，在某些话语体系中，"中国北方长城地带"的概念较之"北方长城地带"表述得更为清晰。
⑤ 苏秉琦划分的"以燕山南北长城地带为重心的北方"是中国新石器时代和早期青铜时代考古学文化的六大区系之一（苏秉琦：《中国文明起源新探》，三联书店，2001年，第50页），深刻地影响着历史时期的考古学文化格局。
⑥ 田广金、郭素新：《北方文化与草原文明》，《北方考古论文集》，科学出版社，2004年。

和明长城经行的辽东，甚至西北朝鲜[①]；若将金界壕视作长城，还可以包括进入俄罗斯和蒙古国的"岭北长城"，凡此种种，不一而足。这样，随着地域范围的扩大，长城作为北方"游牧"与中原"定居农耕"二元对立统一的生态基础和文化意义也就淡化甚至不存在了，其作为地理符号的意义超出了作为文化符号的意义，所表述的时间段也就可以包括长城酝酿和形成之前。

因此，乌恩先生所说的"长城地带"[②]实际与柯斯莫的"北方地带"大致相同，这也是苏秉琦先生可以在长城出现之前的史前考古学文化区系体系中使用"燕山南北长城地带"这一名称的原因所在。他不过是以长城作为地理符号来表述"以长城地带为中心的北方地区"，虽然地域范围与"（中国）北方长城地带"基本重合[③]。

明乎此，我们就清楚杨建华先生使用的"北方文化带"[④]和"长城地带"[⑤]、田广金先生定义的"农牧交错带"[⑥]、乌恩先生所说的"长城地带中段"，其实都是指"（中国）北方长城地带"；杨建华先生的"中国长城地带"[⑦]主要也是指"（中国）北方长城地带"，不过是兼及了"北方地区东北部的松花江、嫩江流域"。这些概念的文化内涵和地理范围、甚至时代意义，均与柯斯莫的"北方地带"有差别。而林沄先生译为英文的"北方地带（Northern Zone）"[⑧]，在中文语境中其实就是"北方地区"。

"（中国）北方长城地带"、"北方文化带"、"北方地带"这些概念很容易让人联想到童恩正先生提出的"从东北至西南的边地半月形文化带"[⑨]和佟柱臣先生提出的三条新石器文化接触地带[⑩]。作为考古学术语的"考古学文化带"似乎也没有专门性的讨论。笔者觉得考古学上的"文化地带"也有严格意义和宽泛意义的区别，考古学文化带具有文化廊道性质，内部的族群结构经常是不稳定的，但是仍然具有一些相对稳定的共性文化因素（这主要是生态环境作用的结果）。"（中国）北方长城地带"是严格意义上

---

①　参见郑君雷：《大宁江长城的相关问题》，《史学集刊》1997 年第 1 期。

②　乌恩认为长城地带通常泛指长城沿线及以北地区，长城地带中段指东起辽西、西至甘肃东部这一地域。见乌恩岳斯图：《北方草原考古学文化比较研究：青铜时代至早期匈奴时期》，科学出版社，2008 年，第 1 页。

③　苏秉琦、殷玮璋划定的"以长城地带为中心的北方地区"的范围，"从东向西主要包括以昭盟为中心的地区；河套地区；以陇东为中心的甘青宁地区三个部分"。见苏秉琦、殷玮璋：《关于考古学文化的区系类型问题》，《文物》1981 年第 5 期。这也说明"（中国）北方长城地带"的形成有其历史基础。

④　杨建华：《春秋战国时期中国北方文化带的形成》，文物出版社，2004 年。

⑤　杨建华认为所谓长城地带，大致指西起陇山向东到鄂尔多斯高原，再向东至桑干河河谷至燕山。见杨建华：《春秋战国时期中国北方文化带的形成》，文物出版社，2004 年，第 1 页。

⑥　田广金、郭素新：《中国北方畜牧——游牧民族的形成与发展》，《北方考古论文集》，科学出版社，2004 年。

⑦　杨建华：《欧亚草原的经济类型发展阶段及其与中国长城地带的比较——〈欧亚草原东西方的古代交往〉评价》，《北方先秦考古研究》，科学出版社，2015 年。

⑧　林沄：《商文化青铜器与北方地区青铜器关系之再研究》，《林沄学术文集》，中国大百科全书出版社，2008 年。

⑨　童恩正：《试论我国从东北至西南的边地半月形文化传播带》，《文物与考古论集》，文物出版社，1987 年。

⑩　佟柱臣提出"阴山"、"秦岭—桐柏山—汉水—淮河"、"南岭—武夷山"三条新石器文化接触地带。见佟柱臣：《中国新石器时代文化三个接触地带论——中国新石器时代文化综合研究之一》，《史前研究》1985 年第 2 期。

的考古学文化带，"长城地带"则显得宽泛，虽然也有"圈点纹"传播的例子[①]。

关于"中国北方长城地带"的地理范围，东西方向上（横向），林沄先生认为"东起西辽河流域，经燕山、阴山、贺兰山，到达湟水流域和河西走廊"[②]，青海是否属于这一地带仍有不同看法[③]；而杨建华先生认为中国北方长城地带的东段中心是冀北地区[④]。至于南北方向（纵向），似乎只有田广金、郭素新先生作过界定[⑤]。

就嫩江平原而言，我们注意到其与中国北方长城地带文化性质的某些关联性，而且金界壕也被很多学者视为广义上的长城，但是不赞成将嫩江平原纳入中国北方长城地带的范畴。"历史上的黑龙江地区，由于地理环境等因素的影响，大约自史前时期一直到金代以前，基本上可以划分为东、西两大区系。其中以嫩江流域为重心的西部地区，因西与蒙古草原地带相接壤，故经常处于以游牧为主体经济的文化系统的影响之下"[⑥]。但是嫩江平原以东、以南地区，是"东北文化区"的范畴，而且嫩江平原作为北方草原文化区与东北文化区的接触地带，战国以后考古遗存所显示的经济形态更多地表现出游牧、渔猎和农耕的"三位一体"，而非游牧与农耕的"二元对立统一"。

嫩江平原与中国北方长城地带的文化关联，主要发生在汉书二期文化阶段。汉书二期文化居民属于先秦时期的古东北类型。而在北方长城地带东段的辽西丘陵，自青铜时代已经开始出现不同类型人群的共存，表现为早期青铜时代"以内蒙古中南部为中心分布区的古华北类型人群向辽西地区及华北平原地区的扩散"，但是在西辽河以北的东北地区还未有相关新材料的发现[⑦]。这也在体质人类学上说明了嫩江平原与中国北方长城地带居民种族构成的差异。

北方游牧文化对东北文化区的冲击，集中体现在嫩江平原。正如笔者在一篇文章中讲到的，"在北方草原文化区与中原文化区、东北文化区的接触地带（即长城地带及其向西辽河和嫩江流域的延伸方向），不同文化系统的作用是相互的、持续的，文化因素彼此渗透，考古学文化面貌往往呈现出复合性状（虽然主体系统仍然各自有别）"[⑧]。

---

① 以北方长城地带东段为中心，自新疆至吉林，商末周初之际至魏晋十六国的骨角器上往往见有圈点纹。潘玲：《圈点纹浅析》，《边疆考古研究》（第 8 辑），科学出版社，2009 年。

② 林沄：《中国北方长城地带游牧文化带的形成过程》，《林沄学术文集》（二），科学出版社，2008 年，第39 页。

③ 林沄：《柯斯莫〈中国前帝国时期的北部边疆〉述评》，《林沄学术文集》（二），科学出版社，2008 年，第79 页。

④ 杨建华认为中国北方长城地带依地理特征及其文化面貌可以划分为三个相对独立的区域，即以陇山为中心的甘肃宁夏地区、以鄂尔多斯高原、岱海为主的内蒙古地区和以桑干河、燕山为中心的冀北地区。见《春秋战国时期中国北方文化带的形成》，文物出版社，2004 年，第 8 页。

⑤ 田广金、郭素新认为，在"北方历史——文化区"所涵盖的狭长地域中，"历史时期修筑了两道长城。从陇东始，至陕北后分为南北两道，北侧为战国秦汉长城线，南侧为明代长城。两道长城于张家口靠拢，呈横 'X' 状分布，其间部分统称为北方长城地带"。见田广金、郭素新：《北方文化与草原文明》，《北方考古论文集》，科学出版社，2004 年，第 274 页。

⑥ 乔梁、杨晶：《黑龙江省西部的辽代墓葬》，《北方文物》2001 年第 4 期。

⑦ 肖晓鸣、朱泓：《汉书二期文化居民的种族类型及相关问题——基于后套木嘎遗址人骨新材料的探索》，《边疆考古研究》（第 17 辑），科学出版社，2015 年。

⑧ 马艳、郑君雷：《林西井沟子的早期游牧社会及其他——〈林西井沟子〉读后》，《考古》2013 年第 12 期。

嫩江平原考古遗存的文化属性，自汉书二期文化以来即已经呈现出复合性状，明代嫩江还是北方游牧文化区与东北渔猎、农耕文化区的界线。嫩江西侧的大兴安岭作为天然屏障，似乎也起到了类似长城的作用。但是依照前面的讨论，嫩江平原不宜视为"中国北方长城地带"的东界；至于是否属于"长城地带"或"北方地带"的范畴，则可以再论。

原载《北方民族考古》（第3辑），科学出版社，2016年

《中国东北地区汉墓研究》旧稿检讨

二十多年前，笔者在吉林大学以"中国东北地区汉墓研究"为题撰写博士学位论文，1997 年底通过答辩。答辩委员会主席刘庆柱先生建议删改后拆分为上、下两篇投寄《考古学报》；2002 年调动到中山大学工作后，导师林沄先生曾建议增补修订，以出版专著为宜。无奈事务太过繁杂，加之心态懒惰，尤其是觉得处理附图很麻烦，就一直拖延下来。

匆匆十数载过去了，东北地区汉墓的发掘、发表数量大为增加，学术界对于汉墓的认识程度加深了许多，汉墓研究的价值取向也有明显变化，旧稿更"旧"了。旧稿虽然材料已经不全面，观点也显得陈旧，但是偶尔见有引用，《中国考古学·秦汉卷》中笔者撰写的关于东北地区汉墓的基础认识[①] 即脱胎于旧稿，根据新材料、新认识对旧稿作些检讨仍然有意义。不过毕竟消化能力有限，因此所谓"检讨"多是有感而发，随想随记，不成体系。

一

就近年来目力所及，新材料中最重要的当属《姜屯汉墓》[②] 和《羊草庄汉墓》[③] 两部田野考古专刊。此外，朝阳袁台子（庚类墓中的 M24 等 3 座瓮棺墓）[④]、大连沙岗子[⑤]、大连营城子[⑥]、金州董家沟[⑦]、营口熊岳镇胜利村[⑧]、盖州农民村[⑨]、盖州沙沟子[⑩]、盖州光荣

---

① 中国社会科学院考古研究所：《中国考古学·秦汉卷》第八章《汉代官吏与平民墓葬》第五节《东北地区汉墓》，中国社会科学出版社，2010 年。

② 辽宁省文物考古研究所：《姜屯汉墓》，文物出版社，2013 年。

③ 辽宁省文物考古研究所：《羊草庄汉墓》，文物出版社，2015 年。

④ 辽宁省文物考古研究所、朝阳市博物馆：《朝阳袁台子——战国西汉遗址和西周至十六国时期墓葬》，文物出版社，2010 年，第 212、213 页。

⑤ 大连市文物考古研究所：《大连沙岗子农科院汉墓发掘记略》，《大连考古文集》（第 1 集），科学出版社，2011 年。

⑥ 文考：《大连营城子又发现一批汉代墓葬》，《大连文物》2003 年。

⑦ 徐建华：《大连市金州区董家沟东汉墓葬的清理》，《考古》2002 年第 6 期。

⑧ 崔艳茹：《辽宁营口熊岳镇胜利村汉墓清理简报》，《北方文物》2002 年第 1 期。

⑨ 崔艳茹、魏耕耘：《盖州农民村汉墓群发掘简报》，《辽宁考古文集》（二），科学出版社，2010 年。

⑩ 魏耕耘、王辉、崔艳茹：《盖州沙沟子汉墓发掘简报》，《辽宁考古文集》（二），科学出版社，2010 年。

村①、鞍山调军台②、辽阳南环街(壁画墓)③、辽阳青年大街④、辽阳肖夹河⑤、辽阳苗圃⑥、辽阳河东新城(壁画墓)⑦、沈阳沈州路⑧、沈阳八家子⑨、沈阳小东⑩、沈阳五爱市场⑪、沈阳青桩子⑫、辽中偏堡子⑬、凤城刘家堡(瓮棺葬)⑭等地有汉墓材料发表,大连营城子等地有较大规模的汉墓发掘清理工作⑮。辽东地区新发表的汉墓材料仍然远多于辽西地区。

《姜屯汉墓》和《羊草庄汉墓》两部报告的出版,对东北地区汉墓研究推动较大,有关墓葬形制、随葬器物、棺椁制度及分期、分区等方面的认识借此得以深化,杨哲峰对姜屯汉墓出土白陶⑯和白宝玉等对姜屯 M45 出土玉覆面⑰的研究就是例子。综合研究方面,见有刘未对辽阳汉魏晋壁画墓群⑱、孙力楠对辽阳和大连汉代壁画墓⑲、白云翔对环渤海湾积贝墓⑳、李晓钟对沈阳地区汉墓㉑的讨论。在东北周边地区,王培新关于乐浪汉墓㉒、姜佰国关于京津冀地区汉墓㉓、宋蓉等关于胶东半岛汉墓㉔、刘剑关于山东半岛汉墓㉕、蒋璐关于北方长城地带汉墓㉖等研究对于认识东北汉墓与周邻地区的关系具有重要意义。不过整体上东北地区汉墓的研究工作仍然较为薄弱。

① 万欣:《辽宁盖州发现大型汉代砖墓和贝壳墓》,《中国文物报》2006 年 7 月 7 日第 2 版。
② 司伟伟:《鞍山市高新区调军台汉墓》,《中国考古学年鉴·2013》,文物出版社,2014 年。
③ 李新全:《辽宁辽阳南环街壁画墓》,《北方文物》1998 年第 3 期。
④ 王来柱:《辽阳青年大街发现的两座汉墓》,《辽宁考古文集》,辽宁民族出版社,2003 年。
⑤ 白宝玉、徐政:《辽宁省辽阳市肖夹河墓地发掘简报》,《北方文物》2010 年第 1 期。
⑥ 辽宁省文物考古研究所:《辽宁辽阳苗圃墓地西汉砖室墓发掘简报》,《文物》2014 年第 11 期;辽宁省文物考古研究所:《辽宁辽阳苗圃墓地汉代土坑墓》,《考古》2015 年第 4 期。
⑦ 李龙彬、马鑫、王爽:《新发现的辽阳河东新城东汉壁画墓》,《东北史地》2016 年第 1 期。
⑧ 李龙彬:《辽宁沈阳沈州路东汉墓发掘简报》,《北方文物》2004 年第 3 期。
⑨ 刘焕民:《辽宁沈阳八家子汉魏墓葬群发掘简报》,《北方文物》2004 年第 3 期。
⑩ 刘焕民:《沈阳小东汉墓葬群勘探调查与发掘》,《辽宁考古文集》(二),科学出版社,2010 年。
⑪ 沈阳市文物考古研究所:《沈阳市五爱墓群发掘报告》,《沈阳考古文集》(第 5 集),科学出版社,2015 年。
⑫ 沈阳市文物考古研究所:《沈阳青桩子汉魏墓群 2013 年发掘简报》,《沈阳考古文集》(第 5 集),科学出版社,2015 年。
⑬ 沈阳市文物考古研究所:《沈阳辽中偏堡子汉墓群 2014 年发掘报告》,《沈阳考古文集》(第 5 集),科学出版社,2015 年。
⑭ 冯永谦、崔玉宽:《凤城刘家堡子西汉遗址发掘报告——兼论汉代东部都尉治武次县址之地望》,《辽宁考古文集》(二),科学出版社,2010 年。
⑮ 2003 年至 2004 年在营城子高新技术园区清理汉墓 170 余座。见张翠敏:《大连营城子地区汉代墓葬及相关问题探讨》,《辽宁考古文集》(二),科学出版社,2010 年。
⑯ 杨哲峰:《汉代白陶新资料——读〈姜屯汉墓〉札记》,《中国文物报》2013 年 7 月 19 日第 6 版。
⑰ 白宝玉、付文才:《辽宁普兰店姜屯墓地第 45 号汉墓出土玉覆面复原研究》,《文物》2012 年第 8 期。
⑱ 刘未:《辽阳汉魏晋壁画墓研究》,《边疆考古研究》(第 2 辑),科学出版社,2004 年。
⑲ 孙力楠:《东北地区汉唐时期壁画墓发现与研究》,吉林大学博士学位论文,2008 年。
⑳ 白云翔:《汉代积贝墓研究》,《刘敦愿先生纪念文集》,山东大学出版社,1998 年。
㉑ 李晓钟:《沈阳地区战国秦汉考古初步研究》,《沈阳考古文集》(第 1 集),科学出版社,2007 年。
㉒ 王培新:《乐浪文化——以墓葬为中心的考古学研究》,科学出版社,2007 年。
㉓ 姜佰国:《京津冀地区汉代墓葬研究》,《边疆考古研究》(第 6 辑),科学出版社,2007 年。
㉔ 宋蓉、滕铭予:《汉代胶东半岛、辽东半岛及长江中下游地区海路交流的考古学例证》,《边疆考古研究》(第 7 辑),科学出版社,2008 年。
㉕ 刘剑:《山东地区汉代墓葬的考古学研究》,山东大学博士学位论文,2012 年。
㉖ 蒋璐:《中国北方地区汉墓研究》,吉林大学博士学位论文,2008 年。

旧稿收集汉墓材料有疏漏，未能充分注意内部期刊[①]和各地文物志[②]。另外，中华人民共和国成立以前日本学者发掘辽阳东门外壁画墓、满洲棉花会社壁画墓、南林子壁画、玉皇庙壁画墓，以及在辽阳市郊调查发掘砖室墓、石椁墓和瓮棺葬的情况[③]，旧稿多有疏漏，殊不应该。

二

按照旧稿的认识，东北地区发表汉墓较为集中地分布在以朝阳、锦州、大连和辽阳为中心的四个地区。旧稿首先对墓葬形制、棺椁制度和随葬器物等问题进行研究，在此基础上将大连地区汉墓划分为六期，参照大连地区划分出朝阳、锦州、辽阳地区汉墓的期别序列。然后分别从纵、横两方面对朝阳等四个地区汉墓进行文化因素分析。旧稿认为这四个地区的汉墓面貌和发展线索与京津唐地区和西北朝鲜共性较大，将以上地区汉墓归属于"汉墓幽州分布区"。最后概略介绍了东北地区汉代土著墓葬的情况，并简要分析了其中存在的汉文化因素。

《中国东北地区汉墓研究》旧稿分为九章。

第一章《研究简史》。将东北地区汉墓的发掘研究工作划分为中华人民共和国成立以前和以后两个时期，成立以后又划分为"文革"以前和"文革"以后两个阶段，分别总结了各期段的主要成绩和局限性。

第二章《汉墓分布》。将东北地区发表的汉墓划分为以朝阳、锦州、大连、辽阳为中心的四个地区，这些汉墓均在汉代郡县范围以内，附近往往有郡县城址。

第三章《墓葬形制》。将东北地区汉墓的墓葬形制归纳为土圹墓、砖室墓、石椁墓、瓮棺墓、瓦棺墓五类，以土圹墓、砖室墓和石椁墓数量为多，其下又各自划分出若干型别。认为"贝墓"可以根据墓壁材质分别归入土圹墓、砖室墓和石椁墓之中。

第四章《棺椁制度》。对东北地区汉墓棺椁的形制和使用情况进行了简要研究。

第五章《随葬器物》。对东北地区汉墓中盆、盘、奁、尊、筥、镳、魁、卮、圈足杯、圆案、豆、灯、薰炉、长颈瓶、井、仓、釜、炉等称谓混乱的陶器名称进行了统一，分别归纳了朝阳等四个地区汉墓的陶器种类，并简要总结了车马具、青铜容器、漆器、铜镜、武器、农工具、印章、货币、文书用具和服御杂具等其他随葬器物的情况。

第六章《期别序列》。首先将材料最丰富的大连地区汉墓划分为西汉前期、西汉中

① 例如沈阳大南益文小区汉墓，见林茂雨：《沈阳大南益文小区汉墓清理简报》，《沈阳文物》1992 年创刊号；又如沈阳苏家屯红宝山汉墓，见沈阳市文物管理办公室：《红宝山汉墓清理简报》，《沈阳文物》1993 年第 1 期。

② 例如北宁大亮甲汉墓，见赵杰、周洪山：《北宁市文物志》，辽宁民族出版社，1996 年，第 125 页。

③ 参见刘未：《辽阳汉魏晋壁画墓研究》，《边疆考古研究》(第 2 辑)，科学出版社 2004 年。据刘未介绍，辽阳北园 4 号墓、道西庄墓、冶建化工分厂墓、玉皇庙 2 号墓、玉皇庙 3 号墓、玉皇庙 4 号墓和峨眉墓等 7 座壁画墓的材料尚未正式发表。

后期、新莽时期、东汉前期、东汉中后期和汉末曹魏共计连续六期，其后参照大连地区建立了朝阳、锦州、辽阳地区的汉墓期别序列，并总结出部分型式关系比较清楚陶器的演变规律。

第七章《文化因素分析》。从纵向分析了东北地区战国燕墓、战国土著墓、秦墓对朝阳等四个地区汉墓的文化影响，从横向分析了周邻地区汉墓、东北地区汉代土著墓葬与东北地区汉墓的文化联系，以及朝阳等四个地区汉墓之间的亲缘关系，揭示出朝阳等四个地区汉墓文化因素的构成情况。

第八章《汉墓幽州分布区》。根据周邻地区汉墓的墓葬形制和随葬器物情况，认为东北地区汉墓与京津唐和西北朝鲜的汉墓面貌和发展线索具有较大共性，而与长城地带和山东地区汉墓疏远，提出"汉墓幽州分布区"的概念，并分析了"汉墓幽州分布区"形成的背景因素。

第九章《东北地区汉代土著墓葬》。对汉代夫余墓、东部鲜卑墓、拓跋鲜卑墓、高句丽墓以及西岔沟墓地和完工墓地作了概略介绍，并分析了其中存在的汉文化因素。东北地区汉代纪年内的土著墓葬虽然不属于汉墓范畴，但是这种对比性研究有助于加深对东北地区汉墓的整体认识。

三

《中国东北地区汉墓研究》旧稿讨论的地域范围实际就是辽宁地区。称为"中国东北地区"主要是指明不包括朝鲜半岛的"乐浪汉墓"。乐浪汉墓虽然与东北地区汉墓存在文化联系和某些共性，但是墓葬制度的地域特征突出，不宜归入东北地区汉墓范畴；技术层面的困难是乐浪汉墓材料当时在国内不容易收集[①]。记得答辩时方启东先生还问到研究内容中为什么没有乐浪汉墓，我回答得比较狼狈，林沄先生后来告诉我讲一句就可以了——"因为论文题目是《中国东北地区汉墓研究》"。不称为"辽宁地区"，主要是考虑到根据汉代郡县设置和汉代长城障塞、城址、货币、兵器等的分布情况，将来汉墓发现的范围有可能扩大（比如内蒙古东南部的赤峰地区），而且吉林市郊已经有汉墓线索，希望为后续研究预留出空间。

旧稿考虑了"汉墓"概念的内涵和外延，指出既往在使用"汉墓"这一概念时有两种情况。第一种是指在汉代纪年范围内的墓葬。中原地区因为族属和文化特征均比较单纯，"汉墓"一词指代清楚，如洛阳烧沟汉墓[②]；边远地区族属和文化特征比较复

① 乐浪汉墓总数约在2000座以上，材料比较完整的约有160余座。参见［日］高久健二：《乐浪古坟文化研究》，学研出版社，1995年。笔者当时在国家图书馆、社科院考古研究所等地查阅到《乐浪——五官掾王盱的坟墓》《乐浪彩篋冢》《乐浪王光墓》《朝鲜古迹图谱·第一册》《平壤附近关于乐浪时代的遗迹》《乐浪郡时代的遗迹》、《古迹调查概报第一、二、三、五册》《乐浪汉墓·第一册》等资料，其他如《乐浪汉墓·第二册》《平安南道大同郡大同江面梧野里古坟调查报告》《永和九年在铭砖出土古坟调查报告》等资料未能查阅到。
② 洛阳区考古发掘队：《洛阳烧沟汉墓》，科学出版社，1959年。

杂，但是仍然称为汉墓，如南越王国时期的广州汉墓^①和可能与夜郎等西南夷有关的贵州西部小型汉墓^②。第二种情况则同时考虑了汉代纪年范围内墓葬的文化特征。如乐浪汉墓的称谓就是同时强调了乐浪郡时代墓葬的中原文化特征，其中也包括魏晋墓；与其相对，汉代匈奴墓则不称为汉墓，而是明确称为匈奴墓^③，云南石寨山汉代滇人墓亦是明确称为滇墓^④。

　　旧稿所谓的"汉墓"是指在汉代纪年范围内使用汉式丧葬制度的墓葬，均分布在汉代郡县范围以内。至于已经明确归属于其他族群的汉代墓，例如吉林省榆树市老河深墓地^⑤（夫余）、内蒙古科左中旗舍根墓地^⑥（东部鲜卑）、内蒙古满洲里市扎赉诺尔墓地^⑦（拓跋鲜卑）、吉林省集安市高句丽墓群、辽宁西丰县西岔沟墓地^⑧、内蒙古陈巴尔旗完工墓地^⑨等不纳入汉墓研究范畴，这些墓地均有显著的非汉文化特征。吉林市郊发掘有底铺膏泥的汉式木椁墓^⑩（图一，1），采集到陶耳杯、瓦当、五铢等汉式遗物^⑪（图一，2~6），但是绝大多数材料尚未发表，难以对其文化特征进行讨论，且处于夫余地境，因此也未列入旧稿研究的汉墓范围。

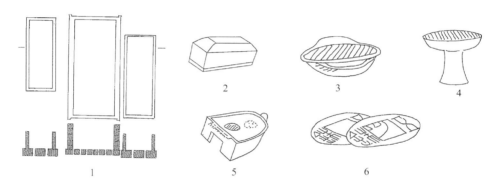

图一　汉代夫余地境的汉式遗存
1. 帽儿山 M1　2. 陶奁　3. 陶耳杯　4. 陶豆　5. 陶灶　6. 五铢

①　广州市文物管理委员会、广州市博物馆：《广州汉墓》，文物出版社，1981年。
②　参见《中国大百科全书·考古学卷》"贵州西部汉墓"词条，中国大百科全书出版社，1986年；宋世坤：《贵州汉墓的分期》，《中国考古学会第五次年会论文集》，文物出版社，1988年；李衍垣：《威宁中水汉墓》，《考古学报》1988年第2期。
③　例如赵生琛：《青海大通上孙家寨的匈奴墓》，《文物》1979年第4期；钟侃：《宁夏同心县倒墩子汉代匈奴墓地发掘简报》，《考古》1987年第1期。
④　参见《中国大百科全书·考古学卷》"晋宁石寨山滇墓"词条，中国大百科全书出版社，1986年。
⑤　吉林省文物考古研究所：《榆树老河深》，文物出版社，1987年。
⑥　张柏忠：《哲里木盟发现的鲜卑遗存》，《文物》1981年第2期。
⑦　郑隆：《内蒙古扎赉诺尔古墓群调查记》，《文物》1961年第9期；内蒙古文物工作队：《内蒙古扎赉诺尔古墓群发掘简报》，《考古》1961年第12期；内蒙古文物考古研究所：《扎赉诺尔古墓群1986年清理发掘报告》，《内蒙古文物考古文集》（第一辑），中国大百科全书出版社，1994年。
⑧　孙守道："匈奴西岔沟文化"古墓群的发现》，《文物》1960年第8/9期合刊。
⑨　潘行荣：《内蒙古陈巴尔虎旗完工索木发现古墓葬》，《考古》1962年第11期；内蒙古文物工作队：《内蒙古陈巴尔虎旗完工古墓清理简报》，《考古》1965年第6期。
⑩　张立明：《吉林帽儿山汉代木椁墓》，《辽海文物学刊》1988年第2期。
⑪　李文信：《吉林市附近之遗迹和遗物》，《李文信考古文集》，辽宁人民出版社，1992年。

旧稿根据汉墓分布状况，将东北地区汉墓划分为以朝阳、锦州、大连、辽阳为中心的四个地区，分别讨论了四个地区的期别序列并进行文化因素和亲缘关系分析，实际是分为四区。根据新材料，我觉得以上四个汉墓分布区宜分别改称为辽西山地、辽西走廊、辽河平原和辽东半岛，其中辽西山地和辽西走廊属于辽西区内部的亚区，辽河平原和辽东半岛属于辽东区内部的亚区，而且亚区内部还有可能划分出若干小区。

例如辽东半岛的花纹砖墓集中在碧流河西南的渤海沿岸，碧流河以东、以北尚无发现①。在辽河平原，鞍山羊草庄墓地相对于辽阳地区，早期土坑墓规格较大，晚期砖室墓规格较小，"辽阳地区汉代墓葬较为常见的奁、案、俎、器座、仓等随葬品并不见于本墓地，长颈瓶及耳杯的数量也较少"②，这些都是在亚区内划分小区的线索。

旧稿对东北地区汉墓形制和出土陶器进行了类型学分析，以此作为分期基础。俞伟超先生有言："型、式的编号，表现了整理者对器物形态变化过程的一种认识。事物的规律性，不可能一下子就显露充分；已经显露出的部分，人们也难于立即认识清楚。所以，任何一次编号，都不能要求是最终结论；否则，每一次的类型学分析工作，将永远不敢暂告一段落"③。翻检新材料，原有类型和型式划分需要作一些调整、补充，但是汉墓分期的基础框架仍然成立。

旧稿写作时，朝阳、锦州、辽阳地区发表的汉墓数量有限，而且朝阳地区一些郡县东汉弃守，锦州地区东汉安帝以后设置辽东属国，汉墓年代序列多有缺环。而大连地区发表汉墓数量多，演变序列较完整，因此旧稿以大连地区为基础，建立起东北地区汉墓的期别序列，即：第一期（西汉前期，分为陶礼器墓和日用陶器墓两类）、第二期（西汉中后期）、第三期（新莽时期）、第四期（东汉前期）、第五期（东汉中后期）和第六期（公孙氏时期）。

《姜屯汉墓》划分为六期，即第一期（西汉早期，文帝至武帝早期）、第二期（西汉中期，武帝中期至宣帝晚期）、第三期（西汉晚期，元帝至新莽之前）、第四期（王莽至东汉初期）、第五期（东汉初早期）和第六期（东汉中晚期）。《羊草庄汉墓》划分为四期，即第一期（西汉晚期）、第二期（王莽至东汉初年）、第三期（东汉早期）和第四期（东汉中晚期）。这两处墓地材料集中，分期可靠性较强。但是姜屯墓地出土陶器"其年代序列并不完整，因此，在对墓葬年代进行判定时主要依据铜镜和铜钱这两种器物"④，似还有讨论余地。

姜屯墓地发掘30余组并葬墓，其中20余组具有打破关系（M28→M29等）；羊

① 许玉林：《辽南地区花纹砖墓和花纹砖》，《考古》1987年第9期；王珍仁：《大连地区汉代花纹小砖刍议》，《北方文物》1987年第1期。
② 辽宁省文物考古研究所：《姜屯汉墓》，文物出版社，2013年，第384页。
③ 俞伟超：《考古类型学》，《考古学是什么》，中国社会科学出版社，1996年，第82页。
④ 辽宁省文物考古研究所：《姜屯汉墓》，文物出版社，2013年，第537页。

草庄墓地的 6 组并葬墓中有 3 组打破关系，其中包括 M45（土坑墓）打破 M46（砖椁墓）的情况，这就为墓葬形制和陶器演变序列研究以及墓地分期研究提供了便利条件。我觉得这两处墓地可能有公孙氏时期的墓葬；姜屯墓地的第一期可以分段，也可能有早于文帝时期的汉墓。因为材料尚未完全消化，在此不作具体分析。

　　《姜屯汉墓》划分出"西汉中期"和"西汉晚期"，《羊草庄汉墓》划分出"西汉晚期"，较之旧稿笼统划分的"西汉中后期"汉墓更为精细明确。旧稿将朝阳、锦州、大连和辽阳四个地区均划分出一组汉末曹魏时期的墓葬，东汉献帝中平六年（189 年）至曹魏明帝景初二年（238 年）期间公孙氏政权割据辽东，大连和辽阳地区的汉末曹魏墓葬相当于公孙氏时期（包括新发表的辽阳南环街墓、沈阳八家子墓地），笔者觉得这一期段有必要而且能够划分出来。

　　综合以上认识，东北地区汉墓的期别序列暂可以划分为七期，即第一期（西汉前期）、第二期（西汉中期）、第三期（西汉晚期）、第四期（新莽至东汉初年）、第五期（东汉前期）、第六期（东汉中晚期）和第七期（汉末曹魏或公孙氏时期）。

四

　　汉墓虽然发掘数量很大，但是"即使公开发表的调查简报当中，对有无坟丘也很少记录。……坟丘的存在很容易为人们忽略"[1]。我现在注意到东北地区汉墓是有封土堆的。李文信先生曾记述北园壁画墓"现存坟高十一公尺强，……实高应在五丈五尺以上，几及帝陵高度一半"[2]，营城子 2 号壁画墓[3]和刁家屯五室墓[4]也有封土堆，20 世纪50 年代大连营城子墓地尚有"多座巨大的土丘"[5]。

　　旧稿将东北地区汉墓分为土坑墓、砖室墓、石椁墓、瓮棺墓、瓦棺墓五种形制，其下各自分型，没有分式（主要是式别早晚关系不明确），而是列为若干种情况。新见材料中，《羊草庄汉墓》将砖椁墓和石椁墓与砖室墓、石室墓并列，这涉及汉墓形制的分类体系，现就此问题作些讨论。

　　砖室墓和石室墓出现后，砖室和石室起到了木椁的作用，因此有时将砖室墓、石室墓分别称为砖椁墓、石椁墓，但这里所谓的砖椁和石椁与狭义的木椁意义不同，旧稿所谓的石椁墓主要是指石室墓。《羊草庄汉墓》的 7 座砖椁墓均呈长方形，无墓道，多置棺，形制狭小，其中 M54、M55 存有硬山顶；而 20 座砖室墓均有墓道。14 座石椁墓多呈长方形，石块垒砌，其中小型石椁墓顶部由大石板封盖；5 座石室墓均有墓道，早期墓顶多为楔形砖起券，晚期墓顶由大石板封盖[6]。可见，《羊草庄汉墓》划分砖

①　黄晓芬：《汉墓的考古学研究》，岳麓书社，2003 年，第 16、20 页。
②　李文信：《辽阳北园壁画古墓记略》，《李文信考古文集》，辽宁人民出版社，1992 年。
③　［日］关东厅博物馆：《营城子——前牧城驿附近的汉代壁画砖墓》，（日本）东亚考古学会，1934 年。
④　［日］滨田耕作：《南山里——南满洲老铁山麓的汉代砖墓》，（日本）东亚考古学会，1933 年。
⑤　张翠敏：《大连营城子地区汉代墓葬及相关问题探讨》，《辽宁考古文集》（二），科学出版社，2010 年。
⑥　辽宁省文物考古研究所：《羊草庄汉墓》，文物出版社，2015 年，第 348～350 页。

椁墓、石椁墓与砖室墓、石室墓的主要依据之一，在于是否设置墓道。

黄晓芬"从重视埋葬设施内部构造的机能差异及考虑埋葬空间的配置及其变化等出发，提出了椁与室的二分类法"，指出"椁"的"墓葬整体构造以深埋、密封为特点"，"室"则是"以羡门、玄门及埋葬、祭祀空间为中心，将各个地下空间相互连接而成的全面开通型埋葬设施"[①]。按我的理解，打个未必贴切的比喻，"椁"类似于箱子，"室"就是"房子"，因此砖椁墓、石椁墓与砖室墓、石室墓（甚至木椁墓与木室墓）形制上的区别主要在于是否有"墓门"。

东北地区汉墓中砖椁墓、石椁墓数量较少，旧稿对这个问题考虑不周全。既然"椁"与"室"的构造和功能均有差别，《羊草庄汉墓》将砖椁墓、石椁墓与砖室墓、石室墓加以区别是有必要的。不过在东北地区汉墓形制的分类体系中，我觉得还是将砖椁墓、石椁墓分别列为砖室墓、石室墓下面的一个类型为宜。这主要是考虑到土坑墓中有放置棺椁、仅有木棺甚至未见葬具等情况，如果将砖椁墓、石椁墓放在第一级分类层面，则土坑木椁墓也需要单独列出来（在汉墓研究中确实也有单独列出来的情况）。

实际上，汉墓形制的任何分类体系都可能会出现外延上的交叉，比如砖椁墓、石椁墓也是建筑在土坑中。汉墓形制分类以能够说明问题并不引起歧义、兼顾约定俗成即可以成立。因此我仍然将东北地区汉墓分为五类或四类（瓮棺墓与瓦棺墓或可以合并为一类），但是将原来的"石椁墓"改称为"石室墓"。

（1）土坑墓（包括姜屯墓地的石圹竖穴墓）分为单坑墓、前后双坑墓和左右双坑墓三型，其中左右双坑墓当为并葬。姜屯墓地单坑墓中新见在短边一侧设置生土二层台的墓例（M61；图二，1），左右双坑墓数量较多（例如 M28 和 M29；图三，2）。前后双坑墓中，姜屯 M41 前室放置盛放车马明器的木箱，相当于外藏椁（图二，2）；旅顺李家沟 M20[②]（图三，1）前室西南角有木柱，亦出有成套铜车马具，情况或许类似。这种前室设置外藏椁的前后双坑墓等级较高。

（2）砖室墓绝大多数顶部无存，木构平顶的单室砖壁墓以外，原分为单室、双室和多室三型，判断有券顶、穹隆顶等情况。现在可以补充一些新形制，例如沈阳八家子 M13，平面略呈凸字形，设置二层台（图四，2）；姜屯 M10 为前、中、后室组成的"目"字形三室墓（图四，3），盖州沙沟子 06GSM1 为主室、前室、侧室组成的"品"字形三室墓，设置"假门"[③]（图五，1）。姜屯 M20 为前室、左右中室和后室组成的四室墓，双墓道（图五，2）。最重要的是补充了"砖椁墓"这一类型（例如羊草庄 M22，图四，1）。

---

① 黄晓芬：《汉墓的考古学研究》，岳麓书社，2003 年，第 191 页。
② 于临祥：《旅顺李家沟西汉贝墓》，《考古》1965 年第 3 期。
③ 盖州沙沟子 06GSM1 "两个并列的拱形墓门贴砌在前室南墙外侧，门拱均以略呈楔形的立砖砌成，其上额墙已基本不存。两个墓门均不与前室相通，类似于'假门'"。见魏耕耘、王辉、崔艳茹：《盖州沙沟子汉墓发掘简报》，《辽宁考古文集》（二），科学出版社，2010 年。

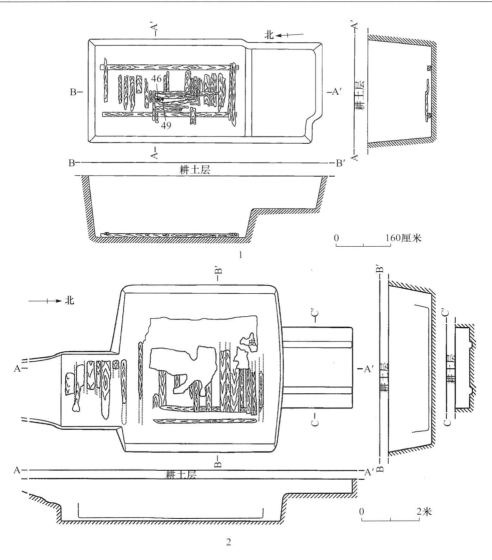

图二　土坑墓形制举例（一）
1. 姜屯M61　2. 姜屯M41

（3）石椁墓现称为石室墓。当时分为盖顶结构不明的单室石椁墓、主要用石块叠砌墓壁的石椁墓、用比较规整的石板支筑墓壁的石椁墓和用规整的石板平铺砌筑墓壁的石椁墓四型，现在看来这一分类比较混乱。现暂考虑分为石椁（例如凌源安杖子M3[①]；图六，1）、石块叠砌墓壁石板平顶（例如锦州中央马路M18[②]；图六，2）、石板支筑墓壁石板平顶（例如辽阳东门里壁画墓[③]；图六，4）、石板平铺墓壁穹隆顶（仿砖室结构，例如瓦房店马圈子M1[④]；图六，3）四型。

① 李恭笃：《辽宁凌源安杖子古城址发掘报告》，《考古学报》1996年第2期。
② 刘谦：《辽宁锦州汉代贝壳墓》，《考古》1990年第8期。
③ 辽宁省博物馆、辽阳博物馆：《辽阳旧城东门里东汉壁画墓发掘报告》，《文物》1985年第6期。
④ 许明纲：《辽宁瓦房店市马圈子汉魏晋墓地发掘》，《考古》1993年第1期。

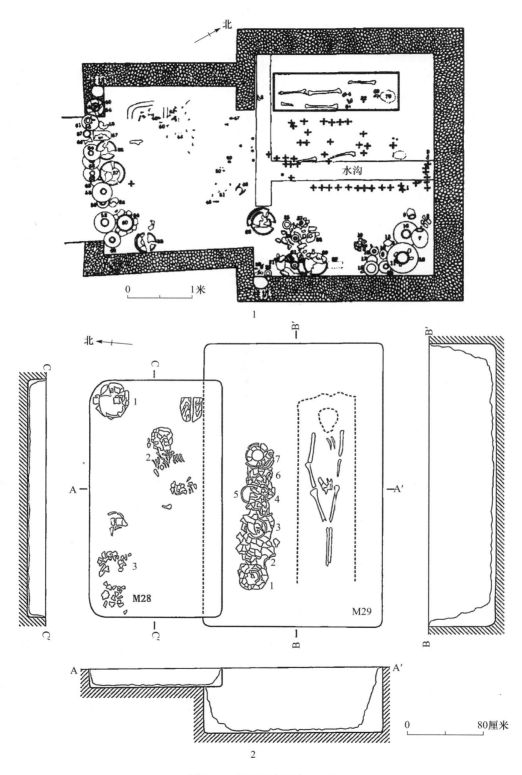

图三　土坑墓形制举例（二）
1. 李家沟 M20　2. 姜屯 M28 和 M29

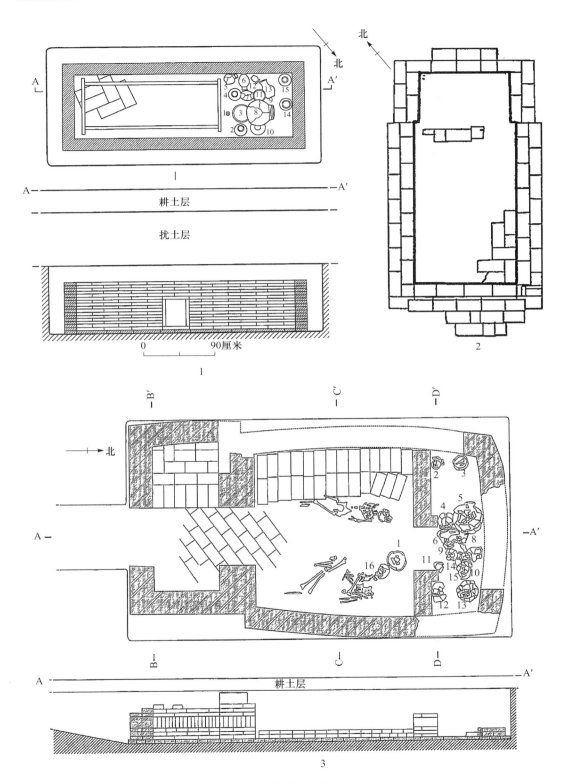

图四　砖室墓形制举例（一）
1. 羊草庄 M22　2. 八家子 M13　3. 姜屯 M10

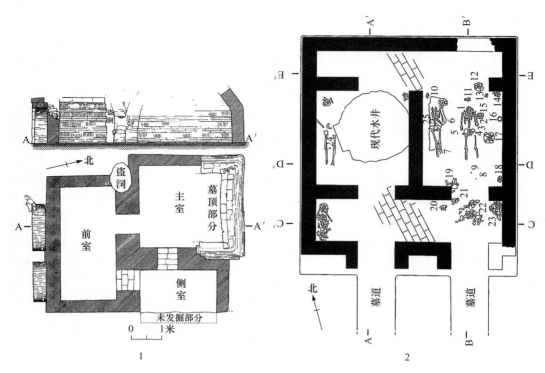

图五　砖室墓形制举例（二）

1. 沙沟子 06GSM1　2. 姜屯 M20

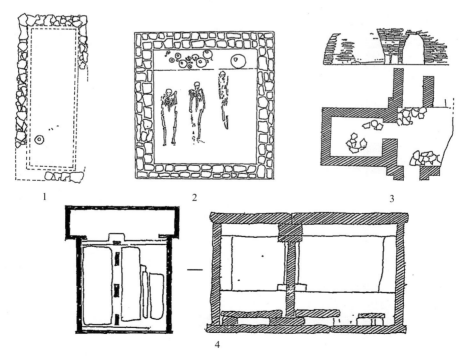

图六　石室墓形制举例

1. 安杖子 M3　2. 中央马路 M18　3. 马圈子 M1　4. 东门里壁画墓

（4）瓮棺墓多是用陶釜或陶釜与罐、盆、壶、瓿、奁等陶器套接，一般是两器对扣平置，或者打通中间陶器的器底，三至五件套接平置。"有的瓮外加筑砖块和石板，成为小墓室①"。陶釜多是羼杂滑石的夹砂粗红陶（即俗称"鱼骨盆"的一类陶器），其他为夹砂灰陶和泥质灰陶（例如辽阳三道壕 M361②、凌源安杖子 M2③ 和沈阳伯官屯瓮棺墓④；图七，1～3）。瓦棺墓主要用大瓦围成棺具，两端以残瓦和陶盆等封堵（例如旅顺尹家村 M763⑤；图八）。现在我考虑瓦棺墓数量极少，而且也是用于埋葬儿童，性质与瓮棺墓类同，合并成一类亦无不可。

新见材料提及，凤城刘家堡瓮西汉棺墓群以 2～4 件瓮罐套合，"均为夹砂灰陶，有束颈圜底大罐，也有大口小尖底陶瓮，……陶质较为粗糙，器表素面，仅有肩腹部饰条带状附加堆纹，或留有指捺纹，而在陶罐内面，多有凸凹不平的大窝点，个别器胎颜色偏白，含有滑石粉"，多数瓮、罐形制"特点十分突出⑥"。羊草庄的两座瓮棺墓均以 3 件陶釜和 1 件陶盆套接，陶釜尖唇敛口，夹滑石红褐、黑褐陶，似为专门烧制的葬具（图七，4、5），与辽中偏堡子 M2 头箱中的陶罐形制略同（图七，6）。

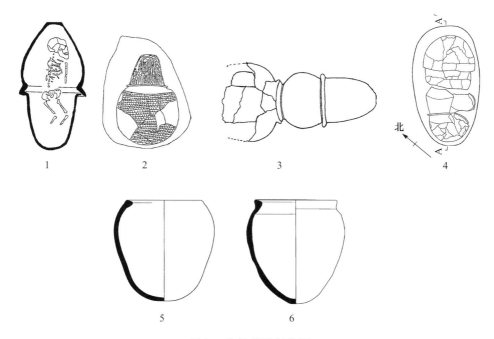

图七　瓮棺墓形制举例
1. 三道壕 M361　2. 安杖子 M3　3. 伯官屯瓮棺墓　4. 羊草庄 W2　5. 羊草庄 W1 陶釜　6. 偏堡子 M2 陶罐

① 李文信：《东北文物工作队一九五四年工作简报》，《文物参考资料》1955 年第 3 期。
② 陈大为：《辽阳三道壕儿童瓮棺墓群发掘简报》，《考古通讯》1956 年第 2 期。
③ 李恭笃：《辽宁凌源安杖子古城址发掘报告》，《考古学报》1996 年第 2 期。
④ 郑明：《沈阳伯官屯汉魏墓葬》，《考古》1964 年第 11 期。
⑤ 朝·中联合考古发掘队：《岗上·楼上》，（日本）六兴出版，1986 年。
⑥ 冯永谦、崔玉宽：《凤城刘家堡子西汉遗址发掘报告——兼论汉代东部都尉治武次县址之地望》，《辽宁考古文集》（二），科学出版社，2010 年。

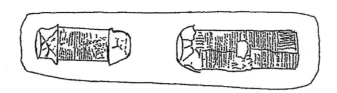

图八　旅顺尹家村 M763 瓦棺

（5）东北地区汉墓报告和研究文章中经常出现"贝墓"或"积贝墓"的称谓，其中包括在土坑墓中直接用贝壳填埋尸体、仅在土坑墓（或砖室墓、石室墓）的墓底铺贝壳、在土圹墓的木椁外填充贝壳、在砖室墓和石室墓的砖壁或石壁外填充贝壳、以贝壳和砖（或石）混筑墓壁等情况。白云翔先生认为积贝墓起源于庙岛群岛，影响到山东半岛北岸、辽东半岛南端和辽东湾北岸[1]，目前"未在大连的庄河以东发现有这类墓葬"[2]。积贝墓反映了对滨海地区地理环境的适应（贝壳或许有防潮作用），但它不是与土坑墓、砖室墓、石室墓、瓮棺墓、瓦棺墓等平列的同一层面上的分类概念。

姜屯墓地的土坑墓中新见有积石片墓、积瓦片墓和积贝壳石片墓、积贝壳瓦片墓，性质与"积贝墓"相似。

（6）与"积贝墓"类似的还有花纹砖墓和壁画墓，亦与墓葬形制无涉。辽东半岛南部（碧流河西南）有使用花纹砖（或部分使用花纹砖，包括画像砖、钱文砖等）砌筑墓室的情况，仿砖室结构的石室墓有时也杂用少量花纹砖。壁画墓见于砖室墓（大连营城子 M2[3]）和第三类石室墓（石板支筑墓壁石板平顶，辽阳汉魏壁画墓群）。姜屯M20、M49 等即是花纹砖墓，墓砖纹样较之其前的报道要丰富许多。

五

旧稿写道："棺椁制度是汉代墓葬制度的重要组成部分。对棺椁制度进行深入细致的研究依赖于两个条件，一是具备各种不同等级的墓葬，尤其是较高等级的墓葬，而且要有一定的数量。二是木制棺椁需要保存较好，至少要有痕迹可寻。遗憾的是这两个条件东北地区汉墓都不具备。东北地区发表的汉墓多为中小型墓葬，有些墓葬仅可辨别出木质棺椁痕迹，细部结构无从知晓，有些墓葬甚至未必能够辨识出原来是否使用木制棺椁，因此对棺椁制度的研究受到限制"[4]。

东北地区汉墓的木质棺椁保存较差，形制一般不清楚，尺寸多数不明。从板灰痕迹判断，有些木椁平面为长方形（例如锦州云飞路 M8[5]；图九，1），有些平面为方形

① 白云翔：《汉代积贝墓研究》，《刘敦愿先生纪念文集》，山东大学出版社，1998 年。
② 辽宁省文物考古研究所：《姜屯汉墓》，文物出版社，2013 年，第 512 页。
③ ［日］关东厅博物馆：《营城子——前牧城驿附近的汉代壁画砖墓》，（日本）东亚考古学会，1934 年。
④ 郑君雷：《中国东北地区汉墓研究》，吉林大学博士学位论文，1997 年，第 14 页。
⑤ 刘谦：《辽宁锦州汉代贝壳墓》，《考古》1990 年第 8 期。

或略呈方形（例如新金花儿山 M7[①]；图九，3），大连营城子[②]M34 平面为梯形（图九，4）、M29 平面为平行四边形（图九，5）；朝阳袁台子 M52[③]留出相当于头箱位置放置器物（图九，2）。营城子 M35 等墓底部的横向或纵枕木沟（图九，6）早年有时误称为排水沟，实际上是棺椁板底下放置垫木的沟槽。

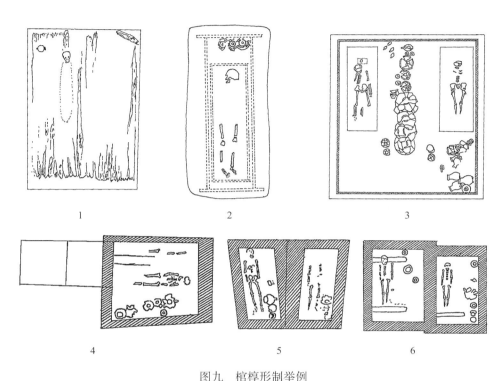

图九　棺椁形制举例

1. 云飞路 M8　2. 袁台子 M52　3. 花儿山 M7　4. 营城子 M34　5. 营城子 M29　6. 营城子 M35

　　姜屯和羊草庄墓地部分棺椁的痕迹及附着迹象较为清楚。羊草庄墓地能够判断出土坑内设置单棺（M22 等）、双棺（M35 等）以及椁内放置单棺（M9 等）、椁内双棺（M39）等情况，棺椁形制主要是长方形或"Ⅱ"形（挡板两侧出头，略长出纵面墙板）。东北地区即往发表材料没有在椁内分隔出各箱的报道，现在见到姜屯 M61 椁内设置头箱和棺箱（图一〇，1）、羊草庄 M33 椁内分置棺箱和边箱（图一〇，2）。姜屯 M45 推测"应在砖砌墓室内建有大型木构墓室"更是重要发现。新材料为棺椁制度的等级研究提供了可能。

　　姜屯 M22 的漆椁和 M45 的漆棺（锦州国和街 M11 木棺残留红地黑彩[④]，原应有彩绘），以及姜屯 M41 木棺上分别覆盖皮革和麻布也是首次报道。营城子 M15"墓壁和墓底有大面积火烧的木灰痕迹"，砖室四角和南北壁中部"均有木方朽烂后遗留的方

① 刘俊勇：《辽宁新金县花儿山汉代贝墓第一次发掘》，《文物资料丛刊》（4），文物出版社，1981 年。
② 于临祥：《营城子贝墓》，《考古学报》1958 年第 4 期。
③ 李宇峰：《辽宁朝阳袁台子西汉墓 1979 年发掘简报》，《文物》1990 年第 2 期。
④ 吴鹏：《锦州国和街汉代贝墓发掘简报》，《辽海文物学刊》1992 年第 1 期。

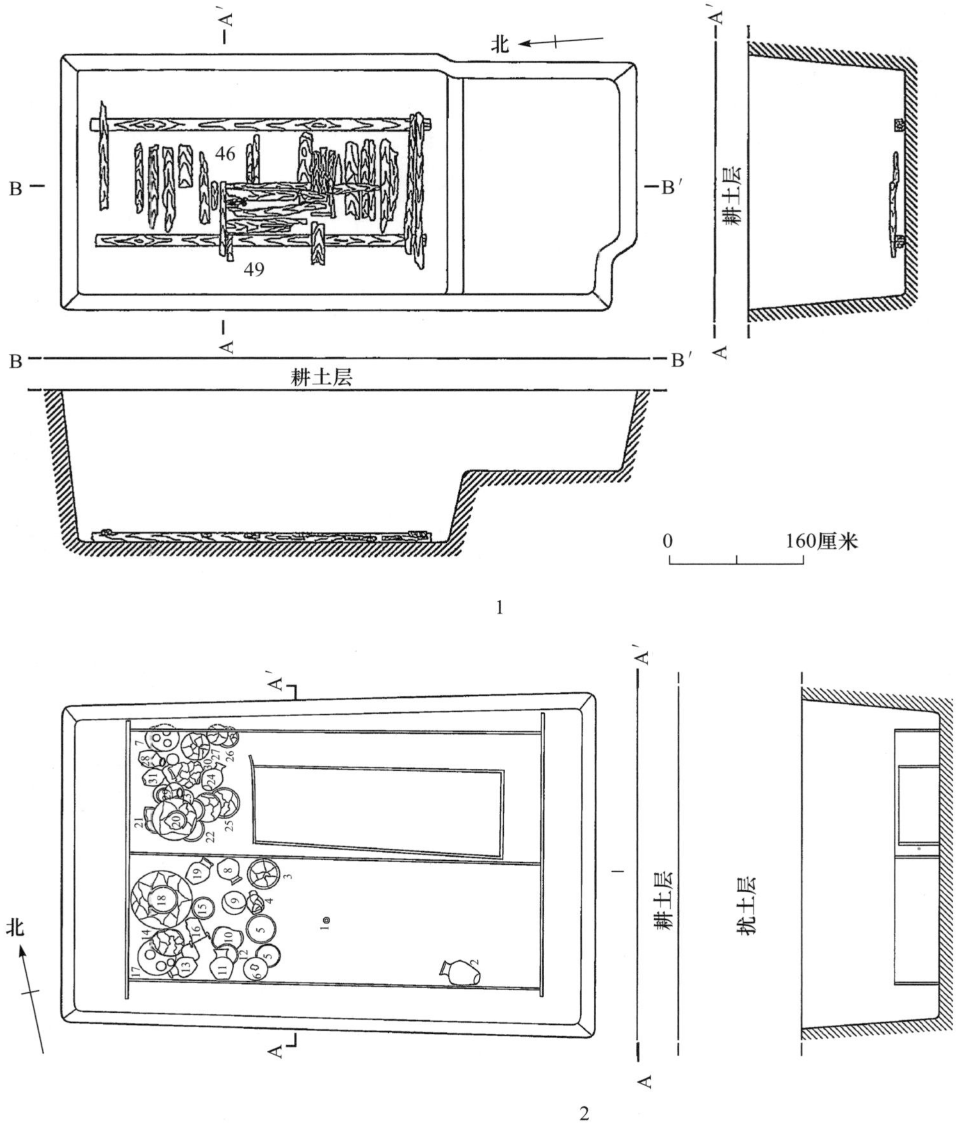

图一〇　新见棺椁形制举例
1. 姜屯 M61　2. 羊草庄 M33

槽"[①]；姜屯 M41 "由其残存痕迹大致可以看出是多块东西向平铺的木板，另外还有南北向木条作为筋带连接起来平铺木板"，对了解木椁细部结构有帮助。

大连营城子墓地报告认为发掘的 41 座墓有椁无棺，"贝墓中从未发现棺钉，也未见有棺的迹象。从墓室的大小及随葬品的位置和人骨架的遗存来看，不可能有木棺。从两具人骨架靠近埋葬的情况来看，已不可能有放置棺木的地位。有的随葬品就占墓室的二分之一的面积，也足以推知是没有棺的余地"[②]。旧稿分析过这种看法未必全

① 张翠敏：《大连营城子地区汉代墓葬及相关问题探讨》，《辽宁考古文集》（二），科学出版社，2010 年。
② 于临祥：《营城子贝墓》，《考古学报》1958 年第 4 期。

面，现在能够判明羊草庄 M30 等墓有椁无棺，值得注意，当然这也涉及如何界定棺、椁的问题。

旧稿注意到辽阳鹅房墓[①]木椁内部分成上下两格，棺置上格，明器置下格。椁室分层在广州汉墓中较为流行，笔者对岭南地区战国秦汉墓架举棺室的情况有过讨论[②]。羊草庄 M17、M4 等墓的棺底垫石、垫砖，与积贝墓同样用于防潮。

东北地区东汉中后期和汉末曹魏时期的部分墓葬中流行尸床、棺床，有些尸床并且与石棺、砖棺结合使用，器物台、器物箱或器物坑广义上亦与棺椁制度有关联。姜屯 M10 和羊草庄 M59 等墓的砖砌棺床、羊草庄 M60 和 M61 等墓的砖砌器物台、沈阳八家子 M5（图一一，1）等墓的砖砌尸床、器物箱和沈阳八家子 M14（图一一，2）等墓的砖砌尸床和器物坑于此补充了新材料。

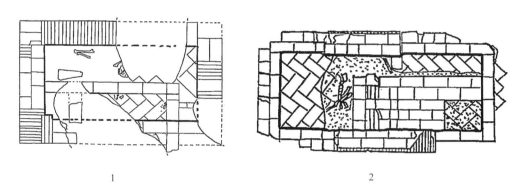

1
2

图一一　新见尸床、器物箱和器物坑举例
1. 八家子 M5　2. 八家子 M14

此外，大连地区流行"启莹合葬"，"如有的人骨架有捡骨痕迹，随葬品出现叠压和摆放凌乱的现象，明显为二次下葬时重新摆放的；有的棺床建立在前一个死者的随葬品或尸骨上，墓门第二次封堵不规整等"[③]。姜屯 M2、M5 的捡骨葬则是既往未曾报道的葬俗。

六

现今著述对汉代器物的称谓不统一，其中有些就是汉代当时的名称，有些是根据上古器物名称比附汉代器物，有些则是以现代器物名称来命名汉代器物，比较混乱。旧稿曾有一节专门讨论陶器定名。

新见材料中，有些器物的名称仍然不准确。最常见的是一类大口、无盖、圆筒、平底的陶器，筒壁是平素的（图一五，1～3）。此类陶器在东北地区汉墓发掘报告常被

①　李文信：《东北文物工作队一九五四年工作简报》，《文物参考资料》1955 年第 3 期。
②　郑君雷：《岭南战国秦汉墓的"架棺"葬俗》，《考古》2012 年第 3 期。
③　张翠敏：《大连营城子地区汉代墓葬及相关问题探讨》，《辽宁考古文集》（二），科学出版社，2010 年。

称为奁（有时也被称为仓、尊、盒或罐），首先要说明它不是奁。

先说奁。东北地区汉墓中有些陶器的器盖与器腹相互套合，套盖较长，几近底部，俯视圆形者有奁、套盒等名称；俯视椭圆形者有盒、套盒、割笼形土器等名称；俯视长方形者有套盒、方盒、箧、筐、割笼形土器等名称。这类陶器见于辽阳东门里壁画墓[①]、旅顺南山里 M2 和 M4[②]、金州董家沟 M10[③]、大连前牧城驿 M801[④]、盖县东达营 M1[⑤]、盖县九垅地 M3[⑥]、大连营城子 2 号壁画墓[⑦] 等地（图一二）。

长沙马王堆 M1 遣策记有"漆沽食检"[⑧]，林巳奈夫将 M1 一件带有圆形套盖的漆器称为奁（图一二，4）。阜阳汝阴侯墓[⑨] 自铭"布检"的漆器亦有圆形套盖（图一二，5）。云梦大坟头 M1[⑩] 木牍记有"漆隋检二，其一小，画"，随葬器物中出有带椭圆形套盖的一大一小两件漆器，小者并有彩绘，林巳奈夫称为椭奁（图一二，10）。汝阴侯墓一件长方形盝顶的漆器有"布方脯检容四升"的铭文（图一二，14）。奁之本字为籢，《说文》："籢，镜籢也"，大坟头 M1 木牍记有"竟检"。将此类有长套盖的器物称为奁可从。

旧稿将有圆形套盖的陶器称为圆奁，将有椭圆形或亚腰形套盖的陶器称为椭奁，将有长方形套盖的陶器称方奁。"奁"上下套合，一定有盖（墓葬中缺盖是另外一回事），称为盖奁，套奁是叠床架屋。

前述奁的主要特征是有深长套盖以上下相敛，而此类陶器有的口部外侈，显然不宜再置套盖，即使有的原来可能有木、竹类盖，亦不便制成套盖，只能是平盖，所以不是失盖的奁。此类陶器有时被称为仓。作为模型明器的陶仓壁腹部多有波曲，与此类陶器的直筒壁或斜直筒壁不同（旧稿将另一种筒壁上有凹槽或凸棱的陶器定为仓，见于牧城驿西坟[⑪] 等墓，图一三）。仅从器形上考虑，此类陶器亦略似卮（见于沈阳伯官屯 M2[⑫]、大连刘家屯 M811[⑬]、姜屯 M46 等墓，图一四）。但是卮口径较小，王振铎先生统计的 17 件汉代卮的口径多在 10 厘米左右，最大的不过 15 厘米[⑭]，而此类陶器的口径一般在 20 厘米左右，所以也不是卮。

洛阳西郊 M7062[⑮] 出有一件大口、圆筒直壁的木器，盖上有"粱饭"二字；甘肃

① 辽宁省博物馆、辽阳博物馆：《辽阳旧城东门里东汉壁画墓发掘报告》，《文物》1985 年第 6 期。
② ［日］滨田耕作：《南山里——南满洲老铁山麓的汉代砖墓》，（日本）东亚考古学会，1933 年。
③ ［日］三宅俊成：《关东州董家沟古坟调查报告书》，《满洲学报》（第七册），1944 年。
④ 旅顺博物馆：《辽宁大连前牧城驿东汉墓》，《考古》1986 年第 5 期。
⑤ 许玉林：《辽宁盖县东汉墓》，《文物》1993 年第 4 期。
⑥ 许玉林：《辽宁盖县东汉墓》，《文物》1993 年第 4 期。
⑦ ［日］关东厅博物馆：《营城子——前牧城驿附近的汉代壁画砖墓》，（日本）东亚考古学会，1934 年。
⑧ 湖南省博物馆：《长沙马王堆一号汉墓》，文物出版社，1973 年。
⑨ 王襄天：《阜阳双古堆西汉汝阴侯墓发掘简报》，《文物》1978 年第 12 期。
⑩ 陈振裕：《云梦大坟头一号汉墓》，《文物资料丛刊》（4），文物出版社，1981 年。
⑪ ［日］滨田耕作：《南山里——南满洲老铁山麓的汉代砖墓》，（日本）东亚考古学会，1933 年。
⑫ 郑明：《沈阳伯官屯汉魏墓葬》，《考古》1964 年第 11 期。
⑬ 刘俊勇：《辽宁大连刘家屯西汉贝墓》，《博物馆研究》1995 年第 3 期。
⑭ 王振铎：《论汉代饮食器中的卮和魁》，《文物》1964 年第 4 期。
⑮ 陈久恒：《洛阳西郊汉墓发掘报告》，《考古学报》1963 年第 2 期。

武威磨咀子 M23[①] 出有一件圆筒、平盖的木器，高 14 厘米、口径 31 厘米，内盛鸡骨骼（图一五，6、7）。林巳奈夫和孙机均将这种圆筒器称为箪。《说文》："箪，笥也"，

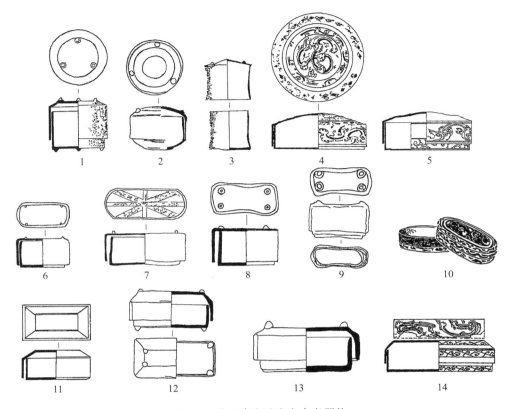

图一二　出土陶奁及定名参考器物

1～3.圆奁　4、5、10、14.定名参考器物　6～9.椭奁　11～13.方奁
1. 东门里壁画墓（原称圆形套盒）　2. 南山里 M4（原称奁）　3. 董家沟 M10（原称奁）　4. 长沙马王堆 M1（可与"遣策"对照的圆奁）　5. 阜阳双古堆汝阴侯墓（自铭漆"布检"）　6. 前牧城驿 M801（原称奁）　7. 东达营 M1（原称套盒）　8. 九垅地 M3（原称套盒）　9. 南山里 M2（原称割笼形土器）　10. 云梦大坟头（可与"木牍"对照的椭奁）
11. 东门里壁画墓（原称套盒）　12. 营城子 2 号壁画墓（原称割笼形土器）　13. 营城子 2 号壁画墓（原称箧、筐）。
14. 阜阳双古堆汝阴侯墓（自铭漆"布方脯检"）

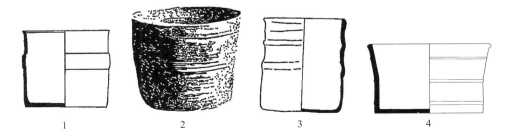

图一三　东北地区汉墓出土陶仓举例

1. 前牧城驿 M801（原称仓）　2. 营城子墓地（原称囷）　3. 牧城驿西坟（原称桶形土器）　4. 青桩子 M9（原称樽）

---

①　陈贤儒：《甘肃武威磨咀子汉墓发掘》，《考古》1960 年第 9 期。

筥，饭及衣之器也"；《礼记·曲礼》郑注："箪、筥，盛饭者，圆曰箪，方曰筥"，可知筥为圆形，从竹，竹制为多。除无盖外，此类陶器与磨咀子 M23 的木筥相似。筥是周汉时期常见的食器，《论语》记颜回"一箪食一瓢饮，在陋巷，人不堪其忧"，应该是一种重要的随葬器类。旧稿称此类陶器为筥。筥既竹制为多，前举两件筥又均为木器，此类陶器原来可能有木、竹质的平盖（已朽）。

东北地区汉墓中另有一类大口、圆筒直壁、弧底或弧收成平底的陶器（图一五，4、5），新金马山墓[①]的一件壁上并有铺首，有奁盖、奁、尊等名称。抚顺县刘家屯 M811[②]、新金县马山墓、抚顺中央路 M4[③]、锦县西网墓[④]、金州区董家沟 M2[⑤]等墓此类陶器均不与奁身同出，不宜均视为失去奁身的奁盖。此类陶器与前述陶筥略同，但是多数略矮一些，刘家屯 M811 的一件口径 24、高 10.4 厘米，内盛猪蹄，显系食器，

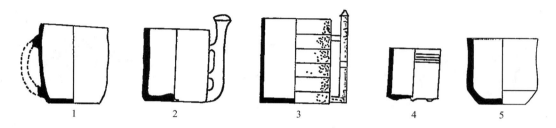

图一四　东北地区汉墓出土陶卮举例

1. 东达营 M1（口径 9.2、高 10.6 厘米，原称带把杯）　2. 伯官屯 M2（口径 8.2、高 9.5 厘米，原称提杯）
3. 东门里壁画墓（口径 9.5、高 13.3 厘米，原称带把杯）　4. 刘家屯 M811（口径 10.8、高 11.6 厘米，原称杯）
5. 姜屯 M46（口径 11、高 10.5 厘米，原称缸）

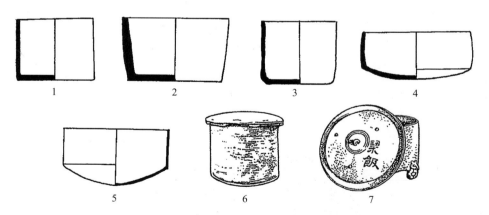

图一五　东北地区汉墓出土陶筥举例

1～5. 筥　6、7. 定名参考器物

1. 前牧城驿 M801（原称仓）　2. 中央路 M4（原称奁）　3. 刘家屯 M811（原称尊）　4. 刘家屯 M811（原称尊）
5. 西网墓（原称"倒置的奁盖"）　6、7. 武威磨咀子 M23、洛阳西郊 M7062（林巳奈夫和孙机举为筥）

①　戴廷德：《辽宁新金县马山汉代贝墓》，《文物资料丛刊》（4），文物出版社，1981 年。
②　抚顺市博物馆：《辽宁抚顺县刘尔屯西汉墓》，《考古》1983 年第 11 期。
③　郑辰：《抚顺市中央路东汉墓发掘简报》，《辽海文物学刊》1991 年第 2 期。
④　傅俊山：《锦县西网汉墓发掘简报》，《辽宁文物》1981 年第 2 期。
⑤　［日］三宅俊成：《关东州董家沟古坟调查报告书》，《满洲学报》第七，1944 年。

亦可称箪。不过此类陶器中有的确实与奁盖相似，不排除其中有将奁盖倒置用为箪的情况。

　　羊草庄墓地出有一种被称为"套盒"的陶器（图一六，1、2），盒盖圜顶，盒身折腹收底（折腹处凸出一道腰檐承接盒盖），绝大多数平底（个别圜底），是旧稿未见的新器形。这类陶器与南山里 M4 陶圆奁（图一二，2）的差别仅是腹部多出一道腰檐，似仍然可以称为奁，暂称为"套盒"也可以。羊草庄墓地的"套盒"有时出一座墓出 3 件、4 件甚至 5 件（M34），似乎不是普通日用器具。这类陶器亦见于沈阳青桩子墓地（称为圆盖盒、圆陶盒；图一六，3、4）和沈阳五爱市场墓地（称为釜；图一六，5），具有辽河平原的地域特点。

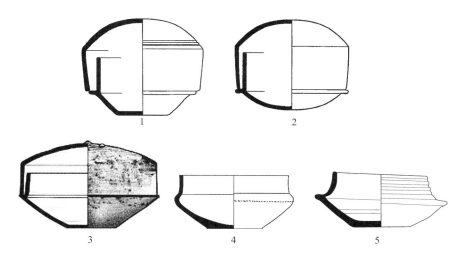

图一六　辽河平原汉墓出土陶"套盒"举例
1. 羊草庄 M34　2. 羊草庄 M73　3. 青桩子 M5：8　4. 青桩子 M3：1　5. 五爱市场 M29：6

　　姜屯墓地出有数量较多（9 件）的陶扁壶（图一七，1），正名为"椑"①，亦见于辽阳车骑壁画墓（即窑业四厂墓）的庖厨图②，是酒器，笔者曾经讨论过这类器物③。那篇文章还讨论了长颈瓶（图一八），注意到棒台子 M1④庖厨图上厨中的"黑色之壶"正是此类陶器，猜测与厨事有关，但是不能确定其用途。近来见到梁振晶文章⑤，讲到"辽东地区考古发现中，汉墓的规格越高，规模越大，则随葬的长颈瓶越多，最多不超过 5 个，并且都是奇数"，不过羊草庄 M7 和 M59 各出 2 件、M63 出 4 件，是偶数。

　　李文信先生描述北园壁画墓宴饮图中的此类器物——"诸小吏均抱器趋奉，其器腹圆而高，上有管状长颈，与今之胆瓶相类"⑥，推测此类器物"盖酒罂也"，即《说文》

①　孙机：《汉代物质生产资料图说》，文物出版社，1990 年，第 81 篇。
②　李文信：《辽阳发现的三座壁画古墓》，《文物参考资料》1955 年第 5 期。
③　郑君雷：《辽阳汉魏画小识三则》，《四川文物》2005 年第 3 期。
④　李文信：《辽阳发现的三座壁画古墓》，《文物参考资料》1955 年第 5 期。
⑤　梁振晶：《辽东地区东汉时期长颈瓶的源流及其相关问题》，《辽宁考古文集》（二），科学出版社，2010 年。
⑥　李文信：《辽阳北园壁画古墓记略》，《李文信考古文集》，辽宁人民出版社，1992 年。

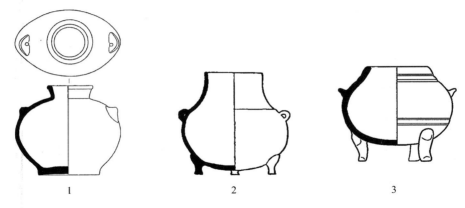

图一七　辽东汉墓出土陶扁壶、陶鉤镂和征集铜鉐镂
1. 姜屯 M73　2. 刘尔屯墓地征集铜鉐镂　3. 羊草庄 M31 陶鉐镂

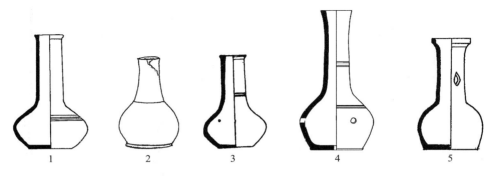

图一八　东北及邻近地区汉墓出土陶长颈瓶举例
1. 东门里壁画墓　2. 伯官屯 M2　3. 小甲邦 M2　4. 青桩子 M9　5 顺义临河村墓

所谓"罃，备火长颈瓶也"。梁文亦认为长颈瓶是"宴饮时温酒、斟酒用的酒具"，还注意到辽阳南郊电力公司厂区东汉墓宴饮图上的酒具也是长颈瓶形状，将其称为酒罃。不过抚顺小甲邦 M2[①]、沈阳伯官屯 M2[②] 等墓出土长颈瓶的底部有镂孔（有的腹部有镂孔），北京顺义临河村墓[③] 出土长颈瓶颈部有镂孔。有、无镂孔的长颈瓶形制相同，不宜再区分为两类器物，对于镂孔的功能（或象征意义）还是不能解释。

　　姜屯 M61 的陶鏗、沈阳青桩子 M8 的三足陶壶和"陶桜"是新见器类。姜屯 M61 的圆腹直筒带盖陶器与西汉传世自铭"铜鏗"[④] 形制相似，符合《说文》鏗"圜而直上"的释义，称为陶鏗可从（图一九，1）。青桩子 M8 的三足陶壶腹部似有残存穿孔，无论残孔处是否有柄，宜称为陶锜（图一九，5）。"桜"一般理解为几案之属，青桩子 M8 的此件器物腹部较深（图一九，6）；《仪礼·特牲馈食》注桜之制"上有四周，下无足"，疏云"桜无足"，此器大概还是笥、箧之属。比照抚顺刘尔屯墓地征集铜鉐

①　抚顺市博物馆：《抚顺小甲邦东汉墓》，《辽海文物学刊》1992 年第 1 期。
②　郑明：《沈阳伯官屯汉魏墓葬》，《考古》1964 年第 11 期。
③　北京市文物管理处：《北京顺义临河村东汉墓发掘简报》，《考古》1977 年第 6 期。
④　孙机：《汉代物质生产资料图说》，文物出版社，1990 年，第 80 页。

镂（原报告称为提梁铜壶）^①，羊草庄 M31 的陶鉤镂（图一七，3）定名正确。此外新材料中罐、壶、瓶类陶器多见带盖，如沈阳青桩子 M7 的盖罐、姜屯 M16 的圈足盖壶（图一九，2）、羊草庄 M34 的盖瓶（图一九，3）等。姜屯 M57 腹部有扉棱的陶釜（图一九，4）、五爱市场 M12 的扇形陶灶（图一九，7）等是新见器形。

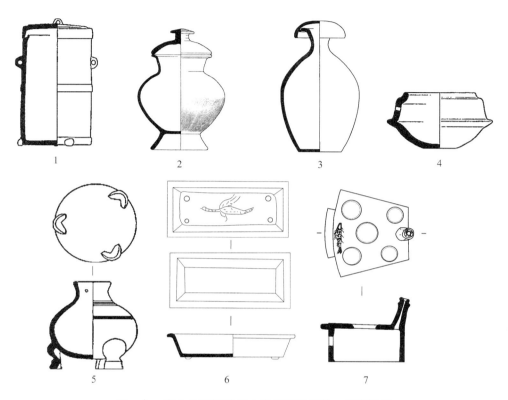

图一九　东北地区汉墓出土陶器新见器类、器形举例
1. 姜屯 M61 陶鋞　2. 姜屯 M16 陶壶　3. 羊草庄 M34 陶瓶　4. 姜屯 M57 陶釜
5. 青桩子 M8 陶锜　6. 青桩子 M8 "陶棳"　7. 五爱 M12 陶灶

七

旧稿在基础性研究之外，还有《汉墓幽州分布区》和《东北地区汉代土著墓葬》两章，希望在比较广阔的时空框架上对东北地区汉墓的文化面貌和发展线索作更进一步分析，以期获得东北地区秦汉时期文化格局的整体性认识，进而对东北地区汉代历史、民族等问题的研究有所帮助。这两章包含有历史性考察的意味。

旧稿认为，东北地区汉墓的基本面貌和演化轨迹与京津唐地区汉墓和西北朝鲜的乐浪汉墓具有较多共性，可以在更大范围内归并为"汉墓幽州分布区"，后来写成一篇小文^②，没有充分展开，也没有讨论东汉墓的情况。雷虹霁写道，"俞伟超曾建议：在

① 参见刘宁：《记喇嘛洞出土的一件元康三年"铜鋗镂"》，《辽宁考古文集》（二），科学出版社，2010 年。
② 郑君雷：《论"西汉墓幽州分布区"》，《考古与文物》2005 年第 6 期。

考古学文化研究中,以汉代的'十三州'为地理范围,同时参照后世'州制'的变化,对汉唐时期的考古学材料做全面的分区整理,每一区域都可以独立成为一篇博士论文。如此,则汉代考古学文化的分区会有彻底的改观"①,她没有交代这段话的出处,但笔者知道这是俞先生的一贯主张。

2003 年夏秋,俞伟超先生在广州疗病。俞先生是论文评阅人,对拙稿还有些印象,谈到论文提出的"汉墓幽州分布区"在概念上有点意思。俞先生还讲到汉墓材料太多,不可能一个人干完,几个主要大学的教师要指导博士生有意识地分区域搞研究,坚持下去一定会有好的效果。这让我联想起徐苹芳先生《中国历史考古学分区问题的思考》②一文,徐先生指出,历史时期的考古学文化分区需要结合考虑当时的地理分区(人文地理和行政区划),"汉墓幽州分布区"的提出也可以算是历史考古学分区的个案尝试吧。刘瑞注意到这一尝试,认为这是从汉墓分区角度对汉代地理分区与考古学文化关系进行的理论与实践探索③。

当然,这一概念能否成立,或者在何种意义上成立还需要进一步讨论。孙波先生即认为:"从幽燕地区与周邻地区汉墓的比较上看,东北地区的朝阳和锦州地区与幽燕东区接壤,根据三个地区汉墓中的一些共性因素,有学者将其同归入'幽州刺史部汉文化区'。从墓葬形制和部分随葬品看确实有一定共性,但从器物类型上看,还是存在较大差异"④。不过姜佰国在京津冀地区汉墓研究中受到了这一概念的影响⑤。

当年提出"汉墓幽州分布区"的概念,还考虑了战国燕文化和汉代族群关系等背景因素发挥的作用。冀东地区(包括天津蓟县一带)属于战国秦汉时期所谓"东北五郡"(或称"燕北五郡"),邻近东北地区。旧稿对冀东地区汉墓作有简单概括,现将冀东地区汉墓出土陶器的集成图附上(图二〇~图二三),以期更全面地认识东北地区汉墓与冀东地区汉墓的关系。

冀东地区汉墓材料主要包括大厂大坨头墓地⑥、唐山贾各庄墓地⑦、唐山陡河水库墓地⑧、滦南小贾庄墓地⑨、迁安于家村 M1⑩、蓟县邦均墓地⑪、武清东汉鲜于璜墓⑫、平泉杨

①　雷虹霁:《秦汉历史地理与文化分区研究》,中央民族大学出版社,2007 年,第 276 页。
②　徐苹芳:《中国历史考古学分区问题的思考》,《考古》2000 年第 7 期。
③　刘瑞:《秦汉考古学学科体系的最新归纳——读〈中国考古学·秦汉卷〉》,《中国文物报》2010 年 12 月 10 日第 8 版。
④　中国社会科学院考古研究所:《中国考古学·秦汉卷》,中国社会科学出版社,2010 年,第 409 页。
⑤　姜佰国将京津冀地区汉墓划分为"西汉墓幽州南部分布区"、"西汉墓冀州分布区"、"西汉墓并州东部分布区"、"东汉墓幽州南部分布区"和"东汉墓冀州分布区"。见姜佰国:《京津冀地区汉代墓葬研究》,《边疆考古研究》(第 6 辑),科学出版社,2007 年。
⑥　天津市文化局考古发掘队:《河北大厂回族自治县大坨头遗址试掘简报》,《考古》1966 年第 1 期。
⑦　安志敏:《河北省唐山市贾各庄发掘报告》,《考古学报》(第 6 册),1953 年。
⑧　河北省文物管理委员会:《唐山市陡河水库汉、唐、金、元、明墓发掘简报》,《考古通讯》1958 年第 3 期。
⑨　滦南县文保所:《滦南汉墓清理简报》,《文物春秋》1991 年第 4 期。
⑩　迁安县文物保管所:《河北迁安于家村一号汉墓清理》,《文物》1996 年第 10 期。
⑪　天津市文物管理处考古队:《天津蓟县邦均两座古墓的清理》,《考古》1985 年第 6 期。
⑫　天津市文物管理处考古队:《武清东汉鲜于璜墓》,《考古学报》1982 年第 3 期。

杜子墓[①]等，分期暂依旧稿认识。此外，冀东地区汉末曹魏时期存在非汉式墓葬（滦县塔坨墓地[②]）或非汉文化因素（玉田大李庄墓[③]），旧稿认为可能与乌桓遗存有关。

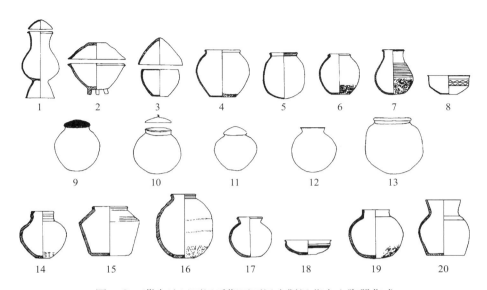

图二○　冀东地区西汉后期至两汉之际汉墓出土陶器集成

1～8.大坨头墓地　9～13.贾各庄墓地　14～16.杨杖子墓　17～19.陡河水库墓地　20.小贾庄墓

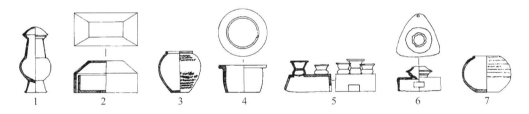

图二一　冀东地区东汉前期汉墓出土陶器集成

1～5.邦均墓地　6、7.陡河水库墓地

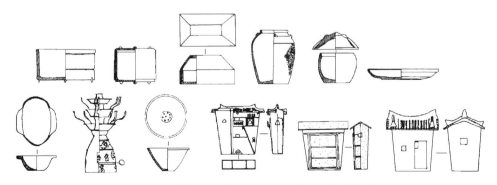

图二二　冀东地区东汉中后期汉墓出土陶器集成

（均出自鲜于璜墓）

① 张秀夫：《河北平泉县杨杖子村发现汉墓》，《文物》1987年第9期。
② 唐山市文物管理处、滦县文物管理所：《滦县塔坨鲜卑墓群清理简报》，《文物春秋》1994年第3期。
③ 唐山市文物管理所、玉田县文教局：《河北玉田县大李庄村汉墓清理简报》，《文物春秋》1991年第1期。

图二三　冀东地区汉末曹魏时期墓葬出土陶器集成
（均出自于家村 M1）

八

　　旧稿还对东北地区两汉时代的非汉式墓作了概略介绍，并简要分析了其中存在的汉文化因素。东北地区汉代非汉族群遗存研究近年来有许多重要认识，主要包括潘玲关于汉代匈奴[①]、李钟洙关于汉代夫余[②]、孙危关于汉代鲜卑[③]和李新全关于高句丽早期遗存[④]的研究，只是乌桓遗存仍然陷于一团迷雾，这些内容在此不作评述。

　　先要说明，旧稿第九章原题为《东北地区汉代土著墓葬》，林沄先生非常不赞成使用"土著"一词。习惯上，"土著"首先是指当地的，其实拓跋鲜卑也是从"大鲜卑山"南迁来的，其他族群集团也未必就是"本土的"；而且"土著"一词还潜含有一层社会文化发展程度较低的价值判断。当年想不出更合适的概念，主要是觉得"土著"较之"少数民族"简洁些，而且林先生也不赞成冠称"少数民族"（"民族"这个概念也经常引起争议，笔者注意到近年出版的《中国考古学·秦汉卷》使用的概念是"少数族"概念[⑤]）。我现在觉得这类情况可以用"非汉族群"、"非汉式墓"和"非汉文化因素"等概念加以表述，旧稿第九章可以称为《东北地区两汉时代的非汉式墓》，虽然有些拗口。汉代郡县范围内也有非汉式墓分布，或者在汉墓中可以见到"非汉文化因素"。

　　①　潘玲：《伊沃尔加城址和墓地及相关匈奴考古问题研究》，科学出版社，2007 年。
　　②　李钟洙：《夫余文化研究》，吉林大学博士学位论文，2004 年。
　　③　孙危：《鲜卑考古学文化研究》，科学出版社，2007 年。
　　④　李新全：《高句丽早期遗存及其起源研究》，吉林大学博士学位论文，2008 年。
　　⑤　参见中国社会科学院考古研究所：《中国考古学·秦汉卷》第十二章《秦汉时期边远和少数族地区的考古学文化》，中国社会科学出版社，2010 年。

　　汉末曹魏时期辽西边郡弃守，朝阳地区出现乌桓、鲜卑和汉民杂居的局面。在两类不同性质的墓葬中不同文化因素相互影响，义县保安寺石椁墓[①]当与乌桓、鲜卑有关，喀左老爷庙墓[②]或是受到乌桓或鲜卑影响的汉墓。王成生先生近来提出朝阳袁台子的壬类墓（王坟山 M23 和 M48[③]，还包括袁台子 M28[④] 和徐台子 M1[⑤]）可能是东汉乌桓人墓葬[⑥]，值得重视。

　　东汉安帝分辽西、辽东两郡地置辽东属国[⑦]，以安置内附乌桓、鲜卑（首县昌黎治在今锦县大业堡汉魏城址），曹魏正始五年（224 年）复置辽东属国监领鲜卑[⑧]。锦州地区陆续有汉魏时期鲜卑遗存发现[⑨]，锦县西网墓[⑩]却是典型汉墓，锦县昌盛石椁墓[⑪]说明当地乌桓、鲜卑与汉民杂居的状况延及西晋[⑫]。这些认识说明"辽东属国治下的内附乌丸鲜卑存在着一种既能吸收大量汉族文化因素又保持着鲜明民族特色的文化面貌，……可以推测汉魏时期的辽东属国境内同时存在着汉族和乌桓鲜卑两种系统的文化，此两点对研究这一时期的民族关系颇有裨益"[⑬]。

　　羊草庄墓地划分出一类乙类墓，在墓地西南部较集中，包括石椁墓 13 座、石室墓和砖椁墓各 1 座，随葬陶器组合简单（罐、盆、钵、瓮等，以罐为主，或者没有陶器），出土的铜装饰品（项链、链饰、臂钏、指环、泡饰等）很有特色。发掘者认为乙类墓族属为内迁乌桓，并且认为沈阳八家子 M6、M8（出有犬骨，无随葬陶器，出土铜环、指环、双梁泡、镞及由玛瑙珠、骨珠、煤精坠等穿成的链饰）文化性质与乙类墓相同，"代表了年代稍晚阶段的内迁乌桓墓葬"[⑭]。

　　羊草庄墓地乙类墓的文化面貌不但与典型汉墓有差别，而且"这与以往所发现的匈奴、扶余、鲜卑等民族墓葬中出土的装饰品相比，明显缺少耳饰及以各类牌饰为代表的腰带，这也从一个侧面说明了这批墓葬的性质不同于之前所了解的其他北方少数民族"。羊草庄墓地乙类墓的文化特征与匈奴、鲜卑等北方游牧族群确实不同，也不同

①　刘谦：《辽宁义县保安寺发现的古代墓葬》，《考古》1963 年第 1 期。
②　李国学：《辽宁喀左老爷庙石室墓发掘简报》，《北方文物》1993 年第 1 期。
③　田立坤、万欣、李国学：《朝阳十二台营子附近的汉墓》，《北方文物》1990 年第 3 期。
④　李宇峰：《辽宁朝阳袁台子西汉墓 1979 年发掘简报》，《文物》1990 年第 2 期。
⑤　田立坤、万欣、李国学：《朝阳十二台营子附近的汉墓》，《北方文物》1990 年第 3 期。
⑥　辽宁省文物考古研究所、朝阳市博物馆：《朝阳袁台子——战国西汉遗址和西周至十六国时期墓葬》，文物出版社，2010 年，第 221、222 页。
⑦　程妮娜认为辽东属国光武帝时已经设置。见程妮娜：《汉魏时期东北地区的民族设置与治理》，《北方文物》2001 年第 4 期。
⑧　王绵厚：《秦汉东北史》，辽宁人民出版社，1994 年，第 130～134 页。
⑨　韩宝兴：《辽东属国考》，《辽海文物学刊》1992 年第 2 期。
⑩　傅俊山：《锦县西网墓发掘简报》，《辽宁文物》1981 年第 2 期。
⑪　傅俊山：《辽宁锦县右卫乡昌盛汉墓清理简报》，《北方文物》1987 年第 4 期。
⑫　昌盛石椁墓原定为东汉初年，宜改定为西晋。见郑君雷：《辽宁锦县昌盛石椁墓与辽东属国》，《北方文物》1997 年第 2 期。
⑬　胡小鹏、安梅梅：《近年来秦汉属国制度研究概述》，《中国史研究动态》2007 年第 10 期。
⑭　辽宁省文物考古研究所：《羊草庄汉墓》附录一《鞍山羊草庄墓地乙类墓葬属性再探讨》，文物出版社，2015 年。

于汉代辽东边塞东北方向的夫余遗存、西岔沟墓地[①]和辽东边塞东侧的高句丽遗存，但我并不认为它是乌桓遗存。

现将旧稿中有关汉代夫余遗存（图二四）、西岔沟墓地（图二五）和高句丽遗存（图二六；材料出自集安下活龙 82JXM8[②]、七星山 M879[③]、山城下墓区[④]和桓仁高力墓子 M15[⑤]、凤鸣墓地[⑥]）附图于此，以资比较。

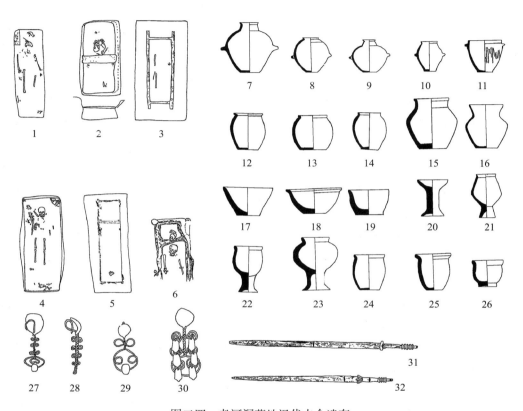

图二四　老河深墓地汉代夫余遗存

1～6. 木质棺椁　7～26. 陶器　27～30. 金耳饰　31. 木柄铁剑　32. 铜柄铁剑

虽然乌桓遗存尚无定论，但是羊草庄墓地乙类墓"明显缺少耳饰及以各类牌饰"，也不随葬铜、铁剑等长兵器，恰可说明与北方游牧族群的疏远。M10 等乙类墓出土的铜钏有豁口，连为五节，与榆树老河深中层墓地[⑦]的铜钏和铜腕饰风格相似（图二七），铜指环和蚨管串饰也多有类同。这类墓葬可能是辽东当地非汉族群的遗存，也许就是《三国史记》中多次提及的"梁貊"。

①　孙守道：《"匈奴西岔沟文化"古墓群的发现》，《文物》1960 年第 8/9 期合刊。
②　孙仁杰：《集安县上、下活龙村高句丽古墓清理简报》，《文物》1984 年第 1 期。
③　柳岚：《1976 年集安洞沟高句丽墓葬清理》，《考古》1984 年第 1 期。
④　耿铁华：《集安高句丽陶器的初步研究》，《文物》1984 年第 1 期。
⑤　陈大为：《桓仁县考古调查发掘简报》，《考古》1960 年第 1 期。
⑥　梁志龙：《辽宁桓仁出土青铜遗物墓葬及相关问题》，《博物馆研究》1994 年第 2 期。
⑦　吉林省文物考古研究所：《榆树老河深》，文物出版社，1987 年。

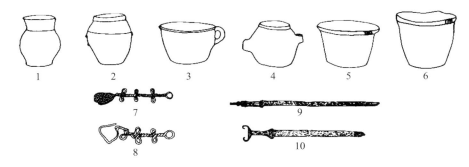

图二五　西岔沟墓地出土器物

1～6.陶器　7、8.银耳饰　9、10.铜柄铁剑

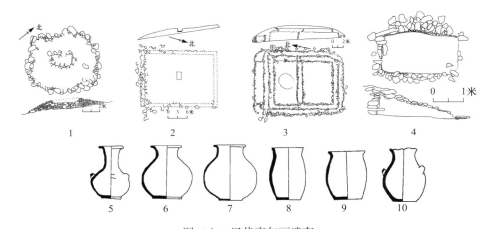

图二六　汉代高句丽遗存

1.集安下活龙无坛石圹墓　2.集安七星山方坛石圹墓　3.桓仁高力墓子方坛阶梯石圹墓

4.凤鸣石圹墓　5～10.陶器

（1.集安下活龙 82JXM8；2.集安七星山 M879；3、7.桓仁高力墓子 M15；

4.凤鸣墓地；5、6、8～10.集安山城下墓区）

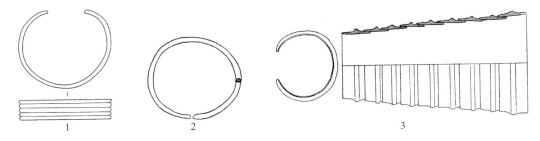

图二七　羊草庄墓地乙类墓与老河深中层墓地出土铜钏、铜腕饰比较

1.羊草庄 M25 铜钏　2.老河深 M94 铜钏　3.老河深 M55 铜腕饰

九

旧稿写作时，考古学博士学位论文屈指可数，几乎无法借鉴参考。现在看来，在研究中有必要多考虑汉墓与汉城、交通线路的关联。南国椰风吹起的时候，我经常会

想起吉林大学那静谧的雪夜，以及雪夜里的点点滴滴。敝帚自珍，我很高兴有机会结合新材料对旧稿作些检讨，这有点类似人类学的追踪调查和回访。只是在检讨中尴尬地发现，面对新材料、新认识和汉墓研究更为多元化的价值取向，旧稿已经散发出"鸡肋"的味道了，这主要不是新材料的问题。

我跟学生们讲过，进行考古学研究的基础工作，材料收集到百分之八、九十的时候就可以动手了，剩余的少量材料正好可以用来检验你的初步认识，补充、调整、推翻都可以。如果根据百分之八、九十的材料得出的认识已经抓住了事物规律，新材料自然会在你的认识体系中找到适宜位置，更多的新材料在某种程度上其实已经失去意义。否则，见有新材料就要调整一次认识体系，研究工作就只能在原地踏步。如果当时材料已经全部收集，在见到新材料之前，你是无从检验自己的认识的。实际上，考古学的学科性质，决定着永远会面对新材料的检验，在这层意义上，所谓百分之百收集的材料，仍然是不全面的。

林沄先生说"带研究生时，为了他们将来工作的需要，又指导了辽墓、汉简、东北汉代墓葬等我本来也没有专门研究的课题"[1]，这当然是林先生谦虚，我理解林先生是觉得这篇博士论文选题对于东北考古学、对于秦汉考古学是件有意义的事情。既然是有意义的事情，既然目前还没有见到关于东北地区汉墓整体研究的著述，我还是想抽出时间将旧稿作些"翻新"（2013 年在长春的一次会议上，田立坤先生对如何处理旧稿提过建议），争取以专著形式出版，不要写什么"再检讨"了。

---

① 林沄：《我的学术道路（代序）》，《林沄学术文集》，中国大百科全书出版社，1998 年。

东北郡县以外地区秦汉时期的
考古发现与研究

　　本文叙述的东北地区主要是指大兴安岭以东的中国境内，与今辽宁省、吉林省、黑龙江省的行政区划大体相当，对俄罗斯滨海边区和朝鲜半岛西北部地区也有所涉及。秦汉时期，东北地区南部设置郡县；其他地区基本为少数族的活动区域，有些少数族与汉代郡县保持着政治、经济和文化联系。

　　东北地区秦汉时期文化遗存以汉墓数量最大，主要分布在辽西和辽东两个区域内。东北地区秦汉时期少数族文化遗存的考古工作，最初有日本学者对桓仁、集安一带汉代高句丽遗存进行的调查和著录[①]，但整体上是在新中国成立以后逐步开展起来的。20世纪50年代至70年代主要是田野发掘和资料整理，也有关于族属的讨论，其中西岔沟墓地、团结遗址和东康遗址是比较重要的发现。进入80年代以后，陆续有平洋墓地、泡子沿前山遗址、老河深墓地、滚兔岭遗址等重要发现，研究领域渐次拓宽，涉及主要遗存的分期断代、类型划分、分布范围确认、谱系源流分析和族属研究诸多方面[②]。

　　结合文化面貌、自然地理和族属认识，这里将东北地区秦汉时期的少数族遗存划分为松嫩平原、第二松花江中游、东辽河和辉发河流域、鸭绿江流域、长白山地北段及迤北地区、三江平原几个区域分别叙述。

一、松　嫩　平　原

　　包括嫩江中下游和干流松花江上游两个小区，分别以平洋文化和"庆华遗存"为代表。

---

　　①　鸟居龙藏、三上次男、池内宏、关野贞等人的工作主要见于以朝鲜总督府名义出版的《朝鲜古迹图谱》(第一册)和以日满文化协会名义出版的《通沟》。法国学者沙畹和中国学者金毓黻也有集安高句丽遗迹的调查著录。

　　②　本节参考的研究性著述主要有：张伟：《松嫩平原战国两汉时期文化遗存研究》，吉林大学硕士学位论文，2000年；乔梁：《吉长地区西团山文化之后的几种古代遗存》，《辽海文物学刊》1993年第2期；魏存成：《高句丽考古》，吉林大学出版社，1994年；赵永军：《黑龙江东部地区汉魏时期文化遗存研究》，《边疆考古研究》(第3辑)，科学出版社，2004年；林沄：《论团结文化》，《北方文物》1985年第1期；谭英杰、孙秀仁、赵虹光等：《黑龙江区域考古学》，中国社会科学出版社，1991年；李钟洙：《夫余文化研究》，吉林大学博士学位论文，2004年。

1984～1986 年在黑龙江泰来县平洋镇砖厂和战斗村两个地点发掘墓葬 118 座[①]，报告将其划分为春秋晚期、战国早期、战国中期和战国晚期四个阶段。根据红衣高颈陶壶、贝形铜泡、金耳饰等器物显示的线索，以砖厂 M107、M115 为代表的部分墓葬应属于西汉时期[②]。

平洋墓地以长方形土坑墓为主，有些设置墓道或二层台。多为二次葬，盛行异性成人与儿童同穴合葬，以马、狗、牛、猪的头、蹄殉牲相当普遍。陶器基本组合为壶和碗（钵），直颈壶、鸭形壶、大口深腹罐、浅裆鬲、小三足器、小支座很有特点。陶质有泥质黄褐陶、夹砂黑褐陶和细砂黄褐陶，纹饰有篦点纹、指甲纹、锯齿纹、绳纹和红衣彩绘等。出有刀、矛、镞、锛等铜、铁武器和工具，骨器有镞、弓弭、鸣镝、锥、纺轮等，铜质带钩、耳环、牌饰、管饰以及各类石质管饰、珠饰亦多。

吉林省通榆县兴隆山墓[③]出有西汉五铢，黑龙江齐齐哈尔市三家子墓地[④]采集的铜印和兽头纹铜、铁泡饰以及兽面纹铜带扣、带饰均是汉代风格，有些饰件与外贝加尔地区的匈奴遗物相似[⑤]；讷河市二克浅墓地 M24 为长方形土坑墓，殉葬狗头，陶罐和陶杯均为手制细砂黄褐陶，素面红衣，推断为汉代[⑥]。这类遗存通常归入平洋文化的范畴（图一）。

平洋文化的某些文化因素源自白金宝—汉书二期文化，其影响向西越过大兴安岭进入呼伦贝尔草原。根据近年认识，平洋墓葬最初被视为东胡遗存、拓跋鲜卑及其先世遗存以及兴隆山墓被视为鲜卑遗存的意见，均可再讨论。此外，吉林省大安县后宝石墓地[⑦]发现手制黄褐色夹砂陶片，从出土的铜马、铜鹿牌饰看，似受到草原游牧文化影响。

1985 年在黑龙江宾县发掘庆华遗址[⑧]，地表为一座夯筑土城，周长约 500 米，略呈椭圆形。陶器均手制，泥条盘筑，夹砂黑褐陶或黄褐陶占大宗，以素面为主。器类有壶、瓮、罐、豆、盆、碗、匜、甑、鬲等，有些陶器附有对称柱状耳或瘤状耳，以口部饰附加堆纹的细砂素面灰陶罐和几何纹饰红色彩陶最具特色（图一），还出有捏制的猪、马小陶塑。见有刀、锥、锸等铁器和镞、锥、纺轮、梳等骨器。房址为方形半地穴式，居住面经过烧烤。"庆华遗存"大致可以推定在战国晚期至东汉，夹砂褐陶瓮、鼓腹罐、高领罐、柱把豆等陶器显示出与图们江—绥芬河流域团结文化（图五）存在交流。

① 黑龙江省文物考古研究所：《平洋墓葬》，文物出版社，1990 年。
② 潘玲、林沄：《平洋墓葬的年代与文化性质》，《边疆考古研究》（第 1 辑），科学出版社，2002 年。
③ 中澍、相伟：《通榆县兴隆山鲜卑墓清理简报》，《黑龙江文物丛刊》1982 年第 3 期。
④ 黑龙江省博物馆、齐齐哈尔市文管站：《齐齐哈尔市大道三家子墓葬清理》，《考古》1988 年第 12 期。
⑤ 潘玲：《伊沃尔加城址和墓地及相关匈奴考古问题研究》，科学出版社，2007 年，第 151 页。
⑥ 安路、贾伟明：《黑龙江讷河县二克浅墓地及其问题探讨》，《北方文物》1986 年第 2 期。
⑦ 郭珉：《吉林大安县后宝石墓地调查》，《考古》1997 年第 2 期。
⑧ 黑龙江省文物考古研究所：《黑龙江宾县庆华遗址发掘简报》，《考古》1988 年第 7 期。

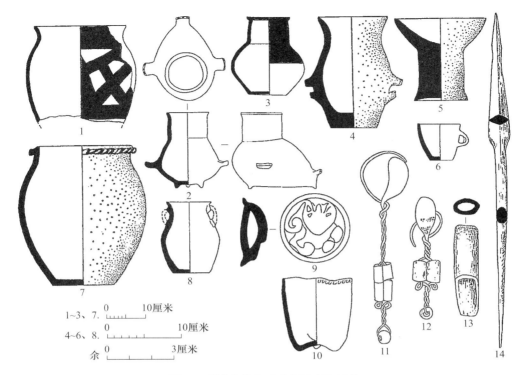

图一　平洋文化和"庆华遗存"遗物

1、4、7、8.陶罐（庆华 T4 ② : 20、庆华 T3 ② : 1、庆华 T4 ② : 28、二克浅 M24 : 10）　2.陶鸭形壶（兴隆山墓）
3.陶壶（平洋砖厂 M107 : 90）5.陶豆（庆华 T4 ② : 24）6.陶杯（二克浅 M24 : 8）9.铜泡饰（三家子采 : 80）
10.铜鬲（兴隆山墓）11、12.金耳饰（兴隆山墓、平洋砖厂 M107 : 228）13.骨哨（平洋砖厂 M107 : 115）
14.骨镞（平洋砖厂 M107 : 5）

二、东辽河和辉发河流域

东辽河和辉发河流域大体界于松辽分水岭和龙岗山脉之间，地理位置邻近秦汉辽东边塞，其文化遗存以西岔沟墓地最具特色。

西岔沟墓地[①]位于辽宁西丰县，1956 年清理发掘。据推算，应有墓葬 450～500座，分为中心墓区、东部墓区和西部墓区。经发掘的 63 座墓葬，为长方形土坑墓，单人葬，墓向东南，头向西北，有木片、席片等葬具。许多墓出零散马牙，并发现放置马头骨的葬坑。出土陶器、兵器、工具、马具、服饰等随葬器物上万件。墓地分为三期，主体年代相当于武帝至宣帝阶段。

绝大多数陶器为红褐色、灰黑色的夹砂粗陶，部分是精致的红褐色砂质细陶，以素面为主。高颈红陶壶、大口小底深腹的粗陶罐或把杯、夹砂陶鬲、双横耳的壶和罐、单横耳的注壶、大口粗颈带耳长腹罐较有特点。亦有汉式绳纹、弦纹壶和罐。兵器以铁剑、环首铁刀、铁矛、铜镞为主，数量很多，以触角式和长杆穿环式铜柄铁剑最具特色（图二）。铜牌饰有的鎏金，有双马、双牛、双羊、双驼、犬马、犬鹿、鹰虎等纹

---

① 孙守道：《"匈奴西岔沟文化"古墓群的发现》，《文物》1960 年第 8/9 期合刊。

饰和骑士出猎、骑士捉俘图案。农工具以铁器为主，包括环首小刀、锥、斧、镢、锛、锄等。出有蟠螭纹镜、草叶纹镜、星云镜、日光镜等汉式铜镜，有些用作护心镜。发现五铢钱、半两钱等货币，有些用作佩饰。

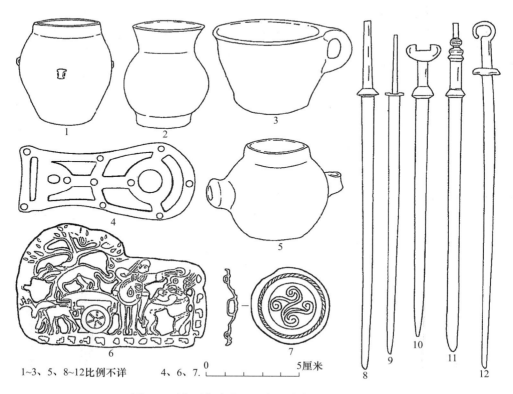

图二　西丰西岔沟墓地和东辽彩岚墓地出土遗物

1. 四耳陶罐（西岔沟）　2. 陶壶（西岔沟）　3. 陶把杯（西岔沟）　4. 铜带扣（彩岚）　5. 陶注壶（西岔沟）
6. 骑士捉俘铜牌饰（西岔沟）　7. 铜扣（彩岚）　8. 铜柄铁剑（西岔沟）　9. 木柄铁剑（西岔沟）
10. 触角式铜柄铁剑（西岔沟）　11. 长杆穿环式铜柄铁剑（西岔沟）　12. 环首铁刀（西岔沟）

1~3、5、8~12比例不详　　4、6、7. 0 ⊢⊣ 5厘米

　　吉林东辽县石驿彩岚[①]、公主岭市猴石[②]等地有相似墓地发现，在西丰、东辽、辽源一带还征集到许多同类文物，时代约在西汉中后期。对于这类遗存的族属，曾有匈奴或匈奴部族集团、乌桓、夫余等意见。西岔沟墓地发现的高颈壶、横耳壶、罐、鬲等陶器与嫩江中下游地区联系较密切，北方草原文化因素也较多，不宜视为匈奴、乌桓或夫余遗存。

　　东辽河流域西汉遗址往往与青铜遗址共存，并且数量不多。陶器中的大口斜颈壶当是松嫩平原南下的文化因素，罐式豆和折沿罐则是当地文化因素。辉发河流域的东丰大架子山遗址[③]出土的陶器分为两类：占据大宗的夹砂褐陶手制，较粗糙，见有斜颈壶、圈足豆、细把豆、罐、碗等，属于土著文化；饰绳纹的轮制夹砂灰陶、泥质灰陶

① 刘升雁：《东辽县石驿公社古代墓群出土文物》，《博物馆研究》1983年第3期。
② 武保中：《吉林公主岭猴石古墓》，《北方文物》1989年第4期。
③ 吉林省考古研究所、东丰县文化馆：《1985年吉林省东丰县考古调查》，《考古》1988年第7期。

和铁锤、铁镢等则是汉式器物。东辽河流域和辉发河流域的这类西汉遗存文化内涵相似，被命名为"大架山上层文化"[1]。

整体上看，东辽河和辉发河流域的西汉遗存源自当地青铜文化，在受到汉文化强烈冲击的同时，还见有松嫩平原和北方草原文化因素的影响。

三、第二松花江中游地区

东周时期的西团山文化以第二松花江中游吉林地区为中心分布。西汉初年西团山文化衰落以后，这一地区出现泡子沿类型、汉陶遗存、田家坨子类型、黄鱼圈珠山 M1 等遗存，其中泡子沿类型分布最广泛且材料最丰富。

泡子沿类型以 1982 年发掘的吉林市泡子沿前山遗址[2]的上层遗存而得名，早在 20 世纪 60 年代即有发现[3]，分布范围大体与西团山文化重合。发现 4 座圆角长方形或椭圆形的半地穴房址。陶器多为红褐色夹砂粗陶，手制，常见泥圈套接，器壁厚重，大多素面，有的器表经打磨或刮削。流行横桥状耳和瘤状耳，以壶、罐、豆、钵为多。斜颈横耳鼓腹壶、方唇折沿鼓腹罐和柱把豆是最有特点的陶器（图三）。此类遗存在吉林

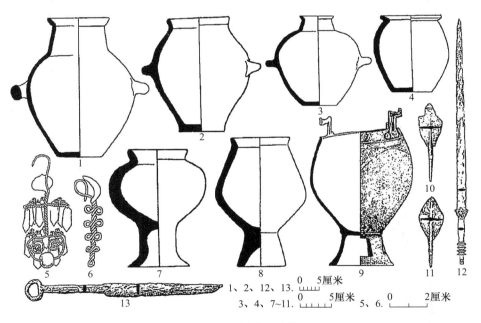

图三　泡子沿类型遗物

1、3.陶壶（泡子沿前山 F3①：1、老河深 M74：9）　2、4.陶罐（老河深 M19：1、老河深 M104：2）
5、6.金耳饰（老河深 M1：7、老河深 M56：6）　7、8.陶豆（老河深 M22：5、老河深 M115：28）
9.铜鍑（老河深 M56：81）　10、11.铁镞（老河深 M2：44、老河深 M119：17）
12.铜柄铁剑（老河深 M41：15）　13.铁刀（老河深 M107：8）

① 金旭东：《东辽河流域的若干种古文化遗存》，《考古》1992 年第 4 期。
② 吉林市博物馆：《吉林市泡子沿前山遗址和墓葬》，《考古》1985 年第 6 期。
③ 张忠培：《吉林市郊古代遗址的文化类型》，《吉林大学社会科学学报》1963 年第 1 期。

市土城子遗址上层、永吉县乌拉街学古遗址中层和杨屯大海猛遗址中层也有发现，年代约在战国晚期至西汉。

榆树县老河深[①]中层墓葬是泡子沿类型的墓地，共计发掘 129 座。有位置突出的大型墓葬，排列颇有规律。均为口宽底窄的长方形土坑墓，半数以上是单人葬，男女异穴合葬也有相当数量。半数以上的墓发现木质葬具，有些木质葬具较特殊，没有盖板或底板，而以桦皮、苇席等遮挡；或者隔出头厢；或者棺外四角加插木柱以支撑椁架；有些木棺有轻度火烧的迹象（图四）。有些墓填土中出有马牙，并发现埋葬马头的葬坑。陶器以壶、豆、罐、钵为主。铁兵器有剑、矛、刀、镞、盔胄等，铁工具有镰、锸、镢、凿等，出有铁、铜车马具和铜牌饰，铜牌饰有神兽纹、虎纹、鹿纹等图案，有的鎏金。其他见有铜鍑、汉式铜镜以及各种金银耳饰和玉石珠饰（图三）。墓地年代约在西汉末年至东汉，关于其族属，曾有鲜卑和夫余两种意见。另外，在永吉县学古村亦曾发现相似西汉墓地[②]。

以泡子沿遗址上层遗存和老河深中层墓地为代表的泡子沿类型年代大致相当于两汉。《三国志·魏书·乌丸鲜卑东夷传》记载："夫余在长城之北，去玄菟千里，南与高句丽，东与挹娄，西与鲜卑接，北有弱水，方可二千里。户八万，其民土著，有宫室、仓库、牢狱。多山陵、广泽，于东夷之域最平敞。土地宜五谷，不生五果。……其印文言'濊王之印'，国有故城名濊城，盖本濊貊之地，而夫余王其中，自谓'亡

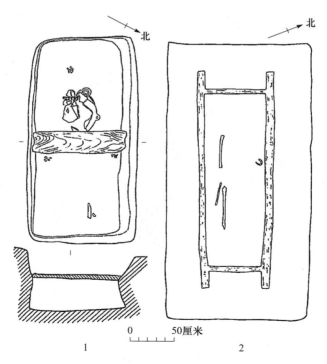

图四　榆树老河深中层墓葬平、剖面图
1. M25 平、剖面图　2. M51 平面图

---

① 吉林省文物考古研究所：《榆树老河深》，文物出版社，1987 年。
② 尹玉山：《吉林永吉学古汉墓清理简报》，《博物馆研究》1985 年第 1 期。

人'。"从时代、地望、文化面貌等方面考虑，许多学者认为泡子沿类型是汉魏时期立国于"濊城"的夫余遗存[1]。

在吉林市郊集中分布的汉式陶器、汉式铁农具和汉式墓习惯上被称为"汉陶遗存"[2]。汉式陶器多为饰绳纹、弦纹和堆纹的泥质灰陶和泥质褐陶，轮制或模制，有罐、瓮、盆、钵、甑等；铁农具见有镢、锸、斧、镰等；吉林市郊龙潭山、帽儿山等地并有汉式墓发现[3]。"汉陶遗存"的年代在西汉，可能是夫余境内的汉人流民遗存，或者是夫余在汉文化强烈影响下有机吸收的汉文化因素。

吉林市郊的东团山山城建筑在山腰上，三道城垣均略呈椭圆形，土石混筑，东、北二门，东门有瓮城。在其东南缓坡台地上坐落有"南城子"城址，夯土城垣，圆形，南、北二门，周长约1300米，城外有护城沟堑，城内散布花纹砖和汉式陶瓮、罐、豆陶片以及粗褐陶的大瓮、环状横耳、豆柱把、甑残片[4]。东团山一带的丘陵地貌与文献记载的夫余地理环境相符，周围地区泡子沿类型和汉陶遗存分布密集，汉魏夫余的"濊城"大致可以推断在这一带，其南的帽儿山墓地可能就是《后汉书·东夷列传》"夫余"条提及的"国之南山"。帽儿山墓地发掘过近百座汉代墓葬，绝大多数材料尚未发表，约略可分为小型土坑墓、大型土坑木椁墓和平地土石混封墓三种形制，随葬器物有陶器、漆器、铁兵器、铜镜、动物纹金牌饰、织锦以及铁农具、工具和铜、铁马具等[5]。此外，吉林市区龙潭山山城、蛟河县新街和福来东城址、九台市上河湾城堡群可能也与汉魏夫余有关。

以农安县田家坨子[6]F1为代表的田家坨子类型与泡子沿类型有着密切联系，分布范围较小，年代约在战国晚期至汉代。舒兰县黄鱼圈珠山M1这类遗存则与东辽河和辉发河流域有联系，年代约在战国晚期至西汉。以农安县邢家店墓地[7]为代表、包括德惠市王家坨子墓地和北岭墓地的邢家店类型亦已进入西汉纪年[8]。后两类遗存与泡子沿类型差别较大，暂且不能确定文化性质和分布范围。

四、鸭绿江流域

由吉林省东南部的龙岗山、老岭和辽东山地组成的长白山地南段是汉代高句丽活

[1] 李殿福：《汉代夫余文化刍议》，《北方文物》1985年第3期；刘景文、庞志国：《吉林榆树老河深墓葬群族属探讨》，《北方文物》1986年第1期。

[2] 康家兴：《吉林江北土城子附近古文化遗址及石棺墓》，《考古通讯》1955年第1期；吉林省博物馆：《吉林江北土城子古文化遗址及石棺墓》，《考古学报》1957年第1期。

[3] 李文信：《吉林市附近之史迹及遗物》，《李文信考古文集》，辽宁人民出版社，1992年；吉林市博物馆：《吉林帽儿山汉代木椁墓》，《辽海文物学刊》1988年第2期。

[4] 武国勋：《夫余王城新考——前期夫余王城的发现》，《黑龙江文物丛刊》1983年第4期。

[5] 刘景文：《吉林市郊帽儿山古墓群》，《中国考古学年鉴（1990）》，文物出版社，1991年，第197页；刘景文：《吉林市帽儿山古墓群》，《中国考古学年鉴（1991）》，文物出版社，1992年，第161、162页。

[6] 刘红宇：《试论田家坨子遗存有关问题》，《北方文物》1985年第1期；吉林大学历史系考古专业：《吉林农安田家坨子遗址试掘简报》，《考古》1979年第2期。

[7] 吉林省文物考古研究所：《吉林农安县邢家店北山墓葬发掘》，《考古》1989年第4期。

[8] 金旭东：《试论邢家店类型及相关问题》，《博物馆研究》1993年第2期。

动区，以辽宁桓仁县和吉林集安市为中心的浑江—鸭绿江流域分布有大量汉代高句丽遗存。

高句丽建国于公元前 37 年。一般认为，《好太王碑》和《三国史记·高句丽本纪》高句丽开国传说中提及的"忽本"或"卒本川"即今浑江，"沸流谷"或"沸流水"则是指浑江支流富尔江，桓仁县城附近的五女山城和下古城子两座城址当与高句丽早期都城有关①。五女山位于桓仁县城东北的浑江右岸，海拔 800 余米，自半山腰处突兀而起，形成高逾百米的峭壁，山顶较平坦。山城②平面呈不规则长方形，南北长约 1540 米，东西宽约 350～550 米，仅在山势略缓的东侧和东南侧山腰处砌筑石墙。近年城内发掘的第三期遗存大体在两汉之际，发现有大型柱础式地面建筑和圆形、圆角长方形半地穴房址；陶器以手制夹砂灰褐陶为主，主要是罐、盆、杯，以竖桥耳的陶罐最有特点；还出土汉式铁镢、铁锸、西汉五铢钱和王莽货币。下古城子位于五女山西南十余公里，城址长方形，土筑，出有相当于五女山城第三期的竖耳陶罐，有可能是《魏书·高句丽传》提及的纥升骨城，尚未正式发掘。

《三国史记·地理志》记载："自朱蒙立都纥升骨城，历四十年，孺留王二十二年（公元 3 年），移都国内城。"《三国史记·高句丽本纪》记载：琉璃明王"二十二年（公元 3 年）冬十月，王迁都于国内，筑尉那岩城"。一般认为，集安市区城址就是"国内城"，城西的山城子山城就是文献记载的"尉那岩城"和"丸都城"。集安市区城址③略呈方形，以规整的方形或长方形石块砌筑，设置马面和角楼。但是，2000 年以来进行的大面积发掘并未能确定建筑年代，也未能对既往石城墙下叠压土城墙的认识提供证据。现有调查发掘也未发现山城子山城④的汉代遗存和建筑迹象，其现有格局的形成不会早于公元 3 世纪中叶。

积石墓是高句丽早期墓葬形制，但是正式发掘的汉代高句丽墓很少。在墓葬结构的逻辑演化线索上，无坛石圹墓上限在高句丽建国以前，方坛石圹墓上限最迟不晚于东汉初年，方坛阶梯石圹墓上限与方坛石圹墓大体同时，在这几类墓中出有半两钱、五铢钱、大泉五十、货泉等货币⑤。集安市下活龙墓地⑥的年代约为东汉，出有镰、锛、环首刀等汉式铁器。高句丽早期随葬陶器（下限约在魏晋）以夹砂褐陶为主，手制，见有四耳展沿壶、鼓腹罐、大口罐、双耳壶等⑦。与五女山城隔浑江相对的高丽墓子积石墓出土的罐、壶、杯等陶器当在汉代纪年范围⑧。

---

① 魏存成：《高句丽初、中期的都城》，《北方文物》1985 年第 2 期。
② 辽宁省文物考古研究所：《五女山城》，文物出版社，2004 年。
③ 吉林省文物考古研究所、集安市博物馆：《国内城》，文物出版社，2004 年。
④ 吉林省文物考古研究所、集安市博物馆：《丸都山城》，文物出版社，2004 年。
⑤ 李殿福：《集安高句丽墓研究》，《考古学报》1980 年第 2 期；方起东：《高句丽石墓的演进》，《博物馆研究》1985 年第 4 期。
⑥ 耿铁华、林至德：《集安高句丽陶器的初步研究》，《文物》1984 年第 1 期。
⑦ 集安市文物保管所：《集安县上、下活龙村高句丽古墓清理简报》，《文物》1984 年第 1 期。
⑧ 陈大为：《桓仁县考古调查发掘简报》，《考古》1960 年第 1 期；辽宁省文物考古研究所、本溪市博物馆、桓仁县文物管理所：《辽宁桓仁县高丽墓子高句丽积石墓》，《考古》1998 年第 3 期。

除桓仁、集安明确的汉代高句丽遗存以外，对其他汉代遗存的认识比较缺乏。有些学者以为在高句丽建国以前，这一地区属于西汉玄菟郡的范围。集安市出土赵"阳安君"剑[1]，长白县出土赵"蔺相如戈"[2]，或与秦军在辽东边塞的军事活动有关。吉林省通化县发现的赤柏松汉城[3]在坡台上夯筑，周长976米，形状不规则，与东北地区燕、汉城址有别。城内采集有板瓦、筒瓦、瓦当等建筑构件和口沿、桥状耳、台状器底等陶片，有可能是汉民袭用的土著城址，调查者推断为西汉昭帝始元五年（公元前82年）"徙居句丽"阶段的玄菟郡属县上殷台；有些学者则推定为西盖马县。桓仁凤鸣墓、望江楼墓[4]已经进入西汉纪年，文化面貌与桓仁、集安的典型汉代高句丽墓不同。此外，通化市万发拨子遗址第四期遗存相当于两汉时期，文化内涵丰富，但材料尚未发表。

五、长白山地北段及迤北地区

吉林省东北部和黑龙江省东南部地区的张广才岭、老爷岭、太平岭、完达山及其间的平原河谷属于长白山地北段及迤北部分，可以划分为绥芬河－图们江流域和牡丹江中下游地区两个小区。

团结文化以黑龙江东宁县团结遗址下层[5]得名，主要遗址还包括东宁县大城子[6]、吉林珲春市一松亭[7]、汪清县百草沟新安间上层[8]。这类遗存早在20世纪50年代即已发现，但是直到1977年团结遗址发掘以后才作为一支独立的考古学文化引起重视，最初被称为"大城子－团结类型"。同类遗存在俄罗斯滨海地区被称为"克罗乌诺夫卡文化"，在朝鲜东北部也有分布。团结—克罗乌诺夫卡文化基本分布在绥芬河流域、图们江流域及其滨海地带，年代约在公元前5世纪至公元1世纪。

团结文化的陶器以夹砂褐陶为主，次为泥质褐陶，火候不高，外表颜色斑驳，手制，多为泥圈套接，造型规整，绝大多数素面。流行小平底、圆柱状耳和小乳突状耳，以高圈足豆、柱把豆、圆柱耳深腹小底瓮、圆柱耳小底罐、多孔或单孔甑等最具特点（图五）。磨制石器有刀、斧、锛、镰、镞、矛等，铁器有斧、镰、锥等。俄罗斯境内遗址出有陶鼓风管、陶坩埚和猪、牛、狗、马骨骼。房址为长方形或方形半地穴式，密集有序，有些房址砌筑土或土石结构的曲尺形烟道—火墙式取暖设施。居住面和周壁经火烧烤，有的四壁镶有木板。小型房屋面积30～50平方米，大型房屋面积近百平方米。

① 集安县文物保管所：《吉林集安县发现赵国青铜短剑》，《考古》1982年第6期。
② 长白朝鲜族自治县文物管理所：《吉林长白朝鲜族自治县发现蔺相如铜戈》，《考古》1998年第5期。
③ 邵春华、满承志、柳岚：《赤柏松汉城调查》，《博物馆研究》1987年第3期。
④ 梁志龙、王俊辉：《辽宁桓仁出土青铜遗物墓葬及相关问题》，《博物馆研究》1994年第2期。
⑤ 黑龙江省文物工作队、吉林大学历史系考古专业：《东宁团结遗址发掘报告》，吉林省考古学会第一次年会资料，1978年。
⑥ 黑龙江省博物馆：《黑龙江东宁大城子新石器时代居住址》，《考古》1979年第1期。
⑦ 李云铎：《吉林珲春南团山、一松亭遗址调查》，《文物》1973年第8期。
⑧ 王亚洲：《吉林汪清县百草沟遗址发掘简报》，《考古》1961年第8期。

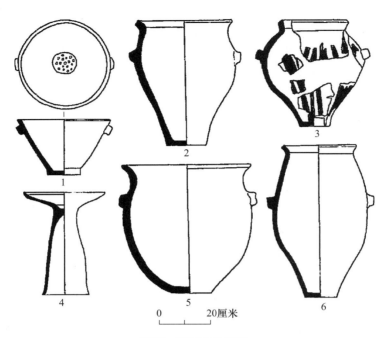

图五　团结文化陶器

1.甑（一松亭 T1∶2∶12）2、3、5.瓮（团结）4.豆（大城子 F1∶20）6.瓮（一松亭 T1∶2∶11）

团结文化曾被视为挹娄或北沃沮遗存。《三国志·魏书·乌丸鲜卑东夷传》记载"东沃沮在高句丽盖马大山之东，滨大海而居。其地形东北狭，西南长，可千里。北与挹娄、夫余，南与濊貊接"，目前学术界倾向于团结—克罗乌诺夫卡文化属于沃沮遗存。西汉武帝时期设置的苍海郡、玄菟郡和昭帝时期乐浪郡东部都尉所属岭东七县包括有部分沃沮之地。

黑龙江省牡丹江中下游地区地理位置比较特殊，除当地固有文化因素以外，还是来自西北方向松嫩平原、东北方向三江平原和东南方向绥芬河—图们江流域文化因素交汇撞击的地带。

这一地区最先发现的汉代遗存是以宁安市东康遗址[1]命名的东康类型，1964年和1973年两次发掘，分布在牡丹江中游及其支流，主要还有宁安市大牡丹[2]、牛场[3]、东升[4]等遗址。陶器包括瓮、罐、钵、碗、豆、壶、杯、盅等，陶质有夹砂和泥质两种，手制，火候较低，质地疏松，以素面为主。流行钮状把手和乳丁状小钮，大型罐、瓮上有圆柱状把手。石器以磨制为主，骨、角、蚌、牙制品较发达（图六）。房址为半地穴式，居住面经火烧烤，其下铺有一层白灰。东康类型年代相当于两汉时期，有可能

①　黑龙江省博物馆：《东康原始社会遗址发掘报告》，《考古》1975 年第 3 期；黑龙江省博物馆考古部、哈尔滨师范大学历史系：《宁安县东康遗址第二次发掘记》，《黑龙江文物丛刊》1983 年第 3 期。

②　黑龙江省博物馆：《黑龙江宁安大牡丹屯发掘报告》，《文物》1961 年第 10 期。

③　黑龙江省博物馆：《黑龙江宁安牛场新石器时代遗址清理》，《考古》1960 年第 4 期。

④　宁安县文物管理所：《黑龙江宁安县东升新石器时代遗址调查》，《考古》1977 年第 3 期。

属于当地柳庭洞类型的后续发展阶段，圈足豆等类陶器显示出与团结文化的亲缘关系。也有些学者将其视为团结文化的牡丹江类型[①]。

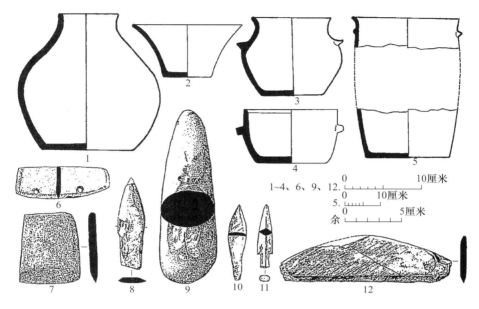

图六　东康类型遗物

1、3. 陶罐（东康 F2：139、东康 T7：020） 2. 陶碗（东康 F2：165） 4. 陶钵（东康 T7：039） 5. 陶瓮（东康 F2：149） 6. 石刀（东康 F2：025） 7. 石锛（东康 T2：003） 8. 石矛（东康 T2：004） 9. 石斧（东康 F2：108） 10. 骨镞（东康 F2：005） 11. 石镞（东康 F3：011） 12. 石镰（东康 F2：127）

20 世纪 90 年代以来，又确认出属于两汉时期的东兴文化和汉末魏晋的河口遗存。以海林市东兴遗址[②]命名的东兴文化分布于牡丹江中下游地区，文化因素比较复杂。其中角状把手罐和柱状耳罐分别代表着来自三江平原滚兔岭文化和绥芬河－图们江流域团结文化的因素，束颈鼓腹壶来自松嫩平原，而侈口鼓腹罐则是体现其自身特征的陶器（图七）。以海林市河口三期为代表的"河口遗存"[③]约在东汉末年至魏晋，可能是东康类型的地方性变体。以 1997 年发掘的依兰县桥南遗址[④]命名的桥南文化年代相当于战国至西汉，有些陶器（图八）与俄罗斯境内的扬科夫斯基文化相似，其中第二期遗存的年代约在公元前 2 世纪至公元前 1 世纪。这些新近识别出来的文化类型分布范围均比较狭小，对其文化性质的认识尚有局限，其中东兴文化和桥南文化的鼓腹无耳和鼓腹竖耳陶壶表现出与三江平原的联系。

---

① 杨志军：《牡丹江地区原始文化试论》，《黑龙江文物丛刊》1982 年第 3 期。

② 黑龙江省文物考古研究所、吉林大学考古学系：《黑龙江海林市东兴遗址发掘简报》，《考古》1996 年第 10 期；黑龙江省文物考古研究所、吉林大学考古学系：《黑龙江省海林市三道河乡东兴遗址 1994 年考古发掘简报》，《北方文物》1996 年第 1 期；黑龙江省文物考古研究所：《黑龙江海林东兴遗址 1992 年试掘简报》，《北方文物》1996 年第 2 期。

③ 黑龙江省文物考古研究所、吉林大学考古学系：《河口与振兴——牡丹江莲花水库发掘报告（一）》，科学出版社，2001 年。

④ 李砚铁、刘晓东、王建军：《黑龙江省依兰县桥南遗址发掘及相关问题》，《北方文物》2000 年第 1 期。

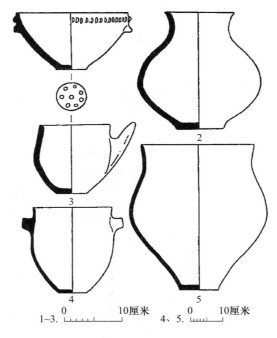

图七　东兴文化陶器

1.甑（东兴 T16③：2）　2.壶（东兴 F6：6）　3、4.罐（东兴 F10：1、河口 H1066：1）　5.瓮（振兴 H154：10）

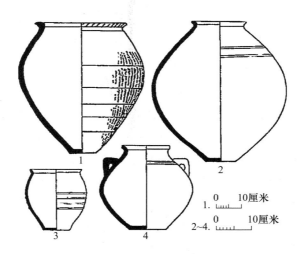

图八　桥南文化陶器

1.瓮（桥南 F5：16）　2.罐（桥南 F5：19）　3.罐（桥南 T3③：17）　4.壶（桥南 F5：18）

六、三江平原

以松花江为界，可以将三江平原划分为北、南两个小区，分别发现蜿蜒河类型和滚兔岭文化。

蜿蜒河类型以 1974 年发掘的绥滨县蜿蜒河遗址下层而得名，同类遗址还有萝北县三马架、抚远县海青等，大体分布在黑龙江中游沿岸地区。同类遗存在俄罗斯境内被称为波尔采文化，分布在黑龙江中游以下直达海口的沿岸地带，南及滨海边区。

蜿蜒河类型的陶器以夹砂红褐陶居多，手制，陶质粗糙，火候不高。纹饰以方格纹、指捺纹、凹弦纹、波浪纹、附加堆纹最突出，也有素面陶和红衣陶。主要器型包括宽边附加堆纹盘口罐、敞口短颈方格纹罐、喇叭口碗、红衣壶等。发现有方形半地穴式房址。蜿蜒河类型的碳十四测年数据（树轮校正）为公元前90年至公元130年。波尔采文化的陶器与蜿蜒河类型相似，并且出有角状把手陶罐，铁器比较发达，有刀、剑、镞、锛、鱼钩、甲片等，发现有由三四十座房子组成的村落。波尔采文化的碳十四测年数据明显偏早，中国学者认为铁器相当发达的波尔采文化年代上限不会早于汉代，大体相当于汉晋时期[①]。

蜿蜒河类型－波尔采文化东濒大海，地理位置与《三国志·魏书·乌丸鲜卑东夷传》"挹娄在夫余东北千余里，滨大海，南与北沃沮接，未知其北所极"的记载相合。波尔采文化房址为半地穴式，住房中发现储藏的粟，存在家畜饲养业和纺织业，出有石镞，未见陶豆，均与《三国志》对挹娄"常穴居"、"有五谷、牛、马、麻布"、"俗好养猪"、"青石为镞"、"东夷饮食类皆用俎豆，唯挹娄不"的记载相符，因此有些学者提出蜿蜒河类型—波尔采文化属于挹娄遗存[②]。

以1984年发掘的双鸭山市滚兔岭遗址[③]得名的滚兔岭文化，大体分布于松花江以南的三江平原[④]。滚兔岭文化的城堡一般建筑在河流两岸的山岗上，分布很密集。大多呈圆形或椭圆形，不甚规整；有些选择在险要地势的最高处筑城，掘壕起墙为城垣，其内密布半地穴式房址（图九）。房址以圆角方形居多，面积数十以至逾百平方米不等，居住面经过烧烤，有些房址四壁有贴立木板的沟槽（图一〇）。许多城堡内外都有圆形地表坑。陶器见有小平底瓮、敞口碗、敛口深腹钵、高领壶、角状把手罐等，均为手制夹砂陶，呈灰褐、红褐等颜色，陶色斑驳，火候较高，素面为主（图一一）。铁器有刀、凿、镞、甲片等，石器有斧、刀、矛、磨盘等。滚兔岭文化的碳十四测年数据（树轮校正）相当于两汉时期。1998～2002年在七星河流域展开汉魏遗址的大规模聚落考古调查和研究，确认遗址400余处[⑤]，其中相当部分属于滚兔岭文化，已经区分出居住址、防御址、祭祀址、瞭望址和要塞址。

《后汉书·东夷列传》记载挹娄"土地多山险"，与波尔采文化—蜿蜒河类型主要分布在平原地区不尽相符。基于滚兔岭文化与波尔采文化—蜿蜒河类型陶器的某些共性，有些学者提出滚兔岭文化亦属于挹娄遗存[⑥]。

①　林沄：《肃慎、挹娄和沃沮》，《辽海文物学刊》1986年第1期。
②　林沄：《肃慎、挹娄和沃沮》，《辽海文物学刊》1986年第1期。
③　黑龙江省文物考古研究所：《黑龙江省双鸭山市滚兔岭遗址发掘报告》，《北方文物》1997年第2期。
④　佳木斯市文管站：《佳木斯市郊山城遗址调查》，《黑龙江文物丛刊》1982年第3期；双鸭山市文管站：《双鸭山市部分地区考古调查》，《黑龙江文物丛刊》1982年第2期；黑龙江省文物考古研究所：《黑龙江省友谊县凤林城址1998年发掘简报》，《考古》2000年第11期。
⑤　黑龙江省文物考古研究所：《七星河——三江平原古代遗址调查与勘测报告》，科学出版社，2004年。
⑥　贾伟明、魏国忠：《论挹娄的考古学文化》，《北方文物》1989年第3期。

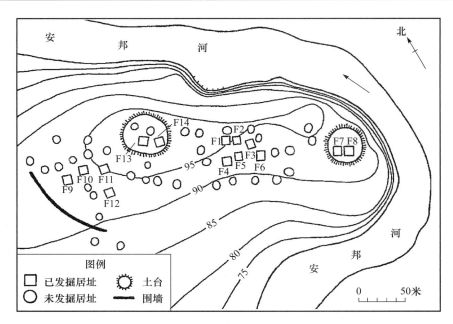

图九　双鸭山市滚兔岭遗址遗迹分布图

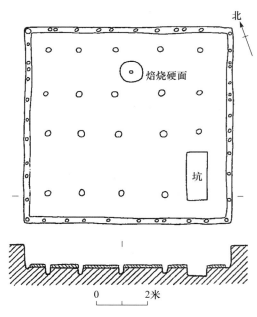

图一〇　双鸭山市滚兔岭遗址 F7 平、剖面图

　　综合来看，东北地区秦汉时期的少数族遗存有些已经可以与夫余、高句丽、沃沮、挹娄联系，其中第二松花江中游的夫余遗存和鸭绿江流域的高句丽遗存显示出社会经济已有相当程度的发展。秦汉文化的整体扩展是引发东北秦汉时期民族分布和文化格局变迁的主线索，松嫩平原和草原游牧文化因素的推进和渗透也有一定影响。秦汉文化不但稳固地占据东北南部，文化因素还渗透到松嫩平原、第二松花江中游、鸭绿江流域以及东辽河、辉发河流域，引发土著文化连锁反应性地退却。松嫩平原的文化因

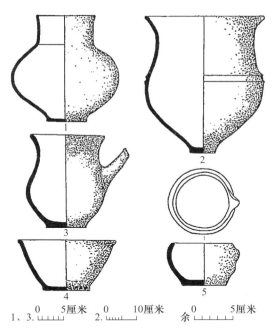

图一一　双鸭山市滚兔岭遗址出土陶器

1.壶（F1∶33）　2.瓮（F7∶1）　3.罐（F6∶4）　4.碗（F1∶3）　5.匜（F6∶1）

素曾经南下东辽河、辉发河流域，甚至进抵鸭绿江流域，并且向东推进到三江平原。同时，在辽西凌河流域、东辽河流域、嫩江中下游地区还存在草原游牧文化因素的渗透。以上认识，与文献史料对于秦汉东北地区历史背景和族群地理的记载大体符合。

原载中国社会考古研究所编著《中国考古学·秦汉卷》（中国社会科学出版社 2010 年），原文为第十二章《秦汉时期边远和少数族地区的考古学文化》第一节《东北地区》。

辽阳汉魏图画小识三则

太子河平原上的辽阳素称辽海重镇，汉晋时期地位尤其突出，时名襄平。辽阳市郊发现汉晋壁画墓二十余座，是研究当时辽东地区社会生活的珍贵材料，壁画和陶器上的刻划图案尤其直观。笔者择出"千秋万岁""髡头人物"和"椑壶悬梁"三题，缀为"小识三则"。

一、千 秋 万 岁

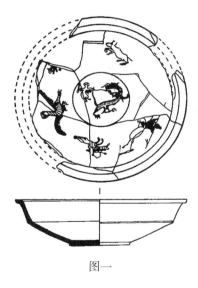

图一

南雪梅 M1 出有刻划陶盘一件，"陶盘的内壁上正中刻划着羽人持剑与龙格斗的场面，其四周刻有 2 鹿、1 人首鸟身像和两个着盔甲的骑士。两骑士正在战斗，前者持戟，后者张弓射箭"[①]（图一）。陶盘上人面鸟身的图案可得一议。

人面鸟身的形象在中国古代神话传说中早有记载，《山海经·海外东经》东方句芒的形象就是"鸟身人面，乘两龙"。东晋葛洪《抱朴子·内篇》记有"千秋之鸟，万岁之禽，皆人面而鸟身，寿亦如其名"。河南邓县的一块南朝画像砖上见有一人面鸟身的图案，其下题铭"千秋"，相对位置上见有一兽面鸟身的图案，其下题铭"万岁"[②]。一般将这类人面鸟身的形象称为千秋万岁，王恺先生对此进行过比较系统的研究[③]。

南雪梅 M1 以青石板砌筑，由前廊、后廊、三个棺室和两个耳室组成，家族丛葬。笔者[④]和刘未同志[⑤]均以为年代在公孙氏时期。公孙氏政权肇始于汉献帝中平六年（189年）公孙度自立为"辽东侯"，"至渊三世，凡五十年而灭"[⑥]，景初二年（238年）统于曹魏。王恺先生总结，两汉时期的人面鸟形象大多单出，有男相，有女相；南北朝时

---

① 王增新：《辽宁辽阳县南雪梅村壁画墓及石墓》，《考古》1960 年第 1 期。

② 河南省文化局文物工作队：《邓县彩色画像砖墓》，文物出版社，1958 年。

③ 王恺：《"人面鸟"考》，《考古与文物》1985 年第 6 期。

④ 郑君雷：《中国东北地区汉墓研究》，吉林大学博士学位论文，1997 年。其他汉墓的年代推断均同。

⑤ 刘未：《辽阳汉魏晋壁画墓研究》，《边疆考古研究》（第 2 辑），科学出版社，2004 年。

⑥ 《三国志·魏书·公孙度传》。

一般是人面鸟配兽面鸟，隋唐以后往往人面鸟女相，兽面鸟男相。南雪梅 M1 为单出的男相人面鸟。

考古材料中的人面鸟形象始见于西汉，汉晋南北朝的主要发现有长沙马王堆 M1 帛画、洛阳卜千秋西汉壁画墓、邓县南朝画像砖墓、常州戚家村南朝画像砖墓和河北磁县湾漳北朝墓等[①]，南雪梅 M1 刻划陶盘上的人面鸟形象是这一阶段见于最北的例子。

汉魏时期辽东半岛与东南沿海存在海路文化交流，笔者曾经举出过几个考古学例证[②]。文献中有公孙氏政权与孙吴交通的记载，如嘉禾元年（232 年）三月，孙权"遣将军周贺、校尉裴潜乘海之辽东。……冬十月，魏辽东太守公孙渊遣校尉宿舒、阆中令孙综称藩于权，……（嘉禾二年）三月，遣舒、综还，使太常张弥、执金吾许晏、将军贺达等将兵万人，金宝珍货，九赐备物，乘海授渊"[③]。京津唐和辽西一带的汉魏考古材料中从未见到过人面鸟形象，南雪梅 M1 的人面鸟大概也是自海路传入的南方文化因素，可为前揭拙文添一新例。

附带提及，汉画材料可以反映东南沿南与辽东半岛海路交流的还有大连营城子 M2 的壁画题材。营城子 M2 为砖室结构，年代在东汉中后期，壁画上见有左手操蛇、右手持幡的神怪形象[④]。吴荣增先生指出，操蛇神怪的雕像和画像资料多见于战国楚地的豫南、湖北、湖南、江苏，其后有过一个"人首蛇身式神灵取代了多种形式的操蛇神怪"的过程，不过东汉时期的四川地区仍然经常见有操蛇神怪形象的陶俑和画像"[⑤]。值得注意的是，山东画像石上也有双手挽蛇的神人图案[⑥]。另外，营城子 M2 壁画上的左侧门卒手持挂旗桃茢，门卒持桃茢祛凶的题材亦见于四川成都曾家包 M2 和河南南阳石桥东汉画像石[⑦]。营城子 M2 操蛇神怪和门卒持桃茢祛凶的壁画题材最有可能是经东南沿海传入的南方文化因素。

二、髡头人物

南雪梅 M1 壁画保存情况不佳，其中左棺室后壁残存人物宴饮画像，"上悬朱色帷幕，边垂结帷朱带。帷下 6 人拱手对坐，左右各 3，头部及下体均漫漶不清。左前方 1 人着绿袍，其前置长方红几，几下方有 1 红色圆案。后 2 人均着红袍，下方置长方黄几，几上也放着 1 个红圆案。右方前 1 人着红袍，次着赭袍，后 1 人着绿袍"（图二，

---

① 戴维：《唐薛儆墓志所见"神鸟"考》，《北京大学研究生学志》，2003 年第 2/3 期合刊。
② 郑君雷：《汉代东南沿海与辽东半岛和西北朝鲜海路交流的几个考古学例证》，《汉代考古与汉文化国际学术研讨会论文集》，齐鲁书社，2006 年。
③ 《三国志·吴书·孙权传》。
④ ［日］关东厅博物馆：《营城子——前牧城驿附近的汉代壁画砖墓》，（日本）东亚考古学会，1934 年。
⑤ 吴荣增：《战国汉代的操蛇神怪及有关神话迷信的变异》，《先秦两汉史研究》，中华书局，1995 年。
⑥ 山东省文物考古研究所：《山东汉画像石选集》，齐鲁书社，1982 年，图版 377。
⑦ 仁华、旭东：《汉画拥彗管见》，《中原文物》1995 年第 3 期。

注意简报表述的左右方向），值得注意的是右方的三个人物。

观察发表的线图，右方三人右鬓处清楚地绘出鬓发，因为是大半个侧身的侧视形象，左鬓不易显示。与右鬓的绘法比较，头顶未见顶发，可能是在表现髡头。但是简报讲到"头部及下体均漫漶不清"，因此大有必要斟酌右方三人头顶原有冠帻的可能性，因为案几前第一人的左鬓处似有墨线出头，且额头窄狭，或许冠帻已经漫漶。辽阳汉晋壁画上的宴饮人物一般戴有冠帻，冠帻下沿往往呈弧曲状。若冠帻上部漫漶，线图上的头顶轮廓线实际是冠帻下沿，似应出现弧度，而此三人头顶轮廓线颇平直。再者，漫漶线恰至冠帻下沿，而且都是自前额向后颅斜平延伸，概率太低。第三，右边第一人眉目已漶，若只是冠帻和眉目漫漶，而冠帻下沿和头顶右上方的结帷朱带均保存下来，未免过于巧合。因此至少可以说后面两人原来戴有冠帻的可能性不大，技师描绘的大约是髡头人物。

图二

历史上许多北方民族的发式与汉人不同，文献上出现过椎髻、披发、施发、辫发、编发、剪发、索头等名目，髡头也是一种。南雪梅 M1 年代在公孙氏时期，壁画上的髡头人物当与乌桓鲜卑有关。

汉魏乌桓鲜卑活跃在北方边塞。汉末建安十二年（207 年）曹操北征三郡乌桓，速仆延曾经以数千骑出奔辽东 [1]。鲜卑东汉中叶以后声势日炽，轲比能"尽收匈奴故地，自云中、五原以东抵辽水，皆为鲜卑庭" [2]。公孙渊自立为燕王后，"假鲜卑单于玺，封拜边民，诱呼鲜卑，侵扰北方" [3]。公孙氏政权必然与乌桓鲜卑发生联系，南雪梅 M1 壁画上的髡头人物正合这段史实。实际上，曹魏平灭公孙氏以后曾经析辽西、辽东两郡邻界地置辽东属国监领内附鲜卑，辽宁锦县昌盛石椁墓有可能就是辽东属国治下的乌桓鲜卑遗存 [4]。

乌桓鲜卑髡头殆无异议。王沈《魏书》记乌桓"父子男女，……悉髡头以为便"，称鲜卑"其言语习俗与乌丸同。……常以季春大会，作乐水上，嫁女娶妇，髡头宴

---

① 《三国志·魏书·武帝纪》。

② 《三国志·魏书·乌丸鲜卑东夷传》。

③ 《三国志·魏书·公孙度传》。

④ 郑君雷：《辽宁锦县昌盛石椁墓与辽东属国》，《北方文物》1997 年第 2 期。

饮"①；应劭《风俗通》记乌桓鲜卑"皆髡头而衣赭"。有意思的是，南雪梅 M1 壁画上的髡头人物剃光顶发，与和林格尔东汉壁画大多是"剃去除头顶以外的全部头发"②的髡发样式正好相反，这个线索对于研究乌桓、鲜卑以至契丹的源流也会有启发。契丹男子的髡发样式都是剃光顶发，有的还剃光额发③，与南雪梅 M1 相似。

唐代章怀太子墓壁画上亦见有髡发的大秦客使④，南雪梅 M1 壁画上的髡头人物若也是乌桓鲜卑使臣，可谓有异曲同工之趣。

三、椑　壶　悬　梁

辽阳车骑墓（即窑业四厂墓）壁画上见有庖厨图（图三，1）⑤，三名厨工图像的上方横悬一梁，横梁右数第二个挂钩上钩挂着一件扁圆体器物，小口、平肩、双足，与孙机先生图举的山东沂南画像石、江苏铜山白集画像石和河北望都二号墓壁画（图三，2）上的扁壶颇似，就是孙机先生正名的"椑"⑥。椑是酒器，见于庖厨图上适当其所。铜山白集宴饮画像石上的侍者手提一椑，车骑墓庖厨图上的椑悬在梁上，与鱼、兔这类准备加工的肉食挂在一起，盛料酒欤？辽阳汉墓也出有陶椑实物，南雪梅 M2 发表的照片不清楚，简报称为"双耳双足扁壶"⑦。另外，北京平谷西柏店 M1⑧（图三，3）和河北迁安于家村 M1⑨亦出有这类陶器。以上诸墓年代均属汉末曹魏。

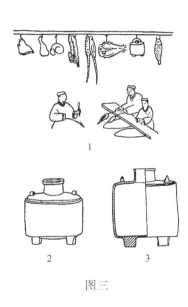

图三

从"椑壶悬梁"联想到辽阳棒台子 M1（公孙氏时期）庖厨图⑩（图四，1）上的器具图像也可以与出土器物比照，试举二三。

汉案有两种，一种用来承托食器，无足或有很低的托梁，类似托盘，可称为棜案；另一种有足，属于家具，案面长方形或圆形，其中圆形者专称为"椫"⑪。辽阳汉

① 《三国志·魏书·乌丸鲜卑东夷传》注引王沈《魏书》。
② 吴荣曾：《和林格尔汉墓壁画中反映的东汉社会生活》，《文物》1974 年第 1 期。
③ 林沄：《辽墓壁画研究两则》之二《契丹女子髡发》，《林沄学术文集》，中国大百科全书出版社，1998 年。
④ 王维坤：《唐章怀太子墓壁画"客使图"辨析》，《考古》1996 年第 1 期。
⑤ 李文信：《辽阳发现的三座壁画古墓》，《文物参考资料》1955 年第 5 期。
⑥ 孙机：《汉代物质生产资料图说》，文物出版社，1991 年，第 81 篇。
⑦ 王增新：《辽宁辽阳县南雪梅村壁画墓及石墓》，《考古》1960 年第 1 期。
⑧ 向群：《北京平谷西柏店和唐庄子汉墓发掘简报》，《考古》1962 年第 5 期。
⑨ 李宗山：《河北迁安于家村一号汉墓清理》，《文物》1990 年第 10 期。
⑩ 李文信：《辽阳发现的三座壁画古墓》，《文物参考资料》1955 年第 5 期。
⑪ 孙机：《汉代物质生产资料图说》，文物出版社，1991 年，第 216、306 页。

墓出土的陶案见有三道壕 M27[①]、青年大街 M8[②] 和东门里墓[③] 三例,都是长方形平底案,属于棜案之类。庖厨图上可以见到四件四足方案和五件三足圆案分别摆置在一起,就是孙机先生正名的"阁"[④]。再如陶灶。笔者以为,辽阳汉墓的陶灶出现于新莽前后,从最初的圆形或舟形灶面向梯形或圆头梯形灶面发展,至公孙氏时期为规整的方形[⑤]。庖厨图上见有两个方形大灶,灶面正是规整方形。

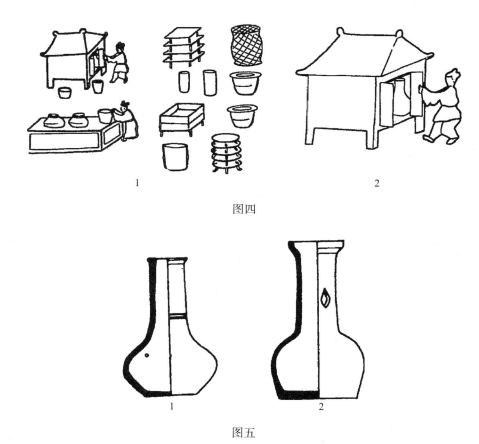

图四

图五

　辽阳东汉墓常出有一类直颈陶器,一般称为长颈瓶,笔者曾经考虑有可能是汉代游戏用具"投壶",因为这类陶器与林巳奈夫[⑥] 和孙机先生[⑦] 举为"投壶"的河南济源泗涧沟 M8 直颈陶壶很相似。《礼记·投壶篇》称"壶颈修七寸、腹修五寸、口径二寸半,容斗五升,壶中实小豆焉,为其矢之跃而出也",说明投壶颈部确实颇长。其后注

① 李文信:《东北文物工作队一九五四年工作简报》,《文物参考资料》1955 年第 3 期。
② 王来柱:《辽阳青年大街发现的两座汉墓》,《辽宁考古文集》,辽宁民族出版社,2003 年。
③ 辽宁省博物馆、辽阳博物馆:《辽阳旧城东门里东汉壁画墓发掘报告》,《文物》1985 年第 6 期。
④ 孙机:《汉代物质生产资料图说》,文物出版社,1991 年,第 216 页。
⑤ 郑君雷:《中国东北地区汉墓研究》,吉林大学博士学位论文,1997 年。
⑥ 〔日〕林巳奈夫:《汉代的文物》,京都大学人文科学研究所,1976 年,第 387 页,插图 8—11。
⑦ 孙机:《汉代物质生产资料图说》,文物出版社,1991 年,第 397 页。

意到棒台子 M1 庖厨图上女子开厨取物的图案，从孙机先生的放大比例图上 [①]（图四，2），可以清楚地看到厨中的"黑色之壶"正是此类陶器。长颈瓶出现在庖厨图中的橱柜里，大概不会是投壶。而且抚顺小甲邦 M2[②]、东门里墓和沈阳伯官屯 M2[③] 长颈瓶的底部均有镂孔，有的腹部也有三五个镂孔，似也不能"壶中实小豆"。汉代匈奴陶罐的近底处也往往有一厘米径许的穿孔，笔者猜测这类陶罐大概用来盛装乳奶，平时以木塞封堵，拔出木塞就可以盛接流出的乳奶，无须搬动倾倒之劳。辽阳汉墓有镂孔的长颈瓶和没有镂孔者形制完全相同，不宜再区分为两类器物。棒台子 M1 橱柜图里的长颈瓶自然与厨事有关，小甲邦 M2 这类腹、底镂孔（图五，1）以及北京顺义临河村墓[④] 这类颈部镂孔（图五，2）的长颈瓶究竟作何用途？这里提出来向大家请教。

原载《四川文物》2005 年第 3 期

---

① 孙机：《汉代物质生产资料图说》，文物出版社，1991 年，第 217 页（图版 54-12）。
② 抚顺市博物馆：《抚顺小甲邦东汉墓》，《辽海文物学刊》1992 年第 1 期。
③ 郑明：《沈阳伯官屯汉魏墓葬》，《考古》1964 年第 11 期。
④ 北京市文物管理处：《北京顺义临河村东汉墓发掘简报》，《考古》1977 年第 6 期。

辽宁锦县昌盛石椁墓与辽东属国

　　西汉以后东北塞外的乌桓、鲜卑两支游牧民族逐渐强大起来。乌桓在西汉武帝元狩四年（前119年）迁移到上谷、渔阳、右北平、辽西、辽东五郡塞外，鲜卑也随之迁移到西拉木伦河流域。乌桓和鲜卑经常寇抄汉边，叛服无常，汉朝边塞的压力骤然增加，引发西汉末年至东汉时期东北地区郡县建置的废迁和边塞的内徙。东汉安帝永初三年（109年）以后，一部分乌桓入居塞内，为汉朝侦候戍边，安帝时遂析辽西、辽东两郡邻界之地设置辽东属国以安置内附乌桓。东汉末年以后塞外乌桓强盛不羁，曹操于建安十二年（207年）北征三郡乌桓，乌桓众种离散。曹魏"正始五年（244年）九月，鲜卑内附，置辽东属国，立昌黎县以居之"[1]，曹魏复置的辽东属国主要监领内附鲜卑。至西晋统一乃罢[2]。

　　《后汉书·郡国志》记东汉辽东属国下领昌黎、徒河、宾徒、无虑、险渎、房县计六县，其中昌黎是属国首县。据王绵厚先生考证，昌黎县即今大凌河下游锦县北的大业堡城址；徒河县即今锦西女儿河北的邰集屯汉城；宾徒县即今女儿河下游的锦县高山子城址；无虑县即今北镇县东南的大亮甲村城址；险渎县即今辽河下游台安县东南的孙城子城址；房县或在今大凌河与大辽河入海口之间的大洼县小盐滩遗址[3]。以上县址具体位置学界虽有不同意见，但基本方位均较相似。从其领县的范围看汉魏时期的辽东属国大致在今辽宁锦州附近一带。

　　多年来在东北地区清理发掘了大批汉墓（包括东汉末年至曹魏西晋时期），仅从公开发表的少量材料看，东北地区汉墓的文化面貌并不单一，有必要进行具体细致的文化因素分析。辽宁锦县一座石椁墓[4]的墓葬制度特点即比较突出，它有可能是与辽东属国有关的内附乌桓或鲜卑的墓葬。

　　该墓位于锦县右卫乡昌盛村，西南距大凌河4千米。墓室用花岗岩石构筑，墓向100°，平面略呈"工"字形，东西长4.7米、南北宽3.4米，加上突出的甬道，整体略呈"土"字形。墓壁石板均以一定规格制造，立放构筑墓室，北壁向外突出一大一小两个耳室，下有石台，上有石盖板。南壁相同位置也有与北壁对称的大、小两个耳室，其中小耳室下有砖台。西壁构筑后门，有门台和门楣。在墓室甬道至后门的中轴线上

---

　　① 《三国志·魏书·三少帝纪》。
　　② 关于辽东属国的设置沿革请参阅王绵厚：《秦汉东北史》，辽宁人民出版社，1994年，第130～134页；韩宝兴：《辽东属国考》，《辽海文物学刊》1992年第2期。
　　③ 王绵厚：《秦汉东北史》，辽宁人民出版社，1994年，第130～134页。
　　④ 傅俊山：《辽宁锦县右卫乡昌盛汉墓清理简报》，《北方文物》1987年第4期。

有两个矩形石柱，将整个墓室分为南、北二个棺室，石柱上各有一个栌斗，栌斗承托四个直接放在南、北墓壁上的石梁。南、北墓壁上用碎石砌筑与石梁平齐，石梁上东西平放石条三排，构成墓顶。墓底南北平铺一层石条，甬道两侧各立一块石板，上面横放一块石条。墓室内碎石砌筑部分和南、北两个大耳室内均用白灰碎草、泥土和匀抹平。

南、北两个棺室残留有铁棺钉和木块，原来应有较大的木棺。南棺室内有一老一少两具男性骨架，老年葬在棺内，随葬品有"位至三公"双凤纹铜镜1面、银发钗1件、银指环1枚、货布2枚。青年置于棺南侧，没有木棺和随葬品。北棺室内有一老一少两具女性骨架，老年葬在棺内，随葬品有四乳钉双凤纹铜镜1面，银发钗2件，棺外脚下漆盒内装有1面铁镜。青年置于棺北侧，没有木棺和随葬品。甬道内并排放置4具幼儿骨架。

随葬品有灰陶罐3件、灰陶壶1件、灰陶钵2件、红陶钵1件、灰陶盆1件、灰陶盘2件，这些陶器当时大约放置在四个壁龛内，因为墓内积水才漂移了位置。另外在后门附近出有铜弩机牙1件。

原报告认为该墓出土的3件灰陶罐极似洛阳烧沟汉墓第三型第Ⅱ式陶瓮，"位至三公"双凤纹铜镜和四乳钉双凤纹铜镜均出现于东汉初期，"货布"是新莽时期铸造的货币，因此判断该墓是东汉初期的墓葬，此似有误。烧沟汉墓第三型第Ⅱ式陶瓮外卷圆口沿、椭圆形腹、器体较长、器形较大[1]，与该墓陶罐不能比较；"位至三公"双凤纹镜流行于东汉中晚期至魏晋时期；石椁墓室的结构布局与东汉晚期至魏晋时期辽阳地区以壁画墓群为代表的大中型石椁墓相似；至于货布等新莽货币在各地东汉晚期及魏晋墓葬中常见，因此该墓年代应该考虑定在东汉晚期至魏晋时期。需要指出，目前对于东北地区汉魏晋时期墓葬的年代期别判断主要是根据经验，并未进行过系统的类型学研究，不一定可靠，昌盛石椁墓的年代也需要作具体分析。

该墓墓室用石板支筑，由前廊、后廊、棺室和耳室组成，平面略呈"工"字形，结构布局与辽阳壁画墓群[2]相似。学界一般认为辽阳壁画墓群大体分为东汉晚期至汉魏之际、曹魏西晋、东晋三个时期，笔者参考墓室形制结构、随葬器物、壁画内容和辽阳地区的历史背景，倾向于将辽阳壁画墓群划分为东汉中期、东汉晚期、公孙氏时期、西晋时期、东晋时期五段，惟尚觉考虑未周，暂不详述。但可以指明的是，约在东汉中期略晚的辽阳旧城东门里壁画墓虽已出现用石柱分割棺室同时上置栌斗以承石梁的做法，但是结构比较简单，随葬陶器的特征亦略早，昌盛墓要晚于东门里墓。东晋时期的上王家壁画墓前廊顶部抹角叠压成平顶方形天井，昌盛墓顶部用石板平盖，不至晚到东晋时期。

① 洛阳区考古发掘队：《洛阳烧沟汉墓》，科学出版社，1959年。
② 文中涉及的辽阳壁画墓请参阅辽宁省博物馆、辽阳博物馆：《辽阳旧城东门里东汉壁画墓发掘报告》，《文物》1985年第6期；王增新：《辽宁辽阳县南雪梅村壁画墓及石墓》、《辽阳市棒台子二号壁画墓》，《考古》1960年第1期；李庆发：《辽阳上王家晋代壁画墓清理简报》，《文物》1959年第7期。

昌盛墓墓室另辟后门，墓室中央立石柱分割棺室、石柱上置栌斗以承石梁等作法同样见于南雪梅村 1 号壁画墓和 2 号石椁墓、棒台子 2 号壁画墓等地，昌盛墓与这几座墓更为相似（图一）。仅从形制结构看，昌盛墓可考虑在东汉晚期至西晋时期，而随葬品的一些特征表明该墓不可能在东汉晚期。

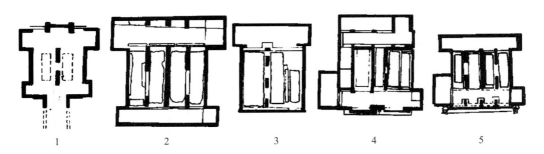

图一　昌盛石椁墓与相关墓葬墓室比较
1.昌盛石椁墓　2.三道壕西晋石椁墓　3.东门里壁画墓　4.南雪梅 1 号壁画墓　5.棒台子 2 号壁画墓

在辽阳三道壕发现过纪年明确的西晋墓，如 1955 年清理的 7 号小型石椁墓中发现过反书阳文"太康二年八月造"等字样的圆瓦当[①]；1983 年清理的一座大型石椁墓墓壁上刻有"太康九年"、"太康十年十月七日"等字样[②]。这两座西晋墓和沈阳伯官屯 M4～M6[③]、陈相屯石椁墓[④]等墓的随葬器物与东汉晚期墓葬有不同特点，随葬品比较简单，陶器种类剧减，井、灶、瓶一类陶器趋于消失，多见长大的发钗等（图二）。与东汉晚期墓葬随葬品的种类和数量均很丰富，陶器种类尤其繁多，包括壶、盆、钵、盘、罐、洗、长颈瓶、耳杯、奁、套盒、案、勺、扁壶、釜、灶、井、仓房等不同，随葬器物的差别一望可知。

1983 年在三道壕清理的有"太康"纪年的西晋石椁墓的墓葬制度与昌盛石椁墓尤其相似。该墓平面呈"工"字形，由棺室、前后廊、耳室组成，结构布局与昌盛墓相近。陶器仅有罐、钵、盘几种，种类和形制与昌盛墓亦相似。而且两墓都出有"位至三公"双凤纹镜和长大的银发钗，在漆盒内装有铁镜（上王家东晋壁画墓中也出有铁镜）。这些现象表明昌盛墓更有可能是西晋墓，笼统一点说年代当在东汉末年至曹魏西晋时期。该墓与辽阳大中型石椁墓的主要区别，一是在于后者正门多用石柱分隔成数个门洞，而昌盛墓则仅有一个门洞且前有石筑甬道；二是在于后者墓内多置石板尸床，而昌盛墓则无（参看图一、图二）。

昌盛石椁墓墓葬制度的特殊性首先表现在人殉上。该墓甬道中有 4 具儿童骨架，南棺室为一老一少 2 具男性骨架，北棺室为一老一少 2 具女性骨架，而且 2 具老年骨架均葬在棺内并有随葬品，两具青年骨架均没有木棺和随葬品。这与汉末魏晋时期辽

① 王增新：《辽阳三道壕发现的晋代墓葬》，《文物参考资料》1955 年第 11 期。
② 辽阳博物馆：《辽阳市三道壕西晋墓清理简报》，《考古》1990 年第 4 期。
③ 沈阳市文物工作组：《沈阳伯官屯汉魏墓葬》，《考古》1964 年第 11 期。
④ 周阳生：《沈阳陈相屯魏晋石椁墓清理》，《辽海文物学刊》1993 年第 1 期。

南地区盛行的家族合葬不同，这种埋葬制度只能理解为人殉。

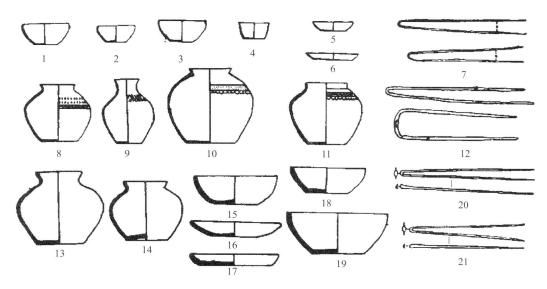

图二　昌盛石椁墓与西晋墓出土随葬品比较

1～11.昌盛石椁墓　12～19.三道壕西晋石椁墓　20.三道壕8号西晋小型石椁墓　21.三道壕7号西晋小型石椁墓

　　辽南地区东汉中期开始出现家族合葬，至汉末魏晋则特别盛行[①]。与此相适应，墓室结构开始复杂和大型化，辽阳汉末魏晋大中型石椁墓的出现，一方面是因为统治阶层追求豪华奢侈的生活，另一方面也与家族合葬的流行有关。在家族合葬墓中，同一家族成员之间在墓葬制度上的差别，首先是在家族成员平等基础上由于社会角色不同而表现出来的长幼之别、男女之别和行辈之别，而不是由于阶级、阶层、民族等的不同而表现出来的带有歧视色彩的等级差别。举例讲，辽南东汉合葬墓中在男性身边经常发现耳杯、盘、罐等宴饮器用和剑、刀、镞等兵器，而在女性身边则经常发现井、灶、甑、釜、瓢、勺等厨事器用和剪、尺等家务器用，这种差别主要体现的是男女社会分工的不同。

　　昌盛墓南、北两个棺室内的老年人显然是一对夫妇，而两个青年人则不会是第二代夫妇，在封建社会的伦理道德中夫为妻纲，妻不会与夫分置于两棺室而与婆合葬。这两个青年人也不会是墓主夫妇的一子一女，首先父与子、母与女分别合葬在不同棺室已觉特殊，况且墓主夫妇葬在棺内且有随葬品，这两个青年人没有木棺和随葬品。昌盛墓甬道中的4具儿童骨架很难解释为墓主的（孙）子女，辽南汉末魏晋时期家族合葬墓中儿童都附葬在墓内。东门里壁画墓东棺室内有3个尸床，其中2个较大的上置一对夫妇，较小的则置其子女。棒台子2号壁画墓第三棺室石棺内合葬一成年人和一儿童。下面例子可以说明辽南地区家族合葬墓的一般情况，在鞍山沙河东地的一座

---

　　① 对辽南汉魏晋家族合葬墓的认识和例证请参阅孙守道：《论辽南汉魏晋墓葬制度之发展演变》，《辽海文物学刊》1989年第1期。

大型砖室墓中，尸床上置一对老年夫妇，其左方 9 具骨架分前后两排直接置于墓底。前排 6 具都是成年人，其中正中一具为女性，仰身直肢，其右有两堆捡骨葬（其中一堆是一男一女 2 具骨架堆在一起），其左有两具骨架，已经散乱；后排有 3 具儿童骨架。显然这对老年夫妇是家族的第一代，前排的 6 个人是第二代，其中男女骨架混在一起的两个人是一对夫妻，3 个儿童则是第三代。南雪梅村 2 号石椁墓丛葬 9 人，主室置 3 具骨架，一男二女，当是一夫二妻（妾），左棺室、右棺室、前右耳室各置一对夫妻骨架。三道壕西晋石椁墓丛葬 6 人，三对夫妻骨架分置于一、二、三号尸床上。昌盛墓的青年和儿童骨架只有解释为殉葬比较合理，秦汉以后汉族的殉葬现象几近绝迹，而在边疆民族中还比较盛行，例如朝阳一座北魏时期的鲜卑墓中男性葬在木棺内，仰身直肢；女性则无棺，置于木棺右侧，侧身屈肢，面向男性[①]。

昌盛墓的陶器也比较有特点：陶罐均为矮领、圆肩、鼓腹、平底，2 件为侈口，另 1 件为直口，3 件陶罐上都饰有与其他纹饰共见的水波纹；陶壶侈口、矮领、圆肩、鼓腹、平底，肩部饰斜线网格纹。水波纹和网格纹是曹魏、三燕、北魏时期东部鲜卑陶器的特征纹饰之一。东汉时期内蒙古哲里木盟舍根墓地的东部鲜卑陶器即饰有水波纹和网格纹[②]，朝阳地区的老爷庙石椁墓陶罐亦饰有水波纹[③]（该墓仅出陶瓮、陶罐和砂岩器座等 4 件随葬器物，地方特点十分突出；虽然当时朝阳附近究竟是属于汉朝的边塞地区还是沦为乌桓抑或鲜卑的游牧之地尚待考，但是老爷庙墓与东部鲜卑文化显然有某种联系）。昌盛墓陶罐与朝阳东汉老爷庙墓、北票前燕仓粮窖墓[④]、朝阳北燕袁台子墓[⑤]、朝阳后燕崔遹墓[⑥]等地陶罐相近。昌盛墓陶壶明显与汉式陶壶不同，而与巴林左旗东汉南杨家营子墓地[⑦]、安阳前燕孝民屯墓地[⑧]、锦州北魏安和街墓和义县北魏刘龙沟墓[⑨]等地陶壶同属于鲜卑系统（参看图三）。

锦州地区汉墓的文化面貌与昌盛石椁墓完全不同，锦州市区国和街、女儿街等地的数十座西汉墓葬自不待言，亦是发现在锦县的右卫乡西网汉墓[⑩]其文化面貌即与东北地区其他东汉墓葬相同。西网墓是长方形单室券顶砖室墓，夫妻合葬，随葬罐、盘、耳杯、盆、奁、案、井、水斗、灶、釜、甑等陶器，还出有规矩铜镜、五铢钱、琉璃耳珰等，原报告认为年代在东汉初期。实际上从西网墓的方形陶灶看，该墓至早在东汉中期以后。昌盛墓与锦州地区汉墓相比较，墓葬制度有着结构性的差别，尽管墓例的年代略有出入，但是文化现象均有源流，其历史背景自然容易联系到辽东属国的设置。

① 张柏忠：《哲里木盟发现的鲜卑遗存》，《文物》1981 年第 2 期。
② 辽宁省文物考古研究所、朝阳市博物馆：《朝阳市发现的几座北魏墓》，《辽海文物学刊》1995 年第 1 期。
③ 李国学、万欣：《辽宁喀左老爷庙石室墓发掘简报》，《北方文物》1993 年第 1 期。
④ 孙国平、李智：《辽宁北票仓粮窖鲜卑墓》，《文物》1994 年第 11 期。
⑤ 璞石：《辽宁朝阳袁台子北燕墓》，《文物》1994 年第 11 期。
⑥ 陈大为、李宇峰：《辽宁朝阳后燕墓的发现》，《考古》1982 年第 3 期。
⑦ 中国科学院考古所内蒙队：《内蒙古巴林左旗南杨家营子的遗址和墓葬》，《考古》1961 年第 1 期。
⑧ 中国社会科学院考古所安阳工作队：《安阳孝民屯晋墓发掘报告》，《考古》1953 年第 6 期。
⑨ 刘谦：《锦州北魏墓清理简报》，《考古》1991 年第 5 期。
⑩ 傅俊山：《锦县西网汉墓发掘简报》，《辽宁文物》1981 年第 2 期。

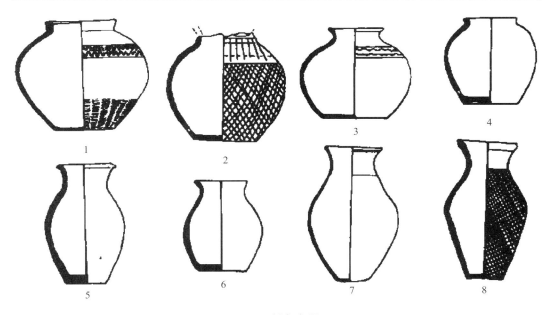

图三　鲜卑陶器

1.喀左老爷庙墓　2.北票仓粮窖墓　3.朝阳崔遹墓　4.朝阳袁台子墓　5.巴林左旗南杨家营子墓地
6.安阳孝民屯墓地　7.锦州安和街墓　8.义县刘龙沟墓

　　东汉辽东属国是为了安置内附乌桓而设置的，曹魏复置的辽东属国则主要监领内附鲜卑。乌桓与鲜卑同源、同俗、地域邻近，东汉时期属国居民中未必没有鲜卑，曹魏时期属国居民中也未必就没有乌桓，即便西晋统一之后属国废置，此地也仍然会有原来的居民。昌盛墓的年代在汉末至西晋，墓主很有可能不是汉族，而是内附的乌桓或鲜卑。

　　通过对昌盛石椁墓文化因素的分析，我们初次识别出一座与汉魏辽东属国有关的墓葬。昌盛墓的文化因素表明辽东属国治下的内附乌桓鲜卑存在着一种既吸收了大量汉族文化因素又保持着鲜明民族特色的文化面貌，与西网汉墓互证可以推测汉魏时期的辽东属国境内同时存在着汉族和乌桓鲜卑两种文化系统，此两点对研究这一时期的民族关系颇有裨益。

　　原载《北方文物》1997 年第 2 期

关于渤海国的"高丽"标识

中国学者一般认为渤海国的主体民族是靺鞨（这已经为考古学研究所证实），而且多数学者认为是粟末靺鞨；也有一些学者认为是出自白山靺鞨（如李健才[①]），或者是其他靺鞨部落（如杨军认为渤海建国集团主要由伯咄、安车骨、拂涅、白山等四部靺鞨人构成[②]）。国外一些学者对此有不同认识，主要是强调渤海国民族结构和国家认同中的高句丽（高丽）属性。在这些讨论中，渤海国的"高丽"标识是不能回避的问题，这还涉及是否存在"渤海族"的问题。

文献记载中渤海国的"高丽"标识又分为两种情况。

第一种情况，以《旧唐书·渤海靺鞨传》"渤海靺鞨大祚荣者，本高丽别种也"为代表的"高丽别种"，以及《新唐书·渤海传》"渤海，本粟末靺鞨附高丽者"之类。分析文献中经常见到的"匈奴别种"、"鲜卑别种"这类记载（据刘庆统计，仅二十四史民族传中有关"别种"的史料就有六十余条，其中出现次数最多的为"匈奴别种"[③]），我们清楚地知道"别种"与"本部"之间在文化和血缘关系上的联系与差异；同时也承认大祚荣与高句丽政权的依附关系，以及"东奔"集团和渤海集团中存在高句丽成分。马一虹甚至认为正是由于渤海与高句丽之间存在紧密关系，唐王朝才附会中原望族高氏，授予大祚荣"渤海郡王"的称号[④]。这种情况本质上不影响多数学者对渤海国主体民族为靺鞨的认识。

第二种情况，是日本史书经常提到的"渤海国者，旧高丽国也"、"高丽国王大钦茂"、"高丽使"等，以及《旧唐书》"高丽余烬"、新罗史书"高句丽残孽类聚"和"惟彼勾丽，今为渤海"之类，还包括《续日本纪》记载大武艺致日本国书中的"复高丽之旧居，有扶余之遗俗"之语，以及唐朝在719年册封大祚荣嫡子"武艺为桂娄郡王"之事。一些国外学者据此以为渤海是高句丽的继承国。认为渤海国主体民族为靺鞨的中国学者虽然从不同角度加以解释（如魏国忠认为这是"当时日方为迫使渤海称藩而玩弄的一场政治骗术"[⑤]；马一虹认为这是奈良时代的日本为树立"东夷小帝国"

---

① 李健才：《唐代渤海王国的创建者大祚荣是白山靺鞨人》，《民族研究》2000年第6期。

② 杨军：《粟末靺鞨与渤海国》，《中国边疆史地研究》2005年第3期；杨军：《靺鞨诸部与渤海建国集团》，《民族研究》2006年第2期。

③ 刘庆：《"别种"杂说》，《北方文物》1988年第1期。

④ 马一虹：《唐授大祚荣"渤海郡王"考——兼及唐朝对渤海与高句丽关系的认识》，《北方文物》2002年第2期。

⑤ 魏国忠、郭素美：《论渤海主体民族的族属问题》，《社会科学战线》2001年第3期。

形象，编造高句丽曾经是日本朝贡国的"故事"，并对渤海国书断章取义，找出渤海与高句丽之间的继承关系，要求渤海循"高丽旧记"行朝贡之礼，并在一个时期内强行称渤海为"高丽"①），但这些解释总觉未安，有勉为说辞之感觉。

我们觉得，文化人类学的"族群认同"理论，以及陈寅恪先生关于北朝民族与文化、国家关系的论述，有助我们正确理解前面所说的第二种情况。

以前我们讨论过，北方民族史上匈奴、鲜卑、突厥、契丹、蒙古这类专名层面上的民族集团，其实都是各种"根基性小族群"出自社会环境和利益选择而形成的"情境族群"②；或者可以径直理解为"政治体"，即"以政治关系和政治权力为纽带构建起来的社会团体"③。他们的群体成员并不完全是凭借血缘传承和文化传统这类天然性的根基元素凝聚在一起，具有客观一致的内部特征。"情境族群"的形成大致可以举出几种情况，如出自政治利益的联合和依附、武力的征服和吞并、收继，甚至仅仅是攀附④。

按照魏国忠等先生的意见，作为渤海建国核心的"东奔"集团，包括乞乞仲象父子所领附高丽的靺鞨诸部（即所谓"高丽别种"）；二是乞四比羽死后其余众的绝大部分（即新书所谓"祚荣即并比羽之众"）；三是营州一带的高丽余种即高丽遗民；此外还有当地汉人、奚人及契丹人等（杨军认为由营州东奔的队伍中，乞四比羽所统率的是部分原伯咄靺鞨与安车骨靺鞨，"大祚荣的队伍始终是以粟末、伯咄、安车骨三部靺鞨人为主，并没有高句丽人"⑤）。"东奔"集团渊源有自，而且已在营州生活数十年，以其为核心建立的渤海国自然不能称为高句丽集团，但是仍然称为靺鞨也值得怀疑。《三国遗事》将渤海称为"靺鞨之别种，但开合不同而已"⑥，殊可玩味。我们认为，与其将渤海国的主体民族集团称为"靺鞨"，不如称为"渤海"。"渤海"就是一个以"靺鞨"为基础而逐渐形成的"情境族群"，入辽以后渤海国遗民多称为"渤海人"，正反映出这层含义。

陈寅恪指出，"在胡人种族问题上，存在着两个需要注意的现象。一是血统关系的变化。胡人部落组织以血统为要素，然因时代的推移，经济、社会阶层的转变，血统绝非单纯。……二是地区关系的成立，一个种族在某地居住过，后来就把某地居民一律说是某地人"，"而所谓某族人，往往不是依据血统，而是依据地区。一个地区居住着

① 马一虹：《从唐、日本及新罗典籍中有关称谓看三国对渤海的认识》，《欧亚学刊》（第三辑），中华书局，2002年。
② 郑君雷：《文化人类学的族群认同与考古学文化的族属研究》，《思想战线》2007年第3期。
③ 罗新认为北方民族（阿尔泰语系各民族）的名号主要指政治名号（political titulary），以及从政治名号衍生出来的其他专名（proper names），如人名、地名和族名等。罗新：《中古北族名号研究》，北京大学出版社，2009年，第1页。
④ 郑君雷：《文化人类学的族群认同与考古学文化的族属研究》，《思想战线》2007年第3期。
⑤ 杨军：《渤海"土人"新解》，《北方文物》2006年第2期。
⑥ 《三国遗事·纪异·靺鞨渤海》记"《通典》云：'渤海本粟末靺鞨，至其酋祚荣立国，自号震旦。先天中，始去靺鞨号，专称渤海。开元七年，祚荣死，谥为高王。……后唐天成初，契丹攻破之，其后为丹所制'。《三国史》云：'仪凤三年高宗戊寅，高丽残孽类聚，北依太伯山下，国号渤海。开元二十年间，明皇遣将讨之。又圣德王三十二年玄宗甲戌，渤海靺鞨越海侵唐之登州，玄宗讨之。又《新罗古记》云：'高丽旧将祚荣姓大氏，聚残兵，立国于太白山南，国号渤海'。按上诸文，渤海乃靺鞨之别种，但开合不同而已"。

很多种族的人，其中有一个是主要的，这个地区所有的种族，便以此主要种族的名称为自己的名称了"[1]。我们觉得，此种"政治体"的进一步泛化，就是以"地域体"来指代"民族体"。《魏书》中将段氏和慕容氏称为"徒何"就是以地域代称民族，北朝隋唐史料中屡见的"代人"虽然属于特殊的社会集团，但是大致与北族同义[2]。

我们认为所谓"旧高丽国"之类，无非是以"地域体"（曾经强盛的高丽）来指代"政治体"、"民族体"（新起的渤海），是一种借代关系，并不是真实的民族和国家关系。至于《续日本纪》中杨承庆奏曰"高丽国王大钦茂"云云，即使真的是大钦茂自称，也不过攀附而已。明乎此，对文献记载中渤海国的"高丽"标识似不必作过度解读。

　　　　本文为 2013 年吉林大学"高句丽渤海文化学术研讨会"提交论文纲要，笔者觉得基本意思已经表达清楚了，因此未再展开。

---

① 万绳楠：《陈寅恪魏晋南北朝史讲演录》第六篇《五胡种族问题》，黄山书社，1987 年，第 93、94、97 页。
② 松下宪一：《北朝隋唐时代史料中的"代人"》，《魏晋南北朝史研究：回顾与探索（中国魏晋南北朝史学会第九届年会论文集）》，湖北教育出版社，2009 年。

"东北文化区"意义上的燕云地区辽墓

会同元年（938年）石敬瑭割燕云十六州，燕云地域纳入辽国版图。先是辽太宗升幽州为南京（燕京）管辖燕云事务，后兴宗升云中为西京，形成以南京道、西京道节制燕云地区的行政格局。燕云地区是辽国境内的汉文化中心，经济形态以农业为主，以"东北文化区"的视角，审视燕云地区辽墓的区域文化特征及其与上京、中京等地的文化关系，其实也就是在辽代二元治理体制下（契丹、奚——汉、渤海，或游牧——定居农耕）以燕云地区为例对辽代地域文化结构加以考察。

一、考古学上的"东北文化区"

考古学和文化史上"东北文化区"的概念及其范畴在使用中基本有两种情况。

多数情况是未经严密论证的习惯用语，经常以"东北史"、"东北考古"这类名称加以表述，但是已经注意到东北古史的某些规律性特征。例如佟冬先生主编的《中国东北史》（第一卷）"比较充分地考虑了东北史之不同于一般通史的一些特点，即'比较注意在东北古史中表现比较突出或其特有的一些现象、事物及各种互相关系'"[①]；张博泉、魏存成主编的《东北民族·考古与疆域》对自"前天下一体"至"中华一体"诸历史阶段的"东北区域系统、结构与疆域"有过系统论述[②]。他如孙进已在《东北史研究中的若干理论问题》中对"东北史的研究范围"、"东北史的特点"、"东北史地分区"等问题的讨论[③]，王绵厚在《"东北史理论问题"笔谈》中对东北史与自然生态、地域文化、古代民族和区域考古等关系的分析[④]，均是将东北古史作为一个文化单元来对待。

另一种情况是在"考古学文化区系类型"意义上。2002年郭大顺先生提出"东北文化区"的概念[⑤]，郭文的"东北文化区"主要着眼于新石器时代至早期青铜时代，而且特别强调东北地区"渔猎文化的个性"，视之为"东北地区固有的文化传统"，不过其时代下限已经至"满族起源"和"清开国"，这实际已经是东北考古学通论的范畴。

---

① 林沄：《〈中国东北史〉（第一卷）读后》，《林沄学术文集》，中国大百科全书出版社，1998年。
② 张博泉、魏存成：《东北民族·考古与疆域》第三编《疆域》，吉林大学出版社，1998年。
③ 孙进已：《东北史研究中的若干理论问题》（上），《东北史地》2012年第5期；孙进已：《东北研究中的若干理论问题》（下），《东北史地》2012年第6期。
④ 王绵厚：《立足地域文化研究前沿 把握东北史研究的若干重大问题》（"东北史理论问题"笔谈·一），《东北史地》2013年第1期。
⑤ 郭大顺：《东北文化区的提出及意义》，《边疆考古研究》（第1辑），科学出版社，2002年。

他写道:"随着'重建中国史前史'、'世界的中国考古学'和'环渤海考古'等重大问题的提出,苏秉琦"曾多次强调东北地区渔猎文化的个性,及其在史前时期直至满族起源过程所起的特殊作用,并逐步将东北区从整个北方区中区分出来",并将其范围"扩大到'白山黑水'至'两个海'(指从环渤海到环日本海)、'三个半岛'(辽东半岛、山东半岛和朝鲜半岛)、'四方'(中国、朝鲜、日本和俄罗斯);时代从清开国上溯到商周时期的'肃慎燕亳',这已是从更为广阔的东北亚地区古文化的发展来考虑东北地区的考古工作了"。

契丹本是游牧民族,渔猎在经济生活中亦占有重要地位。早在辽代建立前,"皇祖匀德实为大迭烈府夷离堇,喜稼穑,善畜牧,相地利以教民耕"[1],农耕经济逐渐得以发展;述澜为于越时"始兴板筑,置城邑,教民种桑麻,习织组"[2]。辽代疆域"东至于海,西至金山,暨于流沙,北至胪朐河,南至白沟,幅员万里"[3],虽然"游牧帝国"是人们对契丹王朝的一般意像,但是辽代政治重心和文化根基所在的上京和中京地处西辽河流域,偏居草原一隅,实际上是文化地理上的"辽西区"范围;而且辽境内的契丹人、奚人定居农耕较为普遍,因此辽国一般被视为东北地方民族政权,被纳入东北史的研究范畴。

在"东北文化区"的意义上通盘考量新石器时代以来的东北考古学或者商周以降的东北古代史,更能够反映出东北考古学历时性的文化结构,更能够看到历史长河冲涤中的沉淀下来的稳定文化因素和区域文化特征,因此更具整体观和历史观。就边疆考古学而言,这也是在"最大时段"上的考古学文化分区,虽然这种时代跨度较大的分区通常只能概括性表述。不同历史截面的"东北文化区"范围有盈缩,各时段的"东北文化区"也各自有其延伸、波及区域,并且与其他文化区之间存在过渡、连接地带,我们就是在这层意义上讨论燕云地区辽墓。

二、燕云辽墓文化性质的混合属性

燕云地区辽墓见有契丹、旧唐、北宋和来自西方的文化因素,多种文化因素融杂为一体,推陈出新,形成新的时代特征和文化风格,见诸墓葬形制、随葬器物和壁画题材等诸多方面,许多时候表现出东北文化区和中原文化区的双重属性。这些渊源有自的文化因素在墓葬制度中已经浑然一体,未必能够截然分开,暂依契丹文化因素、旧唐文化因素、北宋文化因素、佛道文化因素几组举例说明之。

1. 契丹文化因素

燕云辽墓平面多见八角形、六角形。多角形墓室在北方宋地和契丹腹地中晚期辽

---

[1] 《辽史·食货志上》。
[2] 《辽史·太祖纪下》。
[3] 《辽史·地理志一》。

墓中均较为流行，当是受到佛塔形制的影响，鉴于契丹腹地多角形辽墓的墓主多为契丹人，因此暂列为契丹文化因素。南京地区砖室墓有单室八角形（例如廊坊西永丰村辽墓[①]）、前室方形或长方形后室八角形（例如密云大唐庄[②]M14、丰台云岗刘六符墓[③]）等形制，西京地区砖室墓有单室六角形（例如宣化张恭诱墓[④]）、前室方形后室六角形或八角形（例如宣化张世古墓和张氏家族M6）等形制，还有八角形石室墓（例如宣化下八里Ⅱ区M1、M2[⑤]，男性墓主着铜丝网络葬衣，当为契丹贵族）。

　　辽墓出行图多集中在上京、中京地区，通常由墓主人、马、引马人、驼、驼车、御车人、持伞人、持杖人、旗鼓等构成画面，场景宏大。西京地区宣化张世卿墓、韩师训墓、大同东风里墓[⑥]等地出行图明显受到契丹文化影响，只是出行规模略小。而且西京地区墓室壁画多见髡发人物，例如大同机车厂墓[⑦]东北壁题记"望奴"的侍卫、韩师训墓的门吏及出行图中的牵驼人等。西京地区墓室壁画亦见有群牧图、备弓图、马球图等场景，反映出契丹文化的底色。

　　燕云辽墓有些采用尸骨葬（例如北京西翠路墓[⑧]、迁安韩相墓[⑨]），或者有殉牲（例如蓟县营房村[⑩]），这些墓葬中往往出有鸡冠壶、马具等器物，属于契丹葬俗。"具有契丹特色的器具鸡腿瓶从辽代中期开始在燕云汉地墓葬中广为流行，并一直延续至辽末金初"[⑪]。

2. 旧唐文化因素

　　燕云辽墓流行圆形砖室墓，单室（例如北京韩佚墓[⑫]、大同许从赟夫妇墓[⑬]）或前后双室（例如北京丁文道父子合葬墓[⑭]），赵德钧墓[⑮]三进主室（主室两侧各附耳室，计有九个圆形墓室），还有圆形石椁墓（例如密云大唐庄M65）。圆形砖室墓盛唐以后流行于河北、北京和辽西朝阳一带，自唐代后期开始沿河北北部经山西北部向内蒙古河

①　廊坊市文物管理处、安次区文物保管所：《廊坊市安次区西永丰村辽代壁画墓》，《文物春秋》2001年第4期。
②　北京市文物研究所：《密云大唐庄——白河流域古代墓葬发掘报告》，上海古籍出版社，2010年。
③　周宇：《丰台云岗辽墓07FHM1发掘简报》，《北京考古》（第一辑），北京燕山出版社，2008年。
④　河北省文物研究所：《宣化辽墓——1974～1993年考古发掘报告》，文物出版社，2001年。下文张世古墓、张氏家族M6、张世卿墓、韩师训墓、张文藻墓、张匡正墓材料出处同。
⑤　张家口市宣化区文物保管所：《宣化下八里Ⅱ区辽壁画墓考古发掘报告》，文物出版社，2008年。
⑥　大同市考古所：《山西大同东风里辽代壁画墓发掘简报》，《文物》2013年第10期。
⑦　大同市考古所：《山西大同机车厂辽代壁画》，《文物》2006年第10期。
⑧　苏天钧：《北京郊区辽墓发掘简报》，《考古》1959年第2期。
⑨　河北省博物馆文物管理处：《河北迁安上芦村辽韩相墓》，《考古》1973年第5期。
⑩　赵文刚：《天津市蓟县营房村辽墓》，《北方文物》1993年第3期。
⑪　高晶晶：《辽代地域文化的考古学观察——以墓葬资料为中心》，中山大学博士学位论文，2016年，第147页。
⑫　北京市文物工作队：《辽韩佚墓发掘报告》，《考古学报》1984年第3期。
⑬　王银田、解廷琦、周雪松：《山西大同市辽代军节度使许从赟夫妇壁画墓》，《考古》2005年第8期。
⑭　北京市文物工作队：《北京西郊百万庄辽墓发掘简报》，《考古》1963年第3期。
⑮　北京市文物工作队：《北京南郊辽赵德钧墓》，《考古》1962年第5期。

套、鄂尔多斯地区传播[①]，并对契丹腹地早中期辽墓产生影响，燕云辽墓的圆形墓室当是承自唐代。从辽代早期（例如大同龙新花园墓[②]）延续至晚期（例如大同西南郊 M9、M10[③]）的土洞墓亦是承袭唐代传统（例如大同振华北街 M1、新开南路 M2[④]）。

燕云辽墓壁画以表现室内家居生活为主，包括侍女图、屏风图、散乐图、观画图、备宴图、备经图、启门图等，这种内宅侍奉是唐墓壁画常见题材。燕云辽墓壁画布局主要是围绕后壁屏风或后壁假门展开，这两种布局在当地晚唐、五代墓室壁画中有其渊源，例如北京八里庄王公淑墓[⑤]。燕云辽墓发达的仿木结构雕砖和雕砖影作木结构，当地晚唐时期已经开始流行。

燕云辽墓的随葬器物以陶明器组合为主，包括各类饮食器具和生活杂器，与契丹腹地的鸡冠壶、长颈瓶、凤首瓶等器物组合有别。这类陶明器组合在北京一带晚唐已见雏形，自河北北部逐渐向西传播。昌平旧县大队唐墓[⑥]出土鼎、罐、盆、釜、鏊、镳斗等陶器，形制和组合与燕云辽墓颇为相似。

西京地区辽代早期流行塔式罐和枭首壶的随葬器物组合，这种组合在当地中晚期唐墓中较为常见[⑦]。徐苹芳先生认为塔式罐即《大汉原陵秘葬经》记载的"五谷仓"[⑧]，袁胜文先生并且认为塔式罐是传统丧葬观念与外来佛教文明杂交的产物[⑨]。枭首壶多分布在冀北、晋北及河套地区，彭善国先生指出陶枭首壶源自北朝至唐代萨珊、粟特风格的西方金银器[⑩]，易立先生推测枭首壶是胡瓶与塔式罐结合的产物[⑪]。

3. 北宋文化因素

西京地区墓室壁画同时受到北宋影响。宣化下八里Ⅱ区 M1 墓室壁画上有王武子妻割股奉亲、王祥卧冰求鲤、鲁义姑姊、刘明达卖子、大舜孝感动天、郭巨埋儿、怀橘遗亲、田真哭树等孝义故事，其题材、组合及画面场景与北宋孝义图如出一辙。

南京地区辽墓的外来输入瓷器主要有定窑白瓷、越窑和耀州窑青瓷及景德镇青白瓷等，种类有罐、盒、执壶、碗、盘、净瓶、盏托等，其中定窑瓷器约占输入瓷器总数的 47%（包括部分塔基出土[⑫]），而且延续时间最长。辽代晚期景德镇青白瓷在燕云地区性输入瓷中占有重要地位，从海路入辽境的景德镇青白瓷表现出自老哈河－大凌

① 李雨生：《山西隋唐五代墓葬析论》，《西部考古》（第六辑），三秦出版社，2012 年。
② 石红：《大同出土的两件塔式陶器》，《文物世界》2004 年第 3 期。
③ 山西云冈古物保条所清理组：《山西大同市西南郊唐、辽、金墓清理简报》，《考古通讯》1958 年第 6 期。
④ 大同市考古研究所：《山西大同新发现的 4 座唐墓》，《文物》2006 年第 4 期。
⑤ 北京市海淀区文物管理所：《北京市海淀区八里庄唐墓》，《文物》1995 年第 11 期。
⑥ 北京市文物工作队：《北京市发现的几座唐墓》，《考古》1980 年第 6 期。
⑦ 大同市考古研究所：《山西大同新发现的 4 座唐墓》，《文物》2006 年第 4 期。
⑧ 徐苹芳：《唐宋墓中的"明器神煞"与"墓仪制度"——读〈大汉原陵秘葬经〉札记》，《考古》1963 年第 2 期。
⑨ 袁胜文：《塔式罐研究》，《中原文物》2002 年第 2 期。
⑩ 彭善国：《唐代陶瓷凤首壶的类型、渊源和流向》，《中原文物》2006 年第 4 期。
⑪ 易立：《唐代凤首壶杂识》，《文物春秋》2006 年第 5 期。
⑫ 孙勐：《北京出土的辽代输入瓷器——以墓葬、塔基中发现的器物为中心》，《收藏家》2011 年第 4 期。

河流域向燕京地区扩散的趋势①。

　　赵德钧墓瘗钱，出土铜钱 73900 枚，主要是唐钱，有开元通宝、乾元重宝等。燕云辽墓出土铜钱有唐钱和宋钱两种，以宋钱为主，反映出宋钱北流的历史现象。大同卧虎湾 M6② 雕刻在棺床上的买地券也应该归入北宋文化的影响。

4. 佛道文化因素

　　西京地区墓室壁画题材受佛教影响较深，张文藻墓、张世卿墓、张匡正墓、韩师训墓均绘制备经图，同时流行备茶图。茶在唐代用于辅助参禅行经，备茶图是墓主生前饮茶诵经的宗教生活反映③，香案图、挑灯图、书桌图等也与信佛诵经有关④。张世卿墓、张世古墓的星象图中出现了黄道十二宫，是随佛教传入中国的西方文化因素⑤。

　　燕云辽墓盛行"火葬"，《张世卿墓志》记"遵例依西天荼毗礼，毕，得头骨与舌，宛然不灰"⑥，显然是受到佛教文化的影响。燕云辽墓特别是西京地区"陀罗尼"石棺、木棺葬具较为流行，棺顶和四壁墨书或镌刻梵文陀罗尼。大兴马直温夫妇墓⑦ 出有石墓幢顶，陀罗尼棺实为墓幢的一种形式⑧，反映出佛教密宗在燕云地区尤其是西京地区的盛行。

　　西京地区出土一批具有道教色彩的随葬器物，例如大同刘承遂墓⑨ 出土五方五精石，大同许从赟墓出土刻有"九游九星"和"北斗七星"图案的墓志；还包括大兴马直温夫妇墓出土的十二时俑和宣化张氏、韩氏家族墓出土的双首蛇身俑等。

　　真容偶像是辽代晚期在汉人中兴起的特殊葬俗，主要发现在燕云地区，唐代高僧写真雕像被视为其源头。巫鸿先生注意到木制真容偶像大多是柏木制作，类似于唐墓中的柏人，是受到道教因素的影响⑩。李清泉先生则认为，唐辽之际以真容偶像和多角形墓为代表的丧葬礼仪美术的嬗变，关键因素在于密教陀罗尼信仰的深度影响⑪；他还推断真容偶像盖脸可能模仿自契丹金属面具，表明辽代一些汉人官吏的契丹化倾向⑫。

① 黄义军：《宋代青白瓷的历史地理研究》，文物出版社，2010 年，第 200、201 页。
② 大同市文物陈列馆：《山西大同卧虎湾四座辽代壁画墓》，《考古》1963 年第 8 期。
③ 李清泉：《宣化辽墓：墓葬艺术与辽代社会》，文物出版社，2008 年，第 186 页。
④ 冯恩学：《辽墓初探》，吉林大学年博士论文，1995 年，第 231 页。
⑤ 夏鼐：《从宣化辽墓的星图论二十八宿和黄道十二宫》，《考古学报》1976 年第 2 期。
⑥ 向南：《辽代石刻文编》，河北教育出版社，1995 年，第 655 页。
⑦ 张先得：《北京市大兴县辽代马直温夫妻合葬墓》，《文物》1980 年第 12 期。
⑧ 刘淑芬：《灭罪与度亡——佛顶尊胜陀罗尼经幢之研究》，上海古籍出版社，2008 年，第 197 页。
⑨ 山西省文物管理委员会：《山西大同郊区五座辽壁画墓》，《考古》1960 年第 10 期。
⑩ ［美］巫鸿著，施杰译：《黄泉下的美术——宏观中国古代墓葬》，生活·读书·新知三联书店，2010 年，第 129 页。
⑪ 李清泉：《真容偶像与多角形墓葬——从宣化辽墓看中古丧葬礼仪美术的一次转变》，《艺术史研究》（第 8 辑），中山大学出版社，2006 年。
⑫ 李清泉：《宣化辽墓：墓葬艺术与辽代社会》，文物出版社，2008 年，第 271 页。

三、燕云辽墓混合文化属性的社会背景

通常而言，在辽境内的主要民族中，契丹人和奚人"畜牧畋渔以食，皮毛以衣，转徙随时，车马为家"，汉人和渤海人"耕稼以食，桑麻以衣，宫室以居，城郭以治"[1]，因此太宗"因俗而治"，"官分南北，以国制治契丹，以汉制待汉人"[2]。实际上，早在辽朝建立前许多契丹人已经定居农耕，奚境"居人草庵板屋，亦耕种"[3]，不过辽代族群构成（契丹、奚—汉、渤海）和经济形态（游牧—定居农耕）的二元结构整体上仍然存在。

南京地区是燕云地区的政治中心，汉人世家大族势力深厚，"辽、金大族，如刘、韩、马、赵、时、左、张、吕，其坟墓多在京畿"[4]。南京地区还是辽国主要农业区，"契丹之粟、果瓝皆资于燕"[5]，苏颂使辽入燕，谓之"青山如壁地如盘，千里耕桑一望宽"[6]。西京地区"有西京学、有奉圣、归化、云、德、宏、蔚、妫、儒等州学，各建孔子庙，令博士、助教教之，属县附焉"[7]，成为辽境内仅次于南京地区的汉文化中心。但是在经济形态上，西京地区亦农亦牧，北部是辽国重要牧区，设有官营牧场[8]，辽代前期契丹迭剌部及析出的五院部、六院部的一些牧民"部隶北府，以镇南境"[9]，更容易受到契丹文化影响。

燕云地区入辽后，墓葬习俗所见首先是继承了晚唐、五代文化传统，并受到北宋文化影响，表现在燕云辽墓的圆形墓室、土洞墓、陶制明器、外来瓷器，以及墓室壁画注重于家居生活的细致描绘等方面；另一方面在契丹、佛道等多重文化因素的影响下，墓葬习俗已经与中原汉地产生差异，表现在多角形墓室、火葬、墓室壁画中的出行图和髡发人物、鸡冠壶和鸡腿瓶等方面，"陀罗尼"棺具和真容偶像葬俗更是有代表性的例子。南宋楼钥乾道五年（1169 年）前往金国，感受中原故地"此间只是旧时风范，但改变衣装耳"，进入辽境则"人物衣装，又非河北比。男子多露头，妇人多耆婆。把车人云：'只过白沟，都是北人，人便别也'"[10]，是对燕云文化嬗变的生动写照。

在燕云地区内部，南京和西京地区分属"山前"和"山后"，属于不同人文地理单元，唐代考古学文化即已呈现出分野态势。长安、东都洛阳和北都太原之间的三角区

---

① 《辽史·营卫志中》。

② 《辽史·百官志一》。

③ 《宋会要辑稿·蕃夷二》"王曾上契丹事"条。

④ （元）苏天爵：《滋溪文稿》卷二五《三史质疑》。

⑤ （北宋）沈括：《熙宁使虏图抄》。

⑥ （北宋）苏颂：《苏魏公文集》卷一三《初过白沟北望燕山》。

⑦ （清）厉鹗：《辽史拾遗》卷十六《补选举志》。

⑧ 西京道北部有"倒塌岭西路群牧使司"辖下的倒塌岭西本尊路群牧牧场，西京道东部有"浑河北马群司"辖下的浑河北群牧牧场等。

⑨ 《辽史·营卫志下》。余靖《武溪集》卷十八《契丹官仪》记"北王府在云州、归化州之北"。

⑩ （南宋）楼钥：《攻愧集》卷一百十一《北行日录上》。

域是北方系统唐墓核心地带①，大同位于太原通往塞外的主要交通线上，西京地区受旧唐文化影响很强烈。而南京地区由于晚唐藩镇割据，与唐代京畿地区的文化离心力加强，逐渐形成了地域性文化特征。南京地区（燕京）和西京地区（云州）辽墓仍然存在地域差别，与辽代前中期云州地区在军事、财政乃至行政上都已表现出独立区域的历史趋势②相吻合。

南京地区辽宋间贸易往来频繁，北宋所置雄州、霸州、安肃军和广信军"河北四榷场"与南京地区接壤，辽亦曾在涿州设立榷场。"澶渊之盟"后辽国从宋朝得到的"岁币"很大部分是以铜钱折算，在燕京交纳而运往上京。西京地区受佛教影响较明显，北魏平城已经是北方佛教中心，唐代以《佛顶尊胜陀罗尼经》为代表的密宗以五台山为中心向四方传播③，对西京地区的影响首当其冲。

南京地区辽墓外来输入瓷器和随葬铜钱较多，西京地区多见"陀罗尼"棺具及墓室壁画流行备经图、备茶图，赵德钧墓"尸骨葬"与"火葬"并存等现象，均当在此种社会背景下理解。就墓葬等级而言，南京地区明显高于西京地区。赵德钧墓尤其宏大，堪与辽代皇陵比较，这是特殊政治环境的产物，也是"河朔故事"的延续发展。西京地区宣化张氏、韩氏家族墓葬规格有僭越倾向，这种通过租佃关系"由富求贵"的豪族发展路径，从侧面反映了契丹统治下燕云地区汉人社会关系的变化④。

昌平陈庄M1⑤出有两件髡发男、女陶俑，原报告认为是契丹夫妇的墓主人形象。林沄先生判断陶俑是汉人墓主的契丹奴婢形象，反映的是辽代晚期"契丹沦为汉人富户之奴婢者当不在少数"的史实⑥；刘浦江先生则认为髡发陶俑为燕地汉人形象⑦。髡发俑无论是契丹奴婢，还是燕云汉人，都能够反映出辽代晚期燕云地区汉人与契丹民族融合的深、广度。

四、燕云辽墓在"东北文化区"上的意义

郭大顺先生认为，"东北文化区"在新石器时代即已形成，以平底筒形罐和"史前玉器"为其考古学文化特征，"但东北地区史前文化的发展，并非一条线"，"东北地区考古文化大小区系的形成和区内外的文化关系，也不是固定不变的"，其地理范围"也涉及内蒙古自治区东部、东南部与河北省北部及京津地区"⑧。

暂且不论"东北文化区"内部的文化差异和考古学文化的区系划分，仅将其视为

① 李雨生：《山西隋唐五代墓葬析论》，《西部考古》（第六辑），三秦出版社，2012年。
② 康鹏：《辽代五京体制研究》，北京大学博士论文，2007年，第28页。
③ 刘淑芬：《灭罪与度亡——佛顶尊胜陀罗尼经幢之研究》，上海古籍出版社，2008年，第37页。
④ 王善军：《由富求贵：从归化州张氏看辽金燕云豪族的发展路径》，《河北大学学报》2009年第6期。
⑤ 昌平县文物管理所：《北京昌平陈庄辽墓清理简报》，《文物》1993年第3期。
⑥ 林沄：《陈庄一号墓女俑身份商榷》，《林沄学术文集》，中国大百科全书出版社，1998年。
⑦ 刘浦江：《说汉人——辽金时代民族融合的一个侧面》，《民族研究》1998年第6期。
⑧ 郭大顺：《东北文化区的提出及意义》，《边疆考古研究》（第1辑），科学出版社，2002年。

一个独立的文化板块，并且依郭大顺先生的认识将"辽西古文化区"纳入"东北文化区"的范畴，则河北北部和北京地区在新石器和早期青铜时代已经表现出"东北文化区"延伸地带的性状，所以郭大顺先生径直认为"东北文化区"的南界达燕山以南的京津、冀西北等区域。

在苏秉琦先生的"区系类型"体系中，"以燕山南北长城地带为重心的北方"[1]是新石器和早期青铜时代考古学文化的六大区系之一。赵宾福先生将以西拉木伦河为重心的"燕山南北地区"的范围理解为"主要包括辽宁省西部、内蒙古自治区东南部（通辽市和赤峰市）及北京、天津、河北三省市的北部地区"，证据包括兴隆洼文化的"东寨类型"主要分布在燕山南麓的沟河流域，"红山文化和赵宝沟文化则交错分布于西拉木伦河、老哈河、教来河和河北北部的滦河流域"[2]。

进入青铜时代，"夏家店下层文化不仅占据了燕山以北的整个辽西山地地区，而且还覆盖了燕山以南的壶流河（桑干河支流）、永定河和海河以北地区"[3]，张忠培等先生曾经将夏家店下层文化划分为"西辽河水系区"和"海河北系区"[4]，李伯谦先生则划分为"药王庙类型"、"大坨头类型"和"壶流河类型"[5]。夏家店上层文化对河北北部、内蒙古河套地区和甘肃、宁夏东周遗存均发生过影响[6]，其"东南沟类型"已经分布到河北北部。

历史时期以来，河北北部和北京地区与"东北文化区"的联系仍然很密切。杨建华先生认为辽西凌源五道河子墓地是冀北玉皇庙文化残余居民迁徙的遗存[7]，郭大顺先生指出东周"燕式鬲"有源于当地新石器时代筒形罐的线索，战国燕大量使用饕餮纹瓦当有来自辽西地区的古老传统[8]。战国燕文化至晚在战国中期已经进抵辽东，汉初承燕置"东北五郡"，自"上谷至辽东"同属一个人文地理单元[9]，"燕代朝鲜洌水之间"同属一个汉语方言区[10]，考古学上则属于"汉墓幽州分布区"[11]。其后还可以举出唐代河北、北京地区和辽西朝阳地区均流行圆形墓室的例子。

燕云地区与"东北文化区"的联系，史前和历史时期主要发生在河北北部和北京地区。但是自辽西方向西进、南进的鲜卑、乌桓、契丹等游牧族群，却往往扩展至雁北地区，燕云辽墓就属于此种状况。

一般来讲，河北北部和北京地区可以视为"东北文化区"的延伸地带，雁北地区

---

① 苏秉琦：《中国文明起源新探》，生活·读书·新知三联书店，2001年，第50页。
② 赵宾福：《东北石器时代考古》，吉林大学出版社，2003年，第159、179、214页。
③ 赵宾福：《中国东北地区夏至战国时期的考古学文化研究》，科学出版社，2009年，第69页。
④ 张忠培、孔哲生、张文军等：《夏家店下层文化研究》，《考古学文化论集》（一），文物出版社，1990年。
⑤ 李伯谦：《论夏家店下层文化》，《纪念北京大学考古专业三十周年论文集》，文物出版社，1990年。
⑥ 杨建华：《夏家店上层文化在中国北方青铜器发展中的传承作用》，《边疆考古研究》（第7辑），科学出版社，2008年。
⑦ 杨建华：《再论玉皇庙文化》，《边疆考古研究》（第2辑），科学出版社，2004年。
⑧ 郭大顺：《东北文化区的提出及意义》，《边疆考古研究》（第1辑），科学出版社，2002年。
⑨ 《史记·货殖列传》记"上谷至辽东地踔远，人民希，数被寇，大与赵、代俗相类，而民雕捍少虑"。
⑩ （西汉）杨雄《方言》。
⑪ 郑君雷：《论"西汉墓幽州分布区"》，《考古与文物》2005年第6期。

可以视为"东北文化区"的波及地带。宏观而言，燕云地区可以视为"东北文化区"与"中原文化区"、"内蒙古中南部长城地带文化区"的过渡、连接地带。在中国边疆考古的视野中，清川江–鸭绿江流域、宁夏固原–陇东、陇南、云南昭通盆地、越南红河流域、广西右江流域、广东潮汕平原等地均具有作为"大文化板块"之间过渡、连接地带的文化性状。

张忠培先生指出："张家口是中国北方和黄河腹地的交接地带，又是西拉木伦河及辽西地区考古学文化的延伸地区，也是长城地带东段与其中段分界的东缘"[1]，这层认识也可以扩展至历史时期的燕云地区。在"东北文化区"意义上讨论燕云辽墓，对于更加全面深刻地理解历史时期的"东北文化区"至少有三点意义：

其一，更为认同林沄先生所言"要把东北与全国联系起来看问题，不应该只看到东北与中原两方面，还应该看到西方草原这第三个方面，即用东区、西区、南区互相作用的三元观点，来代替两元的观点"[2]。其二，更好地理解"东北民族政权在势力发展伊始皆倾向于西向内地发展"的文化共性[3]。其三，更好地咀嚼拉铁摩尔（Owen Lattimore）视长城沿线的辽西等边缘地带为各种典范与秩序的"贮积区"[4]的内涵，从而体味北方长城地带在历史进行中发酵出来的意蕴。

本文为2015年吉林大学"东北亚古代社会与文化国际学术研讨会"提交论文，郑君雷、高晶晶合作

---

[1]　张忠培：《中国东北地区夏至战国时期的考古学文化研究》序，科学出版社，2009年。
[2]　林沄：《〈中国东北史〉（第一卷）读后》，《林沄学术文集》，中国大百科全书出版社，1998年。
[3]　苗威：《东亚视角与中国东北史释读》（"东北史理论问题"笔谈·二），《东北史地》2013年第2期。
[4]　王明珂：《游牧者的抉择——面对汉帝国的北亚游牧部族》，广西师范大学出版社，2008年，第234页。

北方草原地区秦汉时期的考古发现与研究

  北方草原地区的秦汉遗存[①]集中在内蒙古秦汉长城障塞内外至大兴安岭两侧，以鄂尔多斯高原、河套平原、阴山东段、西拉木伦河北冀、科尔沁沙地和呼伦贝尔草原发现最多，在其以北、以西的内蒙古高原也有分布。

  北方草原地区秦汉时期的考古发掘和研究，最初有日本学者在长城地带进行过调查发掘[②]，大规模工作是在新中国建立以后。其中，内蒙古中南部秦汉长城、秦汉城址和汉墓的调查发掘始自 20 世纪 50 年代，大体同时，北方游牧民遗存的考古工作也开展起来。50 年代至 60 年代相继发现二兰虎沟、扎赉诺尔、南杨家营子、完工等墓地，族属问题引起注意。70 年代末至 80 年代前期，随着舍根、西沟畔、补洞沟、倒墩子等墓地的清理发掘，族属和文化内涵的研究逐渐深入。80 年代中后期以来，续有六家子、北玛尼吐、拉布达林、三道湾等墓地的发掘，研究领域进一步拓宽。现今学术界对于主要墓地的断代、文化内涵和族属等问题已经有了初步一致的意见，尤其是对于汉代匈奴、东部鲜卑和拓跋鲜卑遗存的研究和认识比较充分。应该指出，蒙古国和俄罗斯外贝加尔地区也有汉代北方游牧民遗存的发现，其中匈奴考古工作可以追溯到 19 世纪末至 20 世纪前期，相关成果是研究中国北方草原地区汉代游牧民遗存的重要参考。

  秦汉时期，北方草原主要生活着以东胡、匈奴、鲜卑、乌桓为代表的游牧民族，而内蒙古中南部是汉人与北方游牧民接触的前沿地带（本文不涉及内蒙古中南部汉墓）。北方游牧民追逐水草，畜牧为生，弋猎为业，受自然环境和社会环境的影响很

---

  ① 本文参考的研究性著述主要有：宿白：《东北、内蒙古地区的鲜卑遗迹——鲜卑遗迹辑录之一》，《文物》1977 年第 5 期；李逸友：《扎赉诺尔古墓为拓跋鲜卑遗迹论》，《中国考古学会第一次年会论文集》，文物出版社，1980 年；郭素新：《试论汉代匈奴文化的特征》，《内蒙古文物考古》1981 年创刊号；陈雍：《扎赉诺尔等五处墓葬陶器的比较研究》，《北方文物》1989 年第 2 期；乌恩：《试论汉代匈奴与鲜卑遗址的区别》，《中国考古学会第六次年会论文集》，文物出版社，1990 年；乌恩：《论匈奴考古研究中的几个问题》，《考古学报》1990 年第 4 期；林沄：《关于中国的对匈奴族源的考古学研究》，《内蒙古文物考古》1993 年第 1/2 期合刊；许永杰：《鲜卑遗存的考古学考察》，《北方文物》1993 年第 4 期；乔梁：《内蒙古中部的早期鲜卑遗存》，《青果集——吉林大学考古系建系十周年纪念文集》，知识出版社，1998 年；郑君雷：《早期东部鲜卑与早期拓跋鲜卑族源关系概论》，《青果集——吉林大学考古系建系十周年纪念文集》，知识出版社，1998 年；乔梁：《鲜卑遗存的认定与研究》，《中国考古学的跨世纪反思》，商务印书馆（香港）有限公司，1999 年；潘玲：《伊沃尔加城址和墓地及相关匈奴考古问题研究》，科学出版社，2007 年；孙危：《鲜卑考古学文化研究》，科学出版社，2007 年。

  ② 江上波夫、水野清一等人 20 世纪 30 年代在长城地带调查著录北方式青铜器，发掘万安北沙城和怀安汉墓，并发现百灵庙砂凹地墓地，其后以东亚考古学会名义出版《内蒙古·长城地带》（东方考古学丛刊乙种第一册，1935 年）和《万安北沙城——蒙疆万安县北沙城及び怀安汉墓》（东方考古学丛刊乙种第五册，1946 年）。

大，移动性较强。同时，学术界对于许多遗存的族属认识存有争议。这里拟结合时代和地域，将北方草原地区秦汉时期的少数族文化遗存划分为两汉时期长城地带中段的匈奴遗存、西汉时期呼伦贝尔地区的游牧民遗存、东汉魏晋时期科尔沁地区的东部鲜卑遗存、东汉时期呼伦贝尔地区的拓跋鲜卑遗存、东汉时期西拉木伦河北翼的拓跋鲜卑遗存、东汉晚期至魏晋阶段河套阴山地区的鲜卑遗存等分别叙述。

一、两汉时期长城地带中段的匈奴遗存

以阴山南麓山前地带和鄂尔多斯高原为中心，包括宁夏北部和陕西北部在内的秦汉长城地带南翼是汉代匈奴遗存的主要发现区（图一）。在杭锦旗、准格尔旗、和林格尔县、乌拉特中后联合旗和凉城县等地发现有桃红巴拉、阿鲁柴登、西沟畔、玉隆太、范家窑子、呼鲁斯太、毛庆沟、崞县窑子等十余处战国时期少数族墓地和遗址，是讨论匈奴族源的重要材料。秦至西汉中期，匈奴在这一地区几番进退。武帝击破匈奴以后，内附匈奴部众入居北边诸郡。在内蒙古伊克昭盟准格尔旗西沟畔[①]、东胜县补洞

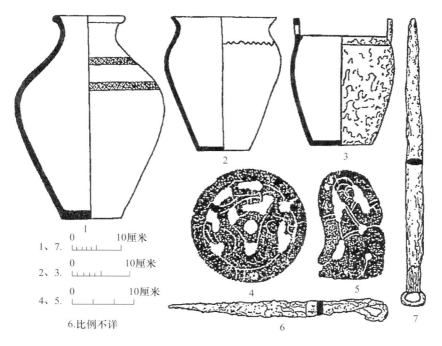

图一　长城地带中段西汉至东汉早中期匈奴文化遗物
1、2.陶罐（补洞沟 M6：2、补洞沟 M1：1）　3.铁鍑（补洞沟 M5：2）　4.虎纹石佩（西沟畔 M4：23·1，拓本）
5.舞人石佩（西沟畔 M4：21·1，拓本）　6.铁刀（西沟畔 M11：2）　7.铁剑（补洞沟 M3：1）

①　伊克昭盟文物站、内蒙古文物工作队：《西沟畔汉代匈奴墓地调查记》，《内蒙古文物考古》1981 年创刊号。

沟①、陕西神木大保当②以及更南的陕西铜川市枣庙③、长安县客省庄④等地发现有两汉时期的匈奴墓地。

西沟畔墓地1980年清理发掘9座长方形土坑墓，南北向，单人葬。M4出有由云纹金片、金花片、金耳环、金鹿牌饰、水晶、玛瑙、盘角卧羊包金牌饰和卷云纹包金铁环等组成的头饰、耳坠、项饰、带饰，颇具特色。陶器较少，见有罐、瓮、盆，均为泥质灰陶，轮制，纹饰见有磨光暗纹、波浪纹和马纹，有的刻划汉字。其他有铜马、铜扣、铜镞、铁刀、石佩等，未明确发现殉牲迹象。在这9座墓中，M6等墓未报道随葬器物，M9的陶罐是北朝形制，因此仅能将M4等墓确定在汉代。其中M4根据仿玉器的石佩饰和包金铁带具可以判断在东汉时期（甚至东汉中晚期），而M5和M12很可能是东汉墓⑤。

补洞沟墓地1980年清理9座长方形土坑墓，南北向，头向北或西北，其中M1为男女合葬，其余均为单人葬，仰身直肢，未发现葬具。出有小口鼓肩陶罐和大口小底陶罐，均为泥质灰陶或褐陶，轮制，饰有波浪纹、弦纹、磨光暗纹等。随葬器物包括鼎、釜、长剑、刀、镞、马具等铁器，博局纹镜、云纹牌饰、鸟纹牌饰、耳环等铜器，匙、簪等骨器。以马、牛、羊的头、蹄殉牲。墓地年代约在西汉末年至东汉初期。

中国境内的匈奴墓集中在西汉至东汉早中期。以长方形土坑墓为主，南北向，仰身直肢单人葬，头向北，有些发现木棺。陶器种类简单，以小口鼓腹罐和小口鼓肩罐为主，肩部往往饰有弦纹或波浪纹，有的在接近器底的部位有直径约1厘米的小穿孔，均为轮制，有泥质褐陶和泥质灰陶两种。青铜器类常见刀、镞、铃、环、带扣和管状饰，铁器见有衔、带扣、刀、镞，金属牌饰、透雕铜环、石牌饰和各种珠饰颇多（图二）。其中铜质、金质或鎏金铜质的带饰极具特色，绝大部分为透雕，图案包括各种动物、人物和几何纹样。透雕铜环经常成对发现，有些缀以串珠，用为带饰。以马、牛、羊的头、蹄殉牲比较普遍。从人骨材料分析，汉代匈奴的本体部族应当属于北亚蒙古人种⑥。

匈奴部族繁杂，各地匈奴墓的文化面貌有差别。中国境内匈奴墓与蒙古国诺音乌拉和俄罗斯外贝加尔地区伊里莫瓦、德列斯图依、伊沃尔加等地西汉晚期至东汉初期匈奴墓存在明显共性，但也有差别，如未见石堆等地面标志，也没有发现石板墓。由于地近汉代边塞，中国境内匈奴墓中出土的铜镜、织物、漆器、货币等汉式文物的种

① 伊盟文物工作站：《伊克昭盟补洞沟匈奴墓清理简报》，《内蒙古文物考古》1981年创刊号。
② 陕西省文物考古研究所、榆林市文物管委会：《神木大保当——汉代城址与墓葬考古报告》，科学出版社，2001年。
③ 陕西省考古研究所：《陕西铜川枣庙秦墓发掘简报》，《考古与文物》1986年第2期。
④ 中国科学院考古研究所：《沣西发掘报告》，文物出版社，1962年。
⑤ 潘玲：《伊沃尔加城址和墓地及相关匈奴考古问题研究》，科学出版社，2007年，第141~145页。
⑥ 潘其风：《从颅骨材料看匈奴的人种》，《中国考古学研究——夏鼐先生考古五十周年纪念论文集》（二），科学出版社，1986年；潘其风、韩康信：《内蒙古桃红巴拉古墓和青海大通匈奴墓人骨的研究》，《考古》1984年第4期；朱泓：《人种学上的匈奴、鲜卑与契丹》，《北方文物》1994年第2期。

类和数量均超过漠北匈奴墓。

　　随着东汉建武二十四年（48年）匈奴分裂为南、北两部，特别是永元三年（91年）北单于西遁，匈奴离散，北方地区可以确定归属为东汉晚期匈奴的遗存数量甚少。从墓葬形制、画像石图案和大多数器物看，1999年发掘的神木大保当墓地整体上属于汉墓系统。但是，小口鼓肩陶罐以及波浪纹饰与匈奴陶器相似，骨勺、骨筷、骨弓弭常见于外贝加尔和蒙古国东汉匈奴墓，有些墓以马、狗、狗獾的头骨殉牲，匈奴文化因素比较显著。人骨鉴定也显示出与北亚蒙古人种明显接近的特征 ①。大保当墓地年代约在东汉初年至东汉中晚期，附近城址出有匈奴式陶罐，发掘者以为该城很可能是汉代上郡属国都尉治的龟兹县城，有些墓主可以推断为已经在很大程度上汉化的内附匈奴。青海大通上孙家寨 ZM1② 的葬俗已经彻底汉化，仅能够从"汉匈奴归义亲汉长"铜印判断墓主为匈奴族。

二、西汉时期呼伦贝尔地区的游牧民遗存

　　西汉时期呼伦贝尔地区的游牧民遗存主要包括内蒙古呼伦贝尔盟陈巴尔虎旗完工墓地③和鄂温克自治旗伊敏车站墓地④。

　　完工墓地先后发现6座墓，墓葬制度很有特点。1961年在索木村清理2座土坑墓，南北方向，木椁制作粗糙。两墓共出有20余具人骨，仰身直肢，排列整齐，在椁盖上面发现牛头骨。1963年清理的M1分为上、下两部分（按，实际应该是生土二层台的上、下部分⑤），上层墓坑（M1A）近似方形，底部铺木板和桦树皮；下层墓坑（M1B）为长方形，四壁和底部残存椁板痕迹。上层墓坑出有成年男女和儿童骨架20余具，绝大多数肢体分离，葬式各异；另有马、牛、狗等动物骨架20余具，人骨与兽骨杂乱相间，层层叠压。随葬各类器物200余件。陶器以夹砂灰色、褐色粗陶为主；多为素面，外表略加抹光，个别施红色陶衣，纹饰有篦点纹、波浪纹、斜方格纹和研光暗纹等；种类包括鬲、短颈罐、束颈壶、直领壶、横耳壶、鸭形壶等（图二）。其他随葬器物包括铜带饰、铜铃环、铁镞、铁刀、铁环、石刮削器、石镞、石璜、骨镞、骨弓弭、骨鸣镝、漆器、桦树皮器皿以及各种玉石蚌贝饰品等。从鬲、横耳壶、鸭形壶等陶器分析，完工墓地约在西汉中晚期。

　　伊敏车站墓地发现墓葬10余座，1979年清理4座。均为土坑墓，以马、羊、狗的头、蹄殉牲，出有横耳陶壶、银扣、铜扣、骨镞、海贝等器物，其中M4的夹砂横

　　① 韩康信、张君、赵灵霞：《陕西神木大保当汉墓人骨鉴定报告》，《神木大保当——汉代城址与墓葬考古报告》，科学出版社，2001年。
　　② 青海省文物管理处考古队：《青海大通上孙家寨的匈奴墓》，《文物》1979年第4期。
　　③ 潘行荣：《内蒙古陈巴尔虎旗完工索木发现古墓葬》，《考古》1962年第11期；内蒙古文物自治区工作队：《内蒙古陈巴尔虎旗完工古墓清理简报》，《考古》1965年第6期。
　　④ 程道宏：《伊敏河地区的鲜卑墓》，《内蒙古文物考古》1982年第2期。
　　⑤ 潘玲：《伊沃尔加城址和墓地及相关匈奴考古问题研究》，科学出版社，2007年，第148、149、151页。

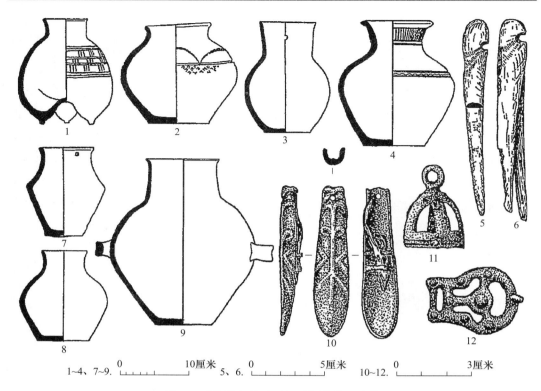

图二 呼伦贝尔地区西汉时期游牧民遗物

1.陶鬲（完工 M1B：60） 2、7.陶罐（完工 M1B：71、完工 M1B：77） 3、4、8、9.陶壶（完工 M1B：62、完工
M1B：61、完工 M1B：80、完工 M1B：72） 5、6.骨弓弭（完工 M1B：48①、完工 M1B：47②）
10.铜带饰（完工 M2：18） 11.铜铃（完工 M3：12①） 12.铜带扣（完工 M2：21①）

耳陶壶呈红褐色，手制，火候较低。墓地年代亦在西汉时期，文化性质与完工墓地
相似。

许多学者认为以完工墓地为代表的这类遗存与鲜卑有关，但这类遗存的墓葬形
制、丛葬制度、陶器种类等方面与以扎赉诺尔墓地为代表的东汉拓跋鲜卑遗存和以
舍根墓地为代表的东汉东部鲜卑遗存均有显著差别。此外，完工墓地人骨材料主要
与东北亚蒙古人种接近，可能含有某些北亚和东亚蒙古人种因素①，而目前经过鉴定
的汉晋鲜卑人骨的基本种系特征均属于北亚蒙古人种或者含有显著北亚蒙古人种成
分。鬲、横耳壶、鸭形壶等陶器则与嫩江中下游地区以平洋墓葬②为代表的平洋文化
相似，当是源自大兴安岭以东的文化因素。饰研光暗纹和波浪纹的陶罐、尾部开叉
的骨镞和骨弓弭已经被指为匈奴文化因素③。这类遗存文化因素比较复杂，不宜与鲜
卑联系。

---

① 潘其凤、韩康信：《东汉北方草原游牧民族人骨的研究》，《考古学报》1982 年第 1 期。
② 黑龙江省文物考古研究所：《平洋墓葬》，文物出版社，1990 年。
③ 潘玲：《伊沃尔加城址和墓地及相关匈奴考古问题研究》，科学出版社，2007 年，第 148 页。

三、东汉魏晋时期科尔沁地区的东部鲜卑遗存

西汉初年匈奴冒顿单于击破东胡，东胡一支退保乌桓山，一支退保鲜卑山，各自以山名号。鲜卑游牧在乌桓北面，至东汉出现于史籍。在西辽河及其诸支流穿经的科尔沁沙地发现大量东汉及略晚时期东部鲜卑遗存，以1981年报道的内蒙古哲里木盟科左后旗舍根墓地[①]为代表。

舍根墓地均为东西向的石棺墓，一般长1.8～2米，宽0.6米左右，多数为单人葬，头向朝东。随葬陶器、马具、青铜管饰等。陶器以夹砂灰陶的侈口鼓腹罐、侈口弧腹罐和泥质灰陶的展沿舌唇壶为主，前者饰有竖向磨光暗条纹，用作炊器；后者轮制，饰有旋纹、重菱纹、篦点纹、马纹等，有的陶壶锯掉口沿或口沿残破，似与毁器习俗有关。其年代约在东汉时期。

以舍根墓地为代表的这类遗存在科尔沁沙地广泛分布，并且有一定时间跨度，统称为舍根文化，其早期阶段约在汉晋时期。继舍根墓地之后，陆续发现一批文化面貌相似的墓地，主要包括科左后旗新胜屯[②]、科左中旗六家子[③]、科右中旗北玛尼吐[④]等，年代约在东汉至西晋。这类遗存的文化特征可以概括为：土坑墓数量较多，石棺墓也有一定数量；墓葬平面多数为长方形，亦有前宽后窄的梯形；部分墓中发现木棺或木质葬具；多数墓成排分布；陶器以侈口弧腹罐、侈口鼓腹罐、展沿舌唇壶、侈口束颈壶等为主；动物纹金属牌饰有一定数量（图三）；殉牲不甚发达，种类见有羊距骨、狗头骨、牛腿骨等。

《后汉书·乌桓鲜卑列传》记载，鲜卑"以季春月大会于饶乐水上"，从东汉光武年间开始寇抄汉边。"饶乐水"即今西拉木伦河，以舍根墓地为代表的这类遗存在地望与时代上均与文献记载的汉代东部鲜卑相合。此外，这类遗存的侈口长腹罐、侈口鼓腹罐、侈口束颈壶等陶器与辽西地区三燕陶器具有比较明显的承袭关系，因此可以归属于东部鲜卑。其中年代约在东汉晚期至西晋的六家子墓地文化面貌与舍根等墓地有一定差别，有学者认为可能是源出南匈奴的东部鲜卑宇文部遗存[⑤]。目前尚未见有东汉时期科尔沁地区东部鲜卑的人骨鉴定材料，辽西地区魏晋时期东部鲜卑人骨的基本种系成分为北亚蒙古人种，在个别体质特征上也受到东亚蒙古人种的影响[⑥]，可为参考。

---

① 张柏忠：《哲里木盟发现的鲜卑遗存》，《文物》1981年第2期。

② 田立坤：《科左后旗新胜屯鲜卑墓地调查》，《文物》1997年第11期。

③ 张柏忠：《内蒙古科左中旗六家子鲜卑墓群》，《考古》1989年第5期。

④ 钱玉成、孟建仁：《科右中旗北玛尼吐鲜卑墓群》，《内蒙古文物考古文集》（第一辑），中国大百科全书出版社，1994年。

⑤ 田立坤：《三燕文化遗存的初步研究》，《辽海文物学刊》1991年第1期。

⑥ 朱泓：《朝阳魏晋时期鲜卑墓葬人骨研究》，《辽海文物学刊》1996年第2期。

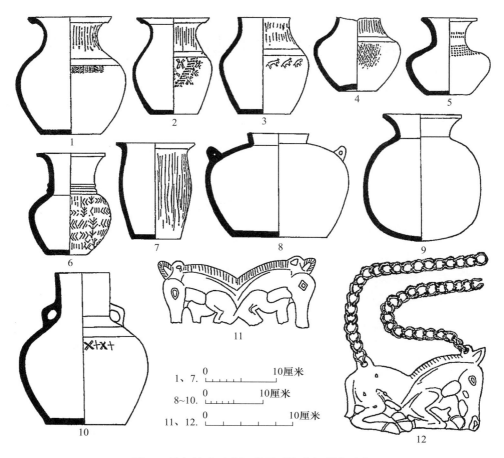

图三　科尔沁地区东汉魏晋时期东部鲜卑遗物

1～6、10.陶壶（六家子96、舍根2042、六家子102、舍根2041、北玛尼吐M14：1、北玛尼吐M36：1、六家子87）　7～9.陶罐（代钦他拉153、六家子83、六家子90）　11、12.马纹金牌饰（六家子2、六家子1）

四、东汉时期呼伦贝尔地区的拓跋鲜卑遗存

据《魏书·帝纪·序纪》记载，拓跋鲜卑源出大鲜卑山，推寅皇帝时"南迁大泽"，诘汾皇帝时再次南迁"匈奴之故地"。一般认为，"南迁大泽"约在东汉初年，南迁"匈奴之故地"约在东汉末年。呼伦贝尔地区以满洲里市扎赉诺尔墓地[①]为代表的东汉遗存当与"大泽"时期的拓跋鲜卑有关。

扎赉诺尔墓地1959年发现墓葬300余座，其后又分四次发掘清理计50余座。均为土坑墓，墓向一般朝北。墓坑平面呈头端较宽、足端略窄的梯形，个别有二层台。绝大多数为仰身直肢单人葬。木棺大都略呈梯形，一般在四角插立木柱，其上榫接棺

---

① 郑隆：《内蒙古扎赉诺尔古墓群调查记》，《文物》1961年第9期；内蒙古文物工作队：《内蒙古扎赉诺尔古墓群发掘简报》，《考古》1961年第12期；王成：《扎赉诺尔圈河古墓清理简报》，《北方文物》1983年第3期；内蒙古文物考古研究所：《扎赉诺尔古墓群1986年清理发掘报告》，《内蒙古文物考古文集》（第一辑），中国大百科全书出版社，1994年；陈凤山、白劲松：《内蒙古扎赉诺尔鲜卑墓》，《内蒙古文物考古》1994年第2期。

板；有些有盖无底、有的棺壁用桦树皮制作，有的棺底用树枝垫铺，有的纵侧棺板外加插木柱；木材未去皮，制作粗糙；有些在棺外四角再插立木柱，上置椁板形成椁架（图四，1）。殉牲很普遍，多为牛、马、羊的头、蹄骨和羊距骨。陶器以夹砂粗陶为主，亦有泥质灰陶，见有侈口弧腹罐、侈口鼓腹罐、敞口壶、颈双耳罐、尊、肩双耳罐、颈双耳壶等（图五）。均为手制，多数素面，器表经打磨，隐约见有竖向刮磨的条痕，火候低。弓弭、鸣镝、镞、带扣等骨制品发达，桦树皮圆盒、桦树皮箭囊颇有特点。铁器包括剑、刀、矛、镞等。还有飞马纹、鹿纹、羊纹等青铜牌饰和铜镲，以及狩猎纹骨板、石牌饰、铜耳环、骨簪、琥珀珠等装饰品。从出土的四神博局纹铜镜和"如意"字款织锦残片判断，墓地年代在东汉时期。

与扎赉诺尔文化面貌相似的东汉墓地在呼伦贝尔一带的克尔伦河、伊敏河、海拉尔河、辉河、根河、额尔古纳河流域以及大兴安岭东侧的阿伦河流域均有发现[1]，主要包括额尔古纳右旗拉布达林[2]（图四,2）和七卡[3]、鄂温克旗孟根楚鲁[4]、新巴尔虎左旗伊和乌拉[5]、海拉尔区团结村[6]等。关于扎赉诺尔墓地的族属，曾有鲜卑、匈奴和拓跋鲜

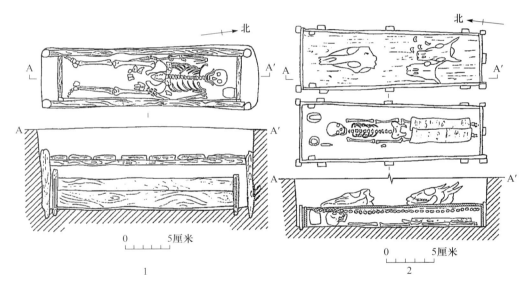

图四　呼伦贝尔地区东汉时期拓跋鲜卑墓平面、剖视图
1.扎赉诺尔M3002平面、剖视图　2.拉布达林M3平面、剖视图

① 赵越：《游牧民族的历史摇篮——呼伦贝尔少数民族遗存简述》，《内蒙古文物考古》1991年第1期。
② 赵越：《内蒙古额右旗拉布达林发现鲜卑墓》，《考古》1990年第10期；内蒙古文物考古研究所、呼伦贝尔盟文物管理站、额尔古纳右旗文物管理所：《额尔古纳右旗拉布达林鲜卑墓群发掘简报》，《内蒙古文物考古文集》（第一辑），中国大百科全书出版社，1994年。
③ 呼伦贝尔盟文物管理站、额尔古纳右旗文物管理所：《额尔古纳右旗七卡鲜卑墓清理简报》，《内蒙古文物考古文集》（第二辑），中国大百科全书出版社，1997年。
④ 程道宏：《伊敏河地区的鲜卑墓》，《内蒙古文物考古》1982年第2期。
⑤ 呼伦贝尔盟文物管理站：《新巴尔虎左旗伊和乌拉鲜卑墓》，《内蒙古文物考古文集》（第二辑），中国大百科全书出版社，1997年。
⑥ 内蒙古文物考古研究所：《呼伦贝尔市团结墓地》，《内蒙古地区鲜卑墓葬的发现与研究》，科学出版社，2004年。

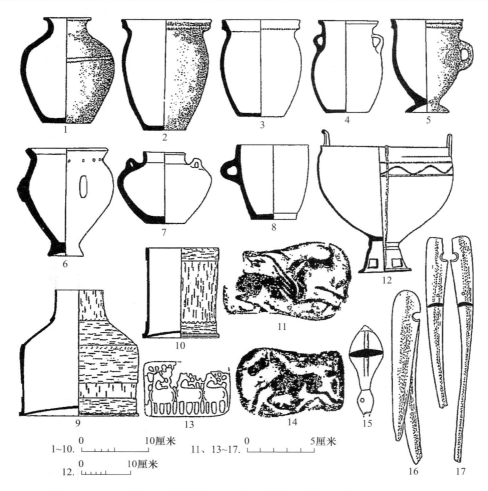

图五　呼伦贝尔地区东汉时期拓跋鲜卑遗物

1.陶壶（扎赉诺尔 M23） 2～4、7.陶罐（扎赉诺尔 M28、扎赉诺尔 M3007：1、拉布达林 M2、扎赉诺尔）
5、6.陶尊（扎赉诺尔 M10、扎赉诺尔） 8.陶杯（拉布达林 M7） 9.桦树皮罐（拉布达林 M5） 10.桦树皮筒（拉
布达林 M13） 11.神兽纹铜牌饰（扎赉诺尔，拓本） 12.铜鍑（扎赉诺尔 M3014：6） 13.鹿纹铜牌饰（扎赉诺尔
M3002：2） 14.马纹铜牌饰（扎赉诺尔，拓本） 15.铁镞（扎赉诺尔） 16、17.骨弓弭（均拉布达林）

卑等意见，近年来对这类遗存的族属认识已经统一为拓跋鲜卑，其最有说服力的三点
证据在于：其一，1980 年大兴安岭北段嘎仙洞发现的北魏李敞刻石 [①] 可与《魏书·礼
志》和《魏书·乌洛侯传》的记载比照，尽管对嘎仙洞祝文反映的拓跋鲜卑起源和南
迁史实仍有不同认识，但是至少可以确定拓跋鲜卑曾经在这一带活动过。其二，呼伦
湖可与《魏书·帝纪·序纪》的"大泽"对应，是相对确定的地理坐标。其三，与匈
奴墓比较，这类遗存与科尔沁地区东汉时期东部鲜卑墓和河套阴山地区东汉晚期至魏
晋阶段鲜卑墓更具共性。

　　呼伦贝尔地区东汉时期拓跋鲜卑遗存的文化面貌可以概括为：均为土坑墓，绝大
多数平面呈梯形；多数墓使用梯形木棺，有些棺外加插木柱置放椁板形成椁架；墓葬

---

① 米文平：《鲜卑石室的发现与初步研究》，《文物》1981 年第 2 期。

往往成排分布，绝大多数墓向朝北，部分墓偏西北。陶器以侈口弧腹罐、侈口鼓腹罐、束颈壶为主，圈足尊、颈双耳罐很有特点。北方式金属动物牌饰有一定数量；镞、弓弭、镳、簪、带扣等骨制品和罐、筒、箭囊、弓囊等桦树皮制品颇常见。殉牲非常普遍，见有牛、马、羊、狗、野猪、鹿、狍的头骨、蹄骨、腿骨、距骨以及鹿角等。从扎赉诺尔墓地的人骨材料可以分析出两种体质类型，即以扎 A 组为代表的北亚蒙古人种和以扎 B 组为代表的北亚蒙古人种与东北亚蒙古人种的混血类型[①]。

五、东汉时期西拉木伦河北翼的鲜卑遗存

大兴安岭南段东侧的西拉木伦河北翼地区发现巴林左旗南杨家营子[②]、林西县苏泗汰[③]等处可能是与拓跋鲜卑南迁"匈奴之故地"有关的遗迹。

南杨家营子墓地 1962 年发掘 20 座土坑墓，略呈长方形，方向正北，其中 8 座发现木质葬具，可以辨识的葬式都是仰身直肢。单人葬 9 座，双人葬 5 座，丛葬墓有 4 座。陶器以夹砂红褐陶为主，见有侈口弧腹罐、束颈罐、盘口壶等，均为手制，器胎较厚，外表多经过粗略刮磨，纹饰以刻压凹点纹为主。有少量泥质灰陶的展沿壶和小口壶，轮制。出有铁刀、铁斧、铁镞、铜铃、骨镞、骨弓弭、琉璃珠饰等（图六）。以羊、狗、马、牛的头、腿殉牲，以羊腿最常见。遗址出有与墓地相似的夹砂红褐陶片、泥质灰陶片以及动物骨骼，兽骨和鸟类骨骼多数被烧过，大都被砸裂。南杨家营子墓地人骨的体质特征与北亚蒙古人种相近，也存在东亚或东北亚蒙古人种的因素[④]。1981年，在苏泗汰发掘一座长方形土坑墓，有木质葬具痕迹，出有夹砂灰陶的侈口弧腹陶罐，其他随葬器物有金鹿牌饰、铜鍑等。

拓跋鲜卑自"大泽"南移，"山谷高深，九难八阻，于是欲止。有神兽，其形似马，其声类牛，先行导引，历年乃出。始居匈奴之故地"[⑤]。南杨家营子墓地位居从"大泽"呼伦贝尔地区至"匈奴之故地"河套阴山地区的中间地带，文化面貌与呼伦贝尔地区的东汉拓跋鲜卑遗存具有某些相似性，有些学者认为属于拓跋鲜卑南迁中途的遗存。不过扎赉诺尔这类墓地未见丛葬现象，而且南杨家营墓地的展沿壶等陶器与科尔沁地区东汉时期的东部鲜卑遗存相似，同时，其体质特征含有显示东亚蒙古人种性状的窄脸成分，因此其族属和文化性质仍有进一步讨论的余地[⑥]。

---

① 朱泓：《从扎赉诺尔汉代居民体质差异探讨鲜卑族的人种构成》，《北方文物》1982 年第 2 期。
② 中国科学院考古研究所内蒙古工作队：《内蒙古巴林左旗南杨家营子的遗址和墓葬》，《考古》1964 年第 1 期。
③ 林西县文物管理所：《林西县苏泗汰鲜卑墓葬》，《内蒙古文物考古文集》（第二辑），中国大百科全书出版社，1997 年。
④ 朱泓：《察右后旗三道湾汉代鲜卑族颅骨的人种学研究》，《内蒙古文物考古文集》（第二辑），中国大百科全书出版社，1997 年。
⑤ 《魏书·帝纪·序纪》。
⑥ 郑君雷：《拓跋鲜卑早期历史的考古学研究》，吉林大学硕士学位论文，1993 年。

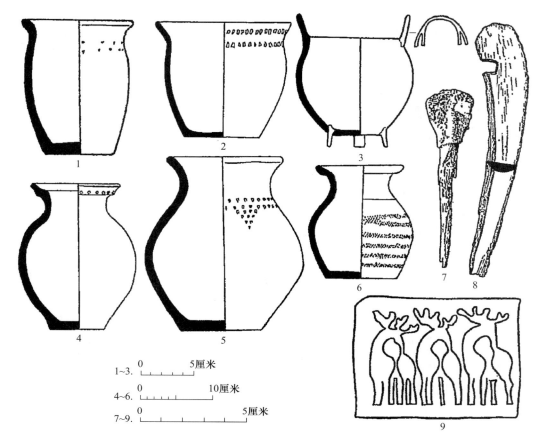

图六　西拉木伦河北翼东汉时期鲜卑遗物

1、2.陶罐（南杨家营子 M3：24、苏泗汰墓）　3.铜镂（苏泗汰墓）　4～6.陶壶（南杨家营子 M15：4、南杨家营子
M15：5、南杨家营子 M3：25）　7.铁镞（南杨家营子 M16：16）　8.骨弓弭（南杨家营子 M19：3）
9.鹿纹金牌饰（苏泗汰墓）

六、东汉晚期至魏晋时期阴山东段的鲜卑遗存

　　以阴山东段为中心，北及乌兰察布高原，南抵大同盆地，东至土默川平原，集中
分布着东汉晚期至魏晋时期的北方游牧民墓地，主要包括内蒙古察右后旗三道湾[①]、二
兰虎沟[②]、赵家房[③]、达尔罕茂明安联合旗百灵庙砂凹地[④]、察右前旗下黑沟[⑤]、托克托县皮

　　① 乌兰察布盟博物馆：《察右后旗三道湾墓地》，《内蒙古文物考古文集》（第一辑），中国大百科全书出版社，
1994 年。

　　② 李逸友：《内蒙古西部地区的匈奴和汉代文物》，《文物》1957 年第 4 期；郑隆、李逸友：《察右后旗二兰
虎沟的古墓群》，《内蒙古文物资料选辑》，内蒙古人民出版社，1964 年。

　　③ 盖山林：《内蒙古察右后旗赵家房村发现匈奴墓葬》，《考古》1977 年第 2 期。

　　④ ［日］江上波夫：《内蒙古百灵庙砂凹地的古坟》，《亚细亚文化史研究·论考篇》（东京大学东洋文化研究
所报告），1967 年。

　　⑤ 郭治中、魏坚：《察右前旗下黑沟鲜卑墓及其文化性质初论》，《内蒙古文物考古文集》（第一辑），中国大
百科全书出版社，1994 年。

条沟①、商都县东大井②和山西右玉县善家堡③等地点。

　　三道湾墓地 1983 年和 1984 年发现墓葬 50 座。在已发掘的 25 座墓中，有 23 座为土坑墓，2 座为土坑竖穴偏洞室墓。发掘简报介绍墓葬平面为长方形，但是从例图看亦包括梯形在内。有 12 座墓发现木棺。墓向西北，多为仰身直肢单人葬。6 座例墓中只有 1 座以羊头骨殉牲。陶器质地有夹砂陶和泥质陶两种，见有侈口弧腹罐、侈口鼓腹罐、肩双耳罐、假圈足壶、束颈壶、棱颈壶、大平底罐、立领罐、扁壶、圈足杯等，纹饰有戳点纹、凹弦纹、折线纹等。出有马纹、鹿纹、驼纹、网格纹、盘旋纹、柿蒂纹金、铜牌饰以及骨弓弭、骨牌饰、骨纺轮、骨锥和桦树皮制品。其他随葬器物包括铜带扣、铜铃、铜环、铁剑、铁矛、铁刀、铁斧、金带钩、金耳坠、漆器、丝织品、皮革、汉式铜镜、五铢钱以及玉石珠饰。三道湾墓地人骨的基本种系成分属于北亚蒙古人种，少数个体也受到东亚蒙古人种的影响④。

　　1952 年和 1954 年调查的二兰虎沟墓地，一般为长方形土坑墓，多为东西向仰身直肢葬，亦有乱葬坑。发掘简报归属于"匈奴文物"的陶器包括颈双耳红陶罐、粗砂红陶壶、粗砂灰褐陶三耳尊、粗砂红褐陶和灰褐陶尊、双耳小罐等，有些饰有"指点纹"或"粗点纹"。汉式陶器包括绳纹陶罐、灰陶壶、灰陶和磨光黑陶肩双耳罐等。出土的三鹿纹、双鹿纹、双龙纹、网格纹铜牌饰和角锥等器物富有特色，其他随葬器物包括铜鍑、铁剑、铁镞、铜泡和汉式铜镜等。

　　善家堡墓地 1990 年发掘墓葬 23 座。墓葬分布密集，呈东北—西南方向有序排列。发掘简报介绍均为长方形土坑墓，但是从例图看其中也有梯形土坑墓。以单人葬最多，均未发现葬具，墓向一般偏于西北，见有仰身直肢、侧身直肢、侧身屈肢等葬式，有殉牲情况。陶器包括侈口弧腹罐、束颈壶、颈双耳罐、立领罐、碗、杯等，多为手制，火候较低；纹饰以篦点锥刺纹最常见，亦有附加堆纹、水波纹等，肩部附加四个对称鼻状长钮的侈口弧腹罐很有特点。出土铜器、铁器和骨、角制品数量较多，也见有金鹿、金马牌饰。

　　这批墓地一般为长方形土坑墓，亦有梯形土坑墓，偶见洞室墓，以单人葬为主。木棺不普遍，有些木棺呈梯形；殉牲也不普遍。金属牌饰、铜鍑、铁鍑、铜杯等器物比较常见，带扣、耳饰、腕饰、指环等装饰品颇流行。兵器以铁矛、铁剑、铁刀、铁镞为主；骨、角制品发达，桦树皮制品也有一定数量。陶器以颈部饰戳印纹或按压纹的侈口罐和双耳罐最有特色，亦有部分泥质灰陶的汉式陶器（图七）。关于其族属，二兰虎沟墓地有鲜卑、拓跋鲜卑和匈奴三种族属意见，赵家房墓地有鲜卑（包括乌桓）和匈奴两种族属意见，百灵庙、三道湾墓地被认为属于拓跋鲜卑，托克托墓地被认为

---

　　①　金学山：《内蒙古托克托县皮条沟发现三座鲜卑墓》，《考古》1991 年第 5 期。
　　②　内蒙古文物考古研究所：《商都县东大井墓地》，《内蒙古地区鲜卑墓葬的发现与研究》，科学出版社，2004 年。
　　③　王克林、宁立新、孙春林等：《山西省右玉县善家堡墓地》，《文物季刊》1992 年第 4 期。
　　④　朱泓：《察右后旗三道湾汉代鲜卑族颅骨的人种学研究》，《内蒙古文物考古文集》（第二辑），中国大百科全书出版社，1997 年。

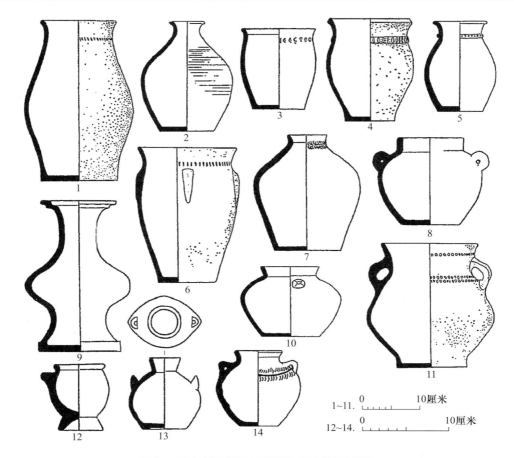

图七　阴山东段东汉晚期至魏晋时期鲜卑遗物

1、3～8、10、11、14. 陶罐（善家堡 M3∶1、三道湾 M17∶1、善家堡 M20∶1、三道湾 M1∶1、善家堡 M17∶1、
三道湾 M106∶1、三道湾 M113∶1、赵家房、善家堡 M4∶3、三道湾 M107∶2）　2、9、13. 陶壶（善家堡
M16∶8、三道湾、三道湾 M11∶2）　12. 陶杯（三道湾 M102∶1）

属于鲜卑，下黑沟墓被认为有可能属于融于东部鲜卑的匈奴余种。在讨论族属时主要
考虑鲜卑尤其是拓跋鲜卑，一方面在于文化面貌确与扎赉诺尔等墓地存在某些共性；
另一方面还在于拓跋鲜卑南迁"匈奴故地"后在此发迹，建立北魏政权，显赫一时。
另有学者认为这批墓地有可能属于"檀石槐迄轲比能阶段东部鲜卑遗迹"[①]。实际上，当
时的民族背景相当复杂，汉人以外，至少还活动着南匈奴、东部鲜卑、拓跋鲜卑和乌
桓四支北方游牧民。

　　从历史背景分析，桓灵时期檀石槐和曹魏时期轲比能的鲜卑联盟曾经引发出以东
部鲜卑为中心的民族融合，鲜卑旗号得到包括拓跋部在内的种系各异的部族之认同。
拓跋鲜卑逐渐强大以后，北方诸族中转而出现"拓跋鲜卑认同"的进程。因此这些墓
地普遍存在早期东部鲜卑和早期拓跋鲜卑的文化因素，而且占有很大比例，但是其文

---

　　① 乔梁：《内蒙古中部的早期鲜卑遗存》，《青果集——吉林大学考古系建系十周年纪念文集》，知识出版社，
1998 年。

化并非是从呼伦贝尔地区早期拓跋鲜卑或科尔沁地区早期东部鲜卑直线发展下来的,其来源并不单纯。三道湾墓地至少可以分析出早期拓跋鲜卑、早期东部鲜卑、匈奴和汉式四种文化因素[①],而颈下饰有一匝突棱的陶壶亦见于辽西地区汉魏墓,可能属于乌桓文化因素[②]。这种文化因素的混杂性在各墓地均不同程度存在,这些墓葬的形制结构、葬具、墓向、葬式、头向以及陶器种类、形制、质地、颜色、纹饰乃至殉牲情况均不统一。这种状况正是东汉晚期至魏晋阶段阴山东段地区复杂民族关系的真实反映。这批墓地未必能够一一确指为拓跋鲜卑、东部鲜卑或匈奴等族,暂且可以宽泛地称为鲜卑遗存。

20 世纪 80 年代以来,学术界对于北方草原地区秦汉时期遗存的认识逐渐丰富和清晰,尤其以游牧民遗存的研究成果最为突出。前述内容以外,内蒙古二连浩特市[③]和锡林郭勒盟正蓝旗[④]也有东汉晚期鲜卑遗存发现,北方游牧民动物形牌饰见有专题研究[⑤],西北草原汉代月氏遗存显露线索[⑥]。近年还见有结合文献史料和考古材料从文化人类学角度讨论汉代北方游牧民生态环境、迁移和驻营方式、畜种构成以及经济结构的研究文章[⑦]。基础性研究以外,北方草原地区秦汉时期的考古学研究需要注意游牧民对自然环境和社会环境的适应和协调,大兴安岭两麓、河套阴山、河西走廊一线游牧遗存比较集中,绝非偶然。秦汉文化与北方游牧文化在这条农牧交错地带的互动也应该引起重视。

原载中国社会考古研究所编著《中国考古学·秦汉卷》(中国社会科学出版社 2010 年),原文为第十二章《秦汉时期边远和少数族地区的考古学文化》第二节《北方地区》。

① 郑君雷:《察右后旗三道湾墓地文化因素分析》,《内蒙古文物考古》1999 年第 2 期。
② 田立坤:《论辽西汉魏墓的乌桓文化因素》,《中国考古学跨世纪的回顾与前瞻》,科学出版社,2000 年。
③ 内蒙古自治区文物考古研究所:《二连浩特市盐池墓葬》,《内蒙古地区鲜卑墓葬的发现与研究》,科学出版社,2004 年。
④ 内蒙古文物考古研究所:《正蓝旗和日木图鲜卑遗存》,《内蒙古地区鲜卑墓葬的发现与研究》,科学出版社,2004 年。
⑤ 乔梁:《中国北方动物饰牌研究》,《边疆考古研究》(第 1 辑),科学出版社,2002 年;林沄:《鲜卑族的金、铜马形牌饰》,《边疆考古研究》(第 3 辑),科学出版社,2004 年;潘玲:《矩形动物纹牌饰的相关问题研究》,《边疆考古研究》(第 3 辑),科学出版社,2004 年。
⑥ 王建新:《中国西北草原地区古代游牧文化研究的新进展》,《周秦汉唐研究》(第三辑),三秦出版社,2004 年。
⑦ 王明珂:《匈奴的游牧经济:兼论游牧经济与游牧社会政治组织的关系》,《历史语言研究所集刊》第六十四本,1993 年;郑君雷:《关于游牧性质遗存的判定标准及其相关问题——以夏至战国时期北方长城地带为中心》,《边疆考古研究》(第 2 辑),科学出版社,2004 年。

察右后旗三道湾墓地文化因素分析

　　河套地区和阴山南北是汉晋时期鲜卑活动的主要地域之一。东汉桓灵时期和曹魏时期，东部鲜卑檀石槐和轲比能先后入据"匈奴故地"，建立鲜卑联盟。东汉末年拓跋鲜卑亦自"大泽"南迁"匈奴故地"，在此逐渐发迹，最终建立北魏政权。河套阴山地区已有察右后旗二兰虎沟和赵家房、察右前旗下黑沟、达尔罕茂明安联合旗百灵庙砂凹地、兴和县叭沟、托克托县皮条沟等数处东汉末年或略晚一些的墓地被认为与鲜卑有关。在文献记载中，汉晋时期鲜卑在此地区的发展情况尤其是东部鲜卑与拓跋鲜卑的关系等问题不甚清晰，从考古学的角度对此进行研究历来为学者所关注。察右后旗三道湾墓地[①]曾于1983年和1984年两次清理发掘，共发掘墓葬50座，材料比较丰富，报道亦比较详细，本文准备将其重点与东北地区早期东部鲜卑和早期拓跋鲜卑墓葬进行比较，根据其文化因素，分析这一时期鲜卑在河套阴山地区的发展情况。

一

　　在进行文化因素分析之前，先将本文界定的东北地区早期拓跋鲜卑墓葬和早期东部鲜卑墓葬这两个概念作一说明。

　　鲜卑通常被划分为东部鲜卑和北部（或称西部）鲜卑两大部分。

　　东部鲜卑源出东胡，西汉初年匈奴冒顿单于破东胡，东胡一支退保鲜卑山，以山名号。东汉桓灵时期和曹魏时期，檀石槐和轲比能先后建立鲜卑联盟。西晋前后，东北地区兴起了慕容、段氏和宇文三部鲜卑，其中慕容部逐渐强大起来。《后汉书》《三国志》等史料中的鲜卑，就是指东部鲜卑。从西汉初年退保鲜卑山至公元337年慕容皝建立前燕，为东部鲜卑的早期历史阶段。东北地区发现属于这一时期的墓葬有：内蒙古哲里木盟科左中旗六家子[②]、科右中旗北玛尼吐[③]、科左后旗新胜屯[④]和舍根[⑤]、辽

　　①　乌兰察布博物馆：《察右后旗三道湾墓地》，《内蒙古文物考古文集》（第一辑），中国大百科全书出版社，1994年。
　　②　张柏忠：《内蒙古科左中旗六家子鲜卑墓群》，《考古》1989年第5期。
　　③　钱玉成、孟建仁：《科右中旗北玛尼吐鲜卑墓群》，《内蒙古文物考古文集》（第一辑），中国大百科全书出版社，1994年。
　　④　田立坤：《科左后旗新胜屯鲜卑墓地调查》，《文物》1997年第11期。
　　⑤　张柏忠：《哲里木盟发现的鲜卑遗存》，《文物》1981年第2期。

宁义县保安寺[①]、朝阳县王子坟山[②]、北票市房身村[③]、吉林大安市渔场[④]等墓地,本文将其称为东北地区早期东部鲜卑墓葬(以下简称早期东部鲜卑墓葬)。需要指出,迄今对早期东部鲜卑墓葬尚无明确的年代序列研究。一般认为,保安寺墓和舍根、六家子、北玛尼吐墓地的整体年代要早于新胜屯、王子坟山、房身村、大安渔场墓地。前组墓地的部分墓葬有可能晚至曹魏西晋,后组墓地却不能早至东汉。由于曹魏西晋时期东部鲜卑已经与拓跋鲜卑等发生了密切联系,因此,后组墓地中可能存在某些非原生文化因素。

据《魏书·帝纪·序纪》记载,拓跋鲜卑最初"国有大鲜卑山",其后南迁"大泽",约在东汉末年再次南迁"匈奴故地"河套阴山地区。从"国有大鲜卑山"至南迁"匈奴故地"之前为拓跋鲜卑的早期历史阶段。在文献记载中,早期拓跋鲜卑与早期东部鲜卑的源流世系、活动地域、风俗习尚和民族意识均有某些差别。学界一般认为,呼伦贝尔地区以扎赉诺尔墓地[⑤]为代表的一类墓葬是"大泽"时期的拓跋鲜卑遗存,附近还有额尔古纳市拉布达林[⑥]和七卡[⑦]、鄂温克旗孟根楚鲁[⑧]、新巴尔虎左旗伊和乌拉[⑨]等相似墓地。另外,赤峰地区的巴林左旗南杨家营子墓地[⑩]和林西县苏洒汰墓[⑪]可能是拓跋鲜卑第二次南迁途中的遗存。本文将其称为东北地区早期拓跋鲜卑墓葬(以下简称早期拓跋鲜卑墓葬)。

二

三道湾墓地发掘墓葬25座,其中23座为土圹竖穴墓,2座为土圹竖穴偏洞室墓。早期拓跋鲜卑均为土圹竖穴墓,早期东部鲜卑以土圹竖穴墓为主,石棺或石椁墓也有

---

① 刘谦:《辽宁义县保安寺发现的古代墓葬》,《考古》1963年第1期。

② 辽宁省文物考古研究所、朝阳市博物馆:《朝阳王子坟山墓群1987年、1990年度考古发掘的主要收获》,《文物》1997年第11期。

③ 陈大为:《辽宁北票房身村晋墓发掘简报》,《考古》1960年第1期。

④ 吉林省博物馆文物队、吉林大学历史系考古专业:《吉林大安渔场古代墓地》,《考古》1975年第6期。

⑤ 郑隆:《内蒙古扎赉诺尔古墓群调查记》,《文物》1961年第9期;内蒙古文物工作队:《内蒙古扎赉诺尔墓群发掘简报》,《考古》1961年第12期;王成:《扎赉诺尔圈河古墓清理简报》,《北方文物》1983年第3期;内蒙古文物考古研究所:《扎赉诺尔古墓群1986年清理发掘报告》,《内蒙古文物考古文集》(第一辑),中国大百科全书出版社,1994年;陈凤山、白劲松:《内蒙古扎赉诺尔鲜卑墓葬》,《内蒙古文物考古》1994年第2期。

⑥ 赵越:《内蒙古额右旗拉布达林发现鲜卑墓》,《考古》1990年第10期;内蒙古文物考古研究所、呼伦贝尔盟文物管理站、额尔古纳右旗文物管理所:《额尔古纳右旗拉布达林鲜卑墓群发掘简报》,《内蒙古文物考古文集》(第一辑),中国大百科全书出版社,1994年。

⑦ 呼伦贝尔盟文物管理站:《额尔古纳右旗七卡鲜卑墓清理简报》,《内蒙古文物考古文集》(第二辑),中国大百科全书出版社,1997年。

⑧ 程道宏:《伊敏河地区的鲜卑墓》,《内蒙古文物考古》1982年第2期。

⑨ 呼伦贝尔盟文物管理站:《新巴尔虎左旗伊和乌拉鲜卑墓》,《内蒙古文物考古文集》(第二辑),中国大百科全书出版社,1997年。

⑩ 中国科学院考古研究所内蒙古工作队:《内蒙古巴林左旗南杨家营子的遗址和墓葬》,《考古》1964年第1期。

⑪ 林西县文物管理所:《林西县苏洒汰鲜卑墓葬》,《内蒙古文物考古文集》(第二辑),中国大百科全书出版社,1997年。

一定数量（北玛尼吐、六家子、王子坟山、新胜屯、大安渔场墓地均为土圹竖穴墓；保安寺墓和舍根、房身村墓地则为石棺或石椁墓）。宁夏同心县倒墩子汉代匈奴墓地 [①] 存在长方形竖穴墓道的偏洞室墓，这说明三道湾墓地在墓葬形制上有可能也受到了匈奴的影响。

简报介绍三道湾墓地"墓坑均为长方形"，并发表了 6 座例墓的平面图，其中 M114 平面是前宽后窄的梯形，表明该墓地的墓圹平面实际是有长方形和梯形两种，但是不知道各自数量，例图是平面长方形的更多 [②]。早期拓跋鲜卑绝大多数墓葬平面是梯形，例如扎赉诺尔墓地 1960 年发掘的 31 座墓葬中有 28 座可以确定为梯形；1986 年发掘的 15 座墓葬中有 9 座可以确定为梯形，拉布达林墓地 1992 年发掘的 24 座墓葬中有 20 座是梯形，南杨家营子墓地也有文章介绍墓圹是梯形 [③]。早期东部鲜卑舍根、北玛尼吐、六家子、大安渔场墓地的墓葬平面均为长方形，仅保安寺墓和王子坟山墓地的绝大多数墓葬平面是梯形。附带提及，墓圹平面是梯形还是长方形，在鲜卑考古研究中对于探讨族属和进行文化因素分析是有意义的。在东北地区，早期拓跋鲜卑绝大多数墓葬平面是梯形，而早期东部鲜卑则以平面长方形为主，平面梯形（有可能是受到拓跋鲜卑影响）的墓葬也有一定数量。

三道湾墓地有 12 座墓置木棺，使用木棺的比例较低。早期拓跋鲜卑绝大多数墓葬使用木棺，例如扎赉诺尔墓地 1961 年发掘的 31 座墓葬的登记表中仅有 3 座没有木棺；1986 年发掘的 15 座墓葬均有木棺，拉布达林墓地 1992 年发掘的 24 座墓葬有 10 座有木棺，另有 8 座使用桦皮棺。而早期东部鲜卑墓葬中发现木棺的比例明显低于早期拓跋鲜卑，例如北玛尼吐墓地 26 座墓葬中除两座墓底铺有桦树枝外其余均未发现木质葬具，大安渔场 14 座墓葬亦未发现木质葬具。值得注意的是，河套阴山地区汉代匈奴墓葬的木质葬具也不发达，例如西沟畔、补洞沟两处墓地 [④] 的各 9 座墓葬均未发现木质葬具。

就木棺形制结构而言，三道湾墓地木棺"大头小尾，高与宽均在 40～60 厘米之间，长短在 130～180 厘米之间"，呈前高后低、前宽后窄的梯形，其他情况没有介绍。早期拓跋鲜卑木棺绝大多数呈梯形，制法一般是四角木柱插入生土，其上榫接棺板，多数有盖无底，有的以桦皮作棺板，有的纵侧棺板外加插木柱，木材未去皮，比较粗糙。在早期东部鲜卑墓葬中，保安寺墓、房身村墓地和六家子墓地的木棺或木质葬具形制不清楚。王子坟山和新胜屯墓地亦为梯形木棺，但是并非早期拓跋鲜卑那样

① 宁夏回族自治区博物馆、同心县文管所、中国社会科学院考古研究所宁夏考古组：《宁夏同心县倒墩子汉代匈奴墓地发掘简报》，《考古》1977 年第 1 期。

② 三道湾墓地有 26 座墓葬平面形状明确，简报墓葬登记表中将其均称为长方形，每座墓的宽度只有一个数字。而从 M114 的平面图看，该墓是前宽后窄的梯形，应该有前、后宽度两个数字。因此不清楚该墓地平面长方形和平面梯形墓葬的各自数量。

③ 南杨家营子墓地简报介绍墓圹略呈长方形，墓葬登记表中每座墓的宽度只有一个数字，而赵越介绍"土穴也都是前宽后窄形制"，见赵越：《拓跋鲜卑文化初探》，《内蒙古文物考古》1994 年第 1 期。

④ 伊克昭盟文物工作站、内蒙古文物工作队：《西沟畔汉代匈奴墓地调查记》，《内蒙古文物考古》1981 年创刊号；伊克昭盟文物工作站：《伊克昭盟补洞沟匈奴墓清理简报》，《内蒙古文物考古》1981 年创刊号。

的形制。三道湾 M110 在棺木外部又有前后支架，墓室底部在支架处挖出前后两个方坑。早期拓跋鲜卑有些墓葬在棺外四角再插立木柱，上置椁板形成撑架，而无四壁椁板。因为没有具体图示，M110 的支架形式不清楚，未知是否与早期拓跋鲜卑的椁架存在演化关系。

三道湾墓地墓葬成排分布，墓向均为西北—东南向。早期拓跋鲜卑墓地绝大多数墓向朝北，在明确报道墓向的墓葬中，仅扎赉诺尔墓地 1960 年发掘的两座墓向为北偏西，孟根楚鲁墓地有 3 座墓向为北偏西。早期东部鲜卑多数墓葬成排分布，但是不同墓地墓向不统一（王子坟山等地点同一墓地墓向也不一致），有东—西向、东北—西南向、南—北向、西北—东南向、西南—东北向等。

三道湾墓地 6 座例墓中只有 1 座以羊头骨殉牲，比例较低。早期拓跋鲜卑墓葬殉牲相当普遍，如扎赉诺尔墓地 1960 年发掘的 31 座墓葬中有 17 座殉牲，拉布达林墓地 1987 年发掘的 5 座墓葬全部殉牲，初步统计早期拓跋鲜卑明确报道有殉牲的墓葬至少已有 45 座，动物种类有牛、马、羊的头、蹄骨和羊距骨、野猪头骨、鹿蹄骨、狍蹄骨等。早期东部鲜卑殉牲不发达，仅北玛尼吐墓地有两座墓以羊距骨殉牲，3 座墓以狗头骨殉牲，王子坟山墓地有些墓葬以牛腿骨殉牲，大安渔场墓地有两座墓以羊肩胛骨殉牲。

三道湾墓地发掘的 23 座墓和清理的遭受盗掘的 25 座墓中仅出土、收集陶器 29 件，其中夹砂陶 17 件，呈黑色（个别灰色、红色），砂粒较细；泥质陶 12 件，多为灰陶（个别红陶）。陶器种类有侈口长腹罐、侈口鼓腹罐、肩双耳罐、假圈足壶、侈口鼓腹壶、棱颈壶、大平底罐、立领罐、扁壶、圈足罐等，纹饰有戳点纹、指甲纹、凹弦纹、折线纹等。

在全部 29 件陶器中有侈口长腹罐和侈口鼓腹罐 4 件。在早期东部鲜卑和早期拓跋鲜卑墓葬陶器中，侈口长腹罐和侈口鼓腹罐均是最常见陶器，如六家子墓地全部 36 件陶器中有侈口长腹罐和侈口鼓腹罐 16 件，王子坟山墓地全部 45 件陶器中有 12 件，扎赉诺尔墓地先后 5 次发掘的 70 件陶器中有 36 件，拉布达林墓地先后两次发掘的 15 件陶器中有 10 件。早期东部鲜卑和早期拓跋鲜卑的侈口长腹罐和侈口鼓腹罐有些形制完全相同，但是前者口沿均为斜直沿，基本为素面；后者另有一定数量的折立沿和弧立沿，并常压锯齿纹、戳点纹（戳点较大者可称为麦粒纹）或附加一周花边堆纹，前者均是平底或略有凹底，后者还有圈足的例子。三道湾墓地的侈口长腹罐和侈口鼓腹罐均是斜直沿、平底，其中两件并饰有麦粒纹，但是具有折立沿和弧立沿、花边堆纹、圈足特征的例子则没有见到。

三道湾墓地侈口鼓腹壶（图一，8、11）、钵（图一，10）均与早期东部鲜卑北玛尼吐墓地和早期拓跋鲜卑扎赉诺尔墓地相似，其中一件侈口鼓腹壶（图一，11）并饰有与玛尼吐墓地相似的戳点纹。圈足罐（图一，3）与早期拓跋鲜卑相似，略似的圈足陶器在扎赉诺尔和孟根楚鲁墓地发表了 4 件。口沿残缺的陶壶（图一，15）似是有意为之，在早期东部鲜卑舍根、北玛尼吐、六家子和大安渔场墓地中截颈壶（罐）是很有特点的陶器。棱颈壶（图一，14）与早期东部鲜卑北玛尼吐、王子坟山墓地相似。
假圈足壶、扁壶、大平底罐、立领罐（图一，18～22）和肩部对称环耳罐（图一，17）
见于中原地区东汉晚期至魏晋墓葬，属于汉式陶器。肩部对称环耳罐同时见于早期东
部鲜卑六家子墓地。肩部对称半圆耳罐（图一，4、5）同时见于早期拓跋鲜卑扎赉诺

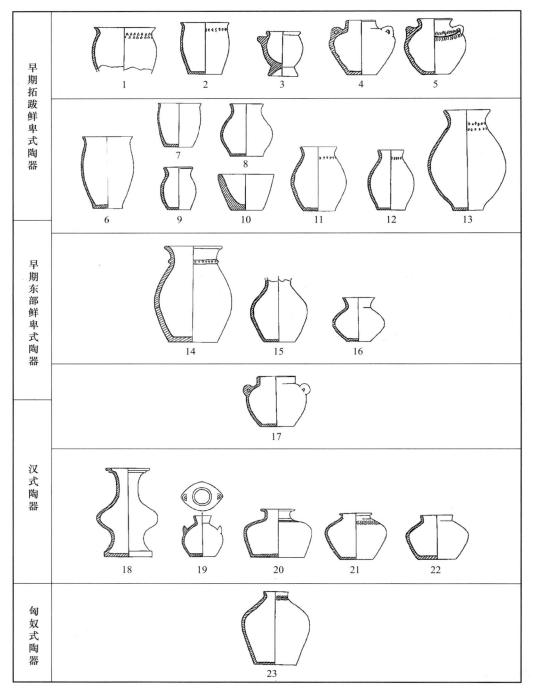

图一　三道湾墓地出土陶器

尔墓地。小口鼓肩罐（图一，23）则有俄国境内伊沃尔加等汉代匈奴墓地的陶器风格（以上讨论参见图一）。

　　具有早期东部鲜卑和早期拓跋鲜卑风格的陶器主要是夹砂陶。三道湾墓地陶器以素面为主，纹饰时见戳点纹。在早期拓跋鲜卑陶器中戳点纹比较流行，见于扎赉诺尔、拉布达林、七卡、南杨家营子、苏泗汰等墓地，而在早期东部鲜卑陶器中戳点纹仅见于北玛尼吐墓地。

　　三道湾墓地出有较多的骨制器物和桦皮制品，其中有骨弓弭 14 件、骨牌饰 11 件和桦皮器底 3 件，其他有锥、管、纺轮、珠饰、弧形片等骨制器和不辨器形的桦皮制品。早期拓跋鲜卑墓葬中普遍出有镞、弓弭、镳、簪、带扣等骨制器物和罐、壶、箭囊、弓囊等桦皮制品。早期东部鲜卑墓葬骨制器物和桦皮制品不普遍，尤其是桦皮制品更少，仅大安渔场墓地出有较多的骨镞、骨弓弭、桦皮箭囊、桦皮弓囊，王子坟山墓地出有一些骨镞、骨弓弭，北玛尼吐墓地出有少量骨镞和骨纹轮，其他墓地未见报道。

　　三道湾墓地出有 11 件汉式铜镜，种类有"位至三公"铭文镜、"长宜子孙"铭文镜、四乳四禽镜、连弧纹镜、规矩纹镜等，但是均已残破，当是毁器习俗，属于继承早期拓跋鲜卑的文化因素，扎赉诺尔和拉布达林墓地均存在以残破铜镜随葬的习俗，扎赉诺尔出有残破的规矩纹铜镜，拉布达林出有残破的规矩纹铜镜和圈带铭文铜镜。早期东部鲜卑墓葬尚未见到以残破铜镜随葬的习俗。另外应该注意的是，汉代匈奴墓葬中流行用残破铜镜随葬，据乌恩先生统计，在汉代匈奴墓葬发现的 22 件铜镜中，仅有青海大通上孙家寨的 1 件是完整的[①]。

　　三道湾墓地的金属动物牌饰比较发达，出有重叠双马纹铜牌饰和金牌饰、马纹金牌饰、三鹿纹金牌饰、双鹿纹金牌饰、单鹿纹金牌饰和驼形金牌饰等。其中以三鹿纹为题材的牌饰见于早期拓跋鲜卑扎赉诺尔墓地、苏泗汰墓和早期东部鲜卑保安寺墓、王子坟山墓地。与重叠双马纹相似的牌饰简报已指出见于四子王旗井滩墓、青海伏俟城附近墓葬、哲里木盟博物馆和西岔沟墓地，还见于吉林大安后宝石墓地[②]。早期拓跋鲜卑墓地出有一些金属动物牌饰，但是并非很发达，仅在扎赉诺尔墓地出有铜制鹿纹、羊纹、马纹和人物牌饰，苏泗汰墓出有鹿纹牌饰。早期东部鲜卑的金属动物牌饰也不发达，仅在六家子墓地出有金马、金兽牌饰，保安寺墓和王子坟山墓地出有金鹿牌饰。而在匈奴墓葬中金属动物牌饰是相当发达的，但是三道湾墓地金属动物牌饰的风格似与匈奴墓葬有别。

　　简报指出，三道湾墓地的金牌饰和金泡饰"与北票县房身村墓发现的金花冠上的桃形金叶上的装饰手法一样，可能是这种步摇冠饰的早期形态"，属于早期东部鲜卑的文化因素。三道湾墓地的盘丝金花饰与早期拓跋鲜卑孟根楚鲁墓地相似，并见于吉林大安后宝石墓地。三道湾墓地的弯钩圆环金耳饰也与孟根楚鲁墓地相似。

　　①　乌恩：《论匈奴考古研究中的几个问题》，《考古学报》1990 年第 4 期。
　　②　郭珉：《吉林大安县后宝石墓地调查》，《考古》1997 年第 2 期。

三道湾墓地人骨的基本种系成分属于北亚蒙古人种，少数个体可能受到东亚蒙古人种的影响[①]。早期拓跋鲜卑扎赉诺尔墓地存在两种体质类型，即以扎 A 组为代表的北亚蒙古人种和以扎 B 组为代表的北亚蒙古人种与东北亚蒙古人种的混血类型[②]。早期拓跋鲜卑南杨家营子墓地的体质特征主要与北亚蒙古人种相近，但是存在东亚或东北亚人种成分[③]。朝阳地区魏晋时期东部鲜卑人骨的基本种系成分为北亚蒙古人种，在个别体质特征上也受到了来自东亚蒙古人种的影响[④]，可为早期东部拓跋鲜卑体质特征参考。汉代匈奴墓葬人骨有几批鉴定材料，其中俄国外贝加尔地区伊里莫瓦和蒙古国杭爱省诺颜乌拉等北匈奴墓地的人骨以北亚蒙古人种为基本种族特征，而青海大通上孙家寨乙 M1 的人骨表现出北亚蒙古人种与东亚蒙古人种相混合的特征[⑤]。

三

三道湾墓地存在着早期拓跋鲜卑、早期东部鲜卑、匈奴和汉文化因素，这些不同的文化因素并不是各自存在于不同墓葬中，例如出汉式陶罐和铜镜的 M113 也出早期拓跋鲜卑的桦皮器皿，出汉式陶壶和铜镜的 M101 人骨鉴定同样属于北亚蒙古人种，因此三道湾墓地显然是同一北方民族的墓地。

三道湾墓地文化因素比较复杂，体质人类学材料暂且还不能提供更多的线索，给判断族属增添了困难。但是从整体上看，三道湾墓地以与早期拓跋鲜卑和早期东部鲜卑相似的文化因素为主，而且前者比例更为突出一些。朱泓先生对汉魏鲜卑人骨的研究亦表明三道湾组与早期拓跋鲜卑的扎赉诺尔汉代 A 组和南杨家营子组关系均密切。因此简报认为三道湾墓地属于拓跋鲜卑是正确的。

但是三道湾墓地与早期拓跋鲜卑墓葬文化面貌上的差别也很明显。主要表现在：出现土圹竖穴偏洞室墓，平面梯形的墓葬数量减少，使用木棺的比例降低，木棺形制发生变化，墓向发生变化，殉牲比例降低，侈口长腹陶罐和侈口鼓腹陶罐明显减少，汉式陶器增多，陶器上的磨光暗纹消失，金属动物牌饰更加发达。

三道湾拓跋鲜卑墓地文化面貌与早期拓跋鲜卑墓葬已有明显差别，文化因素明显呈现出混杂性，其中早期东部鲜卑的文化因素比较强烈，尤其值得注意。河套阴山地区汉晋时期北方民族墓葬的族属往往与拓跋鲜卑相联系，实际上它们均程度不同地存在着文化因素混杂性，而且其中经常存在早期东部鲜卑的文化因素，有的甚至可以判断为东部鲜卑墓葬。这种情况需要结合历史民族背景加以解释。

① 朱泓：《察右后旗三道湾汉代鲜卑族颅骨的人种学研究》，《内蒙古文物考古文集》（第二辑），中国大百科全书出版社，1997 年。

② 朱泓：《从扎赉诺尔汉代居民体质差异探讨鲜卑族的人种构成》，《北方文物》1982 年第 2 期；潘其凤、韩康信：《东汉北方草原游牧民族人骨研究》，《考古学报》1982 年第 1 期。

③ 潘其凤、韩康信：《东汉北方草原游牧民族人骨研究》，《考古学报》1982 年第 1 期。

④ 朱泓：《朝阳魏晋时鲜卑墓葬人骨研究》，《辽海文物学刊》1996 年第 2 期。

⑤ 朱泓：《人种学上的匈奴、鲜卑与契丹》，《北方文物》1994 年第 2 期。

汉末曹魏时期河套阴山地区的民族构成比较复杂，活动有汉民、东部鲜卑、拓跋鲜卑、匈奴、乌桓等民族，而以东部鲜卑最为突出。

东汉永元三年（91年）北匈奴政权瓦解后，东部鲜卑入据匈奴故地。桓灵时期檀石槐"乃为庭于高柳北三百余里弹汗山啜仇水上，东西部大人皆归焉。……尽据匈奴故地，东西万二千余里，南北七千余里，……乃分其地为中东西三部"[①]。曹魏时期轲比能"复制御群狄，尽收匈奴故地，自云中、五原以东抵辽水，皆为鲜卑庭"[②]。在此历史背景下，河套阴山地区发生着以东部鲜卑为中心的民族融合。这时的鲜卑称号一方面具有民族意义，另一方面亦具有政治实体的意义，鲜卑旗号得到种系各异的部族的认同。《后汉书·乌桓鲜卑列传》记载匈奴北单于西遁后"鲜卑因此转徙据其地。匈奴余种留者尚有十余万落，皆自号鲜卑，鲜卑由此渐盛"，即是著名例子，拓跋鲜卑也是这时被卷入鲜卑化的洪流的。

笔者曾经撰文[③]认为，拓跋鲜卑最初在族源和文化上与匈奴具有密切联系，他们是在南迁至河套阴山地区后被卷入鲜卑化的洪流后才成为鲜卑的一个组成部分的。在不同历史阶段，拓跋鲜卑"族自称"和"族它称"的发展演变过程尚有待于研究，依《南齐书·魏虏列传》"魏虏，匈奴种也，姓托跋氏。晋永嘉六年（312年），……猗卢入居代郡，亦谓鲜卑"的记载，他们自称为鲜卑是较晚时期的事情。在汉末魏晋时期的鲜卑化洪流中，许多北方民族不可避免地受到东部鲜卑的影响，三道湾墓地中的东部鲜卑文化因素，便折射出这一历史真实。拓跋鲜卑一方面被卷入东部鲜卑化的漩涡，另一方面也将其他部族卷入拓跋鲜卑化的浪潮，三道湾拓跋鲜卑墓地文化因素的混杂性便是一个例证。曹魏时期拓跋鲜卑所谓"帝室十姓"、"内入诸姓"、"四方诸姓"中的民族成分已经相当复杂[④]，拓跋鲜卑化的趋势在河套阴山地区愈加明显。

在从汉晋鲜卑发展至北朝鲜卑的历史进程中，河套阴山地区有似一座民族熔炉。对三道湾墓地的文化因素分析表明，东汉末年以后河套阴山地区鲜卑的文化和血液并非是从早期东部鲜卑或早期拓跋鲜卑直线发展下来的，其文化因素来源并不单纯，至少吸收了早期东部鲜卑、早期拓跋鲜卑、匈奴和汉族的文化因素，此点对研究鲜卑民族的整体形成发展过程具有启示意义。

原载《内蒙古文物考古》1998年第2期

---

① 《三国志·魏书·乌丸鲜卑东夷传》注引王沈《魏书》。

② 《三国志·魏书·乌丸鲜卑传》。

③ 郑君雷：《早期东部鲜卑与早期拓跋鲜卑族源关系概论》，《青果集——吉林大学考古系建系十周年纪念文集》，知识出版社，1998年。

④ 马长寿：《乌桓与鲜卑》，上海人民出版社，1962年，第245～257页。

林西井沟子的早期游牧遗存及其他

——《林西井沟子——晚期青铜时代墓地的发掘与综合研究》读后

西拉木伦河流域是考古学研究的重要区域。2002～2003 年内蒙古文物考古研究所和吉林大学边疆考古研究中心联合发掘的赤峰市林西县井沟子遗址西区墓地带来了新的惊喜。井沟子墓地的发掘简报 [①] 一经发表,族属认识便引起关注 [②]。《林西井沟子——晚期青铜时代墓地的发掘与综合研究》[③] 一书的出版为学术界提供了更加全面完整的材料和研究成果。

井沟子遗址包括 3 个时期的遗存,除 1 座红山文化房址和 7 个夏家店上层文化灰坑以外,以西区青铜时代墓地最重要。墓地被基本完整地揭露,共发掘 58 座墓葬和 2 个灰坑,这批材料及其综合研究是《林西井沟子》的主体内容。该书将这种青铜时代晚期新的考古学文化暂称为井沟子类型,将墓地族属推断为东胡,概括发掘意义有三:其一,为认识长城地带东部早期游牧文化的面貌特征提供了关键材料;其二,填补了西拉木伦河流域晚期青铜文化的一个缺环;其三,有助于探讨我国古代北方地区牧业文明的形成和发展机制。

近年来,北方游牧民族考古研究再现热潮,有新材料(包括境外材料)、有新认识、也有理论方法的新思考。井沟子墓地的发现,尤其是井沟子类型的确认以及显露出来的东胡遗存线索,开辟出北方早期游牧民族考古研究的新天地。

一、《林西井沟子》的学术价值

中国考古学的发展和实践,引发学术界不断思考和完善田野考古发掘报告的定位、编写体例和内容设计。发掘者的认识更直观、深刻,有研究优势;但是研究过程势必影响报告出版速度,其结论又难免带有主观性,与学术界期盼及时客观性地发表材料

[①] 吉林大学边疆考古研究中心、内蒙古文物考古研究所:《2002 年内蒙古林西县井沟子遗址西区墓葬发掘纪要》,《考古与文物》2004 年第 1 期。

[②] 王立新:《寻找东胡遗存的一个新线索》,《边疆考古研究》(第 3 辑),科学出版社,2005 年。

[③] 内蒙古自治区文物考古研究所、吉林大学边疆考古研究中心:《林西井沟子——晚期青铜时代墓地的发掘与综合研究》,科学出版社,2010 年。下文简称《林西井沟子》。

发生冲突，研究型报告就是解决这一矛盾的尝试。《林西井沟子》定位于综合性的研究报告，上编为"井沟子遗址发掘报告"，下编为"井沟子类型遗存的多学科综合研究"。上编发表资料丰富翔实，叙述清晰，图文规范，从中可见田野工作的扎实；年代推定、文化性质分析、遗存分期以及经济形态和族属讨论诸节提纲挈领，论述周详，文笔洗练，较有说服力。下编进行体质人类学研究和线粒体 DNA 研究以认识居民的体质特征、食谱构成和遗传性状，鉴定动物骨骼以认识其用牲习俗和生业模式，检测青铜器以了解其金相结构、铸造工艺和原料产地，对土样进行孢粉分析以了解当时的环境背景和居民适应环境的方式，对马骨进行线粒体 DNA 分析以探讨家马谱系。欧亚草原游牧业的发生首先是适应自然条件的结果，从畜种构成及其与自然环境、经济生活乃至社会组织的相互协调层面研究游牧社会是西方社会人类学家和考古学家的重要着眼点，下编扣合了这些前沿学术取向。

　　中国考古学关于游牧性质遗存的研究型报告近乎空白，无从借鉴，《林西井沟子》的结构颇见匠心，不过我们还是有些建议。第一，上编前两章"遗址概况与墓葬综述"和"墓葬分析"包括了墓葬特征、随葬品分类、年代推定和分期，以及文化性质、经济形态和族属讨论等内容，其后两章是"墓葬资料"和"灰坑与房址"的材料介绍，读来确实清楚。不过各种认识及推论毕竟建立在材料基础上，先谈认识是否会形成执笔者主观引导的印象？在研究型报告的编写体例上，如何处理认识性的讨论、结论与基础性的材料之间的关系是个值得考虑的问题。第二，多学科的综合研究也包括考古学在内，而且下编的题目已经说明研究对象不仅是井沟子遗址本身。先前发表的关于井沟子遗址"扰墓"现象的讨论[①]、文化因素和文化形成过程的分析[②]等论文甚至相关遗存的考古学研究是否可以考虑纳入进来？第三，如果进行一些当地居民生计模式方面的民族考古学调查；并且像王妙发建议的那样，在考古报告中尽可能全面、精细地捕捉自然地理环境方面的信息[③]，对于全面了解井沟子古代居民的经济形态，从而达到执笔者设想的认识长城地带东部早期游牧文化的面貌，以及探讨中国古代北方地区牧业文明的形成和发展机制的目的，肯定会有帮助。此外，缺少一份"墓葬登记表"，读者使用材料不方便。

　　中国北方游牧专业化起源和早期游牧社会研究是很重要的学术课题。不过记述北方游牧人群的文献史料是《史记》以后逐渐丰富起来的，而且在林沄看来，司马迁将先秦戎狄视为游牧族群（胡人）还是"重大的历史误会"[④]。《林西井沟子》以关键翔实的资料、缜密细致的分析和多学科的综合研究，较全面完整地揭示出一处北方早期游牧人群墓地的面貌，为相关研究铺垫了基石。

　　《林西井沟子》捕捉到的东胡遗存线索是北方长城地带考古学文化族属研究的重要

①　张礼燕：《试析井沟子遗址西区墓地的人为扰墓现象》，《边疆考古研究》（第 4 辑），科学出版社，2006 年。
②　武志江：《井沟子西区墓地的文化因素及文化形成过程的初步分析》，《华夏考古》2009 年第 1 期。
③　王妙发：《考古地理学研究之回顾和前瞻》，《中国考古学跨世纪的回顾与前瞻》，科学出版社，2000 年。
④　林沄：《戎狄非胡论》，《林沄学术文集》（二），科学出版社，2008 年。

突破。东胡是文献中少数几支明确与早期游牧集团相联系的族群之一，也比较活跃。秦开破东胡取地千里和东胡分化为乌桓和鲜卑两支，是东北史和北方民族史上的重要事件，寻找东胡遗存是学术界长期关注的内容。将夏家店上层文化与东胡挂钩的看法曾经流行一时，十二台营子类型和平洋墓地也曾经被指为东胡遗存。随着研究的深入，尤其是来自经济形态和体质类型的证据，夏家店上层文化"东胡说"已难以立足，东胡遗存却也沦为谜团。井沟子墓地的东胡线索为相关遗存的族属研究提供了一个比较基点，顺此有可能解开一连串相关遗存族属问题的"绳节"。

除了北方游牧民族考古研究，井沟子类型填补了夏家店上层文化消退以后西拉木伦河流域晚期青铜文化的缺环，将敖汉旗周家地墓地从夏家店上层文化中区分出去、将敖汉旗铁匠沟遗存归入井沟子类型等认识也使得辽西地区青铜时代考古学文化的面貌更加清晰。相信随着报告的出版，北方长城地带和东北地区青铜至战国秦汉时代的考古学研究会衍生出许多新认识，尤其可能将北方游牧专业化起源和早期游牧社会研究推进一大步[1]。正是基于重大学术价值，《林西井沟子》获评为国家哲学社会科学基金项目 2010 年度优秀结项成果。

二、井沟子墓地的年代和文化性质

如报告所言，井沟子墓地出土的青铜装饰品和骨角器"在长城地带乃至整个欧亚草原东部年代相当于春战之际的诸多考古学文化中都有不同程度的发现，反映了一个较大空间范围内所形成的共同的时代风格"[2]。报告根据部分陶器和小件青铜器与敖汉旗铁匠沟墓地和水泉北区墓地的相似性，将墓地推定在春秋晚期至战国前期（公元前 550 年～公元前 300 年）。单纯依据青铜器来断代，时常将其所在单位的年代定得偏早，而且小件青铜器和骨角器的年代特征又未必敏感，井沟子墓地的年代推断仍然有必要从陶器着手。

井沟子墓地以双耳和单耳夹砂叠唇罐等为代表的文化因素，显然是来自水泉文化的影响。水泉墓地北、南两区的文化面貌有较明显差异，郭治中因此将北区遗存称为"水泉文化"，将南区遗存归入"凌河类型"[3]。赵宾福则认为北、南两区同属"水泉遗存"，只不过南区墓地受到了凌河类型的较强冲击和影响[4]。暂且不论水泉墓地北、南两区的文化性质和文化进程，南区墓地在形成次序上整体晚于北区是不争的事实。将水泉北区墓地的基本年代推断在战国早期，南区墓地的基本年代推断为战国中期当不至大误。报告已经指出，井沟子墓地的第 1、2、3 段大致与水泉墓地相应段别相当。水

---

[1] 王明珂在对早期中国北方多元化游牧社会的考察中已经多次引用了井沟子墓地的材料。参见王明珂：《游牧者的抉择——面对汉帝国的北亚游牧部族》，广西师范大学出版社，2008 年。以下引用王著均见该书。

[2] 《林西井沟子》第 22 页。

[3] 郭治中：《水泉墓地及相关问题之探索》，《中国考古学跨世纪的回顾与前瞻》，科学出版社，2000 年。

[4] 赵宾福：《中国东北地区夏至战国时期的考古学文化研究》，科学出版社，2009 年，第 98、99 页。

泉墓地的第 1、2 段均属于北区墓，第 3 段包括南区大多数墓。井沟子早年征集的一件敞口盉，报告认为很可能出自西区墓地^①，属于郭治中排列的凌河类型敞口盉演变序列中的较晚形式，甚至晚于水泉南区的一件（M108：2）。因此将井沟子墓地的基本年代推定在战国前中期较为稳妥。

井沟子墓地的青铜小饰件与北方长城地带春战前后的"戎狄"和"杂胡"遗存有很大共性，作为主体文化因素的陶壶（报告称带领罐）却是东北地区的文化传统。井沟子墓地在"北亚蒙古人种"和"畜牧业很发达"这两个层面显示出强烈的"胡人"因素，这显然是一支自蒙古高原南下的游牧人群集团的遗存，但是进入西拉木伦河流域后受到北方长城地带"戎狄"文化因素和东北地区西部土著文化因素强烈影响，形成了新的文化风格。

同样是在北方草原和东北两大文化区的接触地带，嫩江流域的平洋墓葬显示出与井沟子墓地的一些相似性^②。两地均有北方长城地带习见的小件青铜饰物和发达的骨角制品，殉牲均较发达，均有"扰墓"现象，而且都受到以珍珠纹陶器为代表的贝加尔湖沿岸古代文化的影响^③。平洋墓葬（汉书二期文化）居民的人种类型主要与东北亚蒙古人种接近，也与北亚蒙古人种和东亚蒙古人种相关^④，当是东北地区以渔猎为主的人群，但是受到来自北方长城地带"戎狄"文化因素的强烈冲击和来自蒙古高原"胡人"文化因素的影响。

这表明，在北方草原与中原、东北三个文化区^⑤的接触地带，即长城地带及其向西辽河和嫩江流域的延伸方向，不同文化系统间有持续的相互影响，文化因素彼此渗透，考古学文化面貌往往呈现出复合性状，长城地带的文化风格和积淀就此形成，井沟子 M28 雕花骨片上的"圈点纹"就是例证^⑥。当在此种背景下观察井沟子居民的文化性质。报告已经注意到部分陶器和小件青铜器对夏家店上层文化的继承，乔梁指出井沟子这类遗存陶器的主体特征是"带领深鼓腹的罐或壶"，"类似风格的陶器在此前的夏家店上层或魏营子文化中都不是少数"，铜器"除去较多有可能来自冀北玉皇庙类遗存的因素外，其余物品大多能够在当地找到来源"^⑦。他们沾染些许"戎狄"色调，与草原深处的游牧人群已经有所差别。

①　王刚：《林西县井沟子夏家店上层文化墓葬》，《内蒙古文物考古》1998 年第 1 期；《林西井沟子》第 25 页。
②　平洋墓葬下限已进入西汉纪年。见潘玲、林沄：《平洋墓葬的年代与文化性质》，《边疆考古研究》（第 1 辑），科学出版社，2002 年。
③　王立新：《中国东北地区所见的珍珠纹陶器》，《边疆考古研究》（第 2 辑），科学出版社，2004 年。
④　潘其风：《平洋墓葬人骨的研究》，《平洋墓葬》附录一，文物出版社，1990 年。
⑤　郭大顺认为考古学上的东北文化区以渔猎为主要经济活动。见郭大顺：《东北文化区的提出及意义》，《边疆考古研究》（第 1 辑），科学出版社，2002 年。
⑥　以北方长城地带东段为中心，从新疆至吉林，商末周初之际至魏晋十六国的骨角器上均发现过圈点纹。见潘玲：《圈点纹浅析》，《边疆考古研究》（第 8 辑），科学出版社，2009 年。
⑦　乔梁：《燕文化进入之前的辽西》，《内蒙古文物考古》2010 年第 2 期。

三、井沟子遗存的族属和历史背景

报告认为，作为"赤峰地区目前可以确定的年代最早的发达畜牧业类型遗存"，"井沟子类型不仅在年代、地域上与文献所记东胡族的活动时间和地域相吻合，而经济形态上也与文献所记胡人的生活习俗十分契合"[①]。井沟子出土人骨的基本体质特征属于北亚蒙古人种类型，与后世的鲜卑、契丹很接近[②]；人骨的线粒体 DNA 分析则显示在遗传距离上与汉代鲜卑居民最为接近。就现有证据，将井沟子类型与东胡挂钩是很自然的推断。尤其是其分布区域已经有一个"面"上的范围。不过井沟子墓地的葬俗与舍根、扎赉诺尔墓地等汉晋鲜卑遗存差异很大（暂且不论扰墓的可能影响），讨论族属时也要考虑。

井沟子墓地的陶器以侈口短颈壶（或称带领罐）居多，与鲜卑陶器中最常见的大口弧腹罐、大口鼓腹罐迥异，乔梁也注意到"两者的陶器面貌差异过于悬殊，文化联系几无可考"。而墓穴"平面多呈圆角长方形或窄梯形"，数量不多的"窄梯形墓"绝大多数为不规则的圆角弧边，基本不见鲜卑那种较规整的平面前宽后窄的梯形墓；也没有动物纹金属牌饰。虽然不会有学者以为葬俗会一成不变，但是既然凌源五道河子墓地已经显露出与汉代鲜卑葬俗的较强关联性，自然不能忽视。

杨建华认为五道河子墓地是玉皇庙文化本土的冀北地区完全被燕文化占据以后，残留的居民向最晚的曲刃剑文化地区迁徙的结果，并且指出墓底普遍铺一层桦树皮，墓底或填土中有成排或成堆放置的马牙等现象表明了北部东胡文化的传入[③]。而且五道河子的墓穴平面多呈前宽后窄的梯形，还出有马、牛等金、铜牌饰。朱永刚已注意到这些文化因素与东胡活动的关联[④]。这说明，大致与井沟子墓地同时或略晚，辽西地区可能有至少在考古学文化面貌上与汉代鲜卑更具亲缘关系的人群，他们的文化因素影响了五道河子墓地。所以，与其将井沟子类型确指为东胡，不如仍然视为"探寻东胡遗存的一个新线索"[⑤]。

结合井沟子的考古发现，可以对当时辽西地区的历史背景做些推测。战国前中期，大、小凌河流域分布着"凌河类型"的晚期遗存。所谓"凌河类型"的文化内涵并不单纯，陶器群尤其混杂，大致以外叠唇陶罐和曲刃青铜短剑的组合较有特点，似乎是来自辽东方向的文化因素，许多学者认为与貊人遗存有关。在老哈河流域的水泉北区墓地，自长城地带西来的肩双耳传统与自凌河流域北上的外叠唇风格结合，构成"水

---

① 《林西井沟子》第 30 页。

② 朱泓：《东胡人种考》，《文物》2006 年第 8 期。

③ 杨建华：《再论玉皇庙文化》，《边疆考古研究》（第 2 辑），科学出版社，2004 年。

④ 朱永刚：《大、小凌河流域含曲刃青铜短剑遗存的考古学文化及相关问题》，《内蒙古文物考古文集》（第二辑），中国大百科全书出版社，1997 年。

⑤ 王立新：《寻找东胡遗存的一个新线索》，《边疆考古研究》（第 3 辑），科学出版社，2005 年。

泉文化"陶器的特征,这支人群"似乎存在着较大的群体内部体质差异"[1],但是颅面部基本体质特征与东亚蒙古人种接近[2]。此时南下的游牧的北亚蒙古人种集团占据了更北方的西拉木伦河流域,井沟子古代居民就是代表。

凌河类型的晚期阶段曾经向西北面的老哈河流域有过较大规模的扩张。井沟子墓地的少量外叠唇肩耳罐均属于报告划分的第1、2段,第3段已不出叠唇罐,此类陶器亦仅见于水泉墓地第1、2段。两处墓地第1、2段与第3段之间同步出现文化性质的阶段性变化可做如下理解:凌河类型的扩张(可能是被动性的)造成水泉北区遗存的瓦解,水泉北区对井沟子类型的影响亦随而消失,水泉南区和敖汉旗乌兰宝拉格墓地[3]的凌河类型文化因素随之激增。

战国前中期辽西地区考古学文化面貌的复杂性显然是多个人群集团迁移的结果,这一历史背景的主线索是战国燕文化的强势东进,以及由此引发的凌河类型古代居民政治组织(貊国?)的解体。燕文化向辽西地区的渗透和拓展至战国中期达到高峰,在此压力下,凌河类型的古代居民向辽东甚至西北朝鲜方向退却[4],还被挤压到西北面的老哈河流域。此时,水泉文化的因素出现在大凌河上游,朝阳袁台子墓地[5]的丁类墓陶器上可以见到水泉北区遗存向凌河类型分布区的渗透,井沟子类型的古代居民则向南进入老哈河流域(敖汉旗铁匠沟),玉皇庙文化的残余居民也在向辽西方向迁徙。战国中晚期,燕文化已经全面占据辽西,较偏北的赤峰市红山区榆树林子[6]见有较典型的燕墓,乌兰宝拉格墓地则是燕式陶器与"凌河类型"陶器同出。

四、井沟子的早期游牧社会

报告"倾向于推测当时的牧民很可能采取的是一种季节性游牧的生产方式。遗址所在的山谷坡地背风、向阳、有泉水,与现今新疆等地的牧民冬天所居的'冬窝子'在选址上颇为类同。营地内平时可居妇孺,冬日则可作为畜群的过冬场所"[7]。根据报告提供的各种信息,还可以做进一步的推测。

美国学者巴菲尔德(T. J. Barfield)将游牧族群的牲畜分为三类,绵羊、山羊和牛主要用作消费或贸易,马、驴、牦牛和骆驼主要用作运输,犬则是警戒性动物[8]。由于适应自然环境的能力不同以及在人类生活中作用的互补,游牧社会的畜种构成及比例

---

① 朱泓:《内蒙古长城地带的古代种族》,《边疆考古研究》(第1辑),科学出版社,2002年。

② 朱泓、魏东:《内蒙古敖汉水泉遗迹出土的青铜器时代人骨》,《东北亚细亚相关先史文化的比较考古学的研究》,九州大学大学院人文社会科学研究院考古学研究室,转引自《林西井沟子》。

③ 郭治中:《水泉墓地及相关问题之探索》,《中国考古学跨世纪的回顾与前瞻》,科学出版社,2000年。

④ [日]村上恭通:《燕和周边的青铜文化》,《中国考古学跨世纪的回顾与前瞻》,科学出版社,2000年。

⑤ 辽宁省文物考古研究所、朝阳市博物馆:《朝阳袁台子——战国西汉遗址和西周至十六国时期墓葬》,文物出版社,2010年。

⑥ 张松柏:《赤峰市红山区战国墓清理简报》,《内蒙古文物考古》1996年第1/2期合刊。

⑦ 《林西井沟子》第29页。

⑧ Thomas J. Barfield. The Nomadic Alternative. Prentice-Hall, Inc. A Simon & Schuster Company, 1993.

必然有内在的逻辑关联。比如在北方草原，马和绵羊是游牧生活的基础畜种组合，"突厥兴亡，唯以羊马为准"[①]，近现代北方游牧民将马和绵羊"尊列为大家畜和小家畜之首并作为代表"[②]。

井沟子墓地殉牲很普遍，畜种构成及比例关系与当地前期的赤峰大山前遗址[③]（夏家店上层文化）和毗邻地区的玉皇庙文化遗存[④]（春秋中期至战国早期）、水泉北区墓地（战国前期）有结构性差异（表一），属于游牧性质遗存无疑。不过这些数据暗示井沟子居民的移动性不强，除去移动性较差的牛占有较高比例外，还要注意相当数量的驴。母驴是快速产奶的畜种，日间产奶可达 5～7 次，产奶期长达 4 个月[⑤]，西方人类学者认为驴在半游牧族群中的饲养更为普遍。这里也没有负重力强、耐饥渴、宜于长途迁移的骆驼，长城地带东段较晚时期骆驼很多[⑥]。

表一　井沟子墓地及相关遗存的畜种构成

畜种 遗存及殉牲比例	马	牛	绵羊、山羊	驴	骡	犬	猪
井沟子墓地（86.21%）	42.86%	22.45%	21.43%	9.18%	2.04%	2.04%	
大山前遗址	极个别	12.96%	11.73% 强			12.96%	59.9%
玉皇庙墓地（63.5%）	5.43%	10%	18.97%			65.55%	0.045%
水泉北区墓地（1/3 强）	1 例	√				√	最多

井沟子遗址南距西拉木伦河约 10 公里，地处大黄山（大兴安岭余脉）支脉的黄土坡岗，附近有现已干涸西拉木伦河支流，孢粉样品"显示的是疏林杂类草草原植被景观"，野生哺乳类动物骨骼的种属特征"共同反映的是一种近水草地为主的生态景观"[⑦]。这种地理环境较适宜突厥—蒙古族"山区—平原型"[⑧]的游牧方式，即冬季住在山区，夏季移至河、湖边放牧。游牧人群的牲畜种类大多由牧场情况决定。河谷草原牧场就可以大量饲养牛、马[⑨]。井沟子居民大概在"大黄山"有定居营地；青壮年定期带着马、牛、羊去山麓及西拉木伦河谷放牧；妇女在定居处照料驴，也许还要种植采集牧草。

---

① 《旧唐书·郑元璹传》。
② 杨庭瑞：《游牧业的四要素》，《新疆社会科学》1995 年第 2 期。
③ 中国社会科学院考古研究所、内蒙古自治区文物考古研究所、吉林大学考古系赤峰考古队：《内蒙古喀喇沁旗大山前遗址 1996 年发掘简报》，《考古》1998 年第 9 期。
④ 北京市文物研究所：《军都山墓地——玉皇庙（一）》，文物出版社，2007 年，第 106、111 页。
⑤ Sevyan Vainshtein. Nomads of South Siberia: The pastoral economies of Tuva. Cambridge: Cambridge University Press, 1980: 66-67.
⑥ （南宋）叶隆礼：《契丹国志》卷二四《王沂公行程录》记，"自过古北口，即蕃境。……时见畜牧，牛、马、橐驼，尤多青羊、黄豕，亦有挈车帐，逐水草射猎。"
⑦ 《林西井沟子》第 365、366 页。
⑧ Sevyan Vainshtein. Nomads of South Siberia: The pastoral economies of Tuva, 92-94. 王明珂：《游牧者的抉择》，广西师范大学出版社，2008 年，第 21 页。
⑨ Sevyan Vainshtein. Nomads of South Siberia: The pastoral economies of Tuva, 60.

"墓内野生动物的骨骼经鉴定有鹿、獐、狐狸，同时也有水生的背角无齿蚌和淡水螺。而且墓地中出有大量以兽骨尤其是马鹿角为原料的骨器。男性都普遍随葬骨镞"[1]。马鹿、獐、狐狸适宜在"疏林"和"近水草地"栖息，大黄山和西拉木伦河谷的狩猎当是日常生活的重要内容，马鹿更是主要狩猎对象[2]。西拉木伦河及其支流还能提供一些渔捞品。留守营地的居民还从事制陶、骨器加工等活动。因为"青铜器主体成分与井沟子西区墓地附近大黄山顶发现的早期铜冶炼遗址以及林西大井铜冶炼遗址并不相符"[3]，应该与外界进行了青铜等产品的贸易。价格低廉且耐力突出的驴或许承担着长途跋涉的商贸功能。

民族志和文献记载游牧经济纳入农业是很普遍的现象。"井沟子墓地古代居民植物性食物中以 C4 类植物的摄入为主，这类植物通常包括部分灌木、牧草、小米、玉米等"，而"现代林西县的种植业仍以小米、玉米、小麦为主要作物"；零星的栽培禾本科花粉说明在居地附近从事小范围种植的可能[4]。这自然令人联想到乌桓"耕种常用布谷鸣为候。地宜青穄、东墙"[5]的记载。虽然未出土农具，他们也可能在河谷地带经营粗放农业作为饮食结构的补充。因为骨骼中的 δ^{15} 表明井沟子居民食物中包含了大量的肉食或鱼类[6]。整体而言，井沟子居民采用定居游牧的方式，属于半游牧，与王明珂讨论的"森林草原游牧的乌桓与鲜卑"有很多共性，与近代嫩江流域达斡尔族和柯尔克孜族的"草甸畜牧"[7]也相似。

井沟子墓地除带领罐和叠唇双耳罐形制有别外，"在葬俗和其他随葬品的形制与组合方面的总体差异并不明显"，而且墓葬"相互之间无打破关系，墓葬的形制、结构、葬俗及出土遗物的风格比较一致，应属同一时期"[8]。这处墓地延续时间大致在战国前中期的一百多年内，比照出土的 133 例人骨个体，当时的常年人口大致在数百人，略相当于乌桓的一个"邑落"。

乌桓"邑落各有小帅，不世继也。数千百落自为一部"[9]。马长寿将乌桓社会组织拟定为部、邑落、帐落群、帐幕四个层次，推测"乌桓每一邑落当有人口一百几十人至二百几十人"，约合二、三十户）[10]。邑落包括若干帐落群，帐落群由数个或十数个帐幕

---

① 《林西井沟子》第 29 页。

② 历史上尚无驯养马鹿的记载。参见汤卓伟：《环境考古学》，科学出版社，2004 年，第 229 页。

③ 《林西井沟子》第 341 页。

④ 《林西井沟子》第 329、330、367 页。

⑤ 《三国志·魏书·乌丸鲜卑东夷传》注引王沈《魏书》："俗识鸟兽孕乳，时以四节，耕种常用布谷鸣为候。地宜青穄、东墙，东墙似蓬草，实如葵子，至十月熟。"

⑥ 《林西井沟子》第 329 页。

⑦ 郑君雷：《关于游牧性质遗存的判定标准及其相关问题》，《边疆考古研究》（第 2 辑），科学出版社，2004 年。

⑧ 《林西井沟子》第 22、28 页。

⑨ 《三国志·魏书·乌丸鲜卑东夷传》。

⑩ 马长寿：《乌桓与鲜卑》，上海人民出版社，1962 年，第 120、121、139 页。

组成,相当于古代和近代蒙古族的"阿寅勒"①,有人形象地称之为牧庄或牧团;古代蒙古族由几个"阿寅勒"联合起来的地缘游牧组织称为"鄂托克",大体就是乌桓的邑落公社。井沟子居民的牧业组织大抵如此。

五、写在《林西井沟子》边上

近年来,中国北方游牧民族考古研究大有进展,有些是突破性的。学术界逐渐以"专化的经济、社会结构以及与外在世界的互动模式"②来理解北方游牧社会的形成及维系,一些新鲜认识含苞蓄芳,《林西井沟子》的出版适逢其时。我们在阅读报告时对北方游牧民族考古研究还有些想法,赘言在此。

民族志中,东非热带草原、北非和阿拉伯沙漠、小亚和中亚山区、欧亚大陆草原、西藏高原等地游牧民的生业方式和社会组织有很大差别③,苏联学者哈扎诺夫(A. M. Khazanov)以为欧亚草原最普遍的游牧经济形式是农业作为辅助手段与放牧牲畜相依随,实际上是半游牧的特征④。考古学者需要细致地捕捉地理环境、畜种构成、迁移、居住和放牧方式、辅助生计以及社会组织等信息,不能机械地理解古代北方游牧社会。王明珂《游牧者的抉择》就是很好的例子,其对考古材料和历史文献的人类学解读更让人大开眼界。

我们认为,文献史料中的东胡、匈奴、鲜卑、突厥、契丹、蒙古这类北方游牧民族集团,未必以血缘传承和文化传统这类天然性的根基元素凝聚在一起,而是由所处的社会环境产生多重和变化的族群认同,其实是"情境"族群,即政治利益的联合和依附、武力的征服和吞并,或者仅仅是攀附,同一名号下的人群集团的考古学文化面貌甚至有较大差别⑤。在这种情况下,考古学文化族属研究的基本出发点在于寻找"根基性"的族群本体,如同匈奴族源研究的实质"就是考虑冒顿赖以建立联盟的核心力量,究竟是具有什么样体质特征和文化特点的某一个或某几个较小族团"⑥。除了确定族属以外,还应该通过文化因素分析关注各种层面"情境族群"的建构过程。

杨建华考察北方长城地带春秋战国时期的葬俗,认为"从牲畜数量和牲畜种类看,整个北方地区的西部,即内蒙古西部和甘宁地区(庆阳除外)的游牧化程度最高;北方地区的东部游牧化程度不太发达","冀北与内蒙古东部地区墓葬随葬陶器的数量远

---

① 北方游牧民普遍采取牲畜分类编群合牧的放牧方式;而且草场公有,尤其是血亲关系可以在不稳定的自然环境中提供一种经济安全网络,因此牧户往往由两、三代核心家庭或近亲从居,结成互助性的基层牧业组织,近现代蒙古族通常称为"阿寅勒",柯尔克孜族称为"阿寅勒"或"阿依尔",哈萨克族称为"阿吾勒"或"阿乌尔"。

② 王明珂:《鄂尔多斯及其邻近地区专化游牧业的起源》,《历史语言研究所集刊》第六十五本,第二分,1994年。

③ Thomas J. Barfield. The Nomadic Alternative, Prentice-Hall, Inc. A Simon & Schuster Company, 1993.

④ Nicola Di Cosmo. The Economic Basis of the Ancient Inner Asian Nomads and its Relationship to China. Journal of Asian Studies, 1994, 53 (4).

⑤ 郑君雷:《文化人类学的族群认同与考古学文化的族属研究》,《思想战线》2007年第4期。

⑥ 林沄:《关于中国的对匈奴的族源的考古学研究》,《林沄学术文集》,中国大百科全书出版社,1998年。

远多于内蒙古西部和甘宁地区。游牧化程度不仅与陶器的多少有关，而且可能与墓地的规模有一定关系。冀北地区的墓地数量多，规模大，凉城地区次之，固原地区再次之"[1]。王明珂也注意到鲜卑、乌桓对畜产的依赖不及匈奴与西羌，加上井沟子的材料，认识长城地带东部早期游牧文化的特征似乎有了相当的把握。而未能充分考虑北方长城地带东段游牧化程度不发达的特点，以及种种文化变迁，可能也是对汉魏乌桓遗存不能形成共识的原因之一。

随着林西井沟子、和林格尔新店子[2]等新材料的发现，春秋中晚期至战国前期南下的北亚蒙古人种[3]及其畜牧经济类型对北方长城地带游牧文化带形成过程的冲击超出前些年的估计。"兼营牧羊业和农业的异族诸社会群体在中原和游牧地区起了缓冲器的作用"[4]。美国学者拉铁摩尔（O. Lattimore）视长城沿线的辽西、内蒙古、甘肃等边缘地带为各种典范与秩序的"贮积区"，认为"不但典型的北方草原游牧社会源出于此边缘地带的农牧混合经济人群，后来在历史上统一北方草原或更南下统一中原的部族，也多出于此地域"[5]。咀嚼"缓冲器"和"贮积区"的内涵，可以更好地体味北方长城地带的历史作用。而即便是游牧文化带形成以后，北方长城地带仍然在很大程度上表现出混合经济区的特征，这一点值得重视。

原载《考古》2013 年第 12 期，马艳、郑君雷合作

① 杨建华：《春秋战国时期中国北方文化带的形成》，文物出版社，2004 年，第 126 页。

② 内蒙古文物考古研究所：《内蒙古和林格尔县新店子墓地发掘简报》，《考古》2009 年第 3 期。

③ 张全超称为"内蒙古高原类型"。参见张全超：《内蒙古和林格尔县新店子墓地人骨研究》，科学出版社，2010 年，第 89 页。

④ Nicola Di Cosmo. The Northern Frontier in Pre-imperial China. The Cambridge History of Ancient China from the Origins of Civilization to 221 B.C., Chapter Thirteen. Cambridge University Press, 1999: 892. 转引自林沄：《柯斯莫〈中国前帝国时期的北部边疆〉述评》，《林沄学术文集》（二），科学出版社，2008 年。

⑤ Owen Lattimore. Inner Asian Frontiers of China. Oxford: Oxford University Press, 1988: 514-549. 转引自王明珂：《游牧者的抉择——面对汉帝国的北亚游牧部族》，广西师范大学出版社，2008 年，第 234 页。

在把握乌桓社会经济形态的
基础上探寻其遗存

——读《游牧者的抉择——面对汉帝国的北亚游牧部族》札记

一

大概是 2000 年，我见到林沄先生从台湾带回的《华夏边缘》，觉得很有意思，于是复印了一本拜读。参加林先生主持的"北方长城地带游牧文化带形成"课题时，写了一篇关于游牧性质遗存判定标准的文章[①]，受到这本书和王明珂先生相关论文[②]的很多启发。在王明珂研究思路的指导下，前些年我对乌桓的游牧经济和社会形态作了些考虑，大致是从畜种组合、劫掠季节和邑落公社等游牧组织的层级，以及与鲜卑关系的考察出发，提出乌桓畜牧规模比较小、移动性不强，并且存在经济文化类型的变迁，写成一篇题为《乌桓的游牧经济和社会形态》的小文。

2008 年读到王明珂先生的《游牧者的抉择——面对汉帝国的北亚游牧部族》[③]。这是一部"非凡拨俗"（罗丰语）的"跨越历史学、人类学的经典制作"（荣新江语），还原了"我们历史经验中"不同于"中国乡土定居性理论"的"另类元素"（王铭铭语意），让读者眼界大开。其中第五章即是《森林草原游牧的乌桓与鲜卑》，书中对乌桓的游牧经济和部落社会有着周详论述，洞见深刻，对乌桓民族史和考古学研究的意义自不待言。

当初写那篇小文主要有两个目的。其一是感悟到社会人类学者关于游牧社会的研究对于考古学有重要启迪，在一篇文章结尾我写道，在探讨中国游牧业的起源问题时"提倡考古学者参与对中国现代游牧族群的民族学调查，以全面深入地把握北方游牧社会的特质"，"借鉴西方社会人类学对游牧社会的研究成果，在把握中国北方游牧社会特质的基础上，以新视角对历史文献再阅读，当有新理解和新启示"[④]。其二是为寻找陷

---

① 郑君雷：《关于游牧性质遗存的判定标准及其相关问题》，《边疆考古研究》（第 2 辑），科学出版社，2004 年。
② 王明珂：《匈奴的游牧经济：兼论游牧经济与游牧社会政治组织的关系》，《历史语言研究所集刊》第六十四本，第一分，1993 年；王明珂：《鄂尔多斯及其邻近地区专化游牧业的起源》，《历史语言研究所集刊》第六十五本，第二分，1994 年。
③ 王明珂：《游牧者的抉择——面对汉帝国的北亚游牧部族》，广西师范大学出版社，2008 年。下文简称《游牧者的抉择》。
④ 郑君雷：《西方学者关于游牧文化起源研究的简要评述》，《社会科学战线》2004 年第 3 期。

于迷雾中的乌桓遗存开阔思路。

那篇小文是班门弄斧的尝试之作，只是在讲课中提及一些观点，未曾发表。现结合阅读《游牧者的抉择》时的一些想法，对旧稿加以删改。着眼点主要是第二个问题，我以为，对汉代乌桓社会经济形态的准确把握和辩证认识，是探寻确认乌桓遗存的前提。

二

研究北方民族史和北方民族考古的学者，率以汉代乌桓为游牧族群。"俗善骑射，弋猎禽兽为事。随水草放牧，居无常处。以穹庐为舍，东开向日。食肉饮酪，以毛毳为衣"[①]，这些习俗是历史上北方游牧族民在人们心目中的一般意象。但是社会人类学家告诉我们，各地游牧族群的生业方式和政治组织仍有重大差别，王明珂对汉代北方游牧部族的精彩研究就是注脚。而且学术界对"游牧"概念的理解也不尽相同，阿纳托利·哈扎诺夫（Anatoly M. Khazanov）就以为欧亚草原最普遍的游牧经济形式实际上是半游牧的特征[②]。

从牲畜组合及其与经济生活、政治组织的适应方面研究游牧社会是社会人类学家的重要着眼点[③]。历史上北方游牧民饲养马、牛、山羊、绵羊、骆驼、驴、骡等牲畜。这些牲畜依用途可以分为三类，作为消费或用以贸易的生产性牲畜绵羊、山羊、牛；运输性牲畜马、驴和骆驼；以及警戒性动物犬[④]，牧民通过控制畜群规模和畜种比例，力图构建肉、奶和皮毛产量的平衡，以维系游牧社会的生存发展[⑤]。

由于生产生活中的互补性，以及对自然环境的适应性不同，复合畜种较之单一畜种更能够满足北方草原上的游牧生活[⑥]。这其中，马和绵羊的组合已经构成北方部族游牧生活的基础，马是北方草原的主导畜种，绵羊数量最大，"突厥兴亡，唯以羊马为准"[⑦]，近现代西北和北方游牧民将马和绵羊"尊列为大家畜和小家畜之首并作为代表"[⑧]，说的就是这种情况。换言之，缺乏马或绵羊的牲畜组合则暗示着游牧在经济生活中位置未必很重要。

---

① 《后汉书·乌桓鲜卑传》。

② 哈扎诺夫认为欧亚草原最普遍的游牧经济形式是农业作为辅助手段与放牧牲畜相依随。参见 Nicola Di Cosmo. Ancient Inner Asian Nomads: Their Economic Basis and its Significance in Chinese History. The Journal of Asian Studies, 1994, 53 (4).

③ 郑君雷：《西方学者关于游牧文化起源研究的简要评述》，《社会科学战线》2004 年第 3 期。

④ Thomas J. Barfield. The Nomadic Alternative. Prentice-Hall, Inc. A Simon & Schuster Company, 1993.

⑤ 参见包曙光：《中国北方地区夏至战国时期殉牲研究》，吉林大学博士学位论文，2014 年，第 137、139～140 页。论文介绍了英国学者塞巴斯蒂安·佩恩根据土耳其民族志中有关羊及次级产品开发情况提出的动物屠宰模式。

⑥ 郑君雷：《关于游牧性质遗存的判定标准及其相关问题》，《边疆考古研究》（第 2 辑），科学出版社，2004 年。

⑦ 《旧唐书·郑元璹传》。

⑧ 杨庭瑞：《游牧业的四要素》，《新疆社会科学》1995 年第 2 期。

王明珂注意到，汉军掳获鲜卑、乌桓牲畜的记述与"匈奴与西羌之例"明显有异——不记载获得牲畜的种类和数量，而且"汉军由乌桓、鲜卑那儿有几次掳获牲畜记录中只有马、牛，而无羊，这也不同于匈奴、西羌被掳获的牲畜记录中几乎皆有羊"，可以说明"鲜卑、乌桓不如匈奴与西羌那样依赖畜产，或者他们的畜产可能较少。特别是需要人力照管的羊"[①]。这是讨论乌桓社会经济形态和探索乌桓遗存的一条非常重要的线索。

《后汉书》中汉军击破乌桓的记载没有提及掳获牲畜的情况（包括西汉昭帝时范明友"斩首六千余级，获其三王首"[②]和曹操北征三郡乌桓这样的大规模军事行动），不但与击破匈奴、西羌的记述大异旨趣，甚至与击破鲜卑的记述（讲到掳获牛羊、牛马等）也不同[③]。乌桓的畜种组合（牛马羊）缺乏驴、骡、骆驼这类承负运输的驮畜，王沈《魏书》中移动性较差的牛在乌桓社会生活中显得很重要，而且文献中没也有提到过乌桓的车子（车辆用于移营）[④]。

联系杨建华关于春秋战国时期"冀北地区羊很少，不是发达畜牧经济的特点，尤其是冀北东部未见殉牲的羊"[⑤]的认识，以及奚族考古学文化显示的特征[⑥]，可以认为历史上北方长城地带东段（冀北和文化史上的辽西地区）游牧部族的社会经济形态具有自身特点。北方游牧族群的社会经济具有多样化特征，所以王明珂将"森林草原游牧的乌桓与鲜卑"与"草原游牧的匈奴"和"高原河谷游牧的西羌"并列为北方部族的三种游牧形态。

三

王明珂将游牧人群的劫掠分为生态性（生计性）和战略性两种，前者是为了直接获取生活资源，因而必须配合游牧经济的季节活动，"一般行于秋季或初冬"；后者是为了威慑定居国家以遂其经济或政治目的，往往不定期发生。他认为，"虽然匈奴对外劫掠发生在秋季较多，但更重要的是他们在四季皆可能发动攻击"，"西羌在冬季不敢攻击中国，一方面是因为此时他们的马羸弱，一方面是因为恐怕青壮年尽出时，留守的部落妇孺会受到其他部落攻击"[⑦]。

---

① 《游牧者的抉择》第 201 页。

② 《后汉书·乌桓鲜卑传》。

③ 《后汉书·乌桓鲜卑传》记元初六年（119 年）秋汉军出塞，"获生口及牛羊财物甚众"；永建二年（127年）春汉军出塞，"斩首数百级，大获其生口牛马什物"；永建六年（131 年）冬渔阳太守遣乌桓击鲜卑，"斩首八百级，获牛马生口"。

④ 《后汉书·南匈奴传》记"建康元年（144 年），乌桓七十万余口皆诣寇降，车重牛羊不可胜数"。马长寿指出此七十万余口当指匈奴、羌和乌桓诸族，而以匈奴左部为主。见马长寿：《乌桓与鲜卑》，上海人民出版社，1962年，第 138 页，注释 2。

⑤ 杨建华：《春秋战国时期中国北方文化带的形成》，文物出版社，2004 年，第 126 页。

⑥ 参见毕德广：《奚族文化研究》，中国人民大学博士学位论文，2012 年。

⑦ 《游牧者的抉择》第 135～136 页；另见王明珂：《匈奴的游牧经济：兼论游牧经济与游牧社会政治组织的关系》。

　　匈奴游牧帝国与西羌分散性部落结构的政治组织差异，关乎他们发动劫掠的季节差异。檀石槐联盟已初具国家形态，在其建立（桓帝时期）前、后鲜卑劫掠季节的明显变化①，更能够看出政治组织在其中发挥的作用。发动劫掠亦与牧业生产的季节性有关联，春季接羔、照料羊羔时牧民最为忙碌，一般不会有闲暇发动攻击，这也有助于从侧面判断生计中依赖牲畜的程度。

　　乌桓劫掠不多，规模似亦不及匈奴、鲜卑。西汉昭帝时乌桓"数复犯塞"②，东汉建武年间是乌桓劫掠较集中的时段，与渔阳乌桓的强盛有关③。《后汉书·乌桓鲜卑传》记载乌桓寇塞次数不多④，这些劫掠有些未记述发动季节，基本看不出规律性，并且常与匈奴、鲜卑联合行动（见表一）。虽然王明珂以"乌桓与汉帝国间更有一种紧密的交换关系"、"较重视与汉的互市关系"来解释"乌桓对汉帝国的掠边事件较少"⑤，但是我相信另一种可能性同时存在，即乌桓对牲畜的依赖不及匈奴，对于补充牲畜和人口的需求并不强烈⑥。

表一　东汉乌桓劫掠季节统计

时间＼季节	春	夏	秋	冬	不详	引文	资料来源
建武四年（28 年）前后					*	"乌桓、鲜卑屡寇外境"	《耿弇列传》
建武十三年（37 年）					*	"卢芳与匈奴、乌桓连兵"	《王霸列传》
建武十七年（41 年）前后					*	"匈奴、鲜卑及赤山乌桓连和强盛，数入塞杀略吏人"	《祭遵列传》
建武三十年（54 年）					*	"时渔阳赤山乌桓歆志贲等数寇上谷"	《鲜卑列传》
永初三年（109 年）		*				"乌桓寇代郡、上谷、涿郡"	《安帝纪》
阳嘉四年（135 年）				*		"乌桓寇云中"	《顺帝纪》
永和五年（140 年）			*			"句龙吾斯等东引乌桓，西收羌胡，寇上郡"	《顺帝纪》
延熹九年（166 年）		*				"南匈奴及乌桓、鲜卑寇缘边九郡"	《桓帝纪》

四

　　乌桓"常推募勇健能理决斗讼相侵犯者为大人，邑落各有小帅，不世继也。数

　　① 《游牧者的抉择》第 209～212 页。书中"史籍所见鲜卑入寇汉帝国的发生季节"统计表（表七）还可以补充中平二年（185 年）和中平三年（186 年）两次事件，事见《后汉书·灵帝纪》，入寇季节不详。

　　② 《三国志·魏书·乌丸鲜卑东夷传》注引王沈《魏书》。

　　③ 《后汉书·乌桓鲜卑传》记"光武初，乌桓与匈奴连兵为寇，代郡以东尤被其害"；同书《铫期王霸祭遵传》记祭肜事，"当是时，匈奴、鲜卑及赤山乌桓连和强盛，数入塞杀略吏人"。

　　④ 《资治通鉴》还有其他记载，例如建武二十一年（45 年）"乌桓与匈奴、鲜卑连兵为寇，代郡以东尤被乌桓之害"（《汉纪三十五》），永初元年（107 年）"渔阳乌桓与右北平胡千余族寇代郡、上谷"（《汉纪四十一》）。

　　⑤ 《游牧者的抉择》第 209 页。

　　⑥ 王明珂认为匈奴劫掠中补充牲口及人力较其获取农产品更为重要（补充畜产以应对生活需要、对外交换及自然损失；补充人口以调适游牧人力支配）。参见王明珂：《匈奴的游牧经济：兼论游牧经济与游牧社会政治组织的关系》，《历史语言研究所集刊》第六十四本，第一分，（台湾）"中央研究院"，1993 年。

百千落自为一部，……氏姓无常，以大人健者名字为姓。大人已下，各自畜牧治产，不相徭役”①，马长寿先生将乌桓的这种社会组织称为邑落公社，并对乌桓社会的层级结构及其人口规模进行了讨论。

汉末幽州四郡乌桓部众约一万六千落②。马长寿依据景初元年（237 年）秋右北平乌丸单于寇娄敦等五千余人降，“封其渠帅三十余为王”③ 或“封其渠率二十余人为侯、王”④ 的记载，设此渠帅为邑落小帅，推断“乌桓每一邑落当有人口一百几十人至二百几十人”；依内田吟风的认识以匈奴和鲜卑每户口数以七人计，“大约古代乌桓每邑落约有二、三十户”。费解的是，马长寿先是说汉末幽州四郡乌桓“从最少的八百多落到最多的九千多落”是各部大人管辖的邑落数目，后面又说幽州乌桓“此所谓落，不是邑落，乃是指由若干个帐户组成的帐落群而言”⑤。不过通览文意，马长寿实际上是将乌桓的社会层级拟定为四个层次：即，帐幕（家庭）——帐落群——邑落——部。

王明珂认为“汉代辽西及邻近地区的乌桓与鲜卑社会可能包括几个主要层次：家庭——牧团——部落（邑落）——部落联盟（部）”⑥。其依据是建武二十五年（49 年）“辽西乌桓大人郝旦等 922 人率众来降于汉帝国。汉朝庭封其‘渠帅’81 人为王侯。在此例中，显然渠帅 81 人之下还有 800 多位下级豪长”，“每一渠帅平均领有下级豪长约 10 人左右。此下级豪长应便是牧团的领袖。也就是说，渠帅所统领的相当一部落；一部落又由 10 个上下的牧团所构成”⑦。

比较马长寿和王明珂对乌桓社会层级的推拟，其基层两级的帐幕（家庭）和牧团（帐落群）一致，而且推拟的人口规模也没有质的差别。同样是根据景初元年右北平乌丸单于寇娄敦等率众五千余人来降的记载，王明珂以每一渠帅领有 10 个牧团计算，“那么一牧团便是十余至二十余人；若以一户 5 口计算，约为 3～5 帐”⑧。马长寿以为“每落约有二十余口”⑨（按，此处指帐落群），若以每户 5～7 人计算，亦约是 3、5 个帐幕。

帐幕（家庭）和牧团（帐落群）之上，王明珂认为即是“部落”（或“邑落”），即

① 《三国志·魏书·乌丸鲜卑东夷传》注引王沈《魏书》。
② 《三国志·魏书·乌丸鲜卑东夷传》记“汉末，辽西乌丸大人丘力居，众五千余落，上谷乌丸大人难楼，众九千余落，各称王，而辽东属国乌丸大人苏仆延，众千余落，自称峭王，右北平乌丸大人乌延，众八百余落，自称汗鲁王”。
③ 《三国志·魏书·乌丸鲜卑东夷传》注引鱼豢《魏略》。
④ 《三国志·魏书·毌丘俭传》。
⑤ 马长寿：《乌桓与鲜卑》，上海人民出版社，1962 年，第 120、121、139 页。
⑥ 《游牧者的抉择》第 218 页。
⑦ 《游牧者的抉择》第 214 页。按，王明珂此处掺杂《后汉书》和《资治通鉴》的记述。《后汉书·乌桓鲜卑传》记建武二十五年“辽西乌丸大人郝旦等九百二十二人率众向化，诣阙朝贡”；《资治通鉴·汉纪三十六》记建武二十五年“辽西乌桓大人郝旦等率众内属，诏封乌桓渠帅为侯、王、君长者八十一人”。此事在《三国志·魏书·乌丸鲜卑东夷传》注引王沈《魏书》中被记为“建武二十五年，乌丸大人郝旦等九千余人率众诣阙，封其渠帅为侯王者八十余人”。
⑧ 《游牧者的抉择》第 215 页。
⑨ 马长寿：《乌桓与鲜卑》，上海人民出版社，1962 年，第 139 页。马长寿此处当是依据内田吟风的认识，即以乌桓一“落”约有二十余口，由 2～3 户（穹庐）组成。参见《游牧者的抉择》第 215 页注释 31。

"汉晋文献中所称乌桓、鲜卑的'邑落',相当于许多游牧社会中不同层级的部落"①,马长寿则认为"部"下有"邑落"。王明珂讲的"部落(邑落)"相当于马长寿讲的"邑落"和"部",是指主要建立在血缘认同基础上的一级社会组织,王明珂讲的部落联盟(部)是指主要建立在政治认同基础上的更高一级社会组织,其实不矛盾。就乌桓而言,在血缘层面确实存在"部"下面的"邑落"层次。统领"十余至二十余人"的牧团领袖(下级豪长)不宜称为"邑落小帅",领有"10个上下的牧团"的"渠帅"或可以参差比附,这一层级也就是乌桓邑落。马长寿前面推断"乌桓每一邑落当有人口一百几十人至二百几十人",大概相当于汉印中见到的"汉乌桓归义佰长"②的部众。

王明珂认为"落"是乌桓社会组织中的最小单位③是正确的。马长寿有时将"落"理解为帐落群,"依前文推算每落约有二十余口,则此一万六千落之乌桓人口当为三十多万",各部似乎规模偏大。"落"就是"帐","帐者,犹中国之户数也"④。如果将"落"理解为家户(帐幕),以一户5~7人计算,则幽州四郡乌桓合计约8万~11万余人,四部"大人"平均各自统领2万~3万人,似乎较为合理(王明珂曾经举过两个例子⑤,建初八年北匈奴三木楼訾部降汉,率众三万八千人⑥;太康八年匈奴都督降晋,率众一万一千五百口⑦)。

五

前述,在以"辽西乌桓大人郝旦降附"的例子讨论乌桓的社会层级时,王明珂取《后汉书·乌丸传》"九百二十二人率众向化"的记述,而此事在王沈《魏书》中记为"乌丸大人郝旦等九千余人率众诣阙,封其渠帅为侯王者八十余人"。若是依从王沈《魏书》,九千余人当是整个部落内附,但是《后汉书》的922人甚至精确至个位,当有所本。能够讲通的解释是,以此九千余人为一部,以922人为下级豪长(牧团领袖),则每个牧团恰为10余人,王明珂拟定的牧团规模适可得以验证。

《三国志·乌丸鲜卑东夷传》见有渔阳、右北平、雁门乌丸率众王无何和辽西乌丸都督率众王护留叶,注引《英雄记》见有辽东属国率众王颁下、乌丸辽西率众王蹋顿、右北平率众王汗庐;汉印见有"汉保塞乌桓率众长"、"汉保塞乌丸率众长"、"新保塞乌桓□黎邑率众侯印"、"汉乌丸归义仟长"、"汉归义乌桓仟长"、"汉乌桓归义佰长"

---

① 《游牧者的抉择》第216页。按,内田吟风推算乌桓每"落"的规模(20余口和2~3穹庐)正确,但是以"落"为帐落群则误。参见《游牧者的抉择》第215页注释31。

② 郭俊然:《论出土资料所见的汉代少数民族职官》,《三峡大学学报》(人文社会科学版)2014年第4期。

③ 《游牧者的抉择》第216页。

④ 《后汉书·西域传》。

⑤ 王明珂:《匈奴的游牧经济:兼论游牧经济与游牧社会政治组织的关系》,《历史语言研究所集刊》第六十四本,第一分,1993年。

⑥ 《后汉书·匈奴传》。

⑦ 《晋书·四夷传》。

等名目①。这些名号能够分为"率众"（王）、"保塞率众"（长、侯）和"归义"（仟长、佰长）三级，约略就是乌桓渠帅中的"侯、王、君长"②之属，当与乌桓的社会组织层级存在某种对应关系。

至此可以推设，乌桓部落由二三十或者更多邑落组成，每一邑落包括 10 来个帐落群，每个帐落群由数个至十数个帐幕组成；所谓合"数百千落自为一部"，是指以血缘纽带为基础的"部"，或者是以政治依附为基础的"部落联盟"。帐落群相当于古代蒙古族的"阿寅勒"，即《游牧者的抉择》中讲到的图瓦等部族的"阿乌尔"；邑落是由几个"阿寅勒"联合起来的地缘游牧组织；部落相当于古代蒙古族的"鄂托克"、"古列延"这类组织，由数百上千庐落组成，即俄国学者 Vladimirtsov 所说的"库伦"（Kuriyen）。

从东非至欧亚草原，随着游牧族群政治集权程度的渐次增强和社会复杂程度的渐次增加，移动性亦逐次增大（东非牧民居住棚屋，园艺栽培很普遍，移动性最弱）③，这一趋势与游牧族群周边区域国家形态的发育程度呈正态关联，从中能够观察到游牧族群社会经济形态与周邻社会的互动协调关系。乌桓与汉王朝互动协调的社会环境大体分为几个阶段。游牧于西拉木伦河流域的乌桓"常臣伏匈奴"；武帝时南迁五郡塞外，在"护乌桓校尉"的羁縻下"为汉侦察动静"④。建武年间渔阳乌桓强盛，可能出现松散的部落联盟，但是旋为鲜卑击破，或者依附鲜卑，或者入居边郡。汉末三郡乌桓的部落联盟只是短暂维系，首领虽已世袭⑤，但是乌桓峭王"大会群长"⑥决定重大事宜的方式说明并不存在绝对威权的领袖。

初期乌桓"推募"部落大人、"不世继"、"氏姓无常，以大人健者名字为姓"、"不相徭役"⑦，颇类似于东非游牧社会（王明珂亦认为"在婚姻与女性之社会角色上，乌桓、鲜卑显然接近东非的半游牧社会"⑧）。汉末三郡乌桓的部落联盟或可以与北非和阿拉伯沙漠游牧族群的政治组织相比拟。展开一步说，檀石槐的鲜卑联盟与伊朗和安纳托利亚高原游牧族群的政治组织较为相似，匈奴则是一个游牧帝国。在这些意义上也暗示出乌桓的移动性不会很强。

六

游牧族群的移动程度决定于环境、社会和经济条件，这些条件也决定着他们对畜

① 郭俊然：《论出土资料所见的汉代少数民族职官》，《三峡大学学报》（人文社会科学版）2014 年第 4 期。
② 《资治通鉴·汉纪三十六》记建武二十五年封内属乌桓渠帅"为侯、王、君长者八十一人"。
③ Thomas J. Barfield. The Nomadic Alternative. Prentice-Hall, Inc. A Simon & Schuster Company, 1993.
④ 《后汉书·乌桓鲜卑传》。
⑤ 《三国志·魏书·乌丸鲜卑东夷传》："后丘力居死，子楼班年小，从子蹋顿有武略，代立，总摄三王部，众皆从其教令。……后楼班大，峭王率其部众奉楼班为单于，蹋顿为王。"
⑥ 《三国志·魏书·牵招传》。
⑦ 《三国志·魏书·乌丸鲜卑东夷传》注引王沈《魏书》。
⑧ 《游牧者的抉择》第 215 页注释 31。

牧业的依靠程度，游牧民的"迁移方式"和"畜牧生计"在不同年份也可能有很大差别。断不能以为汉代乌桓的游牧经济必然是"随水草放牧，居无常处"、"以穹庐为舍"、"食肉饮酪，以毛毳为衣"谱就的毡乡春秋。

季节轮牧是历史上中国北方游牧民最为常见的牧业经营方式[1]，王明珂怀疑巴林左旗南杨家营子遗址[2]可能是早期辽西游牧人群的"冬场"[3]，这是考古学上非常有意义的推测。西汉前期乌桓最有可能采取季节轮牧的游牧方式，即选择四季牧场作为固定营盘；或者在夏、秋牧场上游牧，在冬、春牧场上定居放牧。西拉木伦河流域宜农宜牧，兴隆洼、富河、赵宝沟、红山诸新石器文化遗址普遍出土农业工具，很早就得以开发，西汉前期的乌桓或许普遍性地存在粗放农业。不过，与匈奴可以组织某些人群或者集中在某些地区专门从事农业活动不同[4]，早期乌桓松散的邑落组织不可能有计划地调控农业生产。

西汉幽州障塞线是以武帝长城为基础防线，某些地段可能与更北的燕秦故塞相互配合[5]。匈奴左部"直上谷以往者，东接秽貉、朝鲜"[6]，与乌桓大致以上谷分野；汉魏时期鲜卑发展的大态势是自东北方向渐次南移近塞。武帝时南迁五郡塞外的乌桓被匈奴、鲜卑和西汉边塞挤压，大体活动在冀北坝上高原和热河山地，形势局促，游牧地域不及西拉木伦河流域辽阔。

王沈《魏书》记述的乌桓习俗最有可能是五郡塞外时期，"耕种常用布谷鸣为候。地亦青穄、东墙，东墙似蓬草，实如葵子，至十月熟，能作白酒"，"大人能作弓矢鞍勒，锻金铁为兵器，能刺韦作文绣，织缕毡毹"，农业和手工业成分较大，移动性也在减弱，此时乌桓可能已经定居游牧。马长寿注意到"幽州乌桓从古以来经济条件比较优越，他们经常以本地的物产与汉贸易，此亦汉、乌桓关系比较良好和该地乌桓发展比较顺利的重要原因"[7]。五郡塞外时期的乌桓可以通过互市代替劫掠，游牧社会的维系条件实际优于西拉木伦河流域。

东汉建武年间塞外乌桓"居止近塞，朝发穹庐，暮至城郭"[8]，游牧空间更有限，应当还是以定居游牧为主。在幽州方向，所谓入塞乌桓越过武帝长城障塞推进到滦河中

① 郑君雷：《关于游牧性质遗存的判定标准及其相关问题》，《边疆考古研究》（第2辑），科学出版社，2004年。
② 中国科学院考古研究所内蒙古工作队：《内蒙古巴林左旗南杨家营子的遗址和墓葬》，《考古》1964年第1期。南杨家营子遗址的文化属性引起过讨论，参见乔梁：《鲜卑遗址的认定与研究》，《中国考古学的跨世纪反思》，香港商务印书馆，1997年；郑君雷：《早期东部鲜卑与早期拓跋鲜卑族源关系概论》，《青果集——吉林大学考古系建系十周年纪念文集》，知识出版社，1998年；林沄：《内蒙古地区鲜卑墓葬的发现与研究》序，科学出版社，2004年。
③ 《游牧者的抉择》第204页。
④ 王明珂：《匈奴的游牧经济：兼论游牧经济与游牧社会政治组织的关系》，《历史语言研究所集刊》第六十四本，第一分，1993年。
⑤ 西汉长城在冀北地区大致沿北纬41°40′横贯丰宁、滦平、隆化、承德诸县，在辽西地区约当北纬40°的老哈河、英金河、教来河、新开河一线。参见王绵厚：《秦汉东北史》，辽宁人民出版社，1994年，第122、218、219页。
⑥ 《史记·匈奴传》。
⑦ 马长寿：《乌桓与鲜卑》，上海人民出版社，1962年，第139页。
⑧ 《后汉书·乌桓鲜卑传》。

游和大凌河中上游①。这里已经远离草原，又处在"护乌桓校尉"监控之下，入塞乌桓的定居性必然大为加强，畜牧方式可能向着终年不迁移的定居定牧转化。民族志中，在人口多、牲畜少，或者牧场狭小不够季节调剂的地区以及半农半牧地带，往往实行这种牧业经营方式，清代迁移到嫩江平原的柯尔克孜族经济生活的变化与此有些相似②。

"三郡乌丸承天下乱，破幽州，略有汉民合十余万户"③，汉末乌桓混杂大量汉人流民。三郡乌桓的政治联盟和军事行动更具有觊觎中原的政治目的，与匈奴国家和檀石槐联盟以劫掠寇抄调适游牧经济的情形有着本质差别。乌桓与汉人流民已经混杂在一起④，不可能都从事牧业。王明珂将长城沿边的汉人称为"牧业农人"⑤，将此时农牧并举的乌桓称为"农业牧人"颇觉贴切。曹操击破三郡乌桓，"其余众万余落，悉徙居中国"⑥，当然也会考虑到乌桓对农区的适应性。乌桓与汉民融合之快，也本乎此。

七

文献史料对于乌桓游牧经济的刻板记述，出自对于游牧社会持久深刻的偏见，比如"纯粹的游牧人"神话——"他们嗜食肉、牛奶和血，憎恨农夫、农耕和谷物，通常厌恶定居生活，不肯与村庄、城市发生联系，除非去劫掠和焚毁"⑦，这一点西方和东方概莫能外。还可能与乌桓在游牧经济和社会生态发生变迁之后仍然持有的"牲畜至上"的文化倾向性有关⑧。

王沈是晋人，可能感受到乌桓的文化倾向性，在记述中突出了游牧特征。或者汉魏之际仍然有一些"逐水草"的乌桓游牧部落。不过能够肯定，随着地理条件和社会环境的变化，汉代乌桓的游牧经济整体上发生过重大变迁。历史上北方游牧民转向农耕的例子很多，转型之快出乎一般想象，蒙地放垦就是一个很好的事例⑨。乌桓游牧经济的变迁只不过是对自然环境和社会环境变化的适应。

---

① 两汉之际幽州边塞郡县或弃或徙，东汉右北平郡已经被压缩至渤海湾西岸的狭长地带，安帝以后的辽西边塞逐渐内收至大凌河以南的近海腹地。参见王绵厚：《秦汉东北史》第四章和第七章，辽宁人民出版社，1994年。
② 参见新疆维吾尔自治区丛刊编辑组：《黑龙江省富裕县柯尔克孜族调查报告》，《柯尔克孜族社会历史调查》，新疆人民出版社，1987年。
③ 《三国志·魏书·武帝纪》。
④ 《三国志·魏书·武帝纪》记曹操击破三郡乌桓，"胡、汉降者二十余万口"。
⑤ 王明珂：《匈奴的游牧经济：兼论游牧经济与游牧社会政治组织的关系》，《历史语言研究所集刊》第六十四本，第一分，1993年。
⑥ 《后汉书·乌桓鲜卑传》。
⑦ Thomas J. Barfield. The Nomadic Alternative. Prentice-Hall, Inc. A Simon & Schuster Company, 1993. 引文笔者译。
⑧ 东非牧民对待牲畜具有超越牲畜实际功能价值的文化倾向性，以至许多人类学者在研究东非畜牧社会时选择考察他们在日常生活中对待牲畜的态度，而非生计。参见 P. T. Robertshaw and D. P. Collett. The identification of pastoral peoples in the archaeological record: an example from East Africa. World Archaeology, 1983, 15 (1): 67-78.
⑨ 色音：《蒙古游牧社会的变迁》，内蒙古人民出版社，1998年，第112页。

　　汉魏乌桓遗存在考古学上尚无定论。辽宁西丰西岔沟墓地和义县保安寺墓均有属于乌桓遗存的意见[①]。我曾经提出辽宁锦县昌盛石椁墓与鲜卑或乌桓有关，河北滦县塔坨墓地和玉田大李庄墓也是寻找乌桓遗存的线索[②]，田立坤则试图在辽西汉魏墓中识别乌桓文化因素[③]。近来韦正将西辽河流域以科左中旗六家子墓地、科左后旗舍根墓地为代表的遗存推定为乌桓[④]，王成生提出朝阳袁台子壬类墓可能是东汉乌桓人墓葬[⑤]，白宝玉认为鞍山羊草庄墓地乙类墓的族属为内迁乌桓[⑥]。这些研究大体上还是着眼于考古学文化。

　　考古学者在研究北方游牧社会时一般注意到对"畜牧生计"的考察，但是有些绝对化；对迁移方式和驻营形式则不太关心，更很少考虑经济形态的变迁。王立新最近指出内蒙古林西县井沟子西区墓地是探寻东胡遗存的一个新线索[⑦]，这个墓地的殉牲情况、畜种组合以及人种性状确实值得重视。如果井沟子西区墓地真的是东胡遗存，陶器方面显示的特点表明当时牧民的移动性不会很强，与汉代鲜卑遗存基本上也连不起来，可以为理解文化变迁提供很好的材料。河北北部、辽西和内蒙古东南部的幽州边塞内外，以及辽东塞外，是汉代乌桓最集中的地区，活动时间也最长。乌桓的游牧经济不及匈奴、鲜卑和西羌发达，尤其是发生过重大变迁，在这一地区寻找乌桓遗存时应该意识到这些。我觉得，有些乌桓遗存当会显示出较强的定居性，而且汉文化因素也会较为强烈。

本文根据 2007 年《汉代乌桓的游牧经济与社会形态》旧稿改写

　　① 曾庸：《辽宁西丰西岔沟古墓群为乌桓文化史迹论》，《考古》1961 年第 6 期；刘谦：《辽宁义县保安寺发现的古代墓葬》，《考古》1963 年第 1 期。
　　② 郑君雷：《辽宁锦县昌盛石椁墓与辽东属国》，《北方文物》1997 年第 2 期；郑君雷：《乌桓遗存的新线索》，《文物春秋》1999 年第 2 期。
　　③ 田立坤：《论辽西汉魏墓的乌桓文化因素》，《中国考古学跨世纪的回顾与前瞻》，科学出版社，2000 年。
　　④ 韦正：《鲜卑墓葬研究》，《考古学报》2009 年第 3 期。
　　⑤ 辽宁省文物考古研究所、朝阳市博物馆：《朝阳袁台子——战国西汉遗址和西周至十六国时期墓葬》，文物出版社，2010 年，第 221、222 页。
　　⑥ 辽宁省文物考古研究所：《羊草庄汉墓》附录一《鞍山羊草庄墓地乙类墓葬属性再探讨》，文物出版社，2015 年。
　　⑦ 王立新：《探寻东胡遗存的一个新线索》，《边疆考古研究》(第 3 辑)，科学出版社，2004 年。

鄂尔多斯高原战国秦汉时代族群地理

一、绪 言

  鄂尔多斯高原在考古学上属于中国北方长城地带。这条中国北方长城地带，"并非指历代所筑长城经由的全体地域，而是指古来中原农业居民与北方游牧人互相接触的地带而言。这个地区东起西辽河流域，经燕山、阴山、贺兰山，到达湟水流域和河西走廊。大体上包括了今天的内蒙古东南部、河北北部、山西北部、陕西北部、内蒙古中南部、宁夏、甘肃和青海的东北部。这一地带，从文化地理的角度来说是'农牧交错带'。其经济形态自古以来时农时牧，不断发生变化"[①]。从族群地理方面，则可以理解为中原农耕社会与北方游牧社会共同构建的"内陆边疆"[②]。历史上，河套平原和鄂尔多斯高原是北方游牧社会与汉人农业社会密切接触的前沿地带，内蒙古中南部因此成为北方长城地带的一个重心。战国秦汉时期，这一地区族群地理的基本线索可以在北方游牧社会与汉人农业社会互动的层面上加以归纳。

  本文讨论的鄂尔多斯高原，指的是黄河三面围绕的前套地区，其南界，大体在盐池、定边、靖边、榆林、神木的古代长城一线。讨论的时段，略及曹魏西晋。在战国秦汉时代，鄂尔多斯高原与河套平原共同构成一个考古学文化单元，就秦汉文化因素而言，考古学文化面貌及其演变线索与中原地区大体相似，但是鄂尔多斯高原的中原文化因素表现得更强烈，而河套地区与北方游牧族群的联系更直接。不同时段，鄂尔多斯高原的考古学文化因素与阴山山地、丰镇丘陵、大同盆地、陕北高原、宁夏清水河流域等邻近地区也具某些共性。

  概括地说，在战国秦汉时代，鄂尔多斯高原兼具战国戎狄亦耕亦牧的田野、早期游牧族群的牧场、秦汉势力的北进通道、胡马南窥的前沿阵地、秦汉边塞的缓冲地带、中原移民的新家园、内附游牧族群的侨乡以及民族融合的熔炉等性状。从历史背景和考古学上整体观察，鄂尔多斯高原中原文化因素占据主导地位，在族群地理上具有华夏边缘的特征。

---

  ① 林沄：《夏至战国中国北方长城地带游牧文化带的形成过程》，《燕京学报》第 14 期，2003 年。
  ② 徐新建：《"族群地理"与"生态史学"》，《藏彝走廊：历史与文化》，四川人民出版社，2005 年；唐晓峰：《长城内外是家乡》，《读书》1998 年第 4 期。

二、战国戎狄亦耕亦牧的田野和早期游牧族群的牧场

春秋晚期至战国末年，鄂尔多斯高原的东北部发现有准格尔旗的西沟畔墓地[①]、玉隆太墓地[②]、伊金霍洛旗的公苏壕墓地[③]以及杭锦旗的桃红巴拉墓地[④]、阿鲁柴登铜器群[⑤]等遗存，在鄂尔多斯高原东南边缘的神木县发现纳林高兔铜器群[⑥]。在河套平原发现包头西园墓地[⑦]，在狼山西段发现乌拉特中后旗的呼鲁斯太墓地[⑧]，在丰镇丘陵发现凉城县毛庆沟墓地[⑨]、崞县窑子墓地[⑩]、饮牛沟墓地[⑪]等遗存。杨建华先生根据发现地点和文化面貌将这些遗存划分为东西两区，"大致以呼和浩特市为界，西区以鄂尔多斯高原为中心，向北扩展到河套平原甚至阴山山脉的个别地区；东区是以大青山的东段凉城、岱海为中心的地区"[⑫]。这些遗存往往出有属于北方系青铜器的兵器、工具、马具和牌饰，陶器和金银器等也显示出与北方草原和新疆阿尔泰地区的联系，因此成为讨论匈奴族源和北方游牧业起源的重要材料。

很长一段时期，由于受到司马迁将先秦戎狄写入《史记·匈奴列传》的影响，绝大多数中国学者以为中国北方长城地带很早以来便为游牧族群所占据。而且视野局限在中国境内，希望根据经典作家表述的"第一次社会大分工"来解决中国游牧业的发生问题。与传统认识完全不同，近年来一些考古学者以为北方长城地带游牧文化因素的出现或者向游牧专业化的转型是在春秋战国时期，较之传统认识要晚近许多。王明珂先生认为春秋晚期鄂尔多斯地区部分从事混合经济的人群完成向游牧专业化的转向，其前有可能向阿尔泰地区的游牧民学习了游牧观念和技术，游牧洪流的形成是在战国。乌恩先生认为中国北方游牧业的形成是在春秋中期偏早，有可能是在中国境内独立产生的，甚至在整个欧亚草原也是游牧业发生的最早中心之一[⑬]。

林沄先生认为，新石器时代至春战之际，北方长城地带古代居民均属高颅类型，

① 伊克昭盟文物工作站、内蒙古文物工作队：《西沟畔匈奴墓》，《文物》1980年第7期。
② 内蒙古博物馆、内蒙古文物工作队：《内蒙古准格尔旗玉隆太的匈奴墓》，《考古》1977年第2期。
③ 田广金：《桃红巴拉匈奴墓》，《考古学报》1976年第2期。
④ 田广金：《桃红巴拉匈奴墓》，《考古学报》1976年第2期。
⑤ 田广金、郭素新：《内蒙古阿鲁柴登发现的匈奴遗物》，《考古》1980年第4期。
⑥ 戴应新、孙嘉祥：《陕西神木县出土匈奴文物》，《文物》1983年第12期。
⑦ 内蒙古文物考古研究所、包头市文管处：《包头西园墓地》，《内蒙古文物考古》1991年第1期。
⑧ 塔拉、梁京明：《呼鲁斯太匈奴墓》，《文物》1980年第7期。
⑨ 内蒙古文物工作队：《毛庆沟墓地》，《鄂尔多斯式青铜器》，文物出版社，1986年。
⑩ 内蒙古文物考古研究所：《凉城县崞县窑子墓地》，《考古学报》1989年第1期。
⑪ 内蒙古文物工作队：《凉城饮牛沟墓葬清理简报》，《内蒙古文物考古》1984年第3期。岱海地区考察队：《饮牛沟墓地1997年发掘报告》，《岱海考古（二）：中日岱海地区考察研究报告集》，科学出版社，2001年。
⑫ 杨建华：《春秋战国时期中国北方文化带的形成》，文物出版社，2004年，第44页。
⑬ 郑君雷：《西方学者关于游牧文化起源研究的简要评述》，《社会科学战线》2004年第3期；王明珂：《鄂尔多斯及其邻近地区专化游牧业的起源》，《历史语言研究所集刊》第六十五本，第二分，1994年；乌恩：《欧亚大陆草原早期游牧文化的几点思考》，《考古学报》2002年第4期。

与以低颅为特征的汉代匈奴和鲜卑在体质人类学上有明显差别。具有比较显著北亚蒙古人种特征的人骨材料战国时期才出现于北方长城地带，和文献中"胡"的出现年代大体一致。先秦戎狄的生业方式仍是半农半牧的。战国时期，蒙古高原上的北亚蒙古人种的游牧人开始大举南下。这时北方长城地带的原居民产生了大动荡和大分化，在长城之外才形成了一个文化上更为统一的、基本上是纯游牧的地带[①]。这一认识极有见的，来自体质人类学的材料尤其有说服力。

这就说明，鄂尔多斯高原及其邻近地区发现的这批遗存不可能与匈奴本体直接发生联系。战国后期活动在这一地区的族群，见有楼烦、林胡等名目。从颅骨材料出发，也不宜与林胡联系，却很可能包含不是"胡"的楼烦遗存。"以河套之内为根据地的楼烦，本来不是匈奴。战国赵长城和秦代长城把它圈进了长城以南。在河套以北也开设郡县，进行农业殖民。这样，长城以南实际成为农牧交错地区。但楚汉相争之时秦长城失效，匈奴就'南并楼烦白羊河南王（《史记·匈奴列传》）'"[②]。楼烦本来是戎狄，半农半牧，林胡大约是较早时期南下的游牧集团。赵武灵王破林胡，服楼烦，在鄂尔多斯高原的东北部设置云中郡，在河套平原设置九原郡，加大了这一地区的农业成分。稍后匈奴人的游牧洪流冲击到这里时，楼烦这样的戎狄集团也被席卷进来。根据这些认识，我们将鄂尔多斯高原称为战国戎狄亦耕亦牧的田野，还称为早期游牧民的牧场。

三、秦汉势力的北进通道和胡马南窥的前沿阵地

秦昭王时，在新开拓的陇西、北地、上郡建筑一条抵抗匈奴的长城线，"赵武灵王亦变俗胡服，习骑射，北破林胡、楼烦。筑长城，自代并阴山下，至高阙为塞。而置云中、雁门、代郡"[③]。据调查，战国秦长城的东段自甘肃镇原、环县向陕北吴旗、靖边、榆林、神木延伸至内蒙古托克托县黄河岸边。赵长城西起临河县，在阴山南麓向卓资县方向延伸。

从东非至欧亚大陆的草原、沙漠，游牧政治组织的集权化和复杂化程度渐次增大。比如，自撒哈拉沙漠南缘到东非裂谷一带，游牧族群的政治组织很松散，实行长老统治，附近的农业社会在殖民时代之前不存在国家。在北非和阿拉伯沙漠，游牧族群建立起松散的部落联盟，不过领导者是世袭的，与周边地区性小国保持着某些象征性联系。伊朗和安纳托利亚高原的部落联盟有着强势政治领袖，组织严密，他们征服邻居农民，建立起帝国；或者被农业帝国征服，以臣服者身份成为帝国的一部分。在欧亚大陆草原，游牧帝国则通过掠夺邻近的定居国家来维系[④]。显然，农业社会的国家形态与游牧族群的政治组织之间存在着密切关联的互动关系。秦、赵长城的建筑可以理解

① 林沄：《中国北方长城地带游牧文化带的形成过程》，《林沄学术文集》（二），科学出版社，2008年。
② 林沄：《中国北方长城地带游牧文化带的形成过程》，《林沄学术文集》（二），科学出版社，2008年。
③ 《史记·匈奴列传》。
④ Thomas J. Barfield. The Nomadic Alternative. Prentice-Hall, Inc. A Simon & Schuster Company, 1993.

为长城地带游牧化的应对性反应。另一方面，中原诸侯向北方长城地带的扩展，以及秦的统一，也是匈奴建立和强化游牧帝国的刺激因素。

"秦已并天下，乃使蒙恬将三十万众北逐戎狄，收河南。筑长城，因地形，用制险塞，起临洮，至辽东，延袤万余里"①。这道长城有些地段是将战国秦、赵、燕长城加以修缮连接，有些地段则向北推移。秦帝国还修建了从云阳县通往九原郡的直道，直道在鄂尔多斯高原一段，大体可以从定边至包头连线，沿途汉城密集②。

西汉初年匈奴再次南下占领鄂尔多斯高原。武帝反击匈奴以后，鄂尔多斯高原大体属于朔方、五原、云中、西河、上郡的范围。西汉王朝并且在阴山以北的蒙古高原建筑两道平行长城加强防御，其西端已经进入蒙古国境内。武帝至东汉中后期，内蒙古中南部整体处于两汉政权的统治下。尤其是鄂尔多斯高原，以迄汉末曹魏，游牧族群虽然时有寇抄，甚至有东汉顺帝永和五年（140 年）南匈奴左部句龙吾斯扰边致使西河、上郡、朔方郡治南迁的事件发生，却多是兵锋掠过，款塞内附的游牧集团更不可能在政治层面上真正掌控这一地区。

将鄂尔多斯高原称为秦汉势力的北进通道和胡马南窥的前沿阵地，是在这些意义上展开的。

四、中原移民的新家园和秦汉边塞的缓冲地带

内蒙古中南部汉墓分布密集，魏坚先生将其分为巴彦淖尔、鄂尔多斯、包头、呼和浩特和乌兰察布五个小区，划出西汉中期（武帝至宣帝）、西汉晚期（元帝至平帝）、西汉末年至东汉初年（王莽至光武帝）、东汉前期（光武帝至章帝）和东汉后期（和帝至献帝）五个阶段③。

整体上，内蒙古中南部汉墓的考古学文化面貌以及演变线索与中原相似，这与西汉边远地区汉墓普遍存在较强烈土著因素的情况大有不同。例如，西汉早中期汉墓存在秦文化的屈肢葬④，西汉中期巴彦淖尔和包头地区的土圹木椁墓中往往出有钟、鼎、壶、钫等铜器，小砖墓、夫妻合葬、井灶等陶模型明器的出现均在西汉晚期；东汉后期包头、呼和浩特和巴彦淖尔地区流行前、中、后三主室的穹隆顶砖室墓，出土有罐、案、耳杯、尊等陶器和仓、井、灶、家禽家畜俑、房屋、庭院、楼榭等陶制模型明器。著名的和林格尔壁画墓由 57 幅画面组成 46 组壁画，表现墓主从举孝廉至任西河长史、繁阳县令、护乌桓校尉的仕宦生涯和宁城幕府图、出行图等场面，还有牧牛图、牧马图以及圣贤弟子、历史故事和神话传说等内容⑤。

---

① 《史记·蒙恬列传》。
② 史念海：《秦始皇直道遗迹的探索》，《文物》1975 年第 10 期。
③ 内蒙古文物考古研究所：《内蒙古中南部汉代墓葬》，中国大百科全书出版社，1998 年。
④ 蒋璐：《内蒙古鄂尔多斯地区汉墓》，《边疆考古研究》（第 5 辑），科学出版社，2006 年。
⑤ 内蒙古自治区博物馆文物工作队：《和林格尔汉墓壁画》，文物出版社，1978 年。

秦汉王朝在此地区实行移民屯田实边的政策，武帝曾经"徙关东贫民处所夺匈奴河南地新秦中以实之"①，又在上郡、朔方郡、西河郡等地"开田官，斥塞卒六十万人戍田之"②。当时的居民来自内地，这是内蒙古中南部汉墓考古学文化面貌与中原相似的根本原因。《汉书·匈奴传下》记载，宣帝以来北边"数世不见烟火之警，人民炽盛，牛马布野"，一派中原移民新家园的繁荣景象。

汉墓在鄂尔多斯高原的东胜市（鄂尔多斯市）、伊金霍洛旗、准格尔旗、达拉特旗、鄂托克旗、杭锦旗、乌海市等地均有分布。鄂尔多斯地区汉墓与内蒙古中南部其他四个小区汉墓的考古学文化面貌相对疏远。以陶器为例，西汉中期，巴彦淖尔、包头、呼和浩特和乌兰察布地区汉墓以各种陶罐为基础随葬品组合，而鄂尔多斯地区另出有釜、甑、碗等陶器。此外，内蒙古中南部汉墓以包头和呼和浩特地区发现数量大，从西汉中期至东汉中后期未曾中断，汉墓形制和出土器物等级也较高，说明两汉政权的统治重心在黄河以北的河套平原。如果说河套平原是秦汉边塞的前沿，那么可以将鄂尔多斯高原理解为秦汉边塞的"二线关"，也就是缓冲地带。

内蒙古中南部地区汉墓的陶器形制（如颈部双耳的陶罐和陶扁壶、三足单把陶罐、小口溜肩的陶扁壶）、陶器纹饰（如陶罐上的水波纹饰）、葬俗（如殉牲）等都可以见到北方游牧文化因素的影响，"单于和亲"、"四夷尽服"字款的瓦当也显现出边塞地区的特色。内蒙古中南部汉墓与山西朔县、河北阳原、宁夏盐池等地汉墓存在某些共性，有可能划分出一个独立的汉墓分布区。

东汉末年朔方、五原、云中等边郡内徙。汉末魏晋时期内蒙古中南部地区的族群背景很复杂，汉民以外，至少还有南匈奴、东部鲜卑、拓跋鲜卑和乌桓四支北方游牧民。以丰镇丘陵为中心，北及乌兰察布高原，南抵大同盆地，西至土默川平原，发现内蒙古察右后旗三道湾③、二兰虎沟④、百灵庙砂凹地⑤、察右前旗下黑沟⑥、托克托县皮条沟⑦、商都县东大井⑧、山西右玉县善家堡⑨等北方游牧民墓地，年代在东汉晚期至魏晋。这些遗存往往与鲜卑或拓跋鲜卑相联系。

值得注意的是，这一时期的鲜卑遗存在鄂尔多斯高原尚未见有报道。或可以推测以河套平原和阴山山地为中心发生的鲜卑民族融合未涉及鄂尔多斯高原，这一地区似

---

① 《汉书·匈奴传上》。

② 《史记·平准书》。

③ 乌兰察布盟博物馆：《察右后旗三道湾墓地》，中国大百科全书出版社，1994 年。

④ 李逸友：《内蒙古西部地区的匈奴和汉代文物》，《文物》1957 年第 4 期；郑隆、李逸友：《察右后旗二兰虎沟的古墓群》，《内蒙古文物资料选辑》，内蒙古人民出版社，1964 年。

⑤ ［日］江上波夫：《内蒙古百灵庙砂凹地的古坟》，《亚细亚文化史·论考篇》（东京大学东洋文化研究所报告），1967 年。

⑥ 郭治中、魏坚：《察右前旗下黑沟鲜卑墓及其文化性质初论》，《内蒙古文物考古文集》（第一辑），中国大百科全书出版社，1994 年。

⑦ 金学山：《内蒙古托克托县皮条沟发现三座鲜卑墓》，《考古》1991 年第 5 期。

⑧ 内蒙古文物考古研究所：《商都县东大井墓地》，《内蒙古地区鲜卑墓葬的发现与研究》，科学出版社，2004 年。

⑨ 王克林、宁立新、孙春林等：《山西省右玉县善家堡墓地》，《文物季刊》1992 年第 4 期。

乎脱离出河套阴山地区社会文化的发展轨迹，成为比较稳定的"华夏边缘"。从这一现象，也可以见到鄂尔多斯高原具有边塞缓冲地带的特征。

五、内附游牧族群的侨乡和民族融合的熔炉

西汉末年呼韩邪内附，"匈奴五千余落入居朔方诸郡，与汉人杂处"①。东汉建武二十六年（50年）南匈奴入塞，与汉民杂居在北方边塞诸郡。在鄂尔多斯高原东北部的准格尔旗西沟畔②和东胜县补洞沟③、东南边缘的陕西神木大保当④以及宁夏清水河流域的同心县倒墩子⑤等地发现有两汉时期的匈奴墓地。

与蒙古国诺音乌拉和俄罗斯外贝加尔地区伊里莫瓦、德列斯堆、伊沃尔加等地匈奴墓比较，中国境内的匈奴墓在葬俗上存在某些差别，而且铜镜、织物、漆器、货币等汉式文物的出土种类和数量均超过漠北匈奴墓。发掘报告指出倒墩子墓地的年代和地点与武帝元狩二年（前121年）汉朝政府于天水、安定等五郡故塞外黄河以南的地方设属国、安置来降的匈奴浑邪王等部这一记载相符合。潘玲根据东汉建武二十六年以后南匈奴单于庭迁移至西河郡美稷县的记载，认为补洞沟墓地和西沟畔墓地是南匈奴遗存⑥。

神木大保当墓地的墓葬形制、画像石图案和大多数器物整体上属于中原文化系统。但是小口鼓肩陶罐的形制和纹饰与匈奴陶器相似，骨勺、骨筷、骨弓弭常见于外贝加尔和蒙古国东汉匈奴墓⑦，有些墓以马、狗、狗獾的头骨殉牲，匈奴文化的色调比较浓重，体质人类学研究也表明人骨材料具有与北亚蒙古人种明显接近的特征⑧。大保当墓地年代约在东汉初年至东汉中晚期，附近城址出有匈奴式陶罐，发掘者以为该城很可能是汉代上郡属国都尉治的龟兹县城，有些墓主可以推断为已经在很大程度上汉化的内附匈奴。

东汉晚期的和林格尔壁画墓绘有"行上郡属国都尉出行图"和"护乌桓校尉宁城幕府图"，"宁城幕府图"上鲜卑和乌桓髡头人物的形象是讨论北方边塞民族关系的著名例子。无独有偶，鄂尔多斯高原鄂托克旗东汉初年的凤凰山壁画墓上绘有双鬏垂发人物，包头召湾、观音庙、下窝尔吐壕等地汉墓中也发现两鬏垂发头顶结髻的男女俑，

① 《晋书·北狄匈奴传》。

② 伊克昭盟文物工作站、内蒙古文物工作队：《西沟畔汉代匈奴墓地调查记》，《内蒙古文物考古》1981年创刊号。

③ 伊克昭盟文物工作站：《伊克昭盟补洞沟匈奴墓葬清理报告》，《内蒙古文物考古》1981年创刊号。

④ 陕西省文物考古研究所、榆林市文物管委会：《神木大保当——汉代城址与墓葬考古报告》，科学出版社，2001年。

⑤ 宁夏文物考古研究所、中国社会科学院考古所宁夏考古组、同心县文管所：《宁夏同心倒墩子匈奴墓地》，《考古学报》1988年第3期。

⑥ 潘玲：《伊沃尔加城址和墓地及相关匈奴考古问题研究》，科学出版社，2007年，第141、145页。

⑦ 潘玲：《伊沃尔加城址和墓地及相关匈奴考古问题研究》，科学出版社，2007年，第146页。

⑧ 韩康信、张君：《陕西神木大保当汉墓人骨鉴定报告》，《神木大保当》，科学出版社，2001年。

表现的可能是匈奴人物[①]。

前已述，在内蒙古中南部发现以察右后旗三道湾墓地为代表的一批汉末魏晋时期的北方民族墓地。郑君雷曾经指出，三道湾墓地文化因素的构成情况比较复杂，存在早期拓跋鲜卑、早期东部鲜卑、匈奴和汉式四种文化因素，族属虽然可以初步判断为拓跋鲜卑，但是存在明显的文化因素混杂性[②]。这种文化因素混杂性在这批遗存中不同程度地存在，这是内蒙古中南部地区当时出现"鲜卑化"浪潮的生动写照[③]。

战国秦汉时期在内蒙古中南部地区活动的北方游牧族群，有些最终北返草原大漠，留居下来的部族则以各种形式卷入当地民族融合的漩涡中。以拓跋鲜卑为例，东汉末年自"大泽"呼伦池南迁"匈奴故地"河套阴山的拓跋部族，至曹魏时已经将出自高车的纥骨氏和乙旃氏纳入"帝室十姓"，"内入诸姓"中族源可考者包括东部鲜卑、乌桓、匈奴、丁零、柔然等三十一姓[④]。根据这些线索，可以将鄂尔多斯高原理解为内附游牧族群的侨乡和民族融合的熔炉。

六、余　论

历史上，鄂尔多斯高原经常出现农牧业交替的情况，学者一般在气候周期性波动或者政治环境变化的视角下展开讨论。就战国秦汉时期而言，这一地区在大态势上是农耕定居的汉人社会占据优势。其原因，还可以从鄂尔多斯高原的农业文化传统和地理环境对于游牧经济的限制性方面作进一步考虑。

林沄先生指出，东周时期长城地带的居民可能来自南北两个方向。这一地带是匈奴与中原诸侯拉锯争夺的地区，汉初匈奴"南并楼烦白羊河南王"[⑤]的事例说明匈奴联盟中含有北方长城地带的原居民，这是匈奴后来分裂为南、北两大部的基本原因之一；"而南下的游牧人在占据这个地带时，反而转向有较固定据点的半定居放牧形式"[⑥]。

在民族志中，农业是游牧经济的必要补充，几乎找不到单纯依靠畜群来维持生计的游牧群体[⑦]。汉代匈奴设有管理农垦的"犁污王"、"梨污都尉"和掌管粮食度支的"粟置支侯"，文献中有匈奴"车师屯田"和"谷稼不熟"的记述，也有西羌"就田业"

---

① 马利清：《内蒙古凤凰山壁画二题》，《考古与文物》2003年第2期。
② 郑君雷：《察右后旗三道湾墓地文化因素分析》，《内蒙古文物考古》1998年第4期。
③ 参见郑君雷：《早期东部鲜卑与早期拓跋鲜卑族源关系概论》，《青果集——吉林大学考古系建系十周年纪念文集》，知识出版社，1998年。
④ 马长寿：《乌桓与鲜卑》，上海人民出版社，1962年，第245～255页。
⑤ 《史记·匈奴列传》。
⑥ 林沄：《中国北方长城地带游牧文化带的形成过程》，《林沄学术文集》（二），科学出版社，2008年。
⑦ ［美］F.普洛格、D.G.贝茨著，吴爱明、邓勇译，黄坤坊审校：《文化演进与人类行为》，辽宁人民出版社，1988年，第199页。

的记载[①]。西域的蒲类国和东且弥国都是"庐帐而居，逐水草"、"所居无常"、"有牛、马、骆驼、羊畜"的行国，却"颇知田作"[②]。

内蒙古中南部农业开发本来就比较早，战国戎狄半农半牧的生业方式[③]，以及农业对游牧经济的补充作用，此三点构成鄂尔多斯高原的农业文化传统，有可能在一定程度上形成农耕价值取向的"文化倾向性"，并且影响到后来进入鄂尔多斯高原的族群集团。

王明珂以为，森林与山区可作为猎场，提供制作车具、穹庐、弓矢的木材，而且能在草原不适宜居住的时节提供另一个生存空间，因此是构成理想匈奴牧区的必要生态环境[④]。《汉书·匈奴传下》提到汉使索取一块"斗入汉地，直张掖郡"的匈奴地方，单于回绝的理由是"匈奴西边诸侯作穹庐及车，皆仰此山材木"；侯应以为阴山"东西千余里，草木茂盛，多禽兽。本冒顿单于依阻其中，治作弓矢，来出为寇，是其苑囿也"[⑤]，他举出的这两个例子很可以说明森林与山区对于游北方游牧族群的重要性。

鄂尔多斯高原的地貌整体上平坦。以现今自然环境看，水文条件尚好，木本植被却是以灌木为主。战国秦汉时期的鄂尔多斯高原大概也不能大量提供材木。"匈奴失阴山之后，过之未尝不哭也"[⑥]，匈奴民歌叹息"亡我祁连山，使我六畜不蕃息，失我燕支山，使我嫁妇无颜色"[⑦]。鄂尔多斯高原的生态重要性尚不及此，北方游牧族群未必绝对需要争夺这一地区。

　　　　原载《鄂尔多斯高原及其邻区历史地理研究》，三秦出版社，2008 年。郑君雷、曹小曙合作

---

　　① 王明珂：《匈奴的游牧经济：兼论游牧经济与游牧社会政治组织的关系》，《历史语言研究所集刊》第六十四本，第一分，1993 年。
　　② 《后汉书·西域传》。
　　③ 林沄：《戎狄非胡论》，《林沄学术文集》（二），科学出版社，2008 年。
　　④ 王明珂：《匈奴的游牧经济：兼论游牧经济与游牧社会政治组织的关系》，《历史语言研究所集刊》第六十四本，第一分，1993 年。
　　⑤ 《汉书·匈奴传下》。
　　⑥ 《汉书·匈奴传下》。
　　⑦ 《史记·匈奴列传》司马贞《索隐》引《西河旧事》。

上孙家寨墓地——河湟谷地汉文化形成发展的缩影

　　青藏高原东北一隅的河湟谷地，地处大坂山与积石山之间，海拔相对较低，土壤肥沃，是青海省著名农区。河西四郡设置后，河西走廊、河湟谷地与陇右地区（陇山或六盘山以西的黄土高原）在人文地理上构成一个单元，习惯上称为"河陇地区"[①]，属于西汉帝国的凉州刺史部。"从自然地理条件看，凉州既有适于农耕的黄土高原、绿洲和河间谷地，又夹杂着宜于游牧的草原地带，是一个典型的农耕和游牧文明交融区，历史上一直存在着农耕文明和游牧文明此消彼长的过程"[②]，此点在河湟谷地汉文化形成发展过程中表现得很明显，而青海省大通县上孙家寨汉晋墓地[③]即是河湟谷地汉文化形成发展的一个缩影。

一

　　北方长城地带西段在齐家文化衰亡以后，随后兴起的卡约、辛店、寺洼、沙井等考古学文化与齐家文化有着不同程度的渊源关系，都延续至东周，"都使用双耳罐、袋足分裆鬲，构成一个大的文化系统"[④]。其中辛店文化分布在黄河上游及其支流湟水、洮河与大夏河流域，卡约文化分布在青海东部的黄河沿岸和大通河、湟水流域，古代居民从事农业，兼营畜牧和狩猎。甘青地区商周时期的这些考古学文化属于"西戎"和"羌人"遗存[⑤]。

　　汉代羌人散布在陇西、金城、上郡、西河、安定等西北边郡，以及广汉、武都、越巂、蜀郡徼外；北地、上郡、西河诸郡，以及西域和三辅地区亦有羌人聚居，众种繁炽。西羌主要活动在甘肃西南部、青海东部[⑥]，"所居无常，依随水草。地少五谷，

---

　　① 杨发鹏：《汉唐时期"河陇"地理概念的形成与深化》，《中国边疆史地研究》2010 年第 2 期。

　　② 王勖：《东汉羌汉战争动因新探》，《中国边疆史地研究》2008 年第 2 期。

　　③ 青海省文物考古研究所：《上孙家寨汉晋墓》，文物出版社，1993 年。

　　④ 林沄：《中国北方长城地带游牧文化带的形成过程》，《林沄学术文集》（二），科学出版社，2008 年。

　　⑤ 俞伟超：《古代"西戎"和"羌"、"胡"考古学文化归属问题的探讨》，《先秦两汉考古学论集》，文物出版社，1985 年。

　　⑥ 《资治通鉴·汉纪四十四》"顺帝永和六年春正月丙子"条胡注："羌居安定、北地、上郡、西河者，谓之东羌；居陇西、汉阳、延及金城塞外者，谓之西羌"。李宗放认为这是东汉时依方位而对称，东羌亦即西羌。见李宗放：《汉代羌人各部述论》，《西南民族学院学报》2001 年第 6 期。

以产牧为业。……不立君臣，无相长一"①，处在分散性的部落结构中，时常劫掠汉朝边塞。

以河湟谷地为中心活动的羌人被称为"湟中羌"，是狭义上的西羌。大月氏破国后，"其余小众不能去者，保南山羌，号小月氏"②，"被服饮食言语略与羌同"③，被称为"月氏胡"、"湟中胡"。东汉时期小月氏与属于匈奴别部的"卢水胡"合称"湟中月氏诸胡"、"湟中杂种诸胡"，河湟谷地遂成为西羌、小月氏和卢水胡的杂居地。

武帝元狩二年（前121年）"骠骑将军霍去病破匈奴，取西河地，开湟中，于是月氏来降，与汉人错居"④，在西宁建筑军事据点西平亭，其后设置护羌校尉；宣帝神爵二年（前60年）赵充国平定羌乱，置破羌县和金城属国⑤，自是河湟谷地纳入西汉郡县体制。王莽"乃令译讽旨诸羌，使共献西海之地，初开以为郡，筑五县，边海亭燧相望焉"⑥，随着元始四年（4年）西海郡的设置，西汉王朝的版图扩展至青海湖周边。王莽时期以来虽然羌乱不断，"金城属县多为虏有"⑦，但是东汉建安年间仍然置有西平郡⑧（治今西宁）。两汉政府屯田湟中，迁徙西羌⑨，河湟地区得以迅速开发，上孙家寨汉晋墓地集中反映着这些历史背景。

二

上孙家寨墓地位于湟水支流北川河西岸的二级台地，发掘西汉中期至魏晋墓182座，发掘报告划分为西汉中期（昭宣时期）、西汉晚期、新莽前后、东汉早中期、东汉晚期和东汉末年至魏晋初年计六期。实际是三个大的阶段。

第一期见有土坑墓、土洞墓和土洞木椁墓。陶器主要是罐形器（弧腹罐、鼓腹罐、小口罐、细颈罐）组合，或者罐形器与夹砂器（弧腹罐、鼓腹罐、单耳罐、单耳杯、双耳罐、单耳三足罐、鬲）组合。第二期以土洞墓和土洞木椁墓为主，亦有土坑墓和土圹木椁墓。陶器以罐形器组合为主（最常见弧腹罐和鼓腹罐），出现壶、灶。

第三期沿用土坑墓、土圹木椁墓和土洞木椁墓，出现砖室墓（单室券顶）。陶器组合有罐形器（鼓腹罐、小口罐）、罐形器与壶或灶、罐形器和灶与夹砂器，或者仅出壶、灶等。第四期沿用单室券顶砖室墓，出现"前后双室券顶"和"前室穹隆顶后室

---

① 《后汉书·西羌传》。
② 《汉书·西域传上》。
③ 《后汉书·西羌传》。
④ 《后汉书·西羌传》。
⑤ 护羌校尉设置年代有武帝元鼎六年（前111年）和宣帝神爵二年（前60年）两说，有些学者认为护羌校尉即金城属国的属国都尉。
⑥ 《后汉书·西羌传》。
⑦ 《后汉书·马援传》。
⑧ 《文献通考·舆地八》。
⑨ 参见王力：《两汉时期西羌内迁浅析》，《青海民族研究》2004年第3期。

券顶"①砖室墓。陶器制作草率，组合关系与前期相似。

　　第五期沿用"前室穹隆顶后室券顶"砖室墓，出现"前后双室穹隆顶"（有些附侧室）和"单室穹隆顶"砖室墓。陶器制作规整，以罐形器和壶最为常见，出现釉陶器。陶器的完整、不完整组合关系有三种，即：罐形器组合，罐形器与壶（小壶）、仓、井、灶组合，或壶、灶、仓、井组合。第六期均为"前后双室穹隆顶"砖室墓（有些附侧室），流行罐形器与壶（小壶）、灶、仓、井的完整、不完整组合。陶器制作趋于简单，纹饰退化，大多素面。

　　发掘报告在《结语》中概括了上孙家寨墓地与中原地区汉墓的共性和差异②。共性方面主要有：墓葬形制及砖室顶部结构的变化，埋葬习俗及合葬风俗的变化，随葬陶器（釉陶器、模型明器）的陶系、制法、种类、组合及总体器形，铜镜、钱币等随葬器物的形态等。差异方面主要有：某些墓葬制度的变化节奏较晚，一些汉式随葬器物的种类、数量明显较少，土著传统文化陶器与汉式陶器共出，卡约—唐汪传统的"二次扰乱葬"、"俯身直肢葬"与汉式葬式并存，以杀殉动物随葬，汉式泥质陶器盛行装饰绳纹，随葬品较简陋等。

　　《结语》认为上孙家寨墓地与中原地区汉墓的"共性是明显的、主要的，是接受了汉文化影响的结果；其相异之处，一则表现了原有文化传统的固有性，另则反映了本地区民族文化特色"③。从河湟谷地汉文化形成发展的角度，还可以就第二个方面作些讨论。

三

　　上孙家寨墓地与中原地区汉墓的差异之处表现在"汉文化地方特征"和"非汉文化因素"两个层面，在两者的共同作用下，上孙家寨墓地构成了汉文化的一个地方类型。《结语》总结的差异之处，除"土著传统文化陶器"和"卡约—唐汪传统的葬式"两点之外，其他宜理解为汉文化的地方特征。上孙家寨墓地的地方特征还表现在以下方面：

　　第一，木椁结构较特殊（图一）。木椁一般前端插堵立木封门，盖板以圆木、半圆木、方木或木板横搭，少量墓在椁壁外侧立有3～5根对称竖木以加固椁室。M90（土圹木椁墓）两侧壁板外竖密集立木一排，M137（土洞木椁墓）仅是在四周插堵立木示意椁室。M122（土圹木椁墓）为砖木混合构筑，椁底铺砖。M6和乙M1为前后双室穹隆顶砖室墓，M6在封土堆之下墓室之上铺置27根圆木一层，乙M1在此位置（墓圹口）横铺28根圆木，或许是示意木椁结构。

　　① 发掘报告将"前室穹隆顶后室券顶"和"前后双室穹隆顶"砖室墓统称为"前后室穹隆顶砖室墓"，分别列为"H型Ⅰ式"和"H型Ⅱ式"。
　　② 青海省文物考古研究所：《上孙家寨汉晋墓》，文物出版社，1993年，第215～217页。
　　③ 青海省文物考古研究所：《上孙家寨汉晋墓》，文物出版社，1993年，第217页。

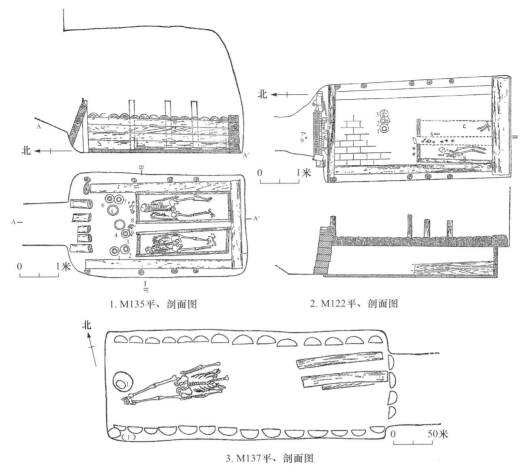

1. M135平、剖面图　　2. M122平、剖面图

3. M137平、剖面图

图一　上孙家寨墓地木椁结构举例
1.土洞木椁墓　2.土圹木椁墓　3.土洞木椁墓

　　第二，棺具使用有特殊情况。土洞木椁墓中，M145双棺分置椁内外，椁中木棺置女性骨架、椁外木棺置男性；M158双棺亦分置椁内外。土圹木椁墓中，M90两具木棺并列椁中，下男上女仰身屈肢同葬在东棺内，西棺无骨架。单室券顶砖室墓中，M20为9人合葬，室内4具木棺分两层叠放在一起，另5具人骨无棺，零散堆放；乙M11为3人合葬，东、西两棺各置男性，两棺中间为一无棺女性，二次葬。乙M8（前后双室穹隆顶砖室墓）为双人棺，男女骨架并排置放。另外，M129（土洞墓）男女合葬的骨架零乱堆放于垫板上，M137（土洞木椁墓）和乙M9（前后双室穹隆顶砖室墓）也使用垫板。

　　第三，卡约—唐汪[①]传统的"二次扰乱葬"、"俯身直肢葬"以外，各类屈肢葬和数量较多的所谓"二次葬"较特殊。上孙家寨墓地土坑墓、土洞墓、木椁墓的葬式较

　　①　发掘报告《结语》的"唐汪传统"、"唐汪墓葬"、"唐汪文化"是传统说法，所谓"唐汪式陶器"的文化属性等同于辛店文化的张家咀类型遗存。参见水涛：《辛店文化研究》，《中国西北地区青铜时代考古论集》，科学出版社，2001年。

清楚，以仰身直肢为主，其他有少量仰身屈肢、侧身屈肢、俯身屈肢、俯身直肢。砖室墓由于盗扰或多人合葬的原因，人骨较凌乱，其中单室券顶砖室墓以仰身直肢为主，亦有仰身屈肢、侧身屈肢。除土圹木椁墓外，其他各类形制的墓葬中均见有"二次葬"。

第四，王莽时期以后砖室墓中流行家族合葬，规模较大，东汉晚期以来更加盛行。单室券顶墓（36座）中，有9座墓见有3～9人合葬（M33人数不明），约占总数的1/4。单室穹隆顶墓（9座）见有5人合葬1座，前后双室券顶墓（5座）见有3人、6人合葬各1座。前室穹隆顶后室券顶墓（14座）中，见有3～7人合葬墓11座；前后双室穹隆顶墓（43座）中，见有3～16人合葬墓36座（M34人数不明），均约占总数的3/4。有必要考虑这些"家族合葬"中是否有"人殉"的情况。

第五，随葬陶器以瓮、罐类为大宗，种类较简单，部分汉式陶器形制较有特点，纹饰有地方特色（图二）。仿铜陶礼器（鼎、盒等）、仿漆器的祭奠用具（尊、奁、耳杯、案、魁、勺等）、模型明器（仓、井、灶、楼阁、家禽家畜俑等）或者缺乏，或者数量不多，尤其是缺少完整组合。弧腹罐、鼓腹罐、小口罐、细颈罐的形制与中原地区汉墓相似，但是在随葬陶器中比例很突出。双耳罐、三足罐、盆形罐、圈足尊、釉

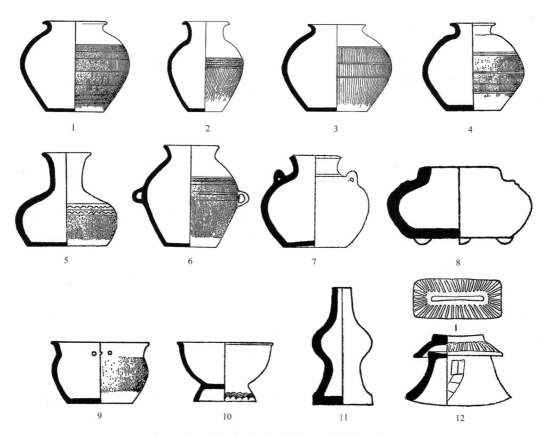

图二　上孙家寨墓地具有汉文化地方特征的陶器

1. 瓮（M146：8）　2. 弧腹罐（M146：5）　3. 鼓腹罐（M132：4）　4. 小口罐（M145：1）　5. 细颈罐（M158：3）
6. 双耳罐（M112：10）　7. 双耳罐（M14：28）　8. 三足罐（M80：14）　9. 盆形罐4（M171：13）
10. 圈足尊（M35：11）　11. 釉陶小长颈瓶（M53：8）　12. 弧底仓（M34：4）

陶小长颈瓶、弧底仓等虽然为汉式陶器，但是形制较有特点。绳纹极为发达，流行至东汉早中期，东汉晚期流行条纹。

四

上孙家寨墓地的"非汉文化因素"主要表现在殉牲、夹砂陶器，以及"割体错位葬""敛骨葬""扰乱葬"等特殊葬俗方面[1]。

殉牲较为普遍，种类有马、羊、牛、狗和猪、鸡，盛行于西汉中期至王莽时期，东汉明显减少，"不过，至汉末魏晋的大墓如乙M8之中，仍随葬大量的牛、马、猪、羊等"[2]。在期别明确的32座西汉中晚期（第一、二期）墓葬中，有21座殉牲，比例达2/3。这些殉牲主要反映着与生态环境相适应的经济生活和文化价值取向，也是当地前期辛店、卡约文化葬俗的遗留。

夹砂陶器为灰陶或红陶，种类有弧腹罐、鼓腹罐、双耳罐、单耳罐、单耳杯、单耳三足罐、鬲等（图三），总计12件。主要出自西汉中期墓，土洞木椁墓中包括M146（单耳杯2件、双耳罐1件）、M132（单耳罐1件）、M148（单耳三足罐1件）、M171（单耳杯1件），土坑墓中包括M156（双耳罐2件）。其后出自西汉晚期的M153（土坑墓，弧腹罐、鼓腹罐各1件）、王莽前后的M108（土圹木椁墓，鬲1件）和东汉早中期的M116（单室券顶砖室墓，双耳罐1件）。夹砂陶器中双耳罐数量较多、延续时间也较长。

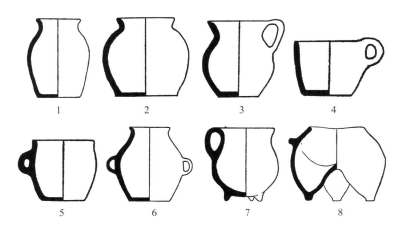

图三　上孙家寨墓地的非汉文化特征陶器

1. 弧腹罐（M153：4）　2. 鼓腹罐（M153：3）　3. 单耳罐（M132：9）　4. 单耳杯（M146：11）
5. 单耳罐（M146：10）　6. 双耳罐（M116：5）　7. 单耳三足罐（M148：6）　8. 鬲（M108：8）

---

① 上孙家寨墓地出土玻璃耳珰、玻璃珠成分为铅钡、钠钙和钾硅玻璃三类（见《上孙家寨汉晋墓》附录二《青海大通县出土汉代玻璃的研究》），其中鎏金、夹金铂的钠钙玻璃珠可能来自印度或中亚、西亚，钾玻璃珠有自广西等地辗转传入的可能性（见任晓燕：《浅谈青海发现的汉代玻璃器》，《丝绸之路上的古代玻璃器研究》，复旦大学出版社，2007年）。来自域外的玻璃珠当然属于"非汉文化因素"，但是使用何种玻璃珠未必是自觉的"文化选择"，与葬俗的文化意义显然不同。

② 青海省文物考古研究所：《上孙家寨汉晋墓》，文物出版社，1993年，第216页。

　　最为显著的"非汉文化因素"还是表现在"二次葬"、"二次扰乱葬"等特殊葬俗方面。发掘报告将上孙家寨人骨埋葬形式分为"一次葬"、"二次葬"和"二次扰乱葬",指出"二次扰乱葬并非通常所谓的二次葬,而是一种特殊的葬式。即先以某一葬式埋入,经过一段时间后,生人又入墓室二次有意扰乱身体的局部","生人再入墓室,有意扰乱尸体的局部或全身,或扰乱胸部,或扰乱盆骨部分等"①。

　　土洞墓中的 M127、M106(合葬的女性)和土洞木椁墓中的 M105、M132(合葬的男性)和 M130(合葬的女性)在报告中明确列入"二次扰乱葬"。发掘报告根据 M127"肋骨、肩胛骨保持原位,距离棺木挡板仅 5 毫米"的现象(图四,1),已经指出"最初应实行一种割体葬。当死者尸体放入墓室时,已割下死者的头颅将其放在下肢间,而脊椎骨、肋骨的零乱情况,是因二次扰乱所造成的"②。从发表照片和线图看,M105 亦可能当时即已尸首分离错位摆放,肋骨零乱或为二次扰乱(图四,2)。M137(土洞木椁墓)骨架仰身直肢,肩东足西,头骨却位于墓室西南角的淤土中(图一,3),可能是漂离移位,或者下葬时即是靠近足端。从此 3 座墓例看,上孙家寨墓地宜明确划分出一类"割体错位葬",割下的都是头颅。"割体错位葬"属于"一次葬",有些"割体错位葬"(M127、M105)又经过二次扰乱。

　　单室券顶砖室墓中,乙 M11 等 5 座墓"盆骨下部完整,胸部紊乱,或胸部完整,盆骨以下乱"③,这些墓均遭盗扰,是否属于"二次扰乱葬"存疑;单室穹隆顶砖室墓中也有存疑墓例(M48 合葬的男性)。发掘报告认为"二次扰乱葬"与"二次葬"的区别,在于骨架是否基本处在正常体位,不过这只能相对而论。被发掘报告列入"一次葬"的 M119 男性骨架(右侧)俯身屈肢,但是股骨、盆骨明显错位(图五,1),骨架上下各置半块残砖(上孙家寨墓地多例二次葬骨架附近有砖块④),也可能是"二次扰乱"所致;而被列为"二次扰乱葬"的 M130 右侧女性(图五,2),其实也可能是"二次葬"。

　　发掘报告介绍,除土圹木椁墓外(有些被盗扰),其他各类形制的墓葬中均见有"二次葬",包括土坑墓中的 M110、土洞木椁墓中的 M118 和 M128(合葬的女性)、单室穹隆顶砖室墓中的 M53 和 M69、双室穹隆顶砖室墓中的乙 M8 等,较为普遍,实际数量还会更多⑤。以土洞墓为例,计有 M94 等 4 座单葬墓、M93 等 4 座合葬墓以及 M92(合葬的男性)、M119(合葬的女性)共 10 座,"单人葬的人骨紊乱。合葬墓中,若都属二次葬的,则人骨架零乱地混在一起……;如仅其中一具人骨架属于二次葬者,则二次葬的人骨架有序地堆放在一起,一次葬人骨架为仰身直肢"⑥。

---

①　青海省文物考古研究所:《上孙家寨汉晋墓》,文物出版社,1993 年,第 15、218 页。

②　青海省文物考古研究所:《上孙家寨汉晋墓》,文物出版社,1993 年,第 218 页。

③　青海省文物考古研究所:《上孙家寨汉晋墓》,文物出版社,1993 年,第 41 页。

④　包括 M110(土坑墓)、M93、M94、M129、M119(以上土洞墓)和 M104(单室券顶墓)等。

⑤　砖室墓或遭盗扰,或合葬个体较多,骨骼凌乱尤甚,一些"二次葬"迹象不能识别或确认,因此"二次葬"的数量会更多些。

⑥　青海省文物考古研究所:《上孙家寨汉晋墓》,文物出版社,1993 年,第 15 页。

　　"二次葬"一般理解为捡骨迁坟再次下葬。发掘报告讲到一类"迁葬墓"，其中M139（土坑墓）根据平面图可以肯定为迁出人骨，M100在"D型竖穴木椁墓登记表"中明确记为"迁走"，因此上孙家寨墓地的"迁葬"①均是指迁出。先"出"再"入"，这是"二次葬"的前提。上孙家寨墓地"二次葬"数量明显多于"迁葬"（迁出），不知道这些二次葬"迁入"的人骨来自何处？因此并不能完全排除在原墓室内对"一次葬"进行敛骨的可能②。

　　若上孙家寨墓地某些"二次葬"并非迁入，在原墓室内敛骨可以理解为特殊意义上的"扰乱"（二次扰乱）；而"割体错位葬"其实是下葬时就已经发生的"扰乱"（一次扰乱）。这就是说，所谓"二次扰乱葬"实际有发掘报告讲到的一般意义上的二次扰乱、墓内敛骨的二次扰乱和"割体错位葬"后的再次扰乱三种情况。发掘报告所谓的"二次葬"，可能有捡骨迁坟再次下葬和在墓内敛骨两种情况。

1. M127（土洞墓）　　　　　　　2. M105（土洞木椁墓）

图四　上孙家寨墓地的"割体错位葬"

（引自发掘报告图版照片）

　　实际上，各地所谓的"二次扰乱葬"情况比较复杂③，其中甚至包括"盗扰"，发掘报告的各自理解和表述不一致，时常与"二次葬"、"迁骨葬"混称④。而且"二次扰乱

---

　　① M97（土坑墓）、M162（土洞墓）、M33（单室券顶砖室墓）、M40和M47（单室穹隆顶砖室墓）等墓亦是"迁葬"。

　　② 上孙家寨墓地"二次葬"绝大多数没有棺具，而"一次葬"有些原本就没有发现棺具。

　　③ 例如大华中庄卡约文化墓地的发掘者认为："死者埋葬后过一段时间又要被挖出来将骨骼扰乱，再就原坑埋葬。被扰过的墓葬其墓边多有残缺，每次扰乱大约是数座墓同时进行，以致造成有的骨骼残缺，有的则多出一些骨骼的情况。我们将这种葬仪称为'二次扰乱葬'"。见青海省湟源县博物馆、青海省文物工作队、青海省社会科学院历史研究室：《青海湟源县大华中庄卡约文化墓地发掘简报》，《考古与文物》1985年第5期。

　　④ 参见张礼燕：《试析井沟子遗址西区墓地的人为扰墓现象》，《边疆考古研究》（第4辑），科学出版社，2006年。

葬"这一称谓还可能形成理解上的误会，即以为发生过两次扰乱行为，而这时所谓的"二次"实际是相对于第一次下葬而言，与"一次葬"时是否发生扰乱无关。

　　既然概念不统一，概念内涵可能会有交叉，加之一些人骨由于保存较差等情况难以判断异常体位细节或形成原因（人为扰乱未必都是葬仪意义上的"二次扰乱"，有时是盗扰等情形），上孙家寨墓地的"二次葬"、"二次扰乱葬"不如根据具体情况称为"割体错位葬"、敛骨葬和扰乱葬（敛骨葬和扰乱葬的区别在于骨架整体而言是否处在正常体位，图五，3 为敛骨葬，图五，4 右侧女性为扰乱葬）；或者循大通上孙家寨[①] 和湟中潘家梁两处卡约文化墓地[②] 先例，笼统称为"乱骨葬"。

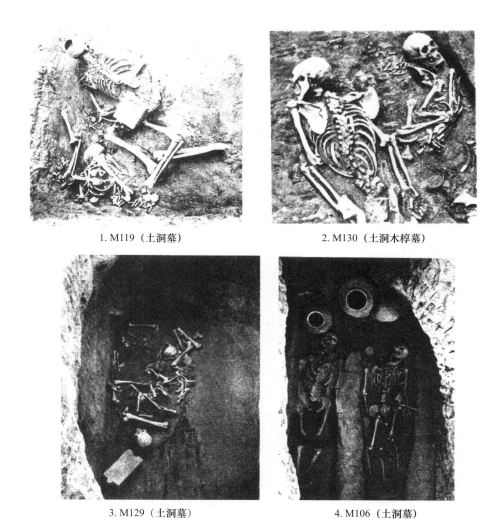

1. M119（土洞墓）　　　　　　　2. M130（土洞木椁墓）

3. M129（土洞墓）　　　　　　　4. M106（土洞墓）

图五　上孙家寨墓地葬式举例（发掘照片）
（引自发掘报告图版照片）

---

① 　参见李国林、卢耀光：《卡约文化葬式》，《青海考古学会会刊》（3），1981 年。
② 　参见和正雅：《从潘家梁墓地的发掘试谈对卡约文化的认识》，《青海考古学会会刊》（3），1981 年。

五

河湟谷地其他汉墓材料较零散。青海民和县胡李家墓地①时代为西汉晚期，土坑竖穴墓，M2、M5 的木棺隔出头厢和棺厢。西宁市南滩汉墓②和平安县古城乡北村背本康子坡地汉墓③约在东汉早期，均为单室砖室墓。民和县东桓村墓④属于东汉中期，为前后双室单券顶砖室墓。此外，西宁市哆吧乡指挥庄⑤、湟中县朱家寨⑥、互助县泽林大队二队村西⑦等地清理过汉墓或征集到汉代文物。

这些墓地亦存在"汉文化地方特征"和"非汉文化因素"。上孙家寨乙 M1⑧出土的三足陶罐、陶瓶（肩部饰水波纹）均为泥质灰陶，可以视为具有汉文化地方特征的陶器⑨（图六，1、2）；胡李家和背本康子坡地出土陶器亦流行绳纹。背本康子坡地 M7 用废砖打出的砖灯、东桓村墓的砖臼（砖灯？）以及哆吧乡指挥村墓用青条砖雕成的砖灶有地方特色。非汉文化因素主要表现在殉牲和陶器方面，胡李家 M2 出有"狗骨一具，以及部分其他动物骨架"，东垣村墓前室"还有少量的动物骨骼"；非汉式陶器包括南滩汉墓夹粗砂红陶的颈双耳罐和胡李家 M4 夹砂褐陶的颈单耳罐（图六，3、4）。

上孙家寨墓地的夹砂陶器、南滩汉墓的夹粗砂红陶双耳陶罐和胡李家墓地的夹砂褐陶单耳陶罐当是西羌文化因素。上孙家寨乙 M1 出土的"汉匈奴归义亲汉长"驼钮铜印表明了墓主的族源，两件具有汉文化地方性特征的陶器显示出来的不仅是汉匈融合，更有可能是匈奴（卢水胡）与羌人的杂处⑩。民和县官亭镇胡李家两座汉墓（东汉末年或略晚）出土人骨具有明显欧罗巴人种特征（受到蒙古基因影响），可能属于小月氏⑪。此外，上孙家寨 M24 的网格纹铜带扣、互助县东汉土洞墓的双马纹青铜牌饰属于匈奴风格，上孙家寨乙 M3 出有安息风格的忍冬纹银壶。西羌以外的这些文化因素，似可与"湟中月氏诸胡"、"湟中杂种诸胡"联系。

---

① 民和县博物馆何克洲、张德荣：《青海民和县胡李家发现汉墓》，《考古》2004 年第 3 期。
② 青海省文物管理委员会：《西宁市南滩汉墓》，《考古》1964 年第 5 期。
③ 青海省文物考古研究所：《青海平安县古城青铜时代和汉代墓葬》，《考古》2002 年第 12 期。
④ 青海省文物考古研究所：《青海民和县东垣村发现东汉墓葬》，《考古》1986 年第 9 期。
⑤ 青海省文物管理委员会：《西宁哆吧乡指挥庄村汉墓》，《文物》1959 年第 2 期。
⑥ 《青海湟中朱家寨北山根发现古墓，被掘毁》，《文物参考资料》1954 年第 1 期。
⑦ 许新国：《青海省互助土族自治县东汉墓葬出土文物》，《文物》1981 年第 2 期。
⑧ 青海省文物管理处考古队：《青海大通县上孙家寨的匈奴墓》，《文物》1979 年第 4 期。
⑨ 这两件陶器在《青海大通县上孙家寨的匈奴墓》发掘简报中分别称为陶鼎和直壁陶罐，在《上孙家寨汉晋墓》发掘报告中分别称为三足陶罐和陶瓶。图六，1、2 引自发掘简报。
⑩ 《三国志·魏书·乌桓鲜卑东夷传》注引鱼豢《魏略·西戎传》："赀虏，本匈奴也，匈奴名奴婢为赀。始建武时，匈奴乱，分去其奴婢，亡匿在金城、武威、酒泉北黑水、西河东西，畜牧逐水草，……不与东部鲜卑同也。其种非一，有大胡、有丁令，或颇有羌杂处。"
⑪ 王明辉：《青海首次发现欧洲人种遗迹》，《中国文物报》2002 年 5 月 10 日第 7 版。

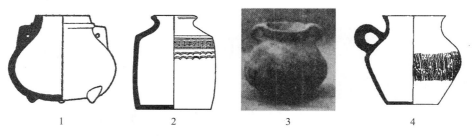

图六　其他具有汉文化地方特征和非汉文化特征的陶器
1. 三足罐（上孙家寨乙 M1∶3）　2. 瓶（上孙家寨乙 M1∶4）
3. 颈双耳罐（西宁南滩汉墓）　4. 颈单耳罐（朔李家 M4∶3）

　　河湟谷地的"汉文化地方特征"和"非汉文化因素"主要见于西汉至东汉早中期，殉牲较为普遍，夹砂陶器较多，单室券顶砖室墓中"扰乱葬"和"敛骨葬"比例仍然较大[①]。东汉晚期以来河湟谷地汉墓的文化面貌与河西走廊趋同，上孙家寨墓地"第五期中的部分典型陶器及其共出陶器和甘肃乱墩子东汉晚期汉墓所出陶器几乎完全相同"，包括制作工艺、器形和纹饰作风[②]。上孙家寨双室穹隆顶墓的砖室结构；南滩汉墓的柏木棺、木马、木牛车，背本康子坡地 M7 的木牛车、木镇墓兽、木案、木奁等，均与甘肃武威汉墓相似。

　　发掘报告指出，上孙家寨墓地"普遍随葬牲畜，很少见有粮食。这是早期羌人埋葬习俗的遗痕，而这一习俗又是由经济生产状况所决定的，即其经济状况应是农业与畜牧业兼具而畜牧业较为发达"[③]。上孙家寨墓地很少见到同时出有马、牛、羊等多类畜种的殉牲墓例（不过许多墓葬殉牲种类、数量不明），但是见有以羊和猪（M106）、猪和鸡（M145、M147）、猪（M151、M152）殉牲，居民很有可能是定居放牧。

　　根据"二次扰乱葬"、殉牲和具有卡约文化遗风的夹砂陶器，发掘报告认为上孙家寨墓地西汉居民"应当有相当一部分是汉化了的羌人，或是与羌人杂居在一起的风俗完全同于羌人的'月氏胡'"，汉代居民"族属很复杂，即有羌人，还与羌人风俗完全相同的月氏胡，也可能有汉人，汉末魏晋初这里的统治者则是新来到的卢水胡"[④]。自西汉武帝设置军事据点西平亭和临羌县（属金城郡）后，西宁地区基本处在汉朝郡县体制内（东汉建安中置西平郡，治西都县）。上孙家寨当时有来自内地的编户移民和军屯人员[⑤]，以汉文化因素为主体的墓葬制度表明当地羌人、月氏胡和卢水胡已经汉化了。

　　上孙家寨墓地中汉式陶器占到主要随葬器物的 99%[⑥]，出有"汉匈奴归义亲汉长"铜印的乙 M1 墓葬形制和大多数随葬器物与一般汉墓无异，正如发掘报告所言："随着

---

　　①　上孙家寨墓地的 36 座单室券顶墓中见有仰身直肢 11 例、仰身屈肢 1 例、侧身屈肢 1 例、扰乱葬 6 例、敛骨葬 11 例。按，此处统计骨架个体数而非墓例数。
　　②　青海省文物考古研究所：《上孙家寨汉晋墓》，文物出版社，1993 年，第 208 页。
　　③　青海省文物考古研究所：《上孙家寨汉晋墓》，文物出版社，1993 年，第 220 页。
　　④　青海省文物考古研究所：《上孙家寨汉晋墓》，文物出版社，1993 年，第 219、220 页。
　　⑤　上孙家寨 M115 出土木简记载军队编制、操典、军功等爵和赏罚规定，墓主为驻军官员。见青海省文物考古工作队：《青海大通县上孙家寨——五号汉墓》，《文物》1981 年第 2 期。
　　⑥　青海省文物考古研究所：《上孙家寨汉晋墓》，文物出版社，1993 年，第 215 页。

时间的后移，这里的文化，通过相邻的甘肃河西地区的媒介而扩大着同关中地区的融合，共性愈益加强，至东汉末之时，可以说已基本上融为一体"[1]。背本康子坡地 M7 的男女发饰、头饰、服饰均同于中原汉人，胡李家两座东汉末年墓（人骨属于欧罗巴人种）的形制、随葬器物和葬俗均为汉式特征，显然当时河湟谷地以汉文化占据主体态势。

六

西汉中期羌胡遥相连和，"时先零羌与封养牢姐种解仇结盟，与匈奴通，合兵十余万，共攻令居、安故，遂围枹罕。汉遣将军李息、郎中令徐自为将兵十万击平之。始置护羌校尉，持节统领焉。羌乃去湟中，依西海、盐池左右。汉遂因山为塞"[2]。这道在祁连山北坡建筑的障塞烽燧即是"河西汉塞"的南塞[3]，以南塞为界，西羌被屏蔽在祁连山以南、青海湖以西地区，河湟谷地基本纳入西汉郡县范围，并通过河西驿道[4]与河西走廊汉代郡县保持密切联系，而甘加草原上的甘肃夏河县八角城[5]为陇右地区通往河西走廊和湟水谷地的重要门户。

汉城是河湟谷地汉文化稳固发展的标志和保障。在河湟谷地及青海湖东、北部地区，发现有海晏县朵海古城、刚察县北向阳古城、兴海县支冬加拉古城、共和县曹多隆古城等 12 座汉城[6]。其中海晏三角城位于青海湖东北岸，为西汉末年王莽辅政时设置的西海郡治，沿用至唐宋[7]。这些汉城"西汉中期以后首先出现在湟水中下游，然后向西扩展到青海湖地区，向南延伸到黄河两岸。城墙均夯土筑成，规模一般较小，少量城址有郭城。郭城平面布局不太规整，基本根据地形特点修筑，墙体建筑比较简单潦草，用砂石泥土草草筑就"[8]。

随着羌人迁移和西海郡的设立，东汉以来汉文化已经整体占据河湟谷地及周边地区。河湟谷地汉墓中的地方文化特征，除当地前期文化因素的遗留外，更重要的是反映出经济文化类型与中原和北方边塞其他地区有所差别。湟水谷地和黄河上游"大、小榆谷"[9]海拔较低，宜农宜牧，但是当地汉墓殉牲普遍，少见出土粮食，与武威汉墓

①　青海省文物考古研究所：《上孙家寨汉晋墓》，文物出版社，1993 年，第 217 页。

②　《后汉书·西羌传》。

③　吴礽骧：《河西汉塞》，文物出版社，2005 年，第 182、183 页。

④　吴礽骧：《河西汉代驿道与沿线古城小考》，《简帛研究二〇〇一》，广西师范大学出版社，2001 年。

⑤　八角城遗址坐落在大夏河支流央曲河上游河谷，调查简报推测为汉城，性质为防御性的塞上城堡，兼具屯田功能。见李振翼：《八角城调查记》，《考古与文物》1986 年第 6 期。

⑥　中国社会科学院考古研究所：《中国考古学·秦汉卷》，中国社会科学出版社，2010 年，第 287 页。

⑦　参见《中国大百科全书·考古学》"汉青海郡城遗址"词条，中国大百科全书出版社，1986 年，第 184、185 页；安志敏：《青海的古代文化》，《考古》1959 年第 7 期。

⑧　中国社会科学院考古研究所：《中国考古学·秦汉卷》，中国社会科学出版社，2010 年，第 297 页。

⑨　大、小榆谷即今青海省贵南县境西北部茫拉河、沙沟（河）下游河谷及其与黄河交汇的南岸沿河地带。见刘满：《西北黄河古渡考（一）》，《敦煌学集刊》2005 年第 1 期。《后汉书·西羌传》记曹凤称烧当羌所居大、小榆谷"土地肥美"，又记永元五年（93 年）贯友"攻迷唐于大、小榆谷，……收麦数万斛"。

差异明显①。上孙家寨汉代居民"农牧并行，牧大于农的经济特点"，尤其是"经济特点并未因随着汉文化影响的加强而发生很大的变更"②的情况值得重视，汉代经济模式当与近现代经济文化类型中的"山地耕牧型③较为接近。

西汉政府经略河湟谷地是在抗击匈奴的整体战略背景下展开的，主要目的是为了控制西羌，屏障陇右，维护河西走廊南翼的安全。西羌分散性的政治结构，便于西汉政府在当地顺利地整合再造社会秩序，主要手段是采纳赵充国的"留田便宜十二事"④，大规模推行军屯。西汉屯田河湟的意义"并不仅仅局限于解决大军的后勤补给问题，其目的是希望通过屯留坚守来促成西羌经济的衰败、内部矛盾激化、最终实现西部边疆的长治久安"⑤，同时是压缩西羌生存空间"以逼群羌"的战略措施⑥。东汉继续屯田湟中，马援"奏为置长吏，缮城郭，起坞候，开导水田，劝以耕牧，郡中乐业"⑦，和帝时"列屯夹河，合三十四部"⑧，垦田54万余亩⑨。

西汉政府占据河西走廊"隔绝羌胡"⑩以后，新石器至青铜时代"从东北至西南的边地半月形文化传播带"⑪被拦腰截断，其北、南两段分别与考古学上的"北方长城地带"和民族学上的"藏彝走廊"有很大重合，而从"河西走廊"延伸至新疆的交通要道，发展为文化史上的"丝绸之路"和民族学上的"西北民族走廊"。陇西黄土高原与祁连山脉交接地带的兰州、临夏至湟水谷地的西宁一带，成为三大通道的交汇地区。

我们曾经根据西汉政府经略河西地区的战略目的、较少的编户人口、完备的塞防体系、严密的军屯组织、复杂的民族结构、不同于中原地区和北方边塞大部地区的经济文化类型、"咸以兵马为务"⑫的社会风尚，以及这种种历史背景在考古学遗存上的表现，将河西走廊汉文化的形成发展过程称为"军成类型"⑬，河湟谷地汉文化形成发展的历史特征整体上与其相似。河湟谷地处在青藏高原一级台面向黄土高原二级台面的倾斜过渡地带，文化史上处在"汉藏之间"，汉文化的渗透扩展成为中原王朝连结青藏高原的重要环节。河湟谷地地域虽然局促，却是中国历史大格局中的一个关节点。

---

① 武威汉墓普遍出土粮食，如磨咀子M7～M37"各墓都有随葬的粮食，每墓约为3种，分别装在草盒内或纱布袋内"。见甘肃省博物馆：《甘肃武威磨咀子汉墓发掘》，《考古》1960年第9期。

② 青海省文物考古研究所：《上孙家寨汉晋墓》，文物出版社，1993年，第220、221页。

③ 近现代经济文化类型中的"山地耕牧型"分布在青藏高原东南坡、雅鲁藏布江谷地和云贵高原中西部山区。参见林耀华：《民族学通论》，中央民族大学出版社，1997年，第88～96页。

④ 《汉书·赵充国传》。

⑤ 李大龙："屯田"并非赵充国治羌政策的核心内容，《中国边疆史地研究》2010年第3期。

⑥ 杨秀清：《论东汉对羌族的政策》，《青海社会科学》1995年第5期。

⑦ 《后汉书·马援传》。

⑧ 《后汉书·西羌传》。

⑨ 陈新海：《试论东汉在青海地区的施政》，《青海社会科学》1997年第5期。

⑩ 《盐铁论·西域篇》："先帝推让，斥夺广饶之地，建张掖以西，隔绝羌胡，瓜分其援"。

⑪ 童恩正：《试论我国从东北至西南的边地半月形文化传播带》，《文物与考古论集》，文物出版社，1987年。

⑫ 《汉书·地理志下》。

⑬ 郑君雷：《西汉边远地区汉文化形成的考古人类学研究》，教育部2005年度规划基金项目"西汉边远地区汉文化形成的考古学研究"结项报告（未刊稿）。

巴蜀"船棺葬"——船棺的界定、类型及文化内涵

　　"船棺葬"是东周至西汉初年巴蜀地区最具特色的墓葬形式。1954 年在广元昭化宝轮院和巴县冬笋坝[①]首次发现，随即引起广泛关注。"船棺葬"是宽泛概念，还包括船椁等衍生形式，还有一些土坑墓中船棺可能已经无法识别了。

　　巴蜀船棺葬在成都平原、川西南、川东北和重庆等地均有发现，主要包括成都平原的成都市区（商业街、百花潭中学、抚琴小区和金沙遗址）[②]、新都县马家公社[③]、大邑县五龙公社[④]、彭县太平公社[⑤]、绵竹清道公社[⑥]、郫县向阳[⑦]和什邡城关[⑧]，川西南的荥经同心村[⑨]、蒲江东北公社[⑩]和飞龙村[⑪]，川东北的昭化宝轮院[⑫]，以及重庆市的巴县冬笋坝、涪陵小田溪[⑬]等地点。

一

　　船棺以整木剜剖烧凿而成，因为是整木，而且多数首尾或首端上翘，棺室形似船仓，很容易联想到独木舟。但是以整木制作的棺具是否均属于船棺？所谓船棺，究竟

---

　　① 参见四川省博物馆：《四川船棺葬发掘报告》，文物出版社，1960 年，第 5～9 页。

　　② 成都文物考古研究所：《成都商业街船棺葬》，文物出版社，2009 年。

　　③ 四川省博物馆、新都县文物管理所：《四川新都战国木椁墓》，《文物》1981 年第 6 期。

　　④ 四川省文管会、大邑县文化馆：《四川大邑五龙战国巴蜀墓葬》，《文物》1985 年第 5 期。

　　⑤ 赵殿增、胡昌珏：《四川彭县发现船棺葬》，《文物》1985 年第 5 期。

　　⑥ 四川省博物馆王有鹏：《四川绵竹县船棺墓》，《文物》1987 年第 10 期。

　　⑦ 郫县文化馆：《四川郫县发现战国船棺葬》，《考古》1980 年第 6 期。

　　⑧ 四川省文物考古研究院、德阳市文物考古研究所、什邡市博物馆：《什邡城关战国秦汉墓地》，文物出版社，2006 年。本文插图均出自四川省文物考古研究院、什邡市文物保护管理所：《什邡市城关战国秦汉墓葬发掘报告》，《四川考古报告集》，文物出版社，1998 年。

　　⑨ 四川省文物考古研究所、荥经严道古城遗址博物馆：《荥经县同心村巴蜀船棺葬发掘报告》，《四川考古报告集》，文物出版社，1998 年。

　　⑩ 四川省文管会、蒲江县文物管理所：《蒲江县战国土坑墓》，《文物》1985 年第 5 期。

　　⑪ 成都市文物考古工作队、蒲江县文物管理所：《成都市蒲江县船棺墓发掘简报》，《文物》2002 年第 4 期；成都文物考古研究所、蒲江县文物管理所：《蒲江县飞龙村盐井沟古墓葬》，《成都考古发现》（2011），科学出版社，2013 年。

　　⑫ 1995 年第二次发掘材料见四川省文物考古研究所、广元市文物管理所：《广元市昭化宝轮院船棺葬发掘简报》，《四川考古报告集》，文物出版社，1998 年。

　　⑬ 四川省博物馆、涪陵县文化馆：《四川涪陵地区小田溪战国土坑墓清理简报》，《文物》1974 年第 5 期。

是在有意模仿舟船，或者只是形状偶合，仍然需要探究。这其实是如何界定船棺概念和认识其文化象征意义的问题，此两点问题在《成都商业街船棺葬》发掘报告中多有涉及[①]。

宋治民对船棺和独木棺作过界定："船棺葬系指木棺做成独木舟的形状"，冬笋坝和宝轮院"两地船棺葬的葬具都是独木制作，其状如船，系取大楠木一截，将其上面削去小半，底部亦稍削平，两端由底部向上斜削使其上翘如舟船之两端，并挖出船舱以盛放尸体和随葬器物。有一部分船棺在船舱之中另置小木棺以放尸体和随身器物，其他随葬器物置于棺外船舱之中"；"独木棺和船棺的区别在于木棺不做成两端上翘的船形，而是取一截大楠木，从中剖开，或将圆木砍削去一部分使成平面，然后凿去部分树心，两端截齐，便成独木棺。有的将圆木对剖，一半作棺身，一半作棺盖，有的只有棺身而无棺盖"[②]。

若理解不误，宋文认为船棺的特征是两端上翘、底部稍削平，独木棺则是一端上翘或两端平齐、底部不加工，且有的有棺盖，并据此将蒲江东北公社、绵竹清道等地的葬具归入独木棺，将成都商业街的葬具归入独木棺[③]，认为什邡城关的 A 类船棺和绵竹清道的船棺其实是独木棺（称为"船棺"只是"为了行文方便"）[④]，推测川西地区战国至西汉巴蜀文化中的"木板墓"可能是由船棺（独木棺）发展演变而来[⑤]。

暂时抛开船棺的象征意义，仅就其形制而言，船棺似有如下观察角度。其一，首、尾两端侧视上翘（及上翘程度）或平直；其二，首、尾两端的平面形状（尖、方，以及是否加工）；其三，棺室（舱室）结构；其四，是否有棺盖；其五，棺底加工情况。在这些观察点中，棺盖不是普遍存在的，棺底是否略加削平不影响整体形状；树干一般根粗梢细（有时不明显，或由于朽腐不易判断），因此棺室多为长梯形（或弧角长梯形），深度足以敛放器物（有的容棺）即可，这些观察点可以暂且不论，关键处在于船棺两端的侧视和平面形状。根据航行原理，下文将较细一端称为首端，较粗一端称为尾端。

二

昭化宝轮院第一次发掘的 M11 的木质葬具侧视两端明显上翘，首端平面削尖，长方形棺室较深，颇似舟船（图一），将这类葬具称为船棺不会有疑义。

① 四川省博物馆：《四川船棺葬发掘报告》，文物出版社，1960 年，第 9～12 页。
② 宋治民：《四川战国墓葬试析》，《四川文物》1990 年第 5 期。
③ 宋治民：《成都市商业街墓葬的问题》，《四川文物》2003 年第 6 期。
④ 宋治民：《什邡、荥经船棺葬墓地有关问题探讨》，《四川文物》1999 年第 1 期。
⑤ 宋治民：《什邡、荥经船棺葬墓地有关问题探讨》，《四川文物》1999 年第 1 期。

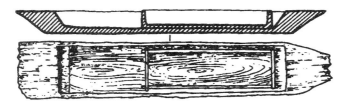

图一 昭化宝轮院 M11 船棺平、剖面图

　　什邡城关 M23（图二）、M32（图三）等船棺（报告归入 A 类船棺）尾端侧视平直，首端方头上翘。江苏武进淹城内城河出土的 4 具独木舟尖头方尾，首端上翘，尾端方平（不过未闭合，图四）[1]；而且民族志材料中见有方头方尾的独木舟[2]（图五），因此将什邡城关 M23 这类木质葬具称为船棺没有问题。在这些例子中，方头（或尖头）与否、方尾（或尖尾）与否、尾端上翘与否，均非判断船棺的依据，首端上翘则是关键特征。

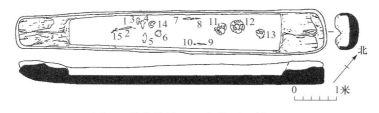

图二 什仿城关 M23 船棺平、剖面图

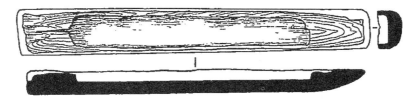

图三 什仿城关 M32 船棺平、剖面图

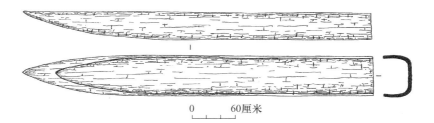

图四 江苏武进淹城内城河出土独木舟

---

　　① 南京博物院、常州博物馆、淹城旅游区管理委员会等：《淹城——1958～2000 年考古发掘报告》，科学出版社，2014 年，第 183～185 页，彩版二八。
　　② 引自陈洪波、王然：《婆罗洲的独木舟造船术及其启示》，《国家航海》（第九辑），上海古籍出版社，2014 年。

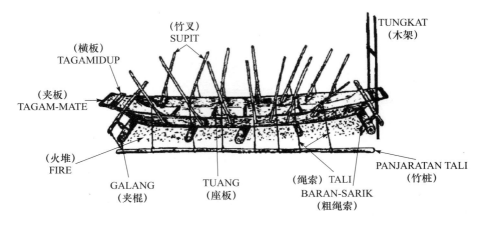

图五　婆罗洲独木舟制造（烘烤船体）

　　成都商业街的 A、D、B 型木质葬具显然也是船棺（图六~图八）。考虑到船棺的模仿示意性质，还可以推论木质葬具两端侧视的翘起程度、两端平面宽窄的差异程度（什邡城关 C 类船棺基本等宽），以及棺室的深浅（什邡城关 B 类船棺多数浅舱矮舷）并不绝对。准此标准，蒲江东北公社 M2 和绵竹清道的木质棺具仍然属于船棺（图九、图一〇）。

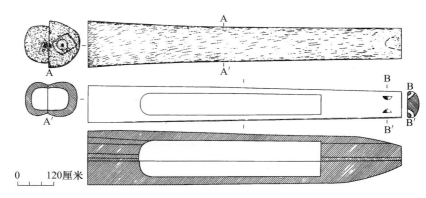

图六　成都商业街 A 型船棺平、剖面图

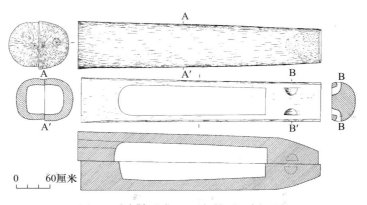

图七　成都商业街 D 型船棺平、剖面图

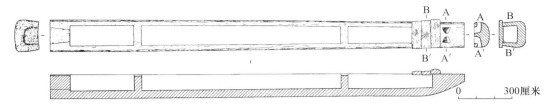

图八　成都商业街 B 型（M13）船棺平、剖面图

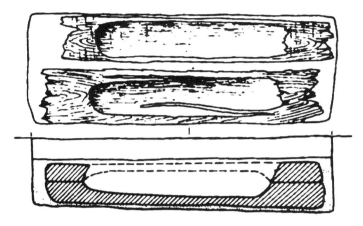

图九　浦江东北公社 M2 船棺平、剖面图

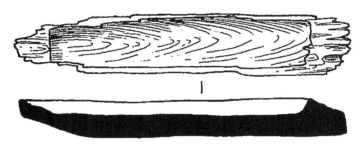

图一〇　绵竹清道独木棺平、剖面图

三

　　成都商业街 C 型船棺（图一一）方首方尾、两端侧视平直、平面略等宽。民族志材料中独木舟首端一般上翘，例如南美洲独木舟[①]（图一二）。德国学者史图博海南岛调查[②]的照片中，布配黎的独木舟方头、挡板立面仅是在与舟底结合部略弧曲上翘（图一三），因此这类木质葬具也可以称为船棺。

---

　　①　引自凌纯声：《中国远古与太平印度两洋的帆筏戈船方舟和楼船的研究》，民族学研究所专刊之十六，集成图书公司，1970 年，第 43 页，插图八。

　　②　德国学者史图博于 1931 年和 1932 年两次在海南岛考察，1937 年出版《海南岛民族志》（德文，柏林）。

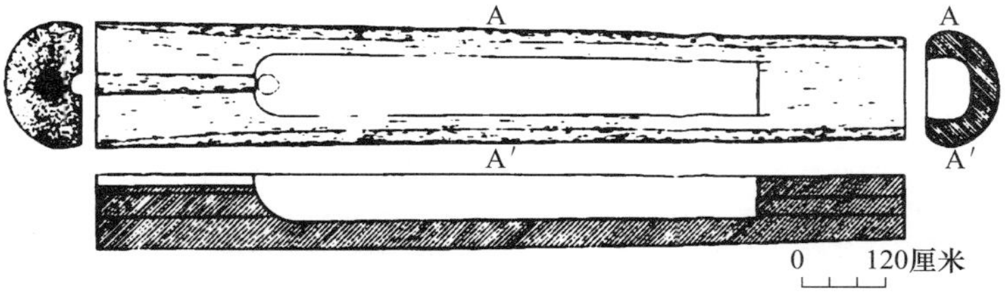

图一一　成都商业街 C 型（M12）船棺平、剖面图

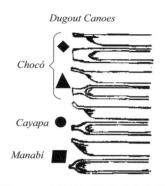

图一二　南美洲西海岸独木舟的
船首形态

图一三　史图博《海南岛民族志》中的黎族独木舟照片

　　实际上，刘雨茂已经将川西地区"两端平齐"和"一端上翘"的"独木舟"纳入船棺体系[1]，颜劲松也指出蒲江东北公社的"独木棺"只是船棺的另一种形式，"仍属于船棺葬"[2]。不过，刘文将"独木舟式"船棺作为战国时期川西新出现的船棺葬类型，以及毛求学将"翘首式"船棺与"独木舟式"船棺并列[3]，其分类体系和称谓还可以斟酌，因为各类船棺的原型都是独木舟。我建议依其形制，径直称为"首尾双翘式"、"单翘首式"和"首尾平齐式"船棺。

　　船棺葬都是长方形窄坑墓（墓坑长宽比一般在 4∶1 甚至 5∶1～9∶1），一些保存不好的船棺只能根据墓坑形状等迹象加以推测。昭化宝轮院"据痕迹及朽木观察，其葬具是独木舟形船棺，故两端留有较大的空隙。墓底一般用细黄沙土和白膏泥铺垫，置棺后在船棺与墓边之间以黄色砂质土和白膏泥填充，并夯实，故两边留有熟土二层台"；"船棺的形制大概有两种"，独木棺"以整木剜挖成，多数为两端较整齐的长方形，……另一种则是两头翘起如船形，中有船舱"，这种船棺的墓坑两端"留有一个以白膏泥打压光滑的斜坡"[4]。荥经同心村根据"墓底形状、棺木腐朽的黑色灰烬分布范围及器物倾斜方向等现象观察，我们推断这种葬具的形状如船，故称为船形棺。其形制

　　① 刘雨茂：《川西地区船棺研究》，《华西考古研究》（一），成都出版社，1991 年。
　　② 成都文物考古研究所：《成都商业街船棺葬》，文物出版社，2009 年，第 7 页。
　　③ 毛求学：《试论川西地区战国墓葬》，《华西考古研究》（一），成都出版社，1991 年。
　　④ 四川省文物考古研究所、广元市文物管理所：《广元市昭化宝轮院船棺葬发掘简报》，《四川考古报告集》，文物出版社，1998 年。

大概为首尾上翘，中部微凹，底圈平，两侧壁呈弧形，棺壁较薄"[①]。

四

四川盆地江河纵横，巴蜀居民习水弄舟，以"越舲蜀艇"[②]闻名，巴蜀青铜器上时见操舟作战图像。船棺以整木剜挖剞凿，或者烧凿结合制作。若相信巴蜀船棺模仿的是真实舟船，那么船棺体系所涵括的内容，以及船棺的一些细部结构还可以作更深入考量。

什邡城关 M11 等 C 类船棺（图一四）制作简单，"头尾舱舷各部位特征不显，象征味很浓，有的粗看起来就像一块木板"，可能是船棺的退化或简化形式，宋治民指出"这种 C 类船棺看上去更像一块木板，若单独发现一座 C 类船棺墓，是很难判定其为船棺的，但是将 A、B、C 三类船棺放在一个系列，则它们发展演变的脉络却是十分清楚的。即从深舱高舷演变到浅舱矮舷，再演变到平舱无舷，从实用性的棺木演变到象征性的棺，这大约是战国到西汉巴蜀文化中'木板墓'的由来"[③]。

不过，成都西郊金鱼村墓并排两块木板铺为葬具[④]，绵竹清道 M1、M2 各为 3 块大木板并铺[⑤]，绵阳宋家梁子墓 5 块木板并铺[⑥]。既然不是独木，也就无从谈及船棺（独木舟）的退化或简化。川西"木板墓"更有可能是其他类型舟船工具的象征物。拼合木板制作的舟船，就是舢板，凌纯声称为"缝板船"（Dalcas）[⑦]。成都金沙巷 M2 底部有一块木板，"葬具的东西两侧及南端各一块挡板"，因为立面上也有木板，理解为舢板似乎更加顺理成章[⑧]。成都光荣小区土坑墓[⑨]"葬具一椁，椁无盖板"，椁壁用卵石夹黏土筑成，这座墓仅在底部以 11 根方木并排平铺在一起作为葬具，状如木筏。

《说文》："方，并船也"，两船相并即古代"方舟"，凌纯声简洁地称为"双舟"[⑩]（参见图一五）。贵州台江至今见有三只"扩展式独木舟"相联的"子母船"[⑪]。什邡城关 M58（图一六）、M92、M96 和蒲江东北公社 M2 两具船棺并置一坑，什邡城关 M90 和

① 四川省文物考古研究所、荥经严道古城遗址博物馆：《荥经县同心村巴蜀船棺葬发掘报告》，《四川考古报告集》，文物出版社，1998 年。

② 《淮南子·俶真训》。

③ 宋治民：《什邡、荥经船棺葬墓地有关问题探讨》，《四川文物》1999 年第 1 期。

④ 成都市文物考古工作队：《成都西郊金鱼村发现的战国土坑墓》，《文物》1997 年第 3 期。

⑤ 四川省博物馆、绵竹县文化馆：《四川绵竹县西汉木板墓发掘简报》，《考古》1983 年第 4 期。

⑥ 赵殿增、巩发明：《四川绵阳发现木板墓》，《考古》1983 年第 4 期。

⑦ 参见凌纯声：《中国远古与太平印度两洋的帆筏戈船方舟和楼船的研究》，第 52～63 页。

⑧ 成都市文物考古工作队：《成都市金沙巷战国墓清理简报》，《文物》1997 年第 3 期。

⑨ 成都市文物考古工作队、成都市文物考古研究所：《成都市光荣小区土坑墓发掘简报》，《文物》1998 年第 11 期。

⑩ 参见凌纯声：《中国远古与太平印度两洋的帆筏戈船方舟和楼船的研究》之五《中国古代与太平洋区的方舟》。

⑪ 吴春明：《黔东南台江施洞"子母船"在太平洋文化史上的意义》，《贵州民族研究》2008 年第 5 期。"子母船"并非独木建造，但是保留了独木舟的形态、结构和"独木刳空"制作工艺，吴春明称为"扩展式独木舟"。

大邑五龙 M4 三具船棺并置于一坑，可能具有"并舟共行"的象征意义，并非一定要联结为"方舟"。成都商业街 1 号和 2 号船棺、8 号和 9 号船棺、10 号和 11 号船棺似亦有"并船"意味。

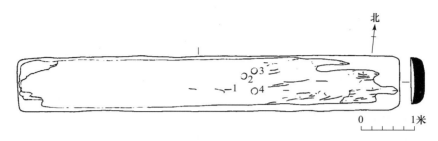

图一四　什邡城关 M11 船棺平、剖面图

图一五　美拉尼西亚群岛的古代"双舟"

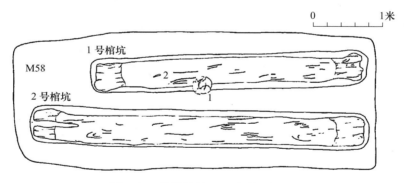

图一六　什邡城关 M58 船棺平面图

　　宝轮院和冬笋坝的船棺"首尾两端各凿大孔一，可能是系绳下葬用的"[①]（图一七）。什邡城关 A 类船棺"由于形体巨大，故多在头尾两端或一端凿出不规则形（近长条形）或近圆形的大孔，以便系绳拖拉、升降、悬棺下葬"，B 类船棺"头尾两端或一端凿有不规则形孔（近长条形）"[②]，C 类船棺也有相似情况。

　　① 冯汉骥、杨有润、王家祐：《四川古代的船棺葬》，《考古学报》1958 年第 2 期。
　　② 四川省文物考古研究院、德阳市文物考古研究所、什邡市博物馆：《什邡城关战国秦汉墓地》，文物出版社，2006 年，第 6、7 页。

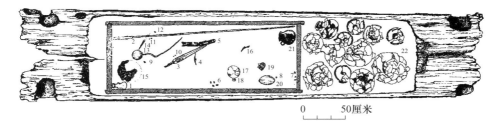

图一七 昭化宝轮院 M14 船棺

什邡城关有些船棺端部的条孔凿穿了木料，呈开叉状。成都商业街 A 型、D 型船棺前端"在其两侧各有凿有一个半圆形的孔洞斜穿至棺面上"，C 型船棺"在棺身两头各凿有一圆形方孔，孔内再塞入圆木，在其后部之上还有一凹槽"[1]，B 型船棺尾端"有一方槽，槽内再塞入方木"。这些凿穿的孔洞可能用来捆扎绳索以拖拉下葬，还可能与船棺制作有关。不过，什邡城关有些船棺端部的条孔未凿穿木料，呈沟槽状（例如 M23）；蒲江飞龙村船棺前端的两个半圆形孔洞也未凿穿。

还可以考虑有些凿出的孔洞沟槽是在示意性地表现舟船的某些细部结构。成都商业街 A 型、B 型、D 型船棺的首端有对称拐曲穿孔，而在独木舟两侧以藤条之类绑扎浮木便成为"边架艇"[2]，将两条独木舟并排捆缚联结便是所谓"双舟"或"方舟"（图一四、图一六）[3]。成都商业街 C 型、B 型船棺的纵长孔槽，或许是桡、舵等实用结构的表现。船棺要求密闭，因此有些孔洞、孔槽或者只是示意而未凿透，或者凿透后再塞实。

我们倾向于认为战国前后的巴蜀地区存在着一个模仿舟船的棺椁体系，即段渝所言"巴蜀文化船棺葬，其所用之船，是主人生前的主要交通工具"[4]。上面讨论的各类木质葬具都可以归入这一体系。从这种大背景考虑，成都商业街的匣形棺可能也属于这一体系。有些船棺内有木棺，严格说当称为船椁[5]，也可以理解为重棺。成都商业街还有专门来放置随葬器物的船形葬具，实际是船形器物箱。船棺、船椁和船形器物箱可以宽泛地称为船棺。此外，什邡城关"狭长方形土坑墓甚至在墓坑形制以及随葬品的放置情形方面都与船棺墓极为相似，显然狭长方形土坑墓在刻意模仿船棺墓，仅保存着不用葬具的习俗"[6]。

至于长江三峡和支流大宁河沿岸的崖葬（悬棺葬），年代相当于秦汉前后，有些

① 成都文物考古研究所：《成都商业街船棺葬》，文物出版社，2009 年，第 22、23、122、124 页。
② 凌纯声怀疑"边架艇或是古代的艇，淮南子俶真训：'越舲蜀艇'。高诱注：'蜀艇一板之舟'。广韵：梃训木板，与一板义合，疑艇即梃之俗字。舟有一板或木片，由文义推测，很可能是边架艇"。引自凌纯声：《中国远古与太平印度两洋的帆筏戈船方舟和楼船的研究》第 128 页，并参见第 129 页。
③ 参见凌纯声：《中国远古与太平印度两洋的帆筏戈船方舟和楼船的研究》之五《中国古代与太平洋区的方舟》，图十六引自第 162 页插图六，b。
④ 段渝：《巴蜀古代文明与南方丝绸之路》，《南方丝绸之路论集》，巴蜀书社，2008 年。
⑤ 参见冯汉骥、杨有润、王家祐：《四川古代的船棺葬》，《考古学报》1958 年第 2 期。
⑥ 四川省文物考古研究院、德阳市文物考古研究所、什邡市博物馆：《什邡城关战国秦汉墓地》，文物出版社，2006 年。

（如奉节风箱峡[①]、巫溪荆竹坝 JM18[②]）也使用船棺葬具，船棺体量较小，属于蛮僚遗存[③]，与巴蜀船棺葬不在一个文化体系。

<h1 style="text-align:center">五</h1>

巴蜀船棺葬整体上以巴蜀文化的共性因素为主，但是各地船棺葬文化内涵存在一些差异，对于其文化渊源和族属等方面的认识有不同意见。巴县冬笋坝属于巴人遗存已是共识，昭化宝轮院或以为巴或以为蜀，或以为是"为秦人戍守该地的巴人的墓葬"[④]，或以为直人墓葬[⑤]。宋治民认为荥经县同心村船棺属巴人，什邡独木棺属于蜀人[⑥]。刘雨茂认为战国晚期川西地区出现的一头平齐、一头上翘的蜀人船棺是受巴人影响所致[⑦]。

云阳李家坝和涪陵小田溪战国巴人墓地均未发现船棺葬，黄尚明据以判断巴文化船棺是从蜀地传入的外来因素[⑧]。陈云洪新近指出四川船棺葬"在西周晚期起源于金沙遗址，然后向四周扩散"[⑨]，从年代学上证实蜀人船棺确实早于巴人。蜀人船棺又是如何起源？沈仲常等认为船棺葬是随开明氏入蜀的群蛮之一的葬俗[⑩]，陈云洪亦认为"是蜀人开明氏一族的墓葬"[⑪]，他们均认为开明氏源自崇庸。

开明氏族源有楚人、巴人、崇庸诸说，不过在川东荆楚方向尚未见有更早期船棺葬的线索。而东南亚的越南、泰国、菲律宾、马来西亚等地则是船棺葬集中分布区[⑫]，罗开玉在讨论蜀人送魂路线时提及"船棺及其祖型，在青海乐都柳湾、云南楚雄万家坝、川西甘孜巴塘扎金顶都曾发现更早者"[⑬]，这些地点多数位于藏彝走廊及其延伸方向的文化大通道上。同时要注意的是，战国巴蜀文化流行的圜底陶器是云南滇池地区青铜文化、广西右江战国秦汉遗存、越南东山文化、泰国班清文化、甚至太平洋岛屿拉

---

① 李莉：《四川奉节县风箱峡崖棺葬》，《文物》1978 年第 7 期。

② 四川大学历史系考古专业：《四川巫溪荆竹坝崖墓清理简报》，《考古与文物》1984 年第 6 期。

③ 吴春明、王炜：《峡江地区崖葬的内涵与性质》，《2003 三峡文物保护与考古学研究学术研讨会论文集》，科学出版社，2003 年。

④ 四川省博物馆：《四川船棺葬发掘报告》，文物出版社，1960 年，第 84~86 页。

⑤ 童恩正：《古代的巴蜀》，重庆出版社，1998 年，第 48 页。

⑥ 宋治民：《什邡、荥经船棺葬墓地有关问题探讨》，《四川文物》1999 年第 1 期。

⑦ 刘雨茂：《川西地区船棺研究》，《华西考古研究》（1），成都出版社，1991 年。

⑧ 黄尚明：《关于川渝地区船棺葬的族属问题》，《四川文物》2005 年第 3 期。

⑨ 陈云洪：《成都金沙遗址船棺葬的分析》，《南方民族考古》（第十辑），科学出版社，2015 年。

⑩ 沈仲常、孙华：《四川船棺葬的族属问题》，《四川盆地的青铜时代》，科学出版社，2000 年。

⑪ 陈云洪：《四川地区船棺葬的考古学观察》，《边疆考古研究》（第 17 辑），科学出版社，2015 年。

⑫ 除下文提及的中国南方、东南亚和太平洋岛屿以外，船棺葬俗在其他地区亦较为普遍，如新疆塔里木盆地周缘的楼兰等墓地出有众多船形木棺，"中亚斯基泰文化中也见用松木掏空成的船形木棺"。参见阮秋荣：《尼雅遗址 95MN Ⅰ 号墓地墓葬制度研究》，《新疆文物》2001 年第 3/4 期合刊。

⑬ 罗开玉：《成都地区历代古墓概况》，《四川文物》1990 年第 3 期。

皮塔文化的主要陶器类型[①]。

　　开明氏治蜀的年代大致不出春秋战国,战国巴蜀文化流行的圜底陶器与以尖底杯、尖底盏、尖底罐、圈足罐等陶器为特征的十二桥文化之间似乎有断层,这个断层以后出现的新文化因素中可能含有南方濮越族群的成分,这与开明氏来自川东荆楚方向并不矛盾。入蜀的开明氏或许只是王族成员,在开明王朝的其前阶段和统治期间,包括船棺葬、圜底陶器在内的南方文化因素(或许还有人群)也曾经不同波次地进入蜀地。

　　越南东山文化的船棺葬已经发现171座[②],盛行年代在公元前500年至公元300年之间[③]。东山文化船棺有些用原木刳凿成槽而成,有些是截取独木舟一段、前后两端加挡板制成,包括著名的越溪M2[④]。在岭南地区,广州黄花岗一座东汉初期木椁墓中出有两具"像独木舟"的棺具[⑤],广西百色阳圩华村感达山1号洞、2号洞出有"整木船形棺"[⑥],贵县罗泊湾1号汉墓殉葬坑出有4具圆木棺[⑦],武鸣元龙坡墓地M56墓圹的二层台两头削尖呈船形[⑧]。

　　具有各种变体形态的船棺葬俗广泛见于四川、江西[⑨]、江浙[⑩]、岭南、越南北部、东南亚及太平洋岛屿,是中国南方文化史上一种意义深远的葬俗。越南北部青铜文化与巴蜀文化的联系,以及东山文化船棺中的铜凿、铜拍、环首铜削等器物与巴蜀船棺葬的相似特征[⑪],提示我们需要注意巴蜀地区包括船棺葬在内的文化因素与华南和越南北部濮越族群甚至东南亚地区的文化联系,在这层意义上才能够更加深刻地理解"巴、蜀、广汉本南夷"[⑫]的文化史意蕴。

---

　　① 参见王大道:《云南青铜文化的陶器及其与越南东山、泰国班清文化陶器的关系》,《云南考古文集》,云南民族出版社,1998年。

　　② 韦伟燕:《试论东山文化与越文化的关系——以越南海防市越溪二号墓为中心》,中国百越民族史研究会第十六次年会论文,广州,2013年。

　　③ Bui Van Liem. A study of boat-shaped coffins from dongson sites in Vietnam. Indo-Pacific Prehistory Association Bulletin 25, 2005 (Taipei Papers, Volume 3).

　　④ 原报告认为越溪M2年代相当于战国时期,韦伟燕认为在秦末至西汉初年,李龙章认为年代"起码应断在西汉时期,很可能就是西汉中晚期墓葬"。见韦伟燕:《试论东山文化与越文化的关系——以越南海防市越溪二号墓为中心》;李龙章:《岭南地区出土青铜器研究》,文物出版社,2006年,第303页。

　　⑤ 《广州市郊发现巨大的东汉木椁古墓》,《文物参考资料》1954年第1期。

　　⑥ 彭书琳:《试论广西古代崖洞葬的独木棺》,《百越研究》(第四辑),厦门大学出版社,2015年。

　　⑦ 广西壮族自治区博物馆:《广西贵县罗泊湾汉墓》,文物出版社,1988年,第13～18页。

　　⑧ 广西壮族自治区文物工作队:《广西武鸣马头元龙坡墓葬发掘简报》,《文物》1988年第12期。原报告推定在西周春秋,李龙章认为年代在战国晚期至秦汉之际。见李龙章:《广西右江流域战国秦汉墓研究》,《考古学报》2004年第3期。

　　⑨ 江西靖安李洲坳东周大型土墩墓埋葬47具棺木,均为原木对剖挖凿而成,"是一种变异的船棺形式"。见徐长青:《靖安李洲坳东周墓葬的性质和族属》,《百越研究》(第二辑),安徽大学出版社,2011年。

　　⑩ 福泉山类型西汉墓见有整木棺(用一截整木挖成木棺的底部和两侧墙板,两端插入挡板)。见魏航空:《三楚地区西汉墓葬的考古学文化谱系》,吉林大学硕士学位论文,1990年。浙江长兴M4出土独木棺,见胡秋凉:《长兴七女墩墓葬群清理简报》,《东方博物》(第四十三辑),浙江大学出版社,2012年。

　　⑪ 参见雷雨:《从考古发现看四川与越南古代文化交流》,《四川文物》2006年第6期。

　　⑫ 《汉书·地理志下》。

峡江地区汉晋南朝花纹砖上的车轮纹饰

2003 年底，中山大学人类学系考古教研室在湖北省巴东县雷家坪揭露出一处布局有序的六朝家族墓地。发掘的 16 座砖室墓横向成排，纵向成列，相对年代清楚。墓砖花纹见有折线、交叉线、网格、菱格、鱼纹、鸟纹、车轮、莲瓣等，具有排序意义，简报将其中的车轮纹推定在东晋后期[①]。在峡江地区，车轮纹一般被归属于东汉至蜀汉阶段，雷家坪墓地表明这类纹饰亦有延续至东晋甚或更晚的可能性。本文对峡江地区汉晋南朝花纹砖上的车轮纹饰进行检讨，以期引起学者对花纹砖时序方面的关注。

一

在峡江地区的发掘报告中，习惯上将东汉墓砖上一种圆圈内有数道辐射状线条的图案称为车轮纹，有些报告称为轮辐纹、轮形纹、车纹、太阳纹和圆圈内置"米"字形等。云阳旧县坪遗址[②]出有几块建筑花纹砖，其中 B 型砖上见有马和两个车轮状图案的组合，显然是一辆马车的简省，以车轴贯连的两个车轮喻车（图一，1）。C 型花纹砖为两组马车图案，右侧尚完整，见有两匹马拖拉一车（图一，2）。A 型砖上亦见有马和两个车轮状图案的组合，参照 B、C 型砖图案，也是在表现一辆马车，但是更为写意，车轮分置在马匹的左右（图一，3）。旧县坪建筑砖上的车轮图案与墓砖上习称的车轮纹颇相类同，将这类图案称为车轮纹很恰当。

据笔者初步统计，峡江地区以下地点发现有车轮花纹砖：巫山瓦岗槽 M5[③]，报告推定在新莽。巴东县西瀼口 M4[④]，报告推定在东汉前期。万州松岭包 M1、M4、

① 中山大学人类学系、湖北省文物局三峡办：《湖北省巴东县雷家坪六朝墓地发掘报告》，《湖北库区考古报告集·第四卷》，科学出版社，2007 年。

② 黑龙江省文物考古研究所：《云阳县旧县坪遗址发掘报告》，《重庆库区考古报告集·1998 卷》，科学出版社，2003 年。

③ 南京博物院考古研究所、巫山县文物管理所：《巫山瓦岗槽墓地发掘报告》，《重庆库区考古报告集·1998卷》，科学出版社，2003 年。

④ 广西壮族自治区文物工作队：《巴东县西瀼口古墓葬 2000 年发掘简报》，《湖北库区考古报告集·第一卷》，科学出版社，2003 年。

M7 和 M8[①]，报告推定在东汉晚期。万州陈家坝墓[②]，报告推定在东汉晚期。万州安全 M27[③] 和 M2[④]，报告分别推定在新莽至东汉初期和东汉晚期。丰都汇南 M5、M10、M14[⑤]、M6[⑥] 和 M27[⑦]，其中 M6 时代不明，M5 推定在东汉中晚期，M10 推定在两晋，M14 推定在南朝中晚期，M27 推定在蜀汉晚期。丰都冉家路口 93FRM3[⑧]，报告推定在东汉中晚期。丰都赤溪墓地[⑨] 发掘墓葬三座，发表花纹砖未标注墓号，报告分别将 M3、M1 和 M2 推定在东汉早期、蜀汉初年和西晋初年。巫山江东嘴 M3[⑩]，报告推定在两晋。巴东黎家坨 M13[⑪]，推定在东晋。万州黄柏溪 Y1[⑫]，烧造年代约在六朝，烟囱砌砖见有车轮纹，报告认为是以汉砖砌筑。忠县崖脚 DM2[⑬]，报告认为是拆借汉砖砌筑的南朝墓。此外，巴东黎家沱[⑭] 和万州上中坝[⑮] 采集的花纹砖上见有车轮纹。2003 年底中山大学发掘的巴东雷家坪 M3、M8 墓砖上的车轮纹年代在东晋后期。据介绍，2002 年吉林大学发掘的巴东雷家坪 M2 墓砖上也有车轮形图案，发掘者认为年代属于南朝萧梁[⑯]。

① 青海省文物考古研究所三峡工作队、万州区文物管理所：《万州松岭包墓地发掘报告》，《重庆库区考古报告集·1997 卷》，科学出版社，2003 年。

② 青海省文物考古研究所三峡工作队、万州区文物管理所：《万州龙宝陈家坝东汉墓发掘报告》，《重庆库区考古报告集·1997 卷》，科学出版社，2003 年。

③ 重庆市文化局、陕西省考古研究所：《万州安全墓地发掘报告》，《重庆库区考古报告集·1998 卷》，科学出版社，2003 年。

④ 陕西省考古研究所、万州区文物管理所：《万州安全墓地发掘报告》，《重庆库区考古报告集·1997 卷》，科学出版社，2003 年。

⑤ 四川省文物管理委员会、四川省文物考古研究所、丰都县文物管理所：《丰都县汇南两汉—六朝墓发掘简报》，《四川考古研究论文集》（《四川文物》1996 年增刊）。

⑥ 四川省文物考古研究所、丰都县文管所：《丰都汇南墓群发掘简报》，《重庆库区考古报告集·1997 卷》，科学出版社，2003 年。

⑦ 四川省文物考古研究所、丰都县文管所：《丰都汇南墓群发掘报告》，《重庆库区考古报告集·1998 卷》，科学出版社，2003 年。

⑧ 四川省文物考古研究所：《丰都县三峡工程淹没区调查报告》，《三峡考古之发现》（二），湖北科学技术出版社，2000 年。

⑨ 四川省文物考古研究所：《丰都县三峡工程淹没区调查报告》，《三峡考古之发现》（二），湖北科学技术出版社，2000 年。

⑩ 重庆市文化局、中国文物研究所、吉林大学考古学系等：《巫山江东嘴墓群发掘报告》，《重庆库区考古报告集·1998 卷》，科学出版社，2003 年。

⑪ 山东大学考古系：《湖北省巴东县黎家坨遗址发掘报告》，《三峡考古之发现》（二），湖北科学技术出版社，2000 年。

⑫ 重庆市博物馆、益阳市文物管理处、重庆万州区文物管理所：《万州黄柏溪遗址发掘报告》，《重庆库区考古报告集·1998 卷》，科学出版社，2003 年。

⑬ 北京大学考古文博学院三峡考古队：《忠县崖脚墓地发掘报告》，《重庆库区考古报告集·1998 卷》，科学出版社，2003 年。

⑭ 山东大学考古系：《湖北省巴东县黎家坨遗址发掘报告》，《三峡考古之发现》（二），湖北科学技术出版社，2000 年。

⑮ 西北大学考古队、万州区文物管理所：《万州上中坝遗址发掘报告》，《重庆库区考古报告集·1997 卷》，科学出版社，2003 年。

⑯ 冯恩学：《浅谈雷家坪出土的铭文砖》，《2003 三峡文物保护与考古学研究学术研讨会论文集》，科学出版社，2003 年。

二

首先将峡江地区花纹砖上的车轮纹饰简要分类[①]。

第一类是在车轮以外同时出现表现车马或车马部件的图案纹饰。有三种情况。

第一种情况是出现拖拉车辆的马匹。云阳旧县坪 B 型花纹砖依次表现马夫、马匹和车轴贯连的两个车轮，最为写实（图一，1）。C 型花纹砖为两组马车图案，右侧为两匹马拖拉一车，左侧残存一匹马的后半部和一个车轮（图一，2）。A 型花纹砖四分界格，两个车轮分置最外两边，中间一个界格模印马匹，马背上站立鹊鸟，或可释为衡上立鸟，亦是在表现马车，已经写意（图一，3）。在旧县坪的车马图案上，车轮比例颇突出，旨在强调以车轮喻车。丰都汇南 M6 花纹砖三分界格，中间为一马匹和一车轮，两边界格内为层叠的竖置"W"形纹饰（图一，4）。丰都汇南 M5 花纹砖在攒尖三角构成的两个菱形中间各自模印一个车轮和一匹马，相距较远，颇简省（图一，5）。

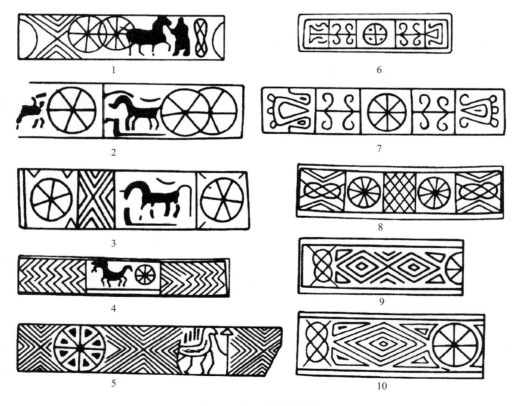

图一　第一类车轮纹饰

1. 云阳旧县坪 B 型砖　2. 云阳旧县坪 C 型砖　3. 云阳旧县坪 A 型砖　4. 丰都汇南 M6　5. 丰都汇南 M5
6. 巴东西瀼口 M4　7. 巴东黎家沱采集　8. 丰都汇南 M6　9. 丰都冉家路口 M3　10. 丰都赤溪墓地

---

① 部分发掘报告拓片不清晰，本文改绘为线图，请核对原报告。

　　第二种情况是出现抽象化的车辆部件。巴东西瀼口 M4 花纹砖五分界格，中间为车轮状图案，两侧界格内各有两个略似"弓"字形的图案，最边两个界格内各有略似"几"字形的图案（图一，6）。其中的"弓"字形图案见于北方车辆岩画（新疆温宿县包孜东①；图六，1），当与车辆的某处部件有关；"几"字形图案或是表示车轭，车轮中相当于轮辐的线条只是示意而已。巴东黎家沱收集的花纹砖上亦见有相似纹样（图一，7）。另外，巴东雷家坪 M2 花纹砖上的车轮纹未见图示，"砖面的长方形框内分为 3 大 2 小 5 个界格，中间的格大，格内有一个车轮形图案（可能是变体莲花图）。车轮纹有大小两个圆圈，中间连以 8 根直线。车轮纹两侧的格小，格内有竖状盘肠纹一个。最外侧的格最大，格内有横向正倒的曲线冠点纹。内线弯曲对折闭合如蝌蚪形，外线弯曲对折为闭合，宽阔的头部连接 3 个圆点冠饰"②，从这段文字介绍看，似与黎家沱收集的花纹砖略似。

　　第三种情况是同时出现亚腰椭圆形图案，有可能是在表现抽象化的鞁具鞍鞯。丰都汇南 M6 另一件花纹砖五分界格，中间为网格，其外两界格内为车轮，最边两个界格内各有一个亚腰椭圆形图案，略似横置的"8"字，其内有交叉线（图一，8）。引人注意的是，此种亚腰椭圆形时常与车轮组合在一起，似有某种关联。丰都冉家路口93FR M3（图一，9）和丰都赤溪墓地（图一，10）花纹砖均见有亚腰椭圆、车轮和菱格的组合图案。旧县坪 B 型砖马夫身后亦见有亚腰椭圆，也许可以提供一种解释思路。在汉画的车马图案上，驭手绝大多数站、坐在车上，旧县坪 B 型砖上的人物左手牵马，当是在套马或卸马。这种亚腰椭圆形图案表示的或许是套马的胸带、腹带、鞧带一类鞁具或皮鞯障泥一类鞍具。在峡江地区的花纹砖上，车轮和亚腰椭圆形图案的比例均突出，大约是分别以轮喻车和以鞁具鞍鞯之类喻马，组合一起仍然是表示一套车马。

　　很有意思的是，巴东西瀼口 M3③ 出有"弓"字形图案与亚腰椭圆形图案组合的花纹砖（图六，2），M4 出有"几"字形图案与亚腰椭圆形图案组合的花纹砖（图六，3）。看来车轮纹、"弓"字形图案、"几"字形图案和亚腰椭圆形图案确有某种关联。

　　第二类，双车轮分居图案两侧。这类图案均是双车轮与几何纹饰的组合，已经简省，只有两个车轮尚可与车马联系。见有三种情况。其一万州松岭包 M7 花纹砖，三分界格，中间界格内为网格、菱格和小同心圆的组合，两边界格内各自模印车轮（图二，1）。其二见于万州黄柏溪 Y1 烟囱砌砖，五分界格，中间为"米"字形图案，两侧界格模印车轮，最边两个界格内为近似规矩形的图案（图二，2）；巫山江东嘴 M3 花纹砖大体相同（图二，3）。其三万州陈家坝 B 型墓砖，两个半车轮图案各自居于网状

　　① 苏北海：《新疆岩画》，新疆美术摄影出版社，1994 年，第 394 页，图四。作者认为岩画年代属于青铜时期。
　　② 冯恩学：《浅谈雷家坪出土的铭文砖》，《2003 三峡文物保护与考古学研究学术研讨会论文集》，科学出版社，2003 年。
　　③ 广西壮族自治区文物工作队：《巴东县西瀼口古墓葬 2000 年发掘简报》，《湖北库区考古报告集·第一卷》，科学出版社，2003 年。

小菱格的外边（图二，4）。

图二　第二类车轮纹饰

1. 万州松岭包 M7　2. 万州黄柏溪 Y1　3. 巫山江东嘴 M3　4. 万州陈家坝 B 型

第三类，单车轮居于图案中心。这类图案均是单车轮与几何纹饰或动物纹样的组合，颇简省，仅依据图案已经难于与车马联系起来，但是车轮位置尚突出。有五种情况。

第一种均是车轮纹与细密网格的组合，细密网格仿佛地纹。具体见有四种形式，其一见于巫山瓦岗槽 M5 铺地砖（图三，1）和"盒子砖"（图三，2），三分界格，车轮纹居中，车轮周围有长方格，两边界格内为细密网格。其二见于万州松岭包 M4（图三，3）、M8（图三，4）和万州陈家坝 D 型墓砖（图三，5），不划分界格，车轮居于仿佛地纹的细密网格的中心位置。其三亦是车轮与细密网格的组合，但是网格中心为菱格，车轮置于菱格内，细密网格依然仿佛地纹，见于万州松岭包 M1（图三，6、7）、M4（图三，8）和 M7（图三，9），M7 车轮两侧并且各有小同心圆。其四见于忠县崖脚 DM2（图三，10），三分界格，车轮纹居中，车轮以外有四个尖角环绕，两侧界格内为细密网格。

第二种是车轮与攒尖三角图案的组合，具体有两种形式。其一见于万州松岭包 M8（图四，1）、万州陈家坝 B 型墓砖（图四，2）和万州安全 M2（图四，3），车轮纹模印于攒尖三角图案中心相当于菱格的位置上。其二见于丰都汇南 M27（图四，4），三分界格，车轮纹模印于中间界格，两边界格内各为一个攒尖三角图案。

第三种是车轮与攒尖三角、菱格的组合，具体见有三种形式。其一见于万州陈家坝 C 型墓砖，车轮纹模印于攒尖三角图案中心相当于菱格的位置上，两侧攒尖三角图案中间有菱格（图四，5）。其二见于丰都汇南 M10（图四，6），三分界格，车轮纹模印于中间界格，两边界格内为攒尖三角图案与同心菱格的组合。其三见于丰都汇南 M14（图四，7），三分界格，两边界格内为攒尖三角、菱格和网格组合，车轮纹居中，车轮以外并有四道斜线环绕。

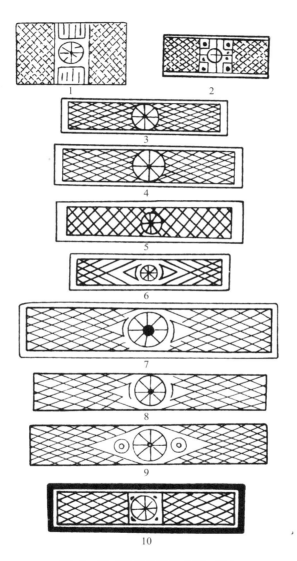

图三　第三类车轮纹饰（第一种）

1. 巫山瓦岗槽 M5 铺地砖　2. 巫山瓦岗槽 M5 "盒子砖"　3. 万州松岭包 M4　4. 万州松岭包 M8　5. 万州陈家坝 D 型砖　6. 万州松岭包 M1　7. 万州松岭包 M1　8. 万州松岭包 M4　9. 万州松岭包 M7　10. 忠县崖脚 DM2

第四种是车轮纹与菱格纹的组合，具体有两种形式。其一见于丰都汇南 M5，车轮纹居中，两侧各为连续的同心菱格，菱格中间有数道平行线横穿（图四，8）。其二见于万州松岭包 M1（图四，9），三分界格，两边界格内为同心菱格，车轮纹居中，车轮以外有四个圆点环绕。

第五种是车轮与鱼纹的组合。见于巴东雷家坪M3（图四，10）和M8（图四，11），三分界格，车轮纹模印于中间界格，两边界格内各有一个鱼纹，图案中杂有"吉"、"利"、"富"、"贵"等文字。

图四　第三类车轮纹饰（第二、三、四、五种）

1.万州松岭包M8　2.万州陈家坝B型砖　3.万州安全M2　4.丰都汇南M27　5.万州陈家坝C型砖　6.丰都汇南M10　7.丰都汇南M14　8.丰都汇南M5　9.万州松岭包M1　10.巴东雷家坪M3　11.巴东雷家坪M8

第四类，单车轮位于一侧，夹杂于图案中间，最为简省。云阳旧县坪Db型建筑砖，三分界格，中间界格内为近似规矩形的图案，左侧界格内为攒尖三角图案和菱格的组合，车轮纹模印于右侧界格内攒尖三角图案中心相当于菱格的位置里（图五，1）。

最后一类，单车轮居于图案一侧，几何纹饰或铭文居于另一侧，亦最简省。万州安全M27，车轮纹组合同心菱格（图五，2）。巴东雷家坪M3，两分界格，分别模印车轮纹和交叉线（图五，3）。巴东黎家坨M13，两分界格，各自模印车轮纹和"邓"字铭文（图五，5）。另外，万州上中坝采集到一块车轮纹墓砖，残存一个车轮和近似规矩形的图案（图五，4）。

图五　第四、五类墓砖车轮纹饰

1. 云阳旧县坪 Db 型砖　2. 万州安全 M27　3. 巴东雷家坪 M3　4. 万州上中坝采集　5. 巴东黎家沱 M13

三

下面以发掘报告为依据，对若干车轮花纹砖的年代加以检讨。

巴东西瀼口 M4 形制、建筑方式与 M3 相同，墓砖纹样亦相似，M3 出有"永元十二年"（100 年）纪年砖，M4 年代可以确定在东汉前中期之际。巴东黎家沱采集花纹砖上的图案与巴东西瀼口 M4 类同，年代相仿。巫山江东嘴晋代墓群形制相似，其中 M9 出有"太元六年"（381 年）纪年砖，M3 年代大体在两晋。2003 年中山大学发掘的巴东雷家坪墓地自高坡以降分为七排，排列颇有规则，简报将这 16 座墓划分成四个年代组五个时段，分别推定在东晋初年、东晋前期、东晋中期、东晋后期和南朝初期，见有车轮纹的 M3、M8 年代在东晋后期。巴东黎家坨 M13 未出遗物，M13 方向、形制与相邻的 M11（东晋）一致，重线交叉的花纹砖纹饰亦见于巴东雷家坪东晋中后期墓和南朝初年墓，大体在东晋中后期至南朝初年。

云阳旧县坪建筑砖瓦的年代推定在两汉，比较笼统。其中 Db 型砖上见有近似规矩形的图案和攒尖三角图案。相似的规矩纹图案和攒尖三角图案见于丰都汇南 M27（图六，5），M27 出有"直百"铜钱，年代在蜀汉晚期。因此旧县坪 Db 型砖有可能年代更晚一些。万州黄柏溪 Y1 烧造年代约在六朝，报告推测是以汉砖砌筑烟囱。与黄柏溪 Y1 车轮花纹砖相似的规矩形图案见于巫山江东嘴 M3（两晋），相似的"米"字形图案见于秭归庙坪 M104[①]（两晋之际），Y1 花纹砖上近似云雷纹的图案与巫山麦沱 M53

---

①　湖北省文物事业管理局、湖北省三峡工程移民局：《秭归庙坪》，科学出版社，2003 年。

（图六，6）相似，M53 的青瓷四系盘口壶残片具有六朝晚期特征，报告推定在南朝[①]。因此 Y1 的烟囱砌砖可能就是晋砖。比较万州松岭包 M1（东汉晚期；图六，4）、丰都汇南 M27（蜀汉；图六，5）、巫山江东嘴 M3（两晋；图二，3）和巫山麦沱 M53（南朝；图六，6）的近似规矩形图案，年代越晚近则越显繁缛。万州上中坝采集花纹砖上近似规矩形的图案与巫山麦沱 M53 最相似，年代大约也是在南朝。

丰都汇南 M6 为凸字形砖室墓，已被盗掘一空，时代不明。汇南墓地的凸字形砖室墓从东汉早期延续至两晋[②]，M6 花纹砖上的亚腰椭圆形图案见于丰都冉家路口 93FRM3（东汉中晚期）和湖南资兴 M134[③]（东汉晚期；图六，12），年代大约在东汉中晚期至蜀汉这个阶段。云阳旧县坪 A 型砖上的马匹图案与丰都汇南 M6 相似，B 型砖上也有亚腰椭圆图案，年代大体相当。丰都赤溪墓地未指明车轮花纹砖的墓号，车轮纹、亚腰椭圆形图案和同心菱格的组合与丰都冉家路口 93FRM3 颇相似，年代亦相当。

忠县崖脚 DM2 出有刘宋铜币，可以确定为南朝墓，报告认为是拆借汉砖砌筑。这里出现两种可能性，其一，既然在巴东雷家坪墓地已经确认有车轮花纹砖沿用至东晋后期的墓例，将崖脚 DM2 的车轮纹砖径直推定为南朝墓砖或不为过。其二，峡江地区甚至见有借用前代墓室的葬俗[④]，类似崖脚 DM2 这类可能拆借汉砖砌筑墓室或借用汉代墓室的墓例还有一些线索。巴东雷家坪 M2 出有六朝特征的青瓷点彩碗，墓室内却发现一块"永元九年十月十八日"铭文砖。发掘者推测"永元"纪年与东汉无涉，而是在梁代齐五年之后巴东民间仍然有部分居民沿用南齐正统年号[⑤]。从介绍文字看，雷家坪 M2 的车轮纹与巴东西瀼口 M4 和黎家沱（采）大略相似，因此也有可能是六朝时期拆借东汉砖或借用东汉墓室。出有车轮花纹砖的万州松岭包 M7 和丰都汇南 M9 年代均在东汉晚期或中晚期，同出的"富贵"铭文砖（图六，7、8）与丰都汇南 M2（图六，9）颇相似。汇南 M2 出土的青瓷器具有南朝特点，见有刘宋"四铢"铜钱，可以确定在南朝早中期[⑥]。汇南 M2 同时出有"长乐未央"花纹砖，或许墓砖与随葬器物不在同一时期。因此崖脚 DM2 拆借汉砖砌筑墓室的可能性也不能遽然排除。

① 重庆市文化局、湖南省文物考古研究所、巫山县文物管理所：《巫山麦沱古墓群第二次发掘报告》，《重庆库区考古报告集·1998 卷》，科学出版社，2003 年。

② 四川省文物考古研究所、丰都县文管所：《丰都汇南墓群发掘报告》，《重庆库区考古报告集·1998 卷》，科学出版社，2003 年。

③ 湖南省博物馆：《湖南资兴东汉墓》，《考古学报》1984 年第 1 期。

④ 巴东西瀼口见有初唐墓借用东汉墓（M3）的例子，秭归蟒蛇寨东汉晚期墓（M19）出有晋代和唐宋陶瓷器。见广西壮族自治区文物工作队：《巴东县西瀼口古墓葬 2000 年发掘简报》；广东省文物考古研究所、湖北省秭归县博物馆：《秭归蟒蛇寨汉晋墓群发掘报告》，《湖北库区考古报告集·第一卷》，科学出版社，2003 年。

⑤ 冯恩学：《浅淡雷家坪出土的铭文砖》，《2003 三峡文物保护与考古学研究学术研讨会论文集》，科学出版社，2003 年。

⑥ 四川省文物考古研究所、丰都县文管所：《丰都汇南墓群发掘简报》，《重庆库区考古报告集》（1997 卷），科学出版社，2003 年。

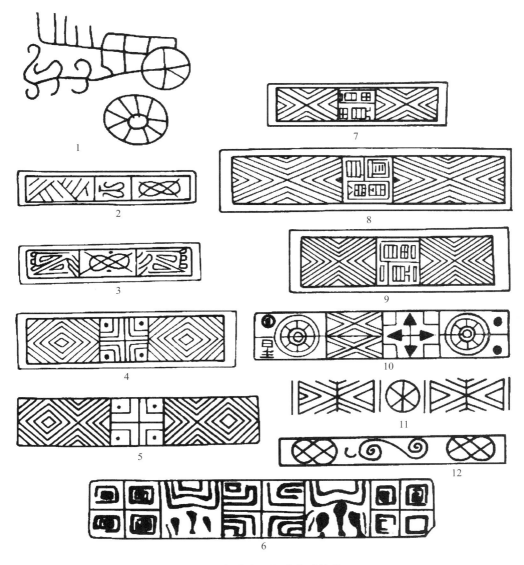

图六　相关岩画和花纹砖纹饰

1. 新疆温宿县包孜东岩画　2. 巴东西瀼口 M3　3. 巴东西瀼口 M4　4. 万州松岭包 M1　5. 丰都汇南 M27
6. 巫山麦沱 M53　7. 万州松岭包 M7　8. 丰都汇南 M9　9. 丰都汇南 M2　10. 四川大邑县董家村画像砖墓
11. 湖南资兴 M499　12. 湖南资兴 M134

　　当然，也有另外一种可能性。因为峡江地区汉晋南朝阶段比较可靠的考古学文化编年尚未建立，万州松岭包 M1 和 M7 这类原来推定的东汉晚期墓实际可能更晚些。松岭包 M1 的规矩图案花纹砖和 M7 的"富贵"铭文砖均可以与六朝砖比照，松岭包墓地已遭严重破坏，虽然未见青瓷，但是 M1 和 M7 晚至六朝的可能性是存在的。看来，关于拆借汉砖或借用汉墓的问题实有必要专文讨论。本文姑且取后一种思路，暂不考虑拆借汉砖或借用汉墓的可能性，则万州松岭包 M1、忠县崖脚 DM2、丰都汇南 M14 的车轮花纹砖具有相似特征，均三分界格，车轮纹居中，车轮周围分别有四个尖角、四个圆点或四道斜线环绕，或许是六朝时期的一种时代风格。这种风格与巴东雷家坪东晋后期 M3、M8 车轮纹和鱼纹的组合不类，或许是三峡亚区与峡西亚区的地域性差别[①]。

四

根据前面的分析，大体上可以归纳出峡江地区车轮纹饰的演变线索。就目前所见，峡江地区的车轮花纹砖大约出现在新莽至东汉初期，见于巫山瓦岗槽 M5 和万州安全 M27，东汉前中期的墓例见有巴东西瀼口 M4 和巴东黎家沱采集花纹砖，仍然不多。大量墓例集中在东汉中晚期至东晋，是峡江地区车轮花纹砖最为流行的阶段，包括丰都汇南 M5、M6、M27、M10、丰都冉家路口 93FRM3、丰都赤溪墓地、万州安全 98CWAM2、万州陈家坝墓、万州松岭包 M1、M4、M7、M8、万州黄柏溪 Y1、云阳旧县坪 A 型砖、B 型砖、Db 型砖、巫山江东嘴 M3、巴东黎家坨 M13、巴东雷家坪 M3 和 M8 等，其中汇南 M10、黄柏溪 Y1、旧县坪 Db 型砖、江东嘴 M3、黎家坨 M13、雷家坪 M3 和 M8 的年代约在两晋。南朝前期的忠县崖脚 DM2 和南朝中晚期的丰都汇南 M14 亦有发现，万州上中坝采集车轮花纹砖大约也属于南朝。

车轮纹一般与其他图案组合。新莽至东汉前期往往与网格、菱格或者与"弓"字形、"几"字形图案组合；东汉中晚期至蜀汉见有比较写实的车马图案，一般与网格、菱格、攒尖三角图案和亚腰椭圆形图案组合；六朝时期车轮纹往往与网格、菱格、交叉线、规矩纹、"米"字形、鱼纹组合在一起。从万州松岭包 M1、忠县崖脚 DM2、丰都汇南 M14 的发现看，三分界格，车轮居于中间界格，车轮周围分别有四个圆点、四个尖角或四道斜线环绕可能是六朝时期的特征之一。峡江地区车轮花纹砖的流行地域包括巴东、巫山、云阳、万县、丰都、忠县一线。从现有材料看，三峡亚区与峡西亚区的车轮花纹砖存在某些地域差别。江汉平原和四川盆地两个邻近地区的情况还需要收集材料。可以确定的是，四川盆地车马画像砖[②]以外，也见有重轮车轮花纹砖[③]（图六，10）。另外在湖南资兴东汉晚期墓[④]中发现过车轮花纹砖（图六，11）和亚腰椭圆图案花纹砖（图六，12）。

峡江地区的车轮花纹砖主要用作墓砖，有些也用作建筑砖。在墓砖中，绝大多数是长方形壁砖，也有楔形壁砖（巴东雷家坪 M3）和剖面呈"工"字形的"盒子"壁砖（巫山瓦岗槽 M5），偶见于铺地砖（瓦岗槽 M5）。建筑砖见于云阳旧县坪遗址和万州黄

---

① 笔者根据西汉墓的文化因素构成情况，认为汉代峡江地区大体以奉节、云阳为界划分为两个文化单元。东段主要包括秭归、巴东、巫山、奉节、云阳等地，建议称为三峡亚区；西段主要包括万县、涪陵、丰都、忠县、重庆、巴县等地，建议称为峡西亚区。见郑君雷：《峡江地区西汉墓葬研究的若干线索》，《重庆 2001 三峡文物保护学术研讨会论文集》，科学出版社，2003 年。

② 李恩雄：《成都市出土东汉画像砖》，《考古与文物》1982 年第 1 期；大邑县文化局：《大邑县董场乡三国画像砖墓》，《四川考古报告集》，文物出版社，1998 年。

③ 大邑县文化局：《大邑县董场乡三国画像砖墓》，《四川考古报告集》，文物出版社，1998 年。

④ 湖南省博物馆：《湖南资兴东汉墓》，《考古学报》1984 年第 1 期。

柏溪一号窑址。车轮花纹砖墓以刀形最多见，包括万州松岭包 M1、M4 和 M7、万州陈家坝墓、万州安全 M2 和 M27、冉家路口 93FRM3、丰都汇南 M5 和 M10、丰都赤溪墓地、忠县崖脚 DM2 等；凸字形砖室墓也有一定数量，包括巴东西瀼口 M4、万州松岭包 M8、丰都汇南 M6 和 M27。另外，巫山瓦岗槽 M5 为长方形土券顶砖室墓，巫山江东嘴 M3 为长方形砖室墓，丰都汇南 M27 墓室侧向凸出，丰都汇南 M14 呈不规则的"十"字形。车轮花纹砖墓随葬器物一般比较丰富。如巫山瓦岗槽 M5 出有罐、盆、钵、瓿、釜、仓、灶等陶器，并出有铁剑、铁矛；万州安全 M27 出有器物 71 件，其中包括两件陶俑；万州陈家坝墓出有陶罐、壶、盒、盆、灯、博山炉、井、房屋模型、人物俑、家禽俑、家畜俑，铁削和上百枚铜钱；丰都汇南 M5 陶器和家禽家畜俑以外，还出庖厨俑、伎乐俑、武士俑、驭俑、侍俑十余件；忠县崖脚 DM2 出有青瓷器 25 件（组）以及铜釜、银镯等器物。

　　峡江地区汉晋南朝墓的保存情况多不佳，类型学研究也比较薄弱，花纹砖纹饰的研究对于建立比较可靠的考古学文化编年序列应该有帮助。这里举出车轮纹的例子简要讨论，目的在于引起学者在此方面的关注。需要说明的是，笔者倾向于将此类图案均称为车轮纹，是车马的简省，这在云阳旧县坪 B 型车马砖、旧县坪 A 型和 C 型马纹砖、丰都汇南 M6 马纹砖上看得很清楚。但是其他此类图案未必一定指代车轮，别的喻义如太阳的可能性也是有的，有的学者将类似图案推测为变体莲花，或者就是单纯的几何图形。在这个意义上讲，车轮纹只是一种分类名称而已。

　　原载《江汉考古》2006 年第 3 期

战国秦汉时期"红河交通道"的考古学背景

历史上连接云贵高原和越南北部的滇越通道，主要依托元江—红河及其主要支流而通行，我们称其为"红河交通道"，著名的"马援道"即是其中组成部分。本文对战国秦汉时期"红河交通道"行经路线的考古学背景，及其在中国西南、岭南和越南北部社会文化整合中发挥的作用谈些看法。讨论前有必要申明一个前提，即战国秦汉时期元江—红河及其主要支流的河道走向与现今基本相同[①]。

一、以"马援道"为中心的"红河交通道"

红河跨境中国和越南，长约 1280 公里，云南境内的大部分河段称为元江（上游是礼社江），自河口县进入越南，是越南北部第一大河（越南境内长约 585 公里）。李仙江是红河右岸一大支流，在越南境内称为黑水河（沱江）；盘龙江是红河左岸主要支流，在越南境内称为泸江（明江），这两大支流均在越池附近汇入红河。红河在越池以下水量剧增、河道宽阔，富灌溉、通航之利，冲积出肥沃的红河三角洲（图一）。

战国秦汉时期的滇越通道主要连通滇池地区和红河三角洲，以"马援道"线索相对清楚，"红河交通道"的基本路径当以东汉"马援道"为讨论基础。东汉建武十九年（42 年），马援上书请求从交趾北上平定益州郡夷帅栋蚕反叛[②]，所谓"马援道"是指他建议的行军路线，唐代有人称为"马援故道"[③]，有些学者称为"麋泠道"或"进桑道"。《水经注》卷三十七关于"马援道"的相关记载如下：

叶榆水"东南出益州界，……入牂柯郡西随县北，为西随水，又东出进桑关，过交趾麋泠县北，分为五水，络交趾郡中，……东入海"。"益州界"下郦道元注："叶榆水又东径贲古县北，东与盘江合。盘水出律高县东南盘町山，东径梁水郡北，贲古县南，……建武十九年，伏波将军马援上言：从麋泠道出贲古击益州。……愚以行兵此道最便，盖承藉水利，用为神捷也"；"进桑关"下郦注："进桑县，牂柯之南部都尉治也。水上有关，故曰进桑关也。故马援言：从麋泠水道出进桑王国至益州贲古县，转

---

① 参见谭其骧主编：《中国历史地图集》第二册（秦·西汉·东汉时期）西汉和东汉益州刺史部南部、西汉交阯刺史部、东汉交州刺史部诸图，中国地图出版社，1982 年。

② 《后汉书·南蛮西南夷传》记建武十八年"夷渠帅栋蚕与姑复、楪榆、桥栋、连然、滇池、建伶、昆明诸种反叛"。

③ 《新唐书·徐申传》："刘辟反，表请发卒五千，循马援故道，繇羁縻蛮抵蜀，饷蜀不备。诏可。"

输通利，盖兵车资运所由矣。自西随至交趾，崇山接险，水路三千里。"

"马援上书"事迹《后汉书》未载，杨守敬认为郦说"当本他家《后汉书》"①。清代以降有些学者认为叶榆水即今天元江—红河；但是杨守敬《水经注图》认为叶榆水上源为礼社江，下游则是盘龙江，是郦道元误将两段合为一水②。因为有此分歧，这条滇越通道上的进桑关、西随县、贲古县等地理节点出现"西置"和"东置"的差别，尤其是自越入滇的"进桑关"有西（云南河口县附近③）、东（越南河江县附近④）两说，"马援道"在越池（盘龙江汇入红河处）以北的走向也就出现西线、东线的争论。

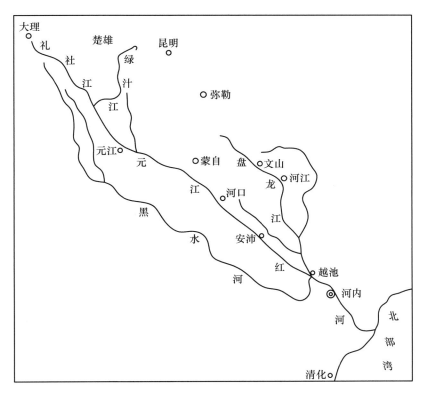

图一　元江－红河及其主要支流

"西线说"主张沿红河干流航至河口入滇，折经蒙自（贲古县）北上滇池地区，这

　　① （北魏）郦道元著，（清）杨守敬、熊会贞疏：《水经注疏》（下卷），江苏古籍出版社，1989 年，第 3040页。
　　② 参见严耕望：《唐代交通图考》卷四《山剑滇黔区》篇参伍《汉晋时代滇越道》和附篇七《水经注下游即今盘龙江辨》，上海古籍出版社，2007 年。
　　③ 方国瑜：《中国西南历史地理考释》上册第四篇《唐代后期云南安抚司地理考释》之《专题·古涌步之位置》，中华书局，1987 年，第 581、582 页。谭其骧主编《中国历史地图集》将西汉"进桑关"标注在今河口县以北的仆水（元江）之上，见《中国历史地图集》第二册（秦·西汉·东汉时期），中国地图出版社，1982 年，第 31～32、35～36 页。
　　④ 严耕望：《唐代交通图考》卷四《山剑滇黔区》篇参伍《汉晋时代滇越道》，上海古籍出版社，2007 年，第 1307、1309、1310 页。

条路线行经滇南，唐代称为"通海城路"[①]；"东线说"主张略循盘龙江行至河江入滇，经文山渡南盘江，经弥勒（贲古县）再西北折向滇池地区[②]，这条路线行经滇东南和滇东，"东线说"在文献考释上似是说服力更强。

盘龙江在越池附近汇入红河，越池以下的红河干流无疑就是《水经注》提及的"麋泠道"、"麋泠水道"。越池以上至进桑关一段的"麋泠道"、"麋泠水道"，依"西线说"是溯红河干流至河口县段，依"东线说"是尽盘龙江上游。

暂不论马援道的东、西两说哪个更具合理性，仅就考古学材料而言，战国秦汉时期这两条交通线路上的文化交流均较频繁。此外，滇西地区通过礼社江与滇南、滇东南和红河三角洲存在文化联系，自越池以下通过红河右岸支流与越南清化省方向亦见有文化联系，均应当有交通孔道存在。以上诸交通线路的路径、开通时间及文化内涵，已非"马援道"和"滇越通道"所能涵盖。这些交通线路承藉元江—红河及其支流水利，将其统称为"红河交通道"（参见图一、图二），其地理环特征和空间范围更加清晰，在考古学和文化史上的意义也更加明确。

二、"红河交通道"沿线的主要考古发现

在中国境内的云南高原，"红河交通道"主要行经滇池地区、元江流域、盘龙江流域、南盘江上游（属珠江水系）和礼社江—洱海流域。此外，右江上游（属珠江水系）和龙川江上游（属金沙江水系）与"红河交通道"毗邻，关系密切。虽然武帝元封二年（前109年）即已设置益州郡，但是云南高原的土著青铜文化整体而言结束于东汉早期，我们的讨论主要是依据土著青铜文化材料。

滇池地区以晋宁石寨山为代表的土著青铜文化遗存通常称为石寨山文化，蒋志龙对其内涵作重新界定，指出只有甲群铜器和甲群陶器"才是真正的石寨山文化"[③]；而曲靖盆地八塔台和横大路墓地[④]的"土堆墓"和釜形陶鼎属于百越文化因素，不宜归入石寨山文化。彭长林将滇池地区晋宁石寨山、江川李家山、昆明羊甫头、呈贡天子庙、呈贡石碑村等地青铜文化遗存划分为自战国早期至东汉初期的五期八段[⑤]。滇池地区的呈贡小松山[⑥]、昆明羊甫头[⑦]、嵩明梨花村[⑧]等地有汉墓分布，时代为西汉中晚期至东汉

①　参见方国瑜：《中国西南历史地理考释》上册第四篇《唐代后期云南安抚司地理考释》之《专题·步头之位置》和《专题·古涌步之位置》，中华书局，1987年；林超民：《汉晋云南各民族地区交通概论》，《西南民族历史研究集刊》（第7辑），云南大学西南边疆民族历史研究所，1986年。

②　参见严耕望：《唐代交通图考》卷四《山剑滇黔区》篇参伍《汉晋时代滇越道》，上海古籍出版社，2007年；童恩正：《试谈古代四川与东南亚文明的关系》，《文物》1983年第9期。

③　蒋志龙：《再论石寨山文化》，《文物》1998年第6期。

④　云南省文物考古研究所：《曲靖八塔台与横大路》，科学出版社，2003年。

⑤　彭长林：《云贵高原的青铜时代》，广西科学技术出版社，2008年，第56～63、142页。本文引述未包括彭文列为"初始期"的昆明王家墩遗址（西周早、中期）。

⑥　云南省博物馆文物工作队：《呈贡小松山竖穴土坑墓的清理》，《云南文物》第15期，1984年。

⑦　云南省文物考古研究所、昆明市博物馆、官渡区博物馆：《昆明羊甫头墓地》，科学出版社，2005年。

⑧　云南省文物考古研究所：《云南嵩明梨花村东汉墓》，《云南文物》第26期，1989年。

早期，与土著青铜文化共存，杨勇称为 "早期汉文化遗存"①。

　　西线说的 "马援道" 行经滇南元江流域，战国秦汉时期的土著青铜文化一般归入 "红河流域青铜文化类型"②。考古发现主要有红河州的个旧市石榴坝③、蒙自市鸣鹫④等墓地，年代约当战国晚期至西汉⑤，其他还有红河县阿底坡战场遗址（战国至西汉早期）⑥、个旧市冲子皮坡冶炼遗址（东汉）⑦等考古发现。个旧市黑玛井墓地⑧年代约在西汉中晚期至新莽，属于 "早期汉文化遗存"。

　　东线说的 "马援道" 行经滇东和滇东南。在滇东地区的南盘江上游，战国秦汉时期土著青铜文化的考古发现主要有红河州的泸西县大逸圃和石洞村墓地⑨、弥勒县过洞村墓地⑩，年代大致在西汉⑪，文化面貌与滇池地区相似。滇东南的盘龙江流域主要是调查材料⑫；右江上游连通云贵高原和岭南，土著青铜文化发现有文山州广南县白崖脚墓地（战国至西汉）⑬，汉式遗存发现有广南县牡宜东汉木椁墓⑭。盘龙江流域和右江上游的土著青铜文化基本可以归入 "红河流域青铜文化类型"。

　　在元江上游方向，传统上认为洱海地区战国至西汉初年存在 "大石墓文化"，东汉六期出现 "砖室墓文化"⑮。杨勇将战国秦汉时期洱海地区的土著青铜文化分为大波那遗存和石棺墓遗存两类⑯，其中祥云大波那M1⑰、M2⑱两座木椁墓年代为西汉。龙川江上游属于金沙江流域，存在与洱海地区相似的考古学文化因素。龙川江上游最重要的考

　　① 参见杨勇：《战国秦汉时期云贵高原考古学文化研究》第九章《云贵高原的早期汉文化遗存》，科学出版社，2011 年。

　　② 参见王大道：《云南青铜文化及其与越南东山文化泰国班清文化的关系》，《考古》1990 年第 6 期；李昆声、张增祺：《云南青铜文化之探索》，《云南青铜文化论集》，云南人民出版社，1991 年；范勇：《云南青铜文化的区系类型研究》，《四川文物》2007 年第 2 期。

　　③ 云南省博物馆文物工作队、个旧市群众艺术馆：《云南个旧石榴坝青铜时代墓葬》，《考古》1992 年第 2 期。

　　④ 闵锐：《鸣鹫发掘报告》，《云南文物》1998 年第 2 期（总第 47 期）。

　　⑤ 参见杨勇：《战国秦汉时期云贵高原考古学文化研究》，科学出版社，2011 年，第 285～295 页。

　　⑥ 红河县文化局、红河州文管所：《云南红河阿底坡古战场遗址调查报告》，《云南省博物馆建馆三十五周年论文集》，1986 年。

　　⑦ 戴宗品、张忠凯：《个旧冲子皮坡冶炼遗址发掘简报》，《云南文物》1998 年第 1 期（总第 46 期）。

　　⑧ 云南省文物考古研究所、红河州文物管理所、个旧市博物馆：《个旧黑玛井古墓群发掘报告》，《云南考古报告集（之二）》，云南科技出版社，2006 年。

　　⑨ 云南省文物考古研究所、中共泸西县委、泸西县人民政府等：《泸西石洞村大逸圃墓地》，云南科技出版社，2009 年。

　　⑩ 云南省文物考古研究所、文山州文物管理所、红河州文物管理所：《云南边境地区（文山州和红河州）考古调查报告》，云南科技出版社，2008 年。

　　⑪ 参见杨勇：《战国秦汉时期云贵高原考古学文化研究》，科学出版社，2011 年，第 192、195 页。

　　⑫ 云南省文物考古研究所、文山州文物管理所、红河州文物管理所：《云南边境地区（文山州和红河州）考古调查报告》，云南科技出版社，2008 年。

　　⑬ 云南省文物考古研究所、文山州文物管理所、红河州文物管理所：《云南边境地区（文山州和红河州）考古调查报告》，云南科技出版社，2008 年，第 123～125 页。

　　⑭ 云南省文物考古研究所、文山州文物管理所、红河州文物管理所：《广南牡宜地区考古调查、勘探情况报告》，《云南边境地区（文山州和红河州）考古调查报告》，云南科技出版社，2008 年。

　　⑮ 张增祺：《洱海区域的古代民族与文化》，《中国西南民族考古》，云南人民出版社，1990 年。

　　⑯ 参见杨勇：《战国秦汉时期云贵高原考古学文化研究》，科学出版社，2011 年，第 221、222、255～257 页。

　　⑰ 云南省文物工作队：《云南祥云大波那木椁铜棺墓清理简报》，《考古》1964 年第 12 期。

　　⑱ 大理州文管所、祥云县文化馆：《云南祥云大波那木椁墓》，《文物》1986 年第 7 期。

古发现是楚雄万家坝墓地[①]和张家屯墓地[②]，年代宜推定在战国晚期至西汉[③]。

越南北部已经建立起冯原文化（2000BC～1500BC）→桐荳文化（1500BC～1000BC）→扪丘文化（1000BC～500BC）→东山文化的青铜时代考古学文化序列[④]。越南学者倾向于东山文化上限在公元前8～7世纪[⑤]，较之许多西方和中国学者的认识要偏早。西方学者关于东山文化上限有公元前600年、前500年、前350年等意见[⑥]，中国学者有"公元前5世纪"[⑦]、"不晚于公元前5至前4世纪"[⑧]、"约在公元前4世纪至前3世纪之间"[⑨]和"不早于西汉早期"[⑩]等看法，下限则较普遍认为在公元1世纪。海防越溪M2是确定东山文化年代的重要参照点，年代可能在秦汉之际[⑪]。无论如何考虑东山文化年代范围，其至少与两汉时期有较大重合。

东山文化曾经划分为"红河中上游区"、"红河三角洲区"和"越南中部偏北区"三个考古学文化区[⑫]，近年来划分为红河流域的塘瞿类型（Duong Co）、马河流域的东山类型及大河流域的鼎乡类型[⑬]，或者径称为东山文化的红河类型、马江类型和嘎江类型[⑭]。根据绍阳、东山等遗址的介绍材料[⑮]和俵宽司对陶盛、古莱遗址的研究[⑯]，西汉中晚期东山文化遗址中已经出现汉墓。东山文化与汉文化是两套文化体系，其晚期阶段受到了汉文化影响，与汉墓有一段并行时期。

---

① 云南省文物工作队、四川大学历史系考古专业七四级学员：《云南省楚雄县万家坝古墓群发掘简报》，《文物》1978年第10期；云南省文物工作队：《楚雄万家坝古墓群发掘报告》，《考古学报》1983年第3期。

② 张家华：《楚雄张家屯出土青铜器初探》，《云南文物》第38期、1994年。

③ 参见徐学书：《关于滇文化和滇西青铜文化年代的再探讨》，《考古》1999年第5期；李龙章：《楚雄万家坝墓群及万家坝型铜鼓的年代探讨》，《文物》2003年第12期；杨勇：《战国秦汉时期云贵高原考古学文化研究》，科学出版社，2011年，第206～208页。

④ Masanari Nishimura. Chronological Framework from the Palaeolithic to Iron Age in the Red River Plain and the Surrounding, 中国社会科学院考古研究所：《华南及东南亚地区史前考古：纪念甑皮岩遗址发掘30周年国际学术研讨会》，文物出版社，2006年。

⑤ Pham Huy Thong. The Dawn of Vietnamese Civilization: the Dong Son Archaeology Culture, Vietnamese studies, 1973 (72): 43-77; Nguyen Khac su, Pham Minh Huyen and Tong Trung. Tin "Northern Vietnam from the Neolithic to the Han Period", Southeast Asia: from prehistory to history. London&New York: Routledge Curzon, 2004: 177-208.

⑥ 参见李昆声、陈果：《中国云南与越南的青铜文明》，社会科学文献出版社，2013年，第338页。

⑦ 王大道：《云南青铜文化及其与越南东山文化，泰国班清文化的关系》，《考古》1990年第6期；周志清：《浅析云南元江流域的青铜文化》，《考古与文物》2009年第3期。

⑧ 张增祺：《云南石寨山文化与越南东山文化比较研究》，《中国西南民族考古》，云南人民出版社，1990年。

⑨ 林永昌：《东山文化的若干问题再检讨》，《南方民族考古》（第七辑），科学出版社，2011年。

⑩ 李龙章：《楚雄万家坝墓群及万家坝型铜鼓的年代探讨》，《文物》2003年第12期。

⑪ 韦伟燕：《试论东山文化与越文化的关系——以越南海防市越溪二号墓为中心》，中国百越民族史研究会第十六次年会论文，2013年，广州。

⑫ ［越］黎文兰、范文耿、阮灵编著，梁志明译：《越南青铜时代的第一批遗迹》，中国古代铜鼓研究会，1982年，第57页。

⑬ 参见卢智基：《东山文化研究的反思：读范明玄〈东山文化的一致性与多样性〉》，《南方民族考古》（第六辑），科学出版社，2010年。

⑭ 参见李昆声、陈果：《中国云南与越南的青铜文明》，社会科学文献出版社，2013年，第318～322页。

⑮ ［越］黎文兰、范文耿、阮灵编著，梁志明译：《越南青铜时代的第一批遗迹》，中国古代铜鼓研究会，1982年，第57页。

⑯ ［日］俵宽司著，谢崇安译：《越南汉墓的分期研究——以越南北部清化省出土考古资料为中心》，《广西博物馆文集》（第六辑），广西人民出版社，2009年。

三、东、西两说"马援道"沿线考古学文化因素的传播交流

关于滇池地区石寨山文化、云南红河流域青铜文化类型和越南东山文化的联系，学术界有许多讨论。三地均出有铜鼓、铜提筒、靴形斧钺、柳叶形矛、一字格剑、蛇形茎首剑、无胡曲援戈、尖叶形锄等器物，均流行圜底陶器，以夹砂陶为主。整体而言，滇池地区青铜文化对东山文化影响更大，东山文化的逆向影响主要表现在靴形铜钺、铜锄和梯形铜斧等器物方面[①]。两地之间的考古学文化交流以滇南和滇东南为媒介。

红河流域青铜文化类型出土青铜器数量不多，器类单纯，主要是兵器和工具，铸造工艺较简单，多为素面或简单几何形纹饰[②]。"带柄刀状戈、长銎扇形刃或偏弧刃斧（钺）、靴形不对称刃斧（钺）、无肩宽尖叶形锄是比较有代表性的铜器种类。此外，部分铜器上的纹饰也很有特色"[③]。滇南和滇东南土著青铜文化中存在许多滇池地区和东山文化因素，不过与东山文化的差别更为明显。

在滇南元江流域（主要包括红河州的元江两岸以及玉溪市南部），出土铜鼓和蛇形茎首剑、靴形钺、长銎半圆刃斧钺、偏弧刃斧钺、燕尾状椭圆形銎矛、尖叶形镶、长条形锄、刻刀、扣饰等铜器。其中"金平和建水的一字格铜剑与滇池地区的形制和构造一致；……个旧出土的带翼无胡戈，曾见于越南的安山、清亭，李家山、石寨山以及越南的东山、象山都出带翼戈，但均作长胡。特别是黑玛井出土的青铜器如铜锄、青铜短剑等和云南滇池地区的石寨山文化出土的青铜器相同"[④]。

在滇东南的盘龙江流域和右江上游（大致对应文山州），出土采集有万家坝型、石寨山型铜鼓和羊角钮钟、提筒、一字格剑、偏弧刃斧钺、柳叶形椭圆銎矛、宽尖叶形锄等铜器。其中铜鼓是"特色代表遗物"，"尖叶形铜锄和云南晋宁石寨山、江川李家山等地汉墓中所出的犁、夜郎文化中的镶，形制大致相同。方銎铜斧、柳叶形矛和铜叉等都是滇池地区青铜文化中的常见器物。铜镶的出现则反映了本地区文化与越南北部的东山文化似有着某种交流"[⑤]。

红河流域青铜文化类型在当地起源发展，靴形铜钺的主要分布区（红河流域以东的红河州东部、文山州南部、桂西南和越南北部）即"与靴形石器分布地域相当"，但是呈现出与滇文化、东山文化、岭南越文化和汉文化因素混杂交融的考古学文化面貌（例如黑玛井墓地以随葬汉式器物为主，同时出有岭南地区的几何印纹硬陶罐和釉陶罐；牡宜东汉木椁墓为汉式墓，同时出有几何印纹硬陶器；滇东南对称形铜钺的源头

① 张增琪：《滇池区域青铜文化内涵分析》，《云南青铜文化论集》，云南人民出版社，1991年。
② 范勇：《云南青铜文化的区系类型研究》，《四川文物》2007年第2期。
③ 杨勇：《战国秦汉时期云贵高原考古学文化研究》，科学出版社，2011年，第308页。
④ 李昆声、陈果：《中国云南与越南的青铜文明》，社会科学文献出版社，2013年，第172～173页。
⑤ 李昆声、陈果：《中国云南与越南的青铜文明》，社会科学文献出版社，2013年，第185～192页。

亦在岭南[①]）。滇南和滇东南地区考古学文化的过渡性状和地理上的"通道"特征比较显著。

战国秦汉时期，东线说和西线说的"马援道"上均见有石寨山文化、红河流域青铜文化类型和东山文化考古学文化因素的交流传播，但是滇东、滇东南和越南东北部与石寨山文化的共性因素更为突出，例如南盘江上游出土较多无胡曲援铜戈、一字格铜剑和尖叶形铜锄，盘龙江流域出土较多一字格铜剑和尖叶形铜锄，越南东北部河江、太原等地多见一字格铜剑。滇东南地区的对称形铜钺与越南中北部"共承一脉"并影响到滇池地区，越南中北部的不对称形铜钺亦是受到滇东南和桂西地区影响[②]。

汉代滇南、滇东南和滇东地区属于牂牁郡[③]，以"夜郎王为大长，其侯邑有同并、漏卧、句町、进桑等地各为区域"[④]，政治网络重心偏在滇东、滇东南方向[⑤]，句町所在的广西西林至云南广南"这块地方正是汉代南越通夜郎和滇的枢纽地带"[⑥]。鉴于东线的地理位置在当时社会政治环境中更为重要，与滇池地区考古学文化因素交流更为频繁密切，战国秦汉时期的"马援道"行经东线的可能性更大。

战国秦汉时期还有一条连通滇池地区和红河三角洲的交通道路，即从河口继续溯红河上行至元江县再折而北上滇池地区，这条线路唐代称为"步头路"[⑦]。李绍明认为汉晋"进桑道"行经东线，不过西线的唐代"步头道"在汉代甚或更早即已开通，由于汉晋政府经略南中的主要趋势是由北而南和由东而西，因此偏东的"进桑道"作为官道使用较频繁，而偏西的"步头道"可能只在民间使用[⑧]，较符合考古学实际。步头道行经的滇南地区有元江县打篙陡墓地[⑨]等考古发现，属于红河流域青铜文化类型，年代

---

①　参见李昆声、陈果：《中国云南与越南的青铜文明》，社会科学文献出版社，2013年，第191、192、440页。

②　参见李昆声、陈果：《中国云南与越南的青铜文明》，社会科学文献出版社，2013年，第438～440、450～453页。

③　西汉武帝元鼎六年（前111年）"遂平南夷为牂牁郡"（《史记·西南夷列传》），昭帝元凤五年（前76年）秋"罢象郡，分属郁林、牂牁"（《汉书·昭帝纪》）。牂牁郡大体包括今天贵州乌江以南地区、云南红河州、文山州和曲靖地区的一部分以及广西左右江地区的一部分，参见汪宁生：《古代云贵高原上的越人》，《中国西南民族的历史与文化》，云南民族出版社，1989年。

④　方国瑜：《中国西南历史地理考释》上册第一篇《上古至汉初西南地区部族考释》之《战国至汉初的部族社会》，中华书局，1987年，第10页。

⑤　孙华、张合荣等推测夜郎故地在曲靖盆地，参见孙华：《西南考古的现状和问题——代〈南方文物〉"西南考古"专栏主持辞》，《南方文物》2006年第3期；张合荣：《夜郎文明的考古学观察——滇东黔西先秦至两汉时期遗存研究》，科学出版社，2014年，第34～40页。谭其骧主编《中国历史地图集》将西汉同并县标注在今弥勒县一带，将西汉漏卧县标注在今罗平县一带，见《中国历史地图集》第二册（秦·西汉·东汉时期），中国地图出版社，1982年，第31～32页。牡宜东汉木椁墓或许与句町王侯有关，广南阿章1919年出土著名的"广南竞渡鼓"，2011年牡宜M4出土最大的石寨山型铜鼓。参见李安民：《云南早期文明演进研究》，云南人民出版社，2013年，第278～280页。

⑥　蒋廷瑜：《西林铜鼓墓与汉代句町国》，《桂岭考古论文集》，科学出版社，2009年。

⑦　参见方国瑜：《中国西南历史地理考释》上册第四篇《唐代后期云南安抚司地理考释》之《专题·步头之位置》，中华书局，1987年。

⑧　李绍明：《南方丝绸之路滇越交通探讨》，《南方丝绸之路研究论集》，巴蜀书社，2008年。

⑨　云南省文物考古研究所：《云南元江县洼垤打篙陡青铜时代墓地》，《文物》1992年第7期。

约当战国晚期至西汉，蛇头形茎铜剑等器物与滇文化存在明显联系①。

从考古学材料推测，战国秦汉时期连通滇池地区和红河三角洲的"红河交通道"实际有东、中、西三线。东线自越南河江附近入滇，应当是真正的"马援道"，或者可以径称为"盘龙江道"；从河口县附近北上滇池地区的中线即西线说"马援道"，唐代称为"通海城路"，从元江县附近北上滇池地区的西线道即唐代"步头路"。

四、"红河交通道"的其他支线及其整体交通格局

"红河交通道"连通滇池地区和红河三角洲的东、中、西三线以外，在更西北的礼社江方向，战国秦汉时期还有一条联系滇西地区（大致为元江上游左岸支流绿汁江以西地区，即大理和楚雄方向）的路线，可以称为"西北线"或径称为"礼社江线"（礼社江与绿汁江汇合后称元江）。蒙文通②、徐中舒③认为在交趾建立瓯骆国的蜀泮部族就是沿这条线路南下的。

滇南蒙自地区出土万家坝型铜鼓，东山文化等地"出土的有'太阳'、'羽人'、'竞渡'纹的那些铜鼓，都是在楚雄万家坝等地早期铜鼓的基础上发展演变来的"④，开远地区采集有山字格铜剑首。据杨勇总结，"滇西高原较为流行的叶后部施孔雀翎纹的铜矛"在元江流域时见出土，滇东南的铜戈上也见有孔雀翎纹；楚雄万家坝、滇东南和越南北部均见有羊角铜钮钟，这些文化因素应当是滇东南地区对滇西高原的影响⑤。此外，楚雄万家坝、张家屯墓地的独木棺与东山文化的关系也值得注意。

战国秦汉时期"红河交通道"当还存在一条自越池通往东山文化"中部偏北地区"的"东南线"。越南"中部偏北地区"出土铜器以斧钺和矛为大宗，典型器物有方銎对称刃斧钺、圆銎斜刃斧钺、菱形矛、万家坝型鼓等，陶器中陶釜比例较大，这些器物在红河三角洲数量不甚多。杨勇注意到在清化省西南部和义安省北部的朱江、孝河流域，出有较多与赫章可乐墓地⑥相似的镂空牌形茎首铜剑或铜柄铁剑并有"套头葬"线索，似与"东山文化"有较大差异⑦。推测沿越池以下的红河尾叉水道或沿黑水河下游—马江下游通往清化省方向，也是一条交通线路。

① 参见杨勇：《战国秦汉时期云贵高原考古学文化研究》，科学出版社，2011年，第288～290页。

② 蒙文通认为"蜀王子孙南迁时路出姚、巂，知其途程必经由义之旄牛道以至褵州，再由褵州南渡金沙江入姚州，再沿《汉书·地理志》所言濮水、劳水以入交趾"。见蒙文通：《安阳王杂考》，《越史丛考》，人民出版社，1983年。按，濮水即今礼杜江，劳水即今元江。

③ 徐中舒认为"蜀亡以后，蜀王子孙率其部族流散于川西各地，自青衣水、若水（今为雅砻江）沿横断山脉南下"，自叶榆水进入红河。见徐中舒：《〈交州外域记〉蜀王子安阳王史迹笺证》，《四川大学学报丛刊》（第五辑），1980年。

④ 张增祺：《云南石寨山文化与越南东山文化比较研究》，《中国西南民族考古》，云南民族出版社，2012年，第307页。

⑤ 杨勇：《战国秦汉时期云贵高原考古学文化研究》，科学出版社，2011年，第259、260页。

⑥ 贵州省博物馆考古组、贵州省赫章县文化馆：《赫章可乐发掘报告》，《考古学报》1986年第2期；贵州省文物考古研究所：《赫章可乐——2000年发掘报告》，文物出版社，2008年。

⑦ 杨勇：《战国秦汉时期云贵高原考古学文化研究》，科学出版社，2011年，第357页。

战国秦汉时期的"红河交通道"是依托水道、河谷并与陆路结合的网络结构，所谓"水陆并通"①，"盖水陆兼济之道也"②，通航条件较好的只是唐代"步头"以下的红河干流［步头位置有元江县、蔓耗县（蛮耗）、越南安沛诸说③］。红河、盘龙江、黑水河汇聚的越池一带是此交通网络的主要枢纽。越池以下的红河干流属于"麋泠水道"的一部分，自越池北上至滇池地区分为三线，行经盘龙江流域的东线即是"马援道"；河口、蔓耗（蛮耗）一带亦是交通枢纽，自越池行至河口入滇的中线在此折而北上滇池地区（即唐代"通海城路"），继续前行至元江县的西线亦可折而北上滇池地区（即唐代"步头路"）。自元江县析出的"西北线"沿礼社江通往滇西大理、楚雄地区。此外，东南线自越池通往"中部偏北地区"的清化省方向（图二）。

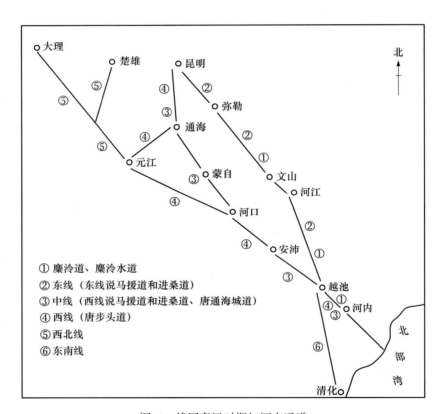

图二　战国秦汉时期红河交通道

方国瑜以"句町地在白河（盘龙河）上游，进桑地在红河（富良江）上游"，认为分别经此两地的"从滇池赴交趾孔道"可能很早时期已开通④。严耕望认为马援道上的

---

① 《晋书·陶璜传》："宁州、兴古接据上流，去交趾郡千六百里，水陆并通，互相维卫"。
② 严耕望：《汉晋时代滇越道》，《唐代交通图考·山剑滇黔区》（第四卷），上海古籍出版社，2007年，第1308页。
③ 参见童恩正：《试谈古代四川与东南亚文明的关系》，《文物》1983年第9期。
④ 方国瑜：《中国西南历史地理考释》上册第一篇《上古至汉初西南地区部族考释》之《战国至汉初的部族社会》，中华书局，1987年，第11页。

"进桑为都尉治,又有关,则西汉时代此路已大开为要道"①。童恩正认为古代云南与东南亚交通的"中路即后世沿用的循红河下航的水道。……这大概是沟通云南与中南半岛交通最古老的一条水道",东路马援道"有可能在汉以前即已通行",蜀王子孙很可能亦是沿盘龙江入越②。蜀泮传说和马援事迹以外,西汉末年益州郡太守文齐"闻光武帝即位,乃间道遣使自闻"③,即是"遣使由交趾贡献河北"④。

越南北部与四川地区青铜时代已有联系⑤。文献记载和考古学材料说明,人文地理学意义上的"红河交通道"至晚在战国秦汉时期已经使用,三国西晋颇为畅通,伯希和认为越南北部与云南的交通线路开通于唐代的认识⑥确实过晚。在更广阔的范围内,"红河交通道"与其他交通线路共同构成了战国秦汉时期西南地区的交通骨架,联系起岭南、东南沿海以至东南亚、南亚地区。

在东、西、中三线汇合的滇池地区,通过在秦"五尺道"的基础上修筑的汉代"南夷道"可以北上夜郎地区以至四川宜宾。在"西北线"的洱海方向,通过在秦"牦牛道"基础上修筑的汉代"西夷道"可以通往筰都、邛都地区以至成都。徐中舒认为"出蜀山,西南行羌中,入南海"的"桓水"⑦即东汉时期仍然贯通的雅砻江、龙川江、礼社江和红河⑧,这条未必实际贯通的"桓水"与"西夷道"和红河交通道多有重合。此外,红河交通道的西北线在大理附近与"滇缅永昌道"汇合。

红河交通道东线与南盘江上游交叉,与右江上源相距不远,能够联系黔西南和岭南西部。盘江水道通往岭南地区以至番禺⑨,广西右江流域战国秦汉墓显示的滇、越文化双重属性⑩似可以说明南诏大理时期依托左、右江水系通往越南的"邕州道"⑪早具基础。在红河交通道东线的南北延伸方向上,前述越南清化省、义安省与赫章可乐墓

① 严耕望:《唐代交通图考》卷四《山剑滇黔区》篇叁伍《汉晋时代滇越道》,上海古籍出版社,2007年,第1311页。

② 童恩正:《试谈古代四川与东南亚文明的关系》,《文物》1983年第9期。童恩正认为,蒙文通推测蜀王子孙"惟彼等未沿仆水(红河)直趋麋泠,而于甫入交趾即东走高平并入左江流域居焉"的迁徙路线即是沿盘龙江入越。见蒙文通:《安阳王杂考》,《越史丛考》,人民出版社,1983年。

③ 《后汉书·南蛮西南夷列传》。

④ (东晋)常璩:《华阳国志·文齐传》。

⑤ 参见雷雨:《从考古发现看四川与越南文化交流》,《四川文物》2006年第6期;Ha Van Tan.《Yazhang in Vietnam》,《南中国及邻近地区古文化研究(庆祝郑德坤教授从事学术活动六十周年论文集)》,香港中文大学出版社,1994年。

⑥ [法]Paul Pelliot 著,冯承钧译:《交广印度两道考》上卷《陆道考》之四《古时中国与交趾之交通》,中华书局,1955年。

⑦ 《汉书·地理志上》引《禹贡》。

⑧ 徐中舒:《试论岷山庄王与滇王庄蹻的关系》,《思想战线》1977年第4期。

⑨ 参见霍巍、赵德云:《战国秦汉时期中国西南的对外文化交流》,巴蜀书社,2007年,第15、16页。

⑩ 李龙章:《广西右江流域战国秦汉墓研究》,《考古学报》2003年第4期。

⑪ 参见方铁:《云南地区至邻国交通史略》,《中国边疆研究通报》(二集·云南专号),新疆人民出版社,1998年。

地相似的文化因素可能与南迁的夜郎族群有关[①]。越南安沛省陶盛、永富省万胜等遗址见有铜缸葬（将尸骨和随葬器火焚后装入铜缸）迹象，清化省绍阳遗址见有在铜缸、铜盅内置放头骨，似乎与贵州赫章可乐的铜鼓和铜盂套头葬、广西西林普驮的铜鼓墓和铜棺墓[②]相通。这些现象表现出滇、黔、桂交界地区文化因素在红河交通道沿线向越南北部的扩散。

在红河交通道尾闾，红河三角洲与岭南地区海、陆交通联系更加频繁。"盖其时交趾郡（今河内）向北到内地，有东及东北、西北三孔道，即置三关扼之"，西北方向行经进桑关的马援道以外，"东循海岸至合浦，入合浦关；东北略循今桂越铁路，入雍鸡关"[③]（图三）。将范围扩展一些，东汉中期以前"旧交阯七郡贡献转运，皆从东冶泛海而至"[④]，而"自日南障塞、徐闻、合浦船行"[⑤]的海上丝绸之路通向东南亚和南亚。

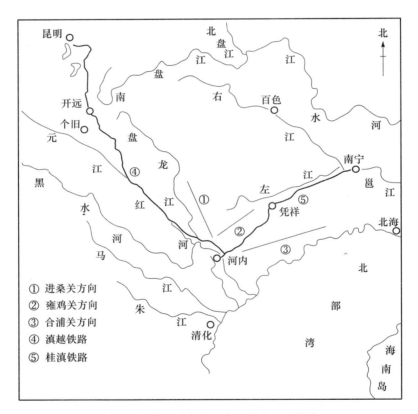

图三　汉代交阯交通云南、岭南主要线路

　　① 参见杨勇：《战国秦汉时期云贵高原考古学文化研究》，科学出版社，2011 年，第 257 页。《后汉书·循吏列传·任延传》和同书《南蛮西南夷列传》记载东汉九真郡有徼外夜郎，蒙文通认为西汉成帝时夜郎王兴被杀引发了夜郎族群的南迁。参见蒙文通：《古代中国南方与交阯间之民族迁徙》，《越史丛考》，人民出版社，1983 年。

　　② 广西壮族自治区文物工作队：《广西西林普驮铜鼓墓葬》，《文物》1978 年第 9 期。

　　③ 严耕望：《唐代交通图考》卷四《山剑滇黔区》篇参伍《汉晋时代滇越道》，上海古籍出版社，2007 年，第 1311 页。

　　④ 《后汉书·郑弘传》。

　　⑤ 《汉书·地理志下》。

五、"红河交通道"在战国秦汉时期华南 历史发展进程中的意义

"红河交通道"在华南（中国西南、岭南地区和历史上的交趾地区）战国秦汉时期历史发展进程中的意义主要表现在西南夷、骆越、南越[①]和汉人等族群集团的社会文化整合方面，尤其是决定了以红河三角洲为中心的交趾地区战国秦汉时期的社会文化特征，决定了红河三角洲在华南文化史上的历史地位。

"红河交通道"主要连通滇池、滇西、滇南、滇东南和交趾地区。滇国主体民族早年有楚人、僰人、氐羌等各种说法，近年多认为是濮人；滇南、滇东南和越北山地"多鸠僚、濮"[②]，大致属于百濮和雒越的交汇地带；红河三角洲及越南"中部偏北地区"是雒越居地。滇西还有"皆编发，随畜迁徙，毋常处，毋君长"的嶲、昆明，与滇王"同姓相扶"的靡莫之属[③]，以及"斯榆蛮"、"西爨白蛮"[④]。网络状的"红河交通道"将云南高原上的诸种西南夷集团联系起来，将西南夷集团与以红河三角洲为中心的骆越集团联系起来，借此网络状的交通线线路发生着密切的文化交流和族群融合。

岭南越文化不但通过"盘江水道"和右江上游自东而西推进，而且在南越国时期从交趾地区溯红河向西北方向扩张。"南越以财物役属夜郎，西至同师"[⑤]，势力范围已拓展至大理、保山一带的澜沧江河谷[⑥]，楚雄万家坝 M23 木棺置放方式与岭南战国秦汉墓"架棺"葬俗[⑦]间的关系特别值得注意。个旧黑玛井墓地见有岭南越文化因素，个旧石榴坝墓地青铜器与陶纺轮不共出的现象与平乐银山岭"战国墓"[⑧]相似。许多学者认为百濮实际是越人，至少与越人存在族源联系和文化交流，红河交通道是百濮集团与岭南越人集团族群文化交融的主要媒介。

汉文化向云贵高原的渗透扩张主要来自四川盆地方向，从红河流域溯流而上的汉文化因素虽然影响较小，却很值得重视。蒋志龙根据个旧黑玛井墓地的线索，推测汉

---

① "南越"是政权名称兼及地理方位，但是将"南越"理解为与"闽越"、"西瓯"、"骆越"等并称的族群集团名称能够讲通。参见郑君雷：《西瓯、骆越与苍梧》，《庆祝张忠培先生八十岁论文集》，科学出版社，2014 年。

② 蜀汉改益州郡为建宁郡，分建宁、牂柯两郡部分地区置兴古郡。《华阳国志·南中志》记兴古郡"多鸠僚、濮"。

③ 《史记·西南夷列传》。

④ 张增祺：《洱海区域的古代民族与文化》，《中国西南民族考古》，云南人民出版社，1990 年。

⑤ 《史记·西南夷列传》。

⑥ 同师地望"大概在今大理西南、保山东南的澜沧江河谷"。见张增祺：《洱海区域的古代民族与文化》，《中国西南民族考古》，云南人民出版社，1990 年。

⑦ 郑君雷：《岭南战国秦汉墓的"架棺"葬俗》，《考古》2012 年第 3 期。

⑧ 广西壮族自治区文物工作队：《平乐银山岭战国墓》，《考古学报》1978 年第 2 期。这批"战国墓"实际已经进入西汉纪年，墓地中铜兵器与陶纺轮不共出。参见黄展岳：《论两广出土的先秦青铜器》，《考古学报》1986 年第 4 期。

武帝经略西南夷之前云南东南部的红河流域已经属于两广汉文化圈的影响范围[①]。汉文化从南、北两个方向对云南高原的渗透，奠定了东汉中期云贵高原为汉文化整体占据的基础格局。

滇池地区、滇南—滇东南地区和红河三角洲是红河交通道的主要节点，这些地区考古学文化因素的混杂性状尤其突出，例如滇池地区青铜遗存的文化因素能够划分出四群（石寨山文化、汉文化、滇西地区和四川盆地蜀文化）[②]。元江—红河在云南境内峡谷深切，成为滇东和滇西两大地理单元的分界线，来自不同方向的文化因素在滇南—滇东南地区的汇聚（例如个旧黑玛井墓地能够划分出红河类型青铜文化、石寨山文化、岭南越文化和汉文化等文化因素，滇东南地区的铜鼓受到滇西方向影响等），在很大程度上消弭了滇东、滇西两大地理单元的文化隔阂。不过红河交通道的历史功能还是在交趾地区发挥得最为明显。

"五岭已前，至于南海，负海之邦。交趾之土，谓之南裔"[③]。交趾地区地理上属于岭南，汉代行政上属于南越国和交趾（交州）刺史部，西汉交趾刺史治龙编（今越南北宁），土著居民多是骆越，显然与岭南地区关系更为密切，西汉交趾郡的人口数甚至占到汉代岭南七郡的 60% 强。但是汉代交趾地区的社会文化发展进程中逐渐与南海、苍梧、郁林三郡相区别[④]，东汉交州刺史已移治广信（今广西梧州），东汉末年（建安十五年，210 年）更移治番禺（今广州），东吴黄武五年（226 年）分立广州，最终形成交、广分治的行政格局。

交、广分治固然出自东吴时期岭南经济开发、北部湾近海交通线变更、岭南东部地区治理强化等原因[⑤]，也应当与珠江水系与红河水系地理环境和人文民俗等背景因素的差异性有关。红河交通道的内陆腹地是云南高原，来自云南高原的族群和文化因素对于交趾地区显然发挥着重要影响。在更宏观的文化史视野上，红河三角洲能够与珠江三角洲在华南海岸并峙，并且作为重要的历史现象深刻地影响到其后华南乃至东南亚地区的历史进程，与红河交通道的历史功能密切相关，1910 年法国人经营的滇越铁路（昆明—河口—越南海防）建成通车，其实也是红河交通道历史功能的延续（参见图三）。

①　云南省文物考古研究所、红河州文物管理所、个旧市博物馆：《个旧黑玛井古墓群发掘报告》，《云南考古报告集（之二）》，云南科技出版社，2006 年。

②　蒋志龙：《再论石寨山文化》，《文物》1998 年第 6 期。

③　（西晋）张华《博物志》。

④　参见郑君雷：《岭南汉城与西汉时期岭南汉文化的形成》，《"城市与文明"学术研讨会论文集》，上海古籍出版社，2016 年。

⑤　段塔丽：《试论三国时期东吴对岭南的开发与治理》，《南京大学学报》1999 年第 1 期。

岭南战国秦汉墓的"架棺"葬俗

岭南战国秦汉墓发表的材料不少，研究也比较深入，但有些葬俗现象似未引起充分注意，其文化含义也未被充分揭示出来，例如棺木悬空于墓底数十厘米的"架棺"葬俗。讨论"架棺"的问题，必然要涉及墓葬的细部遗迹现象，为避免误解，本文较多地引用发掘报告原文。

一、从"铜柱形器"说起

岭南战国秦汉墓出土的铜柱形器称谓各异，用途众说不一。蒋廷瑜指出这类器物应该是棺架上的柱头饰[1]，其后他根据广西南丹白裤瑶的民族学调查材料进行了论证，认为"出土铜柱形器的墓葬可能都有木椁，椁室是一个封闭的空间，墓坑填土并不影响椁室内的陈设，放在椁室内的木棺要是搁在棺架上，自然也就一直保持悬空"，并推测土坑墓设棺架，作用与南丹崖洞墓架空棺木防潮类似[2]（图一）。罗二虎在讨论南方岩洞葬时提到"高架木棺"，棺架顶部也有类似"铜柱形器"的装饰物[3]。

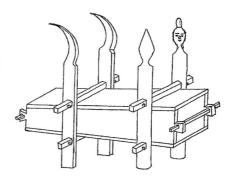

图一　南丹崖洞葬架棺示意图
（采自《考古》1987 年第 8 期第 751 页图二）

蒋廷瑜根据肇庆北岭松山墓[4] 发现的 4 件铜柱形器连线呈长方形，认为"铜柱形器应同棺椁结构有关，它们出土的位置在棺的两侧，同南丹崖洞葬的棺架相比，正好与棺架的前后立柱的位置相合"[5]。我们检阅相关发掘简报，将铜柱形器连线，四会鸟旦山墓[6] 大致是与一具木棺的范围相当，不过连线呈斜梯形而不对称（图二）；罗定背夫山

---

① 广西壮族自治区博物馆：《近年来广西出土的先秦青铜器》，《考古》1984 年第 9 期。

② 蒋廷瑜：《铜柱形器用途推考》，《考古》1987 年第 8 期。

③ 罗二虎：《试论中国南方的岩洞葬》，《考古》2000 年第 6 期。

④ 广东省博物馆发掘小组、肇庆市文化局发掘小组：《广东肇庆市北岭松山古墓发掘简报》，《文物》1974 年第 11 期。

⑤ 蒋廷瑜：《铜柱形器用途推考》，《考古》1987 年第 8 期。

⑥ 广东省博物馆：《广东四会鸟旦山战国墓》，《考古》1975 年第 2 期。

M1[①]的连线太过窄长（图三）；北岭松山墓的"随葬器物平面图"仅标注出 3 件"铜柱"的位置，若将第四件铜柱对称定位，其连线范围暂且认为可以架棺[②]（图四）。

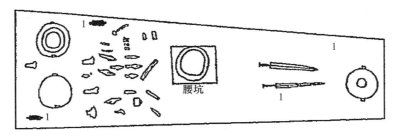

图二　四会鸟旦山战国平面图
（采自《考古》1987 年第 8 期第 752 页图五）
1. 铜柱形器

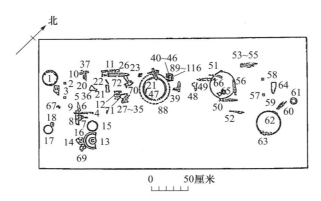

图三　罗定背夫山 M1 平面图
（采自《考古》1986 年第 3 期第 212 页图三）
2、3、57、58. 铜柱形器

　　平乐银山岭"战国"墓地[③]出土有 6 件"铜杖头饰"，查阅墓葬登记表，M22、M55、M57、M64、M74、M108 各出 1 件。其中 M55、M64、M74、M108 附有平面图，据此观察"铜仗头饰"的位置，前三座墓解释为棺架立柱上的柱头饰可以说通，但是 M108 的"铜仗头饰"深入到铜铆钉散落线围成的棺木范围以内（图五），肯定与棺架立柱无涉。

　　总体来看，铜柱形器应该与棺椁的结构或装饰有关，其中有一些可能是棺架立柱上的柱头饰。尽管其用途还不能完全确定，但通过"铜柱形器"推测岭南地区土坑墓

①　广东省博物馆、罗定县文化局：《广东罗定背夫山战国墓》，《考古》1986 年第 3 期。
②　北岭松山墓"随葬器物平面图"未标注比例尺。根据墓坑和木椁尺寸的长宽比值，可以确定此图边框为墓坑四至（但长宽比例有误差）。以墓坑长宽数值换算出比例尺，铜柱形器纵向间距约 1 米，横向间距约 0.7 米。因为棺木纵向可以超出前后棺架，不考虑各种测算误差，暂且认为这一数值范围可以架棺。另外，四会高地园 M2（见何纪生：《广东发现的几座东周墓葬》，《考古》1985 年第 4 期）出有 2 件铜"人首仗头器"，对角分布，其范围亦较适合于架棺。
③　广西壮族自治区文物工作队：《平乐银山岭战国墓》，《考古学报》1978 年第 2 期。有些学者认为是汉墓。

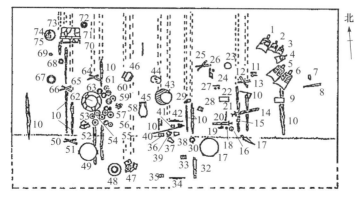

图四　北岭松山墓平面图

（采自《文物》1974 年第 11 期第 77 页图二七）

32、35、36.铜柱形器

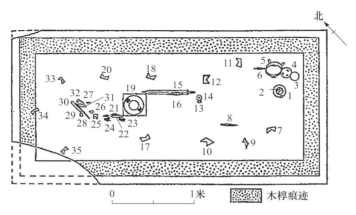

图五　平乐银山岭 M108 平面图

（采自《考古学报》1978 年第 2 期第 219 页图十四）

2、7、9～12、17、18、20、33～35.铜铆钉　13.铜杖头饰

可能存在架棺的认识却极有启发意义。仔细考察发掘材料，我们发现有些土坑墓确实显露出"架棺"的迹象。

二、"架棺"的迹象

已发掘的岭南战国秦汉墓许多棺内不置随葬品，或棺内随葬品数量较少且种类较固定 ①，在棺椁无存的情况下，多数墓依据随葬器物的分布可以较明确地推断出棺木位置。但是有些墓随葬器物的空间分布和保存状态却令人费解，可能与"架棺"葬俗有关，试举几例。

　　①　以西汉前期的广州汉墓为例，竖穴木椁墓"Ⅱ型 3、5 式的墓随葬物较多，有五分之二的墓（共 51 座）棺内是置随葬品的，主要有铜镜和璧，其次是带钩、印章、玉佩饰及铜、铁兵器"。参见广州市文物管理委员会、广州市博物馆：《广州汉墓》，文物出版社，1981 年。

徐闻五里镇 M1[①] 的墓坑中部放置一件大陶盆，形体宽大，口径 39、高 13 厘米。此陶盆占据墓坑中间相当于棺的位置，且俯视基本成型，侧视也颇完整[②]（图六）。如果陶盆下葬时是摆放在棺内底板上，则与尸体有重叠（显然尸体不能躺置在陶盆上，更不能理解将陶盆压放在尸体上）；若陶盆当时放置于棺盖上面[③]，棺木朽烂跌落后则应该不会这般完整平正。较合理的推测，木棺是架起在陶盆上面的。

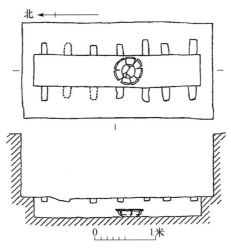

图六　徐闻五里镇 M1 平、剖面图
（采自《文物》2000 年第 9 期第 36 页图二）

平乐银山岭 M55 出有"铜杖头饰"，根据墓底散落的铜棺环可推知棺木范围。发掘报告介绍，"随葬品四十二件，都置棺内，……出土时，铜鼎、盆置死者腰腿间，铁锄压在铜盆下面，铜镞二束共二十二件，装麻质面的矢箙内，但矢箙已朽"。我们再仔细观察平面图（图七），若这些器物当时置于棺底上面，"铜鼎、盆置死者腰腿间"着实费解；若当时置于棺盖上面，器物的跌落位置未必如此整齐，尤其是铜刮刀和砺石不可能仍然集中在一处[④]，似乎也不能辨识出"铜镞二束"装在已朽的"麻质面的矢箙"之内。广宁龙嘴岗墓地[⑤]M8 平面图上，铜盘、陶瓿位于墓底中间，陶碗、陶盂等散布墓底北部，铜钺、铜斧、铜刮刀、砺石等集中堆放在西南部（图八），"铜盘置于死者的腰腿间"同样难以理解。这两座墓器物的空间分布也显示出"架棺"迹象。

平乐银山岭 M126 墓底铺有河卵石三道，推测"应是放置棺垫木的基座"。但据发

①　广东省文物考古研究所、湛江市博物馆、徐闻县博物馆：《广东徐闻县五里镇汉代遗址》，《文物》2000 年第 9 期。

②　承简报执笔者崔勇先生面告，陶盆出土时基本完整。

③　岭南战国秦汉墓偶见在椁盖上面放置随葬器物的情况，如广州瑶台北柳 M11 椁盖上有镇墓木俑。见黄淼章：《广州瑶台柳园岗西汉墓群发掘记要》，《穗港汉墓出土文物》，香港中文大学文物馆，1983 年。

④　岭南战国秦汉墓中铜刮刀和砺石往往堆放在一起，如广宁龙嘴岗 M8。见广东省文物考古研究所、广宁县博物馆：《广东广宁县龙嘴岗战国墓》，《考古》1998 年第 7 期。

⑤　M8、M6 和 M10 资料见广东省文物考古研究所、广宁县博物馆：《广东广宁县龙嘴岗战国墓》，《考古》1998 年第 7 期；M16 和 M17 资料见广东省文物考古研究所：《肇庆古墓》，科学出版社，2008 年。

掘报告介绍,"陶盒一件、铁锄一件,分置于第二道和第三道卵石基上"。根据平面图,两件陶杯亦在第一道卵石基上(图九)。卵石基上若是放置有器物,则棺底势必悬空。

贺县高寨 M5[①] "椁室残高 1.6、长 12 米,分前后两室。……墓底铺厚约 30 厘米的河卵石。前、后室间横向开一宽深各 30 厘米的沟槽,后室近中部则开一条纵向沟槽,

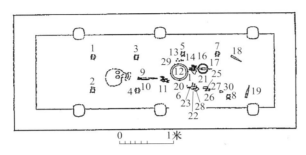

图七　平乐银山岭 M55 平面图

(采自《考古学报》1978 年第 2 期第 214 页图四)

1~8. 铜棺环　12. 铜盆　16. 铜鼎　30. 铜杖头饰

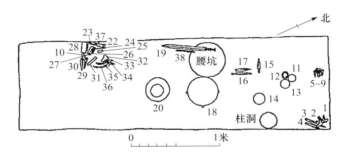

图八　广宁龙嘴岗 M8 平面图

(采自《考古》1998 年第 7 期第 47 页图四)

18. 铜盘　20. 陶瓿

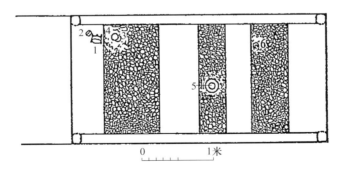

图九　平乐银山岭 M126 平面图

(采自《考古学报》1978 年第 2 期第 221 页图二〇)

3、4. 陶杯　5. 陶盒　6. 铁锄

① 广西壮族自治区文物工作队、贺县文化局:《广西贺县河东高寨西汉墓》,《文物资料丛刊》(4),文物出版社,1981 年。

两条沟槽相接成'T'形。沟内填满朽木灰迹。后室中隔沟槽分成东、西两棺室"。该墓多次被盗,"后室随葬品多剩陶器,分置于椁室东、西两侧及北端,以东室为多。……在墓底中部沟槽两侧出玉珮、玉管、玉环、珠饰及棺钉等,显然沟槽两侧为置棺之处"。在发表的平面图上,沟槽两侧的玉珮、玉管、玉环、珠饰及棺钉等当为同一组器物;陶器(包括硬陶)大都破碎;且"西棺室"宽仅 1.6 米,陶瓮、鼎、盆等已占据大半,似不宜再置棺(图一〇)。较合理的解释是,椁室为上、下两层,上层有棺箱和器物箱,许多器物是上层椁室朽毁后跌落下去的。

广州横枝岗 M4[①]"在主室左侧中后部的棺室位置出有铜剑、削、镜、印及陶盂、水晶珠饰、玛瑙珠饰等",与数件陶四耳罐错杂在一起,因此发掘报告推测"其中的陶四耳罐可能是从椁上掉落的"(图一一)。从其平面图看,这些陶四耳罐大多完整成形,

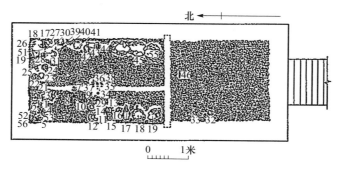

图一〇　贺县高寨 M5 平面图

[采自《文物资料丛刊》(4)第 31 页图五]

7. 玉璧　8、9. 棺钉　34. 玉环　35、37. 玛瑙珠　36. 玉佩　38. 玉管

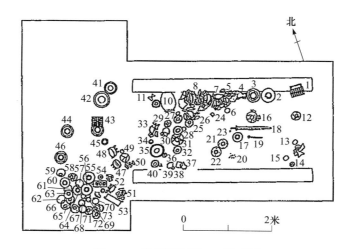

图一一　广州横枝岗 M4 平面图

(采自《考古》2003 年第 5 期第 36 页图三)

12、13、16、17、21、22. 陶四耳罐　15. 铜镜　18. 铜剑　19. 铜削　20. 珠饰　23. 铜印

①　广州市文物考古研究所:《广州市横枝岗西汉墓的清理》,《考古》2003 年第 5 期。

与“棺室右侧相当于边箱位置”（墓室北侧）的残碎陶壶、瓮等恰成鲜明对比。因此推测，陶四耳罐等器物原本就放置在此；棺木和棺内的服佩器具，以及墓室北侧的陶器，原本应置于上层。

合浦母猪岭 M4 为砖室墓[①]。“该墓的葬法比较少见，是先将陶器和铜器等大件器物摆在椁内底层，棺放在北侧（按，当为南侧）的大件器物上面。墓主的手握的铜钱、银手圈、铜棺饰等物件都散落在大件器物上”。从平面图看，南侧大件陶器基本完整，主要是四耳罐（图一二），但已发表的两件高度不一，认为木棺直接放在陶器上委实不妥。结合北侧较散碎的大件陶器推测，该墓原有木椁室，下层为器物室，散落的铜钱和北侧散碎的陶器是从上层被举架起来的棺室（分为棺箱和器物箱）跌落下来的。

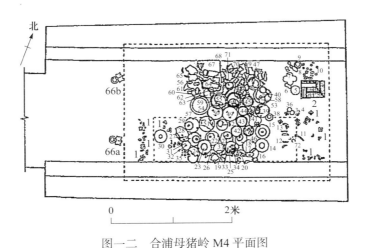

图一二　合浦母猪岭 M4 平面图
（采自《考古》2007 年第 2 期第 21 页图三）
1. 鎏金铜泡钉　14~29. 陶四耳罐　33. 手握铜钱　34. 银手圈、琉璃穿珠等饰物

三、“架棺”的实例

岭南战国秦汉墓往往棺椁无存，增添了讨论“架棺”葬俗的难度，甚至会被误解为臆测。不过在广州汉墓[②]确实有直接“架棺”的实例，更多见“架举棺室”的情况。

广州汉墓 M1048（黄花岗 003 号木椁墓）“椁室上部有承放棺具的木架结构。在底板之上 0.56 米处有五条横列的长木枋（南面的四条各相距约 0.5 米），……两端出直榫，插于壁板的卯眼中，构成一个水平的疏底木架（未见有铺板），木棺放在构架上，其上还有盖顶”（图一三）。这座墓的木棺就是架空的。棺架还有盖顶结构，“南北两端

① 广西合浦县博物馆：《广西合浦县母猪岭汉墓的发掘》，《考古》2007 年第 2 期。
② 广州市文物管理委员会、广州市博物馆：《广州汉墓》，文物出版社，1981 年。本文中称“广州汉墓”的墓例均见于此书。

在靠近着椁壁处直竖四根木柱，上面再以木枋纵横架连，成一个长方形的构架，其上又用 0.03 米的薄板覆盖，以护棺材"①。这座墓是笔者所见唯一明确指明"架棺"的岭南战国秦汉墓资料。

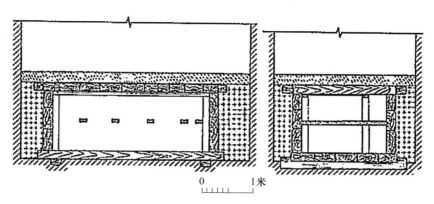

图一三　广州汉墓 M1048 的棺架结构
（采自《广州汉墓》第 57 页图二八）

广州汉墓"有墓道竖穴分室木椁墓"中的"双层分室墓"，年代集中在西汉中期至东汉前期，数量较多。其椁室分为前室、棺室和器物室三部分，棺室架设在器物室上面形成双层结构（约占据椁室全长五分之四的空间）。东汉前期的双层分室木椁墓出现"假二层"结构，即"棺室前端作上、下两层，下层即为器物室；后部占棺室长三分之二则是单层的"。这类墓被举架起来的是棺室结构（有时还有边箱），而非棺具本身，可以视作间接地架棺②。构架方式有三种。

其一，M2040 在椁底板当中纵向分立三个方形短柱，柱头上纵架一根直梁，组成立架；直梁两侧各有四条等距离分布的横枋，插入椁室壁板，形成框架结构（直梁前端还压上一条长木枋，底梁和底梁立柱将棺室和器物室间隔为左、右两部分），板、柱、梁、枋均以榫卯结构连接。《广州汉墓》称此为"连壁减柱式"（图一四）。

其二，M2050 在椁底板靠近两侧壁板处分立三对方形短柱，每对短柱上架一根横梁（两端卯眼与柱头凸榫套合），组成立架，其上纵向铺板，形成框架结构。《广州汉墓》称为"立架式"（图一五）。

其三，M2043 在椁底板上分立三块横隔板，其上纵向铺板成上、下双层。《广州汉墓》称为"隔板式"（图一六）。

<hr>

① 广州市文物管理委员会：《广州黄花岗 003 号西汉木椁墓发掘简报》，《考古通讯》1958 年第 4 期。据《广州汉墓》介绍，此墓"承棺木架清除后，下面还有凌乱的残木块很多，可能另有一些细部的结构，因为朽烂太甚，已无法知道"。

② 广西贵县汉墓中，"土坑墓有的墓底铺砖，有的不铺；有的墓是平底的，有的分两层，棺木放得较高，器物放得较低"，似相当于广州汉墓的"双层分室木椁墓"结构。参见梁友仁：《广西省田野考古工作组在贵县清理了大批古墓》，《文物参考资料》1955 年第 5 期。

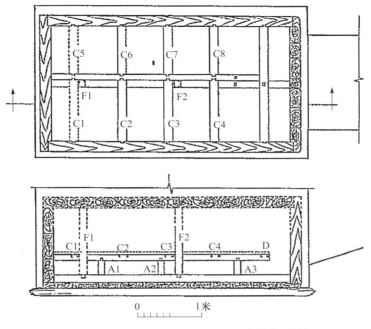

图一四　广州汉墓 M2040 的"连壁减柱式"结构

（据《广州汉墓》第 193 页图一〇九改制）

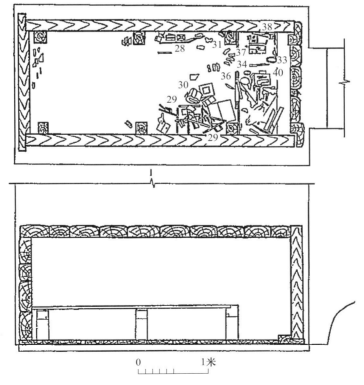

图一五　广州汉墓 M2050 的"立架式"结构

（据《广州汉墓》第 196 页图一一一、第 197 页图一一二改制）

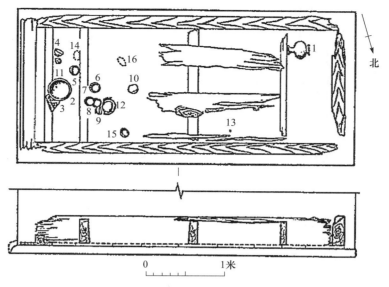

图一六　广州汉墓 M2043 的"隔板式"结构

（据《广州汉墓》第 194 页图——○改制）

四、"柱洞"和"凹槽"的线索

广州汉墓"架棺"或"架举棺室"的实例均见于土圹竖穴木椁墓，椁内见有支撑棺架顶盖的立柱，或支撑上层棺室的底柱和隔板，以及承顶椁盖的立柱。而在其他一些岭南战国秦汉墓的墓底和二层台面上，发现有许多柱洞和凹槽，它们的位置、数量和形制各异，其中一些是了解岭南战国秦汉墓的椁室结构，进而推测架棺情况的重要线索。依原发掘报告，土坑墓柱洞的发现情况大致有三类。

第一类例如广宁龙嘴岗 M8，"墓底头端左侧另见一直径 30、深 30 厘米的柱洞"（参见图八）。肇庆康乐中路 M9 的墓底，"在后端沟槽中间有一圆洞，直径 24 厘米，深 50 厘米，直壁圜底，壁面规整"[①]。这两座墓发现的都是单个柱洞。

第二类例如广州瑶台北柳 46 号墓"墓坑狭小而长，长 3.54、宽 0.9～0.98 米。坑壁四转角处各有一洞，深约 30 厘米，可能四角竖一根木柱"[②]（图一七）。龙嘴岗 M16（图一八）和 M17 墓坑已残，墓坑转角处分别发现两个和一个柱洞。这两座残墓的墓坑四角原来应各有一个柱洞，与北柳 46 号墓相似。肇庆康乐中路 M7 的四个柱洞与墓坑四隅尚有一段距离（图一九）。根据墓葬登记表，龙嘴岗 M6"墓室部分被破坏，前端右角有一柱洞"，M10"墓室被破坏，头两侧各有一柱洞"，但发掘报告均未附图，推测原来也可能是两对柱洞。

---

① 广东省文物考古研究所：《肇庆古墓》，科学出版社，2008 年。

② 黄淼章：《广州瑶台柳园岗西汉墓群发掘记要》，《穗港汉墓出土文物》，香港中文大学文物馆，1983 年。

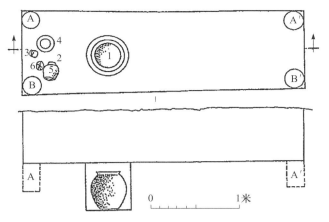

图一七　广州瑶台北柳 M46 平、剖面图

（采自《穗港汉墓出土文物》第 253 页图 A）

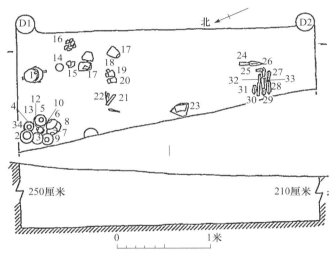

图一八　广宁龙嘴岗 M16 平、剖面图

（采自《肇庆古墓》第 7 页图五）

　　以上这两类墓的棺椁情况不清楚。贺县金钟一号汉墓的椁室，"从发掘时所见后室南端地面上留有两个 10 厘米直径的柱洞来看，隔板北侧的东西两端还有柱子，起顶固作用"[1]。肇庆康乐中路 M7 "墓底中部为生土棺床，……比墓底高出 20 厘米"，棺床前端放置陶屋、井、灶等器物，空间关系与广州汉墓双层分室木椁墓的"假二层"结构相似，M7 的四个柱洞插立的很可能是支顶椁盖的立柱。依此比照，这些墓底柱洞可能与设置木椁有关。实际上，龙嘴岗、柳园岗等墓地确实有设置木椁或辨识出葬具痕迹的墓例。这两类墓中存在"架棺"迹象者，柱洞也可能与"棺架"立柱或底柱有关，而柱子的数量则具体不等。

　　①　广西壮族自治区文物工作队、贺县文物管理所：《广西贺县金钟一号汉墓》，《考古》1986 年第 3 期。

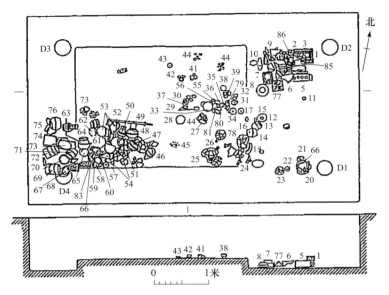

图一九　肇庆康乐中路 M7 平、剖面图

（采自《肇庆古墓》第 51 页图三七）

　　第三类则以银山岭墓地的材料最为集中。一般是在土坑墓二层台上的长边两侧有两三对柱洞，绝大多数对称。柱洞平面一般呈圆形或半圆形，也有长方形的。值得注意的是，这类柱洞的纵长方向（从二层台面至坑底）暴露于二层台侧壁，插立的应是"半明柱"，有些柱洞还深入墓坑底。这类墓的柱洞亦可能与木椁结构有关。

　　银山岭 M 74"二层台面和墓壁上都有朽木痕迹"，有可能是椁室侧板立贴于二层台壁（二层台高 0.88 米），盖板平铺在二层台面（图二〇）。银山岭 M55 的铜棺环散落在墓底中间位置，说明紧贴墓圹的板灰不是棺板而应是椁板；"从残存板灰测得椁室高约 1.7 米"，而二层台高 1.2 米，说明二层台以上还有椁室结构（参见图七）。这些墓葬的二层台围出较深墓坑，柱洞内插立的木柱，可能具有联结椁板的壁柱功能[1]。

　　广州汉墓 M1060 二层台面两侧各有三个圆形或方形柱洞，中间两个不对称（图二一）。据《广州汉墓》推测，"此墓的椁室是用生土二层台为壁，在台侧竖木柱，柱顶可能架有横梁组成椁盖支架，上铺盖板。由于二层台高度仅 0.34 米，高未逾棺，所以四周可能还加一层壁板"。银山岭 M126 中，"墓底两侧边有二层台，台高 20 厘米、宽 12 厘米，四角有方形柱洞"（参见图九）。这些墓葬的二层台围出很浅的墓坑，柱洞内插立的木柱在具有椁板壁柱功能的同时，还可以起到椁盖顶柱的作用。

---

　　① 椁室壁柱与壁板的连结方式可以从罗泊湾二号汉墓椁室内部的间隔结构得到启发。该墓在椁室内的"正方木"上对称立木柱，中间木柱的两侧开背向凹槽（两端立柱开单面内向凹槽），凹槽内插入木板，以立柱将木板连结起来，将椁室分隔成东、西边箱和中室。参见广西壮族自治区文物工作队：《广西贵县罗泊湾二号汉墓》，《考古》1982 年第 4 期。

北

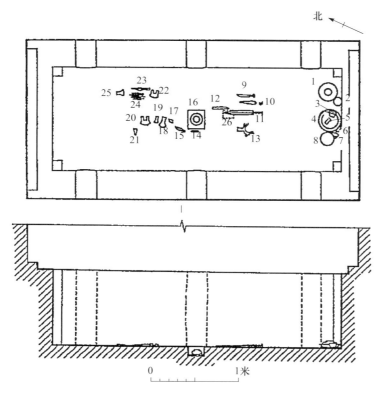

图二〇　平乐银山岭 M74 平、剖面图
（采自《考古学报》1978 年第 2 期第 218 页图十三）
13. 铜杖头饰

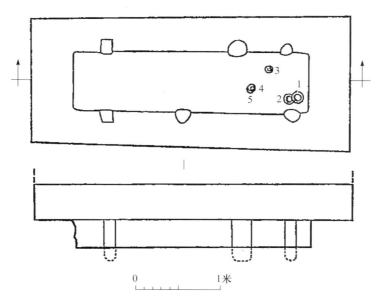

图二一　广州汉墓 M1060 平、剖面图
（据《广州汉墓》第 51 页图二三改制）

"架棺"则当有棺架结构。二层台墓若"架棺",柱洞内插立的木柱很容易联想到承托棺架的立柱或底柱。对于银山岭 M114,"从桩洞推测,可能是利用二层台为椁壁,在其上盖板构成椁室的"(图二二),环土为椁的二层台墓若"架棺",柱洞更容易与棺架结构联系起来。有"架棺"迹象的银山岭 M55,柱洞为圆形,"洞径 20 厘米,深入墓底 5 厘米";出"铜杖头饰"的银山岭 M74,"洞作 32×24 厘米的方柱形,从台面直通墓底",这些大柱洞比较适于承架沉重的棺木。

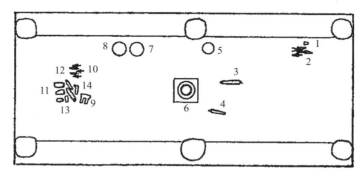

图二二　平乐银山岭 M114 平、剖面图
（采自《考古学报》1978 年第 2 期第 215 页图六）

贺县高寨 M5 墓底的河卵石沟槽内有朽木痕迹,可以插立纵横木板各一条,形成"T"字形的支撑结构,其上铺板"架棺";河卵石可能类似华侨新村 M14 和 M22[①] 那样铺在椁底板上,或者根本未设置椁底板。岭南战国秦汉墓椁室的宽度一般超出两道"枕木沟"的间距,木椁朽毁后椁内器物的散落面经常会超出"枕木沟"的范围。而横枝岗 M4 和母猪岭 M4 的器物集中在两道纵向"枕木沟"间,因此怀疑此"枕木沟"是插立支撑上层椁室结构的木板凹槽,以两块木板围成下层的器物室。

必须说明,这里只是根据柱洞和凹槽讨论木椁室的存在和结构,以及柱洞、凹槽与"棺架"有某种联系的可能性,而非绝对地指认。

五、"架棺"方式的推测

根据各种迹象来看,岭南战国秦汉墓的"架棺"方式比较复杂。

抛开细部结构,广州汉墓中较明确的架棺(包括架举棺室)方式其实可以归纳为三种。第一种如 M1048 直接"架棺",棺架结构与"架举棺室"的 M2040 的"连壁减柱式"相似,均是横枋榫插在椁室壁板上。只是前者另有支撑棺架顶盖的立柱,为"横枋榫接椁板"与"棺架顶盖"的结合体;后者则有一列短柱承托"架举棺室"的梁枋,可称为"横枋榫接椁板加撑底柱"结构。第二种是"立架式",横枋搭架在对称

---

① 麦英豪:《广州华侨新村西汉墓》,《考古学报》1958 年第 2 期。

的两列底柱上，不与椁室壁板发生联系，然后铺板"架举棺室"，可称为"横枋搭架底柱"结构。第三种是"隔板式"。另外，南丹民族志材料中的"棺架"，是四根横枋榫穿四根立柱的"横枋榫穿立柱"结构。

岭南战国秦汉墓若是在木椁室内"架棺"，如果棺架结构未穿透椁底，墓坑底部就不会留下柱洞等痕迹。所以讨论问题的空间很小，暂且只能说以上几种"架棺"方式皆有可能，尤其"横枋榫接椁板"结构在省略棺架顶盖支柱，或者省略底柱和隔板的情况下都仍然适用，简单方便。不过，上举实例大多数与立柱或底柱、隔板有关，巧合的是，岭南战国秦汉墓有"架棺"迹象者亦时见柱洞和凹槽。因此，还可以对架棺方式作更进一步的推测。

上节所述龙嘴岗 M8 这类只有一、两个柱洞的土坑墓，主要应该是"横枋榫接椁板"结构。第二类墓有对称柱洞，除"横枋榫接椁板"以外，"横枋搭架底柱"也能适用。若柱洞不是偏居四隅，"横枋榫穿立柱"亦有可能。这两类墓也不排除柱洞用以插埋支撑棺架顶盖的立柱。第三类墓若"架棺"，横枋既可以榫插于椁室壁板，也可以只榫插于木柱（与南丹的"横枋榫穿立柱"相似）；或者同时榫插于椁室壁板和木柱。银山岭 M55 柱洞前后距离约 3.2 米（是距离最远的墓例），而墓底中部散落的铜棺环范围长约 2.3 米，两者相差悬殊，因此这类墓以"横枋榫接椁板"为主要结构较为合理。不过，银山岭 M145 根据板灰"推测木棺长 3.2 米"，M108 散落的铜棺铆钉长向距离约为 3 米，说明也有大棺；木柱（尤其是中间一对）同时作为棺架立柱的可能性也存在。第三类墓或者也是"环土为椁"，由于二层台壁无椁板，只能"横枋榫穿立柱"。银山岭 M74 的柱洞前后距离约 2.5 米，左右距离约 1.2 米，规模较小，木柱作为棺架立柱仍较合理。

贺县高寨 M5、广州横枝岗 M4 和合浦母猪岭 M4 墓底未见柱洞，当是在椁底的河卵石凹槽中分立"T"字形的木板，或者在两条纵向凹槽中各立木板，其上铺板"架举棺室"。与广州汉墓"架举棺室"的"隔板式"结构相似，只是木板的具体设置方式有所差别。从逻辑上讲，"架举棺室"的木椁墓也可以用横枋榫接椁板，然后铺板形成上层结构。

一个有趣的假设是，能否存在不置木椁而直接"架棺"的墓葬？此类墓如何填埋？徐闻五里镇 M1 的二层台面有七对凹槽，相互对称，槽口平面细长且较浅平，不能插立木柱；若是以木枋横搭，其上恰可承置一棺，二层台以下的墓坑部分则悬空，实际相当于一个大腰坑。这种"二层台面枋架"结构，即使未置木椁也不会影响填埋。与此可以比照的是，合浦文昌塔 M2"距离不等的抗木槽横跨枕木沟"[1]，合浦风门岭 M23B"棺下抗木槽甚密，间距 0.1 米，共 19 条"[2]，只不过是将承托棺椁的横向枋木直接设置在墓底，从侧面证明五里镇 M1 二层台面的凹槽可以用来横搭木枋。

---

① 广西文物考古研究所、合浦县博物馆：《2005 年合浦县文昌塔汉墓发掘报告》，《广西考古文集》（第三辑），文物出版社，2007 年。

② 广西壮族自治区文物工作队、合浦县博物馆：《合浦风门岭汉墓——2003～2005 年发掘报告》，科学出版社，2006 年。

　　以上"架棺"方式的推测绝难逐一凿实，目前也难详尽具体。例如，银山岭 M55 和 M74 的柱洞为方形，还可以考虑是在柱洞内设置未及二层台面的短柱，枋木横置在短柱上，类似于"横枋搭架底柱"的结构（平面圆形的柱洞则不太可能）。而且汉代边远地区的棺椁时常有特殊形制 [1]，甚至可以设想有些岭南战国秦汉墓并没有椁底。

六、"架棺"葬俗的变体

　　"架举棺室"与严格意义上的"架棺"没有实质差异，前面讨论的"架棺"墓例也包括"架举棺室"的情况。至于明确的判断，可以根据墓室规格以及随葬器物的分布和保存状态进行分析。

　　银山岭 M102 中，"墓底有土埂两道，埂上应是放棺垫木的，惜垫木已朽没"。发掘报告未言及埂基高度，若在足够高的土埂（或者卵石基）上承棺，也就是"架棺"，类似于广州汉墓"架举棺室"的"隔板式"结构。

　　封开利羊墩 M34 中，"墓底中部有一个挖入墓底的方形坑，四边颇为规整，其长、宽度与墓底宽相当，我们称之为方形腰坑" [2]（图二三）。此方形腰坑在纵长方向上再延

图二三　封开利羊墩 M34 平、剖面图
（采自《南方文物》1995 年第 3 期第 3 页图三）

---

　　[1]　内蒙古满洲里市扎赉诺尔墓地中存在有盖无底的木棺（见内蒙古文物工作队：《内蒙古扎赉诺尔古墓群发掘简报》，《考古》1961 年第 12 期；吉林榆树老河深中层墓地存在无盖无底或有底无盖的木棺（见吉林省文物考古研究所：《榆树老河深》，文物出版社，1987 年）；广西贵县罗泊湾二号汉墓木椁的"底板下偏于北边位置，还发现一个殉葬坑，建在生土中，上无盖，下缺底"（见广西壮族自治区文物工作队：《广西贵县罗泊湾二号汉墓》，《考古》1982 年第 4 期）。

　　[2]　杨式挺、崔勇、邓增魁：《广东封开利羊墩墓群发掘简报》，《南方文物》1995 年第 3 期。

伸一些，墓坑短边两端便是二层台，木棺承搭其上，可视为一种特殊"架棺"。换个角度看，徐闻五里镇M1二层台围起的墓坑也可以视为大腰坑。

越南海防越溪墓地以船棺大墓和东山文化青铜器而著名，棺木周围栽立的木桩却未引起注意。"刚发现时，棺材四周钉有八根木桩。两根钉在两头提耳边，六根钉在棺材两边。可能是为了使棺材固定"[①]。但越溪墓地发掘报告的文字表述不是很清晰，从其剖面图上可以看到八根木桩夹在木棺周围（图二四），与"架棺"或许也有关联。

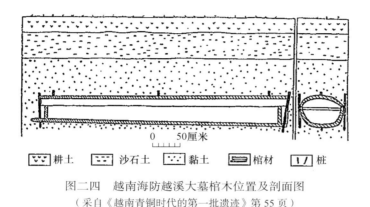

0　　50厘米

⚇ 耕土　　⚇ 沙石土　　⚇ 黏土　　▤ 棺材　　▨ 桩

图二四　越南海防越溪大墓棺木位置及剖面图
（采自《越南青铜时代的第一批遗迹》第55页）

七、"架棺"葬俗的启发

除随葬器物以外，岭南战国秦汉墓的越式葬俗一般被概括为长方形窄坑墓、墓底设腰坑和墓底铺河卵石等，"架棺"现象并未引起注意。岭南地气卑湿，"架棺"的目的应该主要在于防潮（在岭南战国秦汉墓中见到的防潮排水措施不下五六种），是对环境的适应[②]，也可能是对"干栏式"建筑的模仿，是文化史上"真正的南方"[③] 在考古学上的表现。对"架棺"问题的讨论提醒我们，岭南战国秦汉葬俗的研究还有许多空间。

岭南地区"架棺"葬俗的分布和"架棺"方式的差别，提供了考古学文化分区和考古学文化族属研究的参照点。比如，与架棺有关的柱洞或凹槽的位置、形状和数量各地不一，或许有可能就是区别"南越"、"西瓯"、"骆越"、"苍梧"等诸种土著越人集团的线索。此外，近些年来以"米"字纹陶器为焦点，一批岭南战国秦汉墓的年代出现较大争议。"架棺"葬俗的流变为岭南战国秦汉墓的编年序列开辟出另一条思路，也是探讨岭南汉越融合轨迹的重要材料。

---

　　① ［越］黎文兰、阮文耿、阮灵编著，梁志明译：《越南青铜时代的第一批遗迹》，中国古代铜鼓研究会，1982年，第55、56页。
　　② 一般而言，地下水位在夏季很高，秋冬季则大幅消落，这种情况在岭南地区可能更普遍，属于常识性的自然现象。古人营造墓穴时也会考虑到地下水位可能上升，因此在木棺与墓底之间悬空一段距离是很自然的做法。
　　③ 苏秉琦先生1975年底来广东指导考古工作，指出"岭南与一般的南方有所区别，……它南连着南洋诸岛、印度支那地区，是陆地一半海岛一半连成一片形成的一个大区，代表着大半个中国，是真正的南方"。见苏秉琦：《岭南考古开题》，《岭南文物考古论集》序，广东省地图出版社，1998年。

附记：近几年笔者曾在中山大学"秦汉考古"和"考古人类学专题"课上讲授过本文的主要内容，但总是感觉推测的成分较大。承博士生张勇同学见告，贵州清镇 M1 用铁钩将棺悬起 [①]；又承刘昭瑞先生见告，有文献记载朱熹以悬棺下葬 [②]。这两条线索印证了我的推断。另外，卓猛、彭万同学帮助扫描了图片，在此表示感谢。

原载《考古》2012 年第 3 期

[①]　此墓分为三部分，是该墓地砖室墓中最大的一座。"在中部靠后发现朱色漆皮粘附在淤泥中，并在两壁近起券处发现铁钩 5 个；其中南壁 2 个，北壁 1 个（另 1 个未发现），西壁 2 个，这铁钩或为悬棺用的。……推知可能死者棺具悬置中室。"参见贵州省博物馆：《贵州清镇平坝汉墓发掘报告》，《考古学报》1959 年第 1 期。

[②]　"朱晦庵之葬，用悬棺法。术家云：'斯文不坠'"。（丁传靖：《宋人轶事汇编》卷十七引《韦居听舆》，中华书局，1981 年）。朱熹作为理学大儒，使用的必然不是置于悬崖峭壁的那类悬棺，也不会是在岩洞中"架棺"，因为这两种悬棺均非汉人葬俗。

俗化南夷——岭南秦汉时代汉文化
形成的一个思考

在有些学者看来，汉文化有三个方面的涵义，即"以汉字为载体，以汉族文化为主体，以汉朝为标志"[①]。这一概念是否精当自然还可以讨论，但是"汉代汉族的形成"与"汉文化的形成"密切相关则是共识，甚至可以将其视为汉文化形成的某种标志。在考古学上，或许可以将各地汉墓尤其是边远地区汉墓文化面貌最终趋于一致与汉民族的基本形成联系起来，这一过程的完成，大约是在武帝时期。解释这一过程，战国晚期至西汉前期这一阶段的考古学材料至为关键。

就各个边远地区而言，由于先秦民族背景和文化传统的差异，汉文化形成的过程也未必相同，先举几个例子。长城地带中段的内蒙古南部、山西北部和河北西北部，战国晚期或为秦、赵、燕边地，或为游牧民占据，大体上属于中原农耕文化与草原游牧文化进退消长的地带。西汉经略北边，大量中原移民充实边塞，西汉前期的考古学文化面貌与中原相似[②]，这是移民类型。辽西地区至晚在战国中期已经被中原系的燕民占据[③]，虽然燕文化与黄河流域的典型中原文化尚有差别，而且西汉前期的故燕势力仍然强大[④]，但是广义上燕文化也是汉文化的源头之一，辽西地区的汉文化在故燕文化基础上发展而来，这是土生类型。长江三峡原是巴地，巴县冬笋坝、涪陵小田溪等战国墓地的巴文化因素非常突出，进入西汉，土著文化迅速融入汉文化，成为汉文化的一个地方类型[⑤]。《汉书·地理志》说"巴、蜀、广汉本南夷，秦并以为郡"，而《史记·货殖列传》记载的西南夷已经不包括巴蜀之地，这是建立在"秦举巴蜀"基础上的"转生"类型。江浙一带的吴、越地，战国时被楚占领，楚文化因素在吴越地多有发现，有些是与越文化因素共存[⑥]。楚人的统治不长久；惠景时期汉墓中的楚文化因素

---

① 参见陈玉龙、杨通方、夏应元等：《汉文化论纲——兼述中朝日中越文化交流》，北京大学出版社，1993年，第2～19页。

② 内蒙古文物考古研究所：《内蒙古中南部汉代墓葬》，中国大百科全书出版社，1998年；平朔考古队：《山西朔县秦汉墓发掘简报》，《文物》1987年第6期；河北省文物研究所、张家口地区文化局：《河北阳原三汾沟汉墓群发掘报告》，《文物》1990年第1期。

③ 郑君雷：《战国时期燕墓陶器的初步分析》，《考古学报》2001年第3期。

④ 郑君雷：《中国东北地区汉墓研究》，吉林大学博士学位论文，1997年。

⑤ 郑君雷：《峡江地区西汉墓研究的若干线索》，《重庆·2001三峡文物保护学术研讨会论文集》，科学出版社，2003年。

⑥ 杨权喜：《绍兴306号墓文化性质的分析》，《国际百越文化研究》，中国社会科学出版社，1994年。

已经基本消失，越文化因素则一直相当明显，武帝前后至成帝时期甚至还有增加的趋势[①]，不过这时已经不存在越人的政治集团，整体上看也是汉文化的一个地方类型，这在文化人类学上可以称为"涵化"。西汉前期，朝鲜半岛北部只有零星汉文化因素，朝鲜四郡设置以后，汉文化从整体上取代了土著文化[②]，迅速确立优势地位，这应该是一种替代类型。岭南则有某些特殊性，至少广州地区如此。

《汉书·地理志》注引臣瓒："自交趾至会稽七八千里，百粤杂处，各有种姓"。战国秦汉时期的东南和岭南是百越聚居地，文献中关于岭南越人的记载颇简略。从《史记·越王句践世家》"楚威王兴兵而伐之，大败越，杀王无疆，尽取故吴地至浙江，北破齐于徐州。而越以此散，诸族子争立，或为王，或为君，滨于江南海上，服朝于楚"和《史记·货殖列传》"九疑、苍梧以南至儋耳者，与江南大同俗，而杨越多焉"的记载看，岭南和江浙的越人当有某种联系，考古学上也见有若干线索[③]。有学者以为"活跃在岭南的越族主要是西瓯和骆越"[④]，则南越是以地域名国名号。有学者则以为南越是与西瓯、骆越并举的民族集团，如《广州汉墓》认为"西汉前期墓有的死者族属应为'南越'人"，以平山岭墓地为西瓯越遗存[⑤]。从文献记载看，岭南的民族构成情况有可能更复杂。许多学者以为东周时存在过阳禺、缚娄、儋耳、苍梧等土邦小国[⑥]，这其中当有以族名号者，比如苍梧[⑦]。东吴万震《南州异物志》言"广州南有贼曰狸，此贼在广州之南，苍梧、郁林、合浦、宁浦、高凉五郡，中央地方数千里"，也许还有狸獠之属；《史记·西南夷列传》记"南越以财物役属夜郎，西至同师，然亦不能臣使也"，则可能亦有滇濮之属。在考古学文化上，则至少已经可以区分出西瓯遗存、"土著南越"遗存、"次生南越"遗存和北江上游南越国墓几块[⑧]。

岭南地区发表的南越国墓葬已近450座[⑨]，以南越国首府番禺附近最多，发表墓例约在250座，主要包括《广州汉墓》收录的1953年至1960年在市郊发掘的182座[⑩]，1973年在市区东北部淘金坑发掘的20座[⑪]，1982年在西北郊柳园岗发掘的43座[⑫]，以

① 魏航空：《三楚地区西汉墓葬的考古学文化谱系》，吉林大学硕士学位论文，1990年。

② ［日］高久健二：《乐浪古坟文化研究》，学研出版社，1995年；郑君雷、赵永军：《从汉墓材料透视汉代乐浪郡的居民构成》，《北方文物》2005年第2期。

③ 郑小炉：《东南地区春秋时期的"镇"——古越族向岭南迁徙的一个例证》，《边疆考古研究》（第2辑），科学出版社，2004年。

④ 蒋廷瑜：《从银山岭战国墓看西瓯》，《考古》1980年第2期。

⑤ 广州市文物管理委员会、广州市博物馆：《广州汉墓》（上·第八章第一节），文物出版社，1981年。

⑥ 司徒尚纪：《广东政区体系》，中山大学出版社，1998年。

⑦ 张荣芳：《西汉时期苍梧郡文化述论》，《秦汉史论集》，中山大学出版社，1995年。

⑧ 郑君雷：《北江上游的南越国墓及秦汉岭南的族群分布》，《四川文物》2006年第3期。

⑨ 全洪先生在《南越国铜镜论述》中统计岭南地区年代明确的南越国墓葬已发表近400座（《考古学报》1998年第3期），其后乐昌对面山墓地发表50余座。

⑩ 广州市文物管理委员会、广州市博物馆：《广州汉墓》，文物出版社，1981年。

⑪ 广州市文物管理处：《广州淘金坑的西汉墓》，《考古学报》1974年第1期。

⑫ 黄淼章：《广州瑶台柳园岗西汉墓群发掘记要》，《广州考古五十年文选》（广州市文物考古研究所专刊之三），广州出版社，2003年。

及象岗南越王墓[①]。材料比较集中的南越国墓葬还有几批。漓江流域的平乐银山岭墓地发表战国墓110座[②]，另文发表汉墓45座，其中西汉前期13座[③]。有些研究者认为简报推定的战国墓年代偏早，应当连同13座西汉前期墓一并归属于南越国早期[④]。北江上游的乐昌市对面山墓地发掘东周秦汉墓191座，简报将其中53座墓的年代推定在秦平岭南至汉武帝灭南越时期[⑤]。贺江流域的贺县河东高寨5座[⑥]，西江中游的封开县利羊墩10座[⑦]。另外，比较重要的南越国墓葬还有贺县金钟一号墓[⑧]和贵县罗泊湾汉墓[⑨]。

南越国时期的土著越人墓地以银山岭最具代表性。《淮南子·人间训》记载秦始皇三十三年屠睢略定岭南，"又以卒凿渠而通粮道，以与越人战，杀西呕君译吁宋"，灵渠地在广西兴安，漓江流域为西瓯地甚明，银山岭墓地属于西瓯遗存的看法是正确的。银山岭"战国墓"计110座，均为土坑墓。以长宽比约在3∶1的长方形窄坑墓最多（74座），其中59座有腰坑，8座有二层台，3座铺河卵石。长宽比一般在2∶1的长方形宽坑墓有33座，其中25座有腰坑，15座有二层台，4座铺河卵石。另有3座设有墓道，几与墓底平齐，与墓坑等宽。银山岭汉墓中属于南越国时期的13座墓均不设墓道，其中长宽比在2.5∶1以上的长方形窄坑墓有12座，一座设置二层台，两座底铺河卵石。银山岭的铜兵器主要是矛、剑、镞，亦有少量铜钺、铜戈等；生产工具主要有铁锄、铁刮刀、铜刮刀，也有少量铜斧、铜斤、铜削、铁斧、铁锛、铁凿等；生活用具主要是陶器，最普遍的是杯、盒，也有鼎、瓮、罐、联罐、瓿、钵等，主要组合形式为鼎、盒、杯，或盒、杯，或盒，或杯，个别墓出有铜鼎、盆等。器物组合比较有规律，男性墓主的完整组合为兵器＋生产工具＋生活用具，女性墓主的完整组合为陶纺轮＋生产工具＋生活用具，另有兵器＋生活用具和生产工具＋生活用具的不完整组合。银山岭有比较坚硬的泥质灰陶和火候高低不等的泥质褐陶，火候较低的泥质红陶数量很少；方格纹鼎和部分纺轮系质地松散的夹砂灰褐陶，个别陶盒系黑灰软陶。大量陶器素面，方格印纹饰于瓮、罐和夹砂鼎上，有的加拍几何印纹；瓮、罐上施米字纹；弦纹、水波纹、绚纹施于盒、杯、瓿上；篦纹施于瓿、三足鋬耳罐、壶和盒盖上。在盒、杯、钵的底部和瓮、罐、瓿的肩部常见简单刻划符号。

① 广州市文物管理委员会、中国社会科学院考古研究所、广东省博物馆：《西汉南越王墓》，文物出版社，1991年。
② 广西壮族自治区文物工作队：《平乐银山岭战国墓》，《考古学报》1978年第2期。
③ 广西壮族自治区文物工作队：《平乐银山岭汉墓》，《考古学报》1978年第4期。
④ 广州市文物管理委员会、广州市博物馆：《广州汉墓》，文物出版社，1981年，第472页，注释2；黄展岳：《论两广出土的先秦青铜器》，《考古学报》1986年第4期。
⑤ 广东省文物考古研究所、乐昌市博物馆、韶关市博物馆：《广东乐昌市对面山东周秦汉墓》，《考古》2000年第6期。
⑥ 广西壮族自治区文物工作队、贺县文化局：《广西贺县河东高寨西汉墓》，《文物资料丛刊》（4），文物出版社，1981年。
⑦ 杨式挺、崔勇、邓增魁：《广东封开利羊墩墓葬群发掘简报》，《南方文物》1995年第3期。
⑧ 广西壮族自治区文物工作队：《广西贺县金钟一号汉墓》，《考古》1986年第3期。
⑨ 广西壮族自治区博物馆：《广西贵县罗泊湾汉墓》，文物出版社，1988年。

　　从银山岭墓地以及德庆落雁山 ①、四会鸟旦山 ②、罗定背夫山 ③、封开利羊墩 ④、广宁铜鼓岗 ⑤ 等地东周墓来看，岭南地区战国西汉比较典型的土著越人墓大约有几个特点。①长宽比一般在 3∶1 – 2.5∶1 的长方形窄坑墓比较流行。②墓底设内置陶器的腰坑。③有些墓底铺鹅卵石。④有些墓设二层台，二层台长边两侧可能有对称柱洞插立棹柱。⑤矛、剑、镞等铜兵器相当发达，这大概是反映了越人好相攻击、血亲复仇的习俗。刮刀、削之类小件铜铁工具也比较多。⑥陶器种类大约是罐、瓮、瓿、盒、联罐、杯、碗等。⑦陶器以泥质硬陶为主，瓮、罐类陶器的肩部往往饰方格印纹或在方格地纹上加饰几何形戳印纹，杯、盒、瓿、壶等陶器上往往饰弦纹、水波纹、绹纹、篦纹，瓮、罐、瓿的肩部和盒、杯、钵的底部常见有刻划符号。⑧有些器形明显有越式特点，尤其是三足外撇的越式铜鼎和越式陶鼎。当然，岭南各地的情况也不会完全相同。

　　《广州汉墓》选取二十三种陶器排比其组合关系，概括为 A. 瓮、罐；B. 瓿（小瓿）、双耳罐、三足罐（联罐）、小盒、三足盒（三足小盒）；C. 碗、盆、釜；D. 鼎、盒、壶、钫；E. 薰炉；F. 提筒；G. 四耳瓮、四耳罐、灶、井计七项，认为 A、B、F 三项属于有地方特色的器类，D、E 两项是汉文化器物，但 E 项的造型花纹也具有地方特色。《广州汉墓》统计不出 D 项的墓例约占十分之三，出有 D 项陶器的墓例约占十分之七，认为这主要是反映了族属的差别，前者是土著越人的墓葬。

　　若是同意这一判断，则广州土著越墓中的越式文化因素显然不如银山岭突出，首先是具有越式特征的墓型与不出 D 项器物的墓例未见明显数量对应关系。《广州汉墓》划分的南越国墓型有三种，第一种被称为土坑竖穴墓，没有木椁，其中长方形收底窄坑墓 4 座，长方形直壁窄坑墓 11 座，长方形直壁宽坑墓 5 座。第二种被称为竖穴木椁墓，多数是长方形，有些呈梯形，长宽比一般约在 2∶1。其中不设墓道的 118 座，内 5 座设有腰坑，11 座底铺鹅卵石；设置墓道的 30 座墓，墓道一般居中，其中两座底铺鹅卵石。第三种则是竖穴分室木椁墓，13 座，均有墓道，其中一座底铺鹅卵石。在 11 座底铺鹅卵石的墓中，M1032 出有鼎、盒、壶，M1031、M1033、M1034 零散出有盒、壶，均出有 D 项陶器。而且《广州汉墓》有腰坑的墓只有五座，底铺鹅卵石的墓只有 11 座，只有 M1060 有二层台（位于长边两侧并且发现插立棹柱的对称柱洞），被列入特殊形制的墓例。这些具有越式特征的墓例不足 10%，远低于不出 D 项陶器墓葬的比例（十分之三）。而且《广州汉墓》约有半数的墓随葬铜器，种类包括鼎、瓿、壶、钫、扁壶、卮、盆、鍪、勺等，铜剑、铜矛、铜戈、铜镞、铁剑、铁矛等兵器和铜削、铜锛、铁斧、铁锄、铁凿等生产工具的数量较少，铁削略多。检阅《广州汉墓》西汉前期随葬器物登记表，这些铜铁制品多数出于第二种组合的墓葬。不出 D 项陶器墓例

　　①　广东省博物馆、德庆县文化局：《广东德庆发现战国墓》，《文物》1973 年第 9 期。

　　②　广东省博物馆：《广东四会鸟旦山战国墓》，《考古》1975 年第 2 期。

　　③　广东省博物馆、罗定县文化局：《广东罗定背夫山战国墓》，《考古》1986 年第 3 期。

　　④　杨式挺、崔勇、邓增魁：《广东封开利羊墩墓葬群发掘简报》，《南方文物》1995 年第 3 期。

　　⑤　广东省博物馆：《广东广宁县铜鼓岗战国墓》，《考古学集刊》（1），中国社会科学出版社，1981 年。

中的矛、剑、镞等铜兵器和刮刀、削等小件铜铁工具的数量并不多。当然，这也可能与当时南越国各种土著越人集团的考古学文化面貌不尽相同有关，笔者即倾向于认为，西瓯、骆越以外，南越国至少还存在一个以番禺为中心的"土著南越"集团。这种情况亦可能也与汉文化的影响有关。正是因为广州土著越墓中的越式文化因素明显不如银山岭突出，《西汉南越王墓》在分析广州汉墓的族属时只是将"西村石头岗、下二望岗和柳园岗等地"底铺小石或设腰坑的且不出 D 项陶器的少数墓例明确归属于土著越人[①]，其比例显然不及"十分之三"。

这就涉及出有 D 项陶器墓例的族属和性质。《西汉南越王墓》认为这类墓是"南下汉人和已汉化越人墓"[②]。出有 D 项陶器的墓例有些也底铺河卵石（M1032），不过基本上是竖穴木椁墓和竖穴分室木椁墓。而且许多是鼎、盒、壶、钫与越式鼎、瓮、罐、瓿、双耳罐、三足罐、小盒、三足盒、碗、盆、釜等有地方特色的陶器以及薰炉、提筒、四耳瓮、四耳罐等器物零散组合在一起，比如 M1069。并且在出有 D 项陶器的墓例中，经常出有青黄釉的灰白色泥质硬陶，瓮、罐类陶器的肩部经常饰有方格纹或方格地纹加拍几何形戳印纹，其他见有绚纹、水波纹、锯齿纹、栉齿纹、叶脉纹、篦纹等，瓮、罐、壶、三足罐、瓿等的肩部或鼎、盒、小盒等的盖、底上往往有刻划符号。这些墓例的越式文化因素比较浓厚，从这个意义上说，将其中的"汉化越人"称为"越化汉人"亦无不可。

广州市区东北部淘金坑墓地和西北郊柳园岗墓地情况与此相似。淘金坑墓地属于南越国时期的有 20 座，分为土坑墓、竖穴木椁墓和带墓道竖穴木椁墓三种形制。陶器有三类，甲类的瓮、罐、釜；乙类的鼎、盒、壶、钫；丙类的瓿、三足盒（或小盒）、三足罐（或联罐）等，组合关系为甲＋丙（1 座）、甲＋乙（2 座）、甲＋乙＋丙（17座），简报以为乙类为中原等地汉墓中常见器形，丙类为具有浓厚地方特色的器形。从简报知，甲类的瓮、罐其实也有地方特点，相当于《广州汉墓》的 A 类陶器。因此淘金坑墓地实际上也是分为不出汉式陶器的墓和出有汉式陶器的墓两类，出有汉式陶器的墓均同出具有地方特色的陶器，其中 M1 且是长方形窄坑墓。柳园岗墓地发掘南越国墓葬 43 座，分为土坑墓、竖穴木椁墓和带墓道竖穴木椁墓三种，长宽比多数在 2∶1之间。"所出陶器，大多数有浓厚的地方特色，其中最普遍的是瓮、罐、瓿、小盒、三足盒、三足罐等；纹饰中的弦纹、水波纹、篦纹等刻划纹和几何形戳印纹，与广州过去发现的西汉早期南越式陶器的特征相一致。少数墓有鼎、盒、壶、钫一组象征性陶礼器随葬，这些器形全属西汉早期的造型"，从简报知，在出有汉式陶器的墓中，至少M17 和 M21 同出有地方特色的陶器。M46 为长方形窄坑墓，四角可能插立椁柱，墓底有内置陶瓮的腰坑，随葬陶器为瓮、罐、碗。

①　广州市文物管理委员会、中国社会科学院考古研究所、广东省博物馆：《西汉南越王墓》（上），文物出版社，1991 年，第 354 页，注释 3。

②　广州市文物管理委员会、中国社会科学院考古研究所、广东省博物馆：《西汉南越王墓》（上），文物出版社，1991 年，355 页，注释 3。

　　显然，广州汉墓可以划分为出有地方特色陶器墓和汉式陶器与地方特色陶器共出墓两大类，在发表材料中尚未见到只出有汉式陶器的墓例，广州汉墓中的越文化因素相当强烈。番禺以外，西江中游的封开县利羊墩墓地是比较纯粹的土著越式墓地，北江上游的乐昌市对面山墓地和贺县河东高寨墓地均存在相当强烈的越文化因素，这里暂不展开讨论。南越国王陵和达官显贵墓亦普遍出有越式陶器，比如象岗南越王墓出有瓮、罐、瓿、三足盒、小盒、匏壶、提筒、越式陶鼎、越式铜鼎等；贺县金钟一号墓出有瓮、罐、双耳罐、五联罐、三足盒、小盒、越式陶鼎等，贵县罗泊湾二号墓出有瓮、罐、瓿、双耳罐、五联罐等。

　　整体上看，南越国墓葬大体分为三类，一类是相当典型的越式墓，包括平乐银山岭墓地、封开利羊墩墓地、广州汉墓中以柳园岗 M46 为代表的底铺小石或设腰坑且不出 D 项的墓例等，墓主当为比较纯粹的土著越人。一类是越式特征已经减退，不过汉式因素也不明显的墓葬，包括广州汉墓其他不出 D 项陶器的墓例、乐昌对面山墓地等，墓主当为受到汉文化影响的土著越人。第三类是显然存在汉式因素，但是也可以分析出相当强烈的越式因素的墓葬，包括广州汉墓中出有 D 项陶器的墓例、淘金坑出有汉式陶器的墓例、象岗南越王墓、贺县金钟一号墓、贵县罗泊湾一号墓和二号墓等。在逻辑线索上，最后一类墓大约年代更晚，也较为普遍。这类墓葬可以视为"以都城番禺为政治、经济、文化中心，形成一种新型的汉越融合的南越文化"[1]的代表。

　　《西汉南越王墓》对此类墓葬作了概括："南下汉人或已汉化的越人墓，也都是竖穴土坑墓，但多数设置椁室，从地面尚有遗存看，墓口上都筑有坟丘。前期墓一般是单室墓，小型墓无墓道，中型墓有斜坡墓道。随葬品以陶器为多，主要是具有楚文化特点的鼎、盒、壶、钫和带有地方色彩的印纹硬陶瓮、罐、瓿、小盒，较大的墓，还有铜鼎、铜盆、铜剑、铜矛、玉璧、铁刮刀、漆耳杯等。后期墓一般有斜坡墓道，墓室分出前室和后室两部分，皆设椁室。……陶器类型与前期无大变化，但多属较晚期的型式，并常有戳印职官或官署的陶文。一般有铜器、铁器、漆器、玉石器随葬。……被葬者大多是南越国的官吏，其身份应是南下汉人或已汉化的越人。它们主要发现于广州华侨新村、麻鹰岗、淘金坑和广西的贵县、贺县。同这种墓并存的还有以广州二望岗、流花桥、柳园岗等地的小型土坑墓。这种小型墓，一般无墓道，四壁平直，墓室长宽约为 2∶1，一般长 3～4 米，宽 1～2 米。单人葬，多数有棺有椁，少数有棺无椁。随葬以陶器为主，一般是含有楚文化的陶器和带有地方特色的陶器各若干件，但器形组合不全，有的还有少量铁制的生产工具和漆木器。这种墓葬，大约是一般的南下汉人和已汉化的越人，也有南越国的下级小吏。"[2]

　　至此，已经可以看出这种"新型的汉越融合的南越文化"是南越国考古学文化发展的主流，这是在于：这种新型文化集中表现在首府番禺，涵盖社会的各个阶层；郁

　　① 全洪：《南越国铜镜论述》，《考古学报》1998 年第 3 期。
　　② 广州市文物管理委员会、中国社会科学院考古研究所、广东省博物馆：《西汉南越王墓》（上），文物出版社，1991 年，第 354、355 页。

江中游的贵县、贺江流域的贺县等地也有发现；时代晚近，属于这种新型文化的墓葬数量则增多。至于此种新型文化的族属，由于越化的汉人与汉化的越人至少在考古学文化上已经融为一体，需要结合历史背景来考虑。

《资治通鉴·秦纪二》记始皇帝三十三年置岭南三郡"以谪徙民五十万人戍五岭，与越杂处"；《史记·淮南衡山列传》记尉佗"求女无夫家者三万人，以为士卒衣补。秦皇帝可其万五千人"，数字虽然未必可靠，却可以说明秦时自岭北南下的北方居民数量很大，所以任嚣说"且番禺负山险阻，南北东西数千里，颇有中国人相辅"①。南下移民"与越杂处十三岁"②，至南越立国伊始，大约土著越人仍然是大多数。赵佗的统治政策是"和辑百越"，先自"魋结箕倨"，自称"蛮夷大长老"，因此南越王族在民族意识上实际是越化的。而且建德是越女所生，越相吕嘉"男尽尚王女，女尽嫁王子弟宗室，及苍梧秦王有连"③，血缘上南下汉人与土著越人已有相当程度的融合。广州汉墓出土的随葬印章虽然多为汉姓汉名，但是南越国的统治阶层实际上是由越化汉人和土著越人构成。因此这种新型文化实质上是一种越汉混合的新型越文化，族属似可以称为"次生越人"。

这样来看，南越国的居民大约包括比较纯粹的土著越人、受到汉文化一定影响的土著越人和"次生越人"几部分，各自内部还可能包括不同具体集团。虽然武帝平灭南越时这些集团的分布情况和构成比例不清楚，但是至少在南越国首府番禺和郡县治所已经存在着"次生越人"集团，他们在民族意识上归属于越人，文化上则受到岭北不断增强的冲击，岭南汉族的最重要来源应该是"次生越人"。

岭南汉文化的形成建立在汉越民族融合和文化融合的基础上，南越国土著越人与南下汉人血缘和文化的交融的大趋势，是"次生越人"的形成和发展壮大，这一过程反映为"民族意识上的越化"和"文化上的汉化"。《论衡·率性篇》说得清楚，"南越王赵佗，本汉贤人也，化南夷之俗，背畔王制，椎髻箕坐，好之若性"。"化南夷之俗"就是化于南夷，同其风俗，"俗化南夷"决定了越化的民族意识，南越国与中原和岭北汉文化的交流以及岭南汉族的最终形成，则是历史的必然逻辑。从考古学文化的角度，岭南汉族的形成，亦即岭南汉文化的优势地位的确立，是在西汉中后期，这个时期广州、韶关、贵县、合浦等地汉墓与中原和岭北汉墓的发展轨迹已经趋同，其中的越式因素显然已是孑遗。西汉中后期岭南汉墓的地方特点仍然突出，但是已经可以视为汉文化的一个地方类型，其族属也许可以称为土著汉人。至晋唐时期，大量中原居民南下，与土著汉人、土著俚人发生大规模融合，广府民系基本形成宋元时期北方汉族再次大量南下岭南，经过新一轮的族群融合，至此奠定了广府民系的最终格局。

原载《华夏考古》2008 年第 3 期

①　《汉书·西南夷两粤朝鲜传》。
②　《史记·南越列传》记"秦时已并天下，略定杨越，置桂林、南海、象郡，以谪徙民，与越杂处十三岁"。
③　《汉书·西南夷两粤朝鲜传》。

南越国"西于王"事迹钩沉

　　南越国分封的王侯，见诸文献者有三，高昌侯赵建德、苍梧秦王赵光和西于王。西于王见诸《汉书·闽粤传》和《汉书·景武昭宣元成功臣表》，传记"故瓯骆将左黄同斩西于王，封为下鄜侯"，表记元封元年四月下鄜侯左将黄同"以故瓯骆左将斩西于王功侯，七百户"[①]，事略最简。西汉平定南越以后，于瓯骆地设置交趾郡，其下有西于县。因此史汉两书"南越传"虽未提及西于王，却可以肯定为南越国的侯王。史籍有关西于王只是寥寥数笔，不过西于史地与安阳王传说密切相关，史汉两书的"两越传"和"功臣表"也透露出相关背景材料。钩稽史料，南越国"西于王"事迹可以清晰许多。

一

　　汉平南越设置的西于县，东汉分为封溪、望海两县[②]。越南学者陶维英置东汉封溪县于现今越南河内以北的永福省东英县和北宁省慈山县，考证很详细[③]。《水经注》系安阳王事于封溪县下，一般认为东英县永福村著名的"螺城"遗址就是蜀王子泮的安阳王都。因此，讨论西于王时经常涉及安阳王，以徐中舒先生《〈交州外域记〉蜀王子安阳王史迹笺证》最具体。

　　《水经注》"叶榆水"引《交州外域记》："交趾昔未有郡县之时，土地有雒田，其田从潮水上下，民垦食其田，因名为雒民。设雒王、雒侯，主诸郡县。县多为雒将，雒将铜印青绶。后蜀王子将兵三万，来讨雒王、雒侯，服诸雒将，蜀王子因称为安阳王。后南越王尉佗举众攻安阳王。安阳王有神人，名皋通，下辅佐，为安阳王治神弩一张，一发杀三百人。南越王知不可战，却军住武宁县。……越遣太子名始，降服安阳王，称臣事之。安阳王不知通神人，遇之无道，通便去，语王曰：能持此弩王天下，不能持此弩者亡天下。通去。安阳王有女名曰媚珠，见始端正，珠与始交通。始问珠

---

　　① 《汉书·西南夷两粤朝鲜传》"故瓯骆将左黄同斩西于王"句，有的研究者以"瓯骆将"名字为"左黄同"。《史记·建元以来侯者年表》言"元年四月丁酉，侯左将黄同元年"，《索隐》注"西南夷传'瓯骆将左黄同'，则'左'是姓，恐误。汉表云'将黄同'，则'左将'是官不疑。显然《汉书·闽粤传》"将左"当为"左将"倒文。至于有的研究者以"瓯骆将"名字为"左黄"，以"同"字为动词，更误。

　　② 《后汉书·马援传》记（马援）"奏言西于县户有三万二千，远界去庭千余里，请分为封溪、望海二县，许之"。

　　③ ［越］陶维英著，钟民岩译，岳胜校：《越南历代疆域》，商务印书馆，1973年，第56、57页。

令取父弩视之。始见弩，便盗以锯截弩讫，便逃归报南越王。南越进兵攻之。安阳王发弩，弩折，遂败。安阳王下船，迳出于海。……越遂服诸雒将。"

徐中舒先生认为瓯、越相通，粤从于声，"西于王即西越王"，"安阳王征服雒王雒侯以后，就建都于交趾的西于县，这里可能还是西于王的旧都所在。西于王为安阳王驱逐以后，乃北徙于桂林瓯雒地，其后汉武伐南越，乃为'故瓯骆将左黄同'所杀。此说如不误，则安阳王征服瓯雒或尚在秦始皇三十三年（公元前二一四年）取南越以前"①。

徐中舒先生的笺证涉及西于与西瓯名实，西于王与安阳王和南越王关系，西于王都和西于徙地等方面。《淮南子·人间训》记载秦始皇三十三年屠睢略定岭南，"又以卒凿渠而通粮道，以与越人战，杀西呕君译吁宋"，灵渠地在广西兴安，许多学者以漓江流域为西瓯地②。自王先谦《汉书补注》将《汉书·闽粤传》的西于王与秦军击杀的西呕君相联系，以西于即是西瓯，其后许多学者持同样看法③。徐中舒先生当是依据"西呕君译吁宋"事推测西于徙地，以为"西于王为安阳王驱逐以后，乃北徙于桂林瓯雒地"。覃圣敏先生也认为西呕即西于，"黄同所斩西于王，应为秦时西呕君的后裔"，只不过将秦军杀西呕君译吁宋和越人杀秦尉屠睢事迹安置在越南北部④。实际上，西瓯和西呕，均从区得声，相通较可靠；与于、越通，似太泛。于古韵为鱼部，越古韵为月部，区古韵为侯部，各不相干⑤。《逸周书·王会篇》附《商书·伊尹朝献》言"越沤，剪发文身"，罗泌《路史·国名记丙》将"瓯越"与"越常"、"骆越"等越人名目并列，瓯、越相通实可怀疑。

退一步讲，即使"西呕君译吁宋"可能是西于王，亦不必与"北徙于桂林瓯雒地"联系，或者将"西呕君译吁"南置于越南北部，这个西呕君与安阳王和西于县无涉，更与南越国的西于王不相及。因为只要以西于为根据地称王，就可以是西于王。但是，自为渠帅的西于王和作为南越国王侯的西于王在血缘世系上不相干，而且前者可以是泛称，后者是封号，是专称。徐中舒先生的笺证未及于此。窃以为应该将两者区别开来分别考查为宜。排除西于王与"西呕君译吁"的关系，徐中舒以为"安阳王征服瓯雒或尚在秦始皇三十三年（前214年）取南越以前"便无根据。

一

越南学者普遍认为"螺城"就是安阳王都城。"我们的民间传说认为，安阳王城在

① 徐中舒：《〈交州外域记〉蜀王子安阳王史迹笺证》，《四川大学学报丛刊》（第五辑），1980年。
② 蒋廷瑜：《从银山岭战国墓看西瓯》，《考古》1980年第2期。
③ 王先谦认为："《淮南子·人间训》载有西瓯君，《汉书·闽粤传》斩西于王，即西瓯也"，见《汉书补注·两粤传》；罗香林认为呕、于两字似可声转，以为西呕即是西于，见罗香林：《古代百越分布考》，《南方民族史论文选集》（一），中南民族学院民族研究所资料室，1982年；张荣芳亦认为西于王也就是西瓯王，见张荣芳：《汉朝治理南越国模式探源》，《南越国史迹研讨会论文选集》，文物出版社，2005年。
④ 覃圣敏：《秦代象郡考》，《历史地理》（第三辑），上海人民出版社，1983年。
⑤ 林沄先生意见。

今永福省东英县古螺村，因为该城状似田螺形，故称螺城"，现今螺城可能是"马援所建𪩘城和安阳王故城相混合的遗址；……城形略圆，有两层"[①]。当地现今还有仲始井和媚珠庙故迹[②]。徐中舒先生据《后汉书·马援传》确定封溪前属西于，并且引《旧唐书·地理志四》岭南道安南都督府下云"平道汉封溪县地"和"《南越志》：……（安阳王）治交趾。其国地，在今平道县东。其城九重，周九里，士庶蕃阜"[③]，指明唐代平道县即是东汉封溪，亦以"螺城"为安阳王都城。

安阳王建立的国家称为"瓯骆国"。陶维英认为原来居住在泸江上游的西于部落是安阳王蜀泮的基础，属于西瓯支系，向东南方向的洮江和墩河方向扩展，击败了骆越部落联盟的首领雄王，侵占雄王基本部落麓泠的地盘，建立国都[④]。参照《越史略》和《大越史记全书》的记载，安阳王征服的雄王（碓王）就是越史传说中的文郎国君，正写当为雒王，即骆王，这是越南研究者的一般认识。徐中舒先生认为"所谓螺城乃'雒城'之讹，雒乃瓯雒之雒，音与螺同，越人谓城似田螺形乃附会之说，不足置信。雒城先为西于王所居，后来安阳王仍居此城，故此称为'后王宫城'"。以为"螺城"乃"雒城"之讹，合乎越南研究者以文郎国君为骆王的认识。但是认为安阳王是蜀部落，征服的西于王也就是北徙的西呕君，则与越南研究者的一般认识相悖。

陶维英说，"在汉朝占领了赵朝在过去瓯雒国国土上所设的两郡之后，可能他们把赵朝的交趾郡治西于城留给安阳王的子孙，让其以西于王的资格继续统治"[⑤]。揣度文意，陶维英在此表达出三重意思。其一，南越征服安阳王后设置交趾郡；其二，似言安阳王子孙入南越仍然为西于王；其三，言安阳王子孙入西汉仍然为西于王。以陶维英的说法，南越国时期的西于地域同时存在着交趾郡和西于国，郡国并行。但是陶维英以安阳王子孙入南越和入西汉仍然为西于王亦断无可能（详后）。

安阳王国和西于王国的地域，当以安阳王都和西于县治为线索展开，以西汉交趾郡地推测，约当越南北部和广西西南部，基本就是骆越分布区。这一判断尤其可以得到考古学的支持。杨东晨先生将安阳国安置在广西红水河下游[⑥]，失之北。饶宗颐先生根据《汉书·景武昭宣元成功臣表》和《汉书·南粤传》"蛮夷中西有西瓯，其众半嬴，南面称王"，指"四会、罗定等地陶器均有双钩王字纹，很可能即西于王国的遗物"[⑦]，似仍未将作为泛称的西于王和南越国分封的西于王区别开来，地域亦失之北。

汉在安阳王城故地设置西于县，说明此地是西部越人地区的一个中心。广东肇庆

① ［越］陶维英著，钟民岩译，岳胜校：《越南历代疆域》，商务印书馆，1973 年，第 38、43 页。

② 黄鸿光：《关于赵佗之子赵始的事迹》，《广州文博通讯》1984 年第 2 期。

③ 《水经注疏》卷三十七杨守敬按，"《寰宇记》引《南越志》，安阳王治交趾，其国城在今平道县东，其城九重，周九里"。

④ ［越］陶维英著，钟民岩译，岳胜校：《越南历代疆域》，商务印书馆，1973 年，第 35 页。

⑤ ［越］陶维英著，钟民岩译，岳胜校：《越南历代疆域》，商务印书馆，1973 年，第 83 页。

⑥ 杨东晨：《论楚庭至南越国文化遗存的重要价值和意义》，《南越国史迹研讨会论文选集》，文物出版社，2005 年。

⑦ 饶宗颐：《从浮滨遗物论其周遭史地与南海国问题》，《岭南古越族文化论文集》，（香港）市政局，1993 年。

大辽山东汉墓曾出土两件有"西于"铭文的铜器，一件铜洗外刻"元初五年七月中西于造谢著脒"，一件铜壶底刻"元初五年七月中西于李文山治谢著有"①。广西合浦风门岭西汉晚期汉墓中出土的铜鐎壶肩部刻"西于"两字。容庚《秦汉金文录》著录的一件传世铜釜有"汉安二年十月十三日交趾西于作"铭文。这些情况至少可以说明入汉以来西于县地冶铸业很发达。

三

　　《交州外域记》有"设骆王、骆侯主诸郡县。县多为骆将，骆将铜印青绶"句。

　　徐中舒先生认为"汉武帝平南越后，设郡县，因仍其旧日君臣隶属关系而羁縻之；雒王雒侯比于郡守、刺史，雒将比于县令、长。唐宋以后在西南地区设置土官，即沿袭此例"。至于印绶与《汉书·百官公卿表》的矛盾，"此或由当时习惯语致误"②。按《交州外域记》"设骆王、骆侯主诸郡县"事在"蜀王子讨骆王称安阳王"前。据《史记·南越列传》，赵佗并秦桂林、象郡立国，吕后死后进一步"以兵威边，财物赂遗闽越，西瓯、骆役属焉"（"闽越"后断为逗号，与中华书局标点本不同③），此时就已"役属"瓯骆之地。此处《索隐》引《广州记》，则蜀王子讨骆侯之前，"诸县自名为骆将，铜印青绶"，当是颁自赵朝，而非受之于汉廷，徐中舒先生的推测是错误的。盖南越已经先行占领西于地区，设置郡县，统治骆越。南越国郡县的印绶制度与汉相似却不全同，正合事理。太史公概括南越史说"瓯骆相攻，南越动摇"，可以理解为蜀泮领导的西瓯部落侵犯南越统治下的骆越④，将蜀王子讨骆王事系在周末⑤并无确据。赵佗击破安阳王的时间必然在秦定岭南（秦始皇三十三年，前214年）至赵佗辞世（建元四年，前137年）间。陆贾文帝元年（前179年）出使南越，赵佗谢罪书称"其西瓯骆裸国亦称王"⑥，若是指蜀泮自立的安阳王，则击破安阳国当在此后。

　　《交州外域记》记述赵佗以太子赵始诈降为内应，进兵攻破安阳王，"越遂服诸骆将"。南朝刘宋沈怀远《南越志》和越南史料《越史略》、《安南志略》对于这段传信传疑的史事记述略同。赵佗太子赵始未见于秦汉史籍，魏华先生倾向于其人其事的真实

　　①　广东省博物馆：《广东肇庆大辽山发现东汉文物》，《考古》1981年第4期。
　　②　徐中舒先生认为《汉书·百官公卿表》"凡吏秩比二千石以上皆银印青绶"，"秩比六百石以上皆铜印黑绶"。"此独言雒将'铜印青绶'，不言雒王雒侯，或其时安阳王'讨雒王雒侯服诸雒将'，雒王雒侯已归消灭，仅利用雒将以治其民。汉制县令、长'铜印黑绶'，而此言'铜印青绶'者，青之与黑，色极近似，故诗人称黑发则曰青丝，称眼珠则曰青眼，此或由当时习惯语致误"。
　　③　林沄先生意见。
　　④　《史记·南越传》："尉佗之王，本自任嚣。遭汉初定，列为诸侯。……瓯骆相攻，南越动摇。汉兵临境，婴齐入朝。其后死亡国，征自樛女。吕嘉小忠，令陀无后。"吴凌云先生将此事系赵胡时，以闽越、东越均是东南地区泛称，指为《汉书·百官公卿表》闽越传中建元六年闽越击南越事。见吴凌云：《南越文物研究三题》，《南越国史迹研讨会论文选集》，文物出版社，2005年。
　　⑤　《越史略》记在周末，《大越史记全书》记为周赧王五十八年。
　　⑥　《史记·南越传》。

存在①。越南民间传说安阳国破,赵始殉情投井,现今螺城故址古井尚存②。见诸文献的高昌侯赵建德和苍梧王赵光均是赵氏宗族,西于王也不必例外。赵始在击破安阳王的战争中居功厥伟,西于王始封最可能是赵始之子,以赵佗年寿,亦当成年。前引史籍皆以赵始为赵佗太子,清人梁廷楠《南越五主传》云赵始为次子,论者皆曰未知所据。按,越南黎朝圣宗时代的《岭南遮怪》说佗子名仲始③。果此,赵始实为次子,当是太子或殁或废,赵始以次子身份承储君位,二说不悖。

四

元鼎六年冬番禺城破,"吕嘉、建德已夜与其属数百人亡入海,以船西去"④,汉军四向略地。"苍梧王赵光与粤王同姓,闻汉兵至,降,为随桃侯。及粤揭阳令史定降汉,为安道侯。粤将毕取以军降,为瞭侯。粤桂林监居翁谕告瓯骆四十余万口降,为湘城侯。戈船、下濑将军兵及驰义侯所发夜郎兵未下,南粤已平。遂以其地为儋耳、珠崖、南海、郁林、合浦、交趾、九真、日南九郡"⑤。在《汉书·景武昭宣元功臣表》中,瞭侯毕取和安道侯揭阳定封在元鼎六年三月乙酉,随桃顷侯赵光封在四月癸亥,湘城侯监居翁封五月壬申,当是兵锋所至,即降即封。

史汉两书"南越传"记述平灭南越的过程较简略,于吕嘉、建德出亡以后的经历更未著一笔。《汉书·武帝纪》元鼎六年冬"行东,将幸缑氏,至左邑桐乡,闻南越破,以为闻喜县。春,至汲新中乡,得吕嘉首,以为获嘉县",吕嘉伏诛与汉军破番禺间隔有时。《汉书·景武昭宣功臣表》海常严侯苏弘"以伏波司马得南越王赵建德侯",封在元鼎六年七月乙酉。擒获建德事或在七月,较吕嘉就戮更晚。在汉军征伐的过程中,南越绝非望风披靡。桂林监居翁谕告瓯骆降,若在五月,则南越有组织的抵抗活动至晚持续至仲夏,此时距番禺城破已约半年。居翁降后,"戈船、下濑将军兵及驰义侯所发夜郎兵未下,南粤已平",遂以其地置岭南九郡。吕嘉春季已经伏诛,居翁降后南越遂平,而建德才就擒,似可以说明南越的抵抗行动未必在吕嘉、建德的组织下进行。

《交州外域记》称"越王令二使者典主交趾、九真二郡民,后汉遣伏波将军路博德讨越王。路将军至合浦,越王令二使者赍牛百头,酒千钟,及二郡民户口簿,诣路将军。乃拜二使者为交趾、九真太守,诸骆将主民如故"(按,《索隐》引《广州记》"交趾有骆田,……后南越王尉他攻破安阳王,令二使者典主交趾、九真二郡人"。《广州记》的这段记述与《交州外域记》略同,只是指明派使者"典主二郡"的越王是赵佗,

①　魏华:《略述南越国的赵始》,《广州文博论丛》(第2辑),广州出版社,2005年。
②　[越]陈重金著,戴可来译:《越南通史》,商务印书馆,1992年,第19页。
③　参见黄鸿光:《关于赵佗之子赵始的事迹》,《广州文博通讯》1984年第2期。
④　《史记·南越传》。
⑤　《汉书·西南夷两粤朝鲜传》。

且未提及越王令二使者"诣路将军")。

《交州外域记》未明言派使者"典主二郡"和"诣路将军"的越王是否同一人。暂且不讨论派使者"典主二郡"的越王是否为赵佗（裴渊约是东晋刘宋人，徐中舒先生认为《交州外域记》出于三国吴人，《广州记》当本自《交州外域记》。赵佗"令二使者典主交趾、九真二郡人"很可能只是裴渊的理解），路博德至合浦必在番禺城破以后，此时迎接路博德的越王肯定不能是赵佗，派使者"诣路将军"的越王实际有赵建德和西于王两种可能。"以船西去"的赵建德已是孤家寡人，此时能否控制交趾、九真二郡，本是疑数，甚或业已就擒。从历史背景和地望上看，此时控制交趾、九真两郡的越王似是西于王。即便是赵建德，也是寄身西于王篱下。

<h1 style="text-align:center">五</h1>

武帝平定南越，下酈侯以斩杀西于王得封，确实值得寻味。《交州外域记》只讲到路博德拜二太守，未言如何处置越王。也许西于王浮海流亡，在汉平闽越的战争中被杀。联系闽越反汉前后的岭南政局，更有一种可能被杀于西于故地。

《汉书·景武昭宣功臣表》记"术阳侯建德，以南越王兄越高昌侯，三千户。（元鼎）五年（前112年）三月壬午封，四年，坐使南海逆不道，诛"，《史记·建元以来侯者年表》记封在元鼎四年（前113年）。龚留柱先生分析其时汉庭与南越关系，以为《史表》时间正确。《汉表》还有建德再使南海事，《史表》却不见。龚留柱先生举出《史记·平准书》"汉连兵三岁，诛羌，灭南越，番禺以西至蜀南者置初郡十七，……而初郡时时小反，杀吏，汉发南方吏卒往诛之，间岁万余人"和《汉书·贾捐之传》"其民暴恶，自为阻绝，数犯吏禁，吏亦酷之，率数年壹反，杀吏，汉辄发兵击定之"两条史料，论证岭南归汉以后政局不稳定，存在汉庭以建德再使南越抚绥民众的可能性。但是龚留柱先生以为"赵建德死于投降汉朝的四年后（推算应为元封三年，即前108年）"[①]，似有误。建德依汉表享侯四年，当从封侯时间起计算（元鼎四年，史表），而非从降汉时间计算（元鼎六年），汉武帝太初元年以前汉历以冬十月为岁首，史表记建德以元鼎四年封术阳侯，未言月份，若建德冬季封侯，纪元可在公元前114年，以享侯四年计，被诛杀的时间当在元封元年（前110年）；如果实际享侯三年余，可在元封元年冬（前111年）。需要注意的是，汉军"咸入东越"[②]亦是在元封元年冬。因此有理由设想以闽乱为契机，南越故地的勋贵旧势力遥相呼应，再使南越的建德图谋不轨被诛。

在镇压闽乱的同时，汉军在南越故地同时有军事行动。《汉书·景武昭宣功臣表》在"下酈侯"事后记载元封元年正月乙卯缭萦侯刘福"以校尉从横海将军击南越侯"。

---

① 龚留柱：《南越王建德考辨》，《南越国史迹研讨会论文选集》，文物出版社，2005年。
② 《汉书·西南夷两粤朝鲜传》。

横海将军韩说是击破闽越的主力，事见史汉"闽越传"，元鼎六年冬平灭南越的战事中绝无横海将军。"缭嫈侯"得封是汉军在闽事中讨伐南越余烬的最有力证据。另外，《汉书·景武昭宣元成功臣表》中"得南粤相吕嘉"的临蔡侯孙都（《汉书·南粤传》记为粤郎都稽）和"以父弃故南海太守，汉兵至，以越邑降，子侯"的涉都侯喜，元鼎六年均未得封，难免怨望，元封元年得封显然与闽乱有关，大有安抚意。雌伏数年的西于王此时很有可能趁势而起，被"故瓯骆将"斩杀。西于王的反叛因闽乱而起，汉军在南越故地的军事行动规模也比较小，因此事附《汉书·闽粤传》。

六

张荣芳先生认为赵佗兼并象郡以后于其地置九真、交趾二郡，"交趾一带，越族部落势力十分强大，有严密的部落组织，赵佗仅派二使者前往'典主'；同时又在交趾地区分封了一位'西于王'，这位'西于王'，正是杀死秦将屠睢的原西瓯君译吁宋的后裔，在西瓯族中有着崇高的声望及广泛影响，赵氏政权封之为王，以安抚之策让其'自治'，以加强对西瓯地区的控制"。如前述，南越国西于王与西瓯君译吁宋无涉，派使者典主二郡的越王还可以讨论。但是这段话推测西于国具有自治地位，是极有意义的一个推断。

元封元年南越故地的形势可以说明汉朝在平灭南越后并未真正控制西于地区，路博德拜二使者为太守只是顺水推舟之举，南越国破并未实质性地影响西于王的地位，交趾地域还在西于王的掌控下。因此有理由推测西于国相对独立于南越国，自主权很大。

支持西于国相对独立于南越国的辅助证据来自考古学。分布在越南北部义静省以北至中越边境一带的东山文化（公元前 5 世纪至公元 1 世纪）以"蝶翼形铜、靴形铜钺、銎口呈长方形或扁长六边形正面近梯形的铜斧、叶平面呈不对称形菱形的矛、球形茎首和格内圈成两个圆圈的青铜短剑、铜缸、铜盉、黑格尔Ⅰ型（石寨山型）铜鼓、侈沿短颈鼓腹平底陶釜、侈沿腹微鼓的圜底陶釜、陶瓶、陶叉"为典型器物组合[2]。整体上，越南东山文化与广西右江流域战国秦汉遗存和云南元江——红河流域青铜文化类型在文化因素上相通，与岭南其他地区的战国秦汉遗存差异很大。广西右江流域战国秦汉墓最有可能属于骆越遗存[3]，西林普驮墓被指为句町遗存[4]，云南元江——红河流

① 张荣芳：《汉朝治理南越国模式探源》，《南越国史迹研讨会论文选集》，文物出版社，2005 年。
② 王大道：《云南青铜文化及其与越南东山文化泰国班清文化的关系》，另参见王大道：《云南青铜文化的陶器及其与越南东山、泰国班清文化陶器的关系》，《云南考古文集》，云南民族出版社，1998 年。
③ 李龙章：《广西右江流域战国秦汉墓研究》，《考古学报》2004 年第 3 期。
④ 蒋廷瑜：《西林铜鼓与汉代句町国》，《考古》1982 年第 2 期。

域青铜文化也与句町挂钩①。前面提及，有些学者以为骆越实为百濮②，而句町属于濮人至明③。征之安阳王征服雄王（骆王）的记载，可以推断西于地域的族群根基是濮，南越国大部地区的族群根基是越，两不相同。

循此展开思路，南越国史的某些问题也有可能清晰起来。在象岗南越王墓的墓主讨论中，赵胡身份和太子印章是焦点④，陈松长指出"所谓'泰子'的封号对墓主来说相对比较重要，它可能比'文帝'的帝号还来得重要"，甚至提出赵眜"越位僭礼继承王位的问题"⑤。能否这样推测——赵佗太子或殁或废，赵始以次子身份承南越储君位，太子后胤（或者就是赵胡）因此失去承续大统的机会。若赵始即位，南越国世系自然依赵始子嗣承继。但是赵始破安阳国后殉情，既然前后两名太子皆亡，最合理的安排是长子后胤（赵胡）承续大统，次子赵始后胤封在西于。赵胡南越国储君的地位是失而复得的，当然特别在意"太子"名分，而且希望西于王具有相对独立于南越国的自治地位，借此换取赵始后胤放弃对南越王位的争夺。南越国与西于国的关系，或可类比于辽与灭渤海国后建立的东丹国，或者名义上的大汗元朝与钦察、察合台、窝阔台等事实上独立的汗国。西于王只是奉南越国为宗主国而已。

附记：林沄先生于初稿的文献引用、音韵训诂和行文提出若干修改意见，涉及南越国史的几个问题，定稿时多数采纳。未妥处笔者自负文责。

原载《新果集——庆祝林沄先生七十华诞论文集》，科学出版社，2009 年

① 王大道：《云南青铜文化及其与越南东山文化泰国班清文化的关系》，《云南考古文集》，云南民族出版社，1998 年。
② 何乃汉：《骆越非百越族群说》，《广西民族研究》1989 年第 4 期；范勇：《骆越考》，《考古学民族学的探索与实践》，四川大学出版社，2005 年。
③ 《华阳国志·南中志》记"句町县，故句町王国也，其置自濮，王姓毋，汉时受封。"
④ 参见吴海贵：《象岗南越王墓墓主新考》，《考古与文物》2000 年第 3 期；刘瑞、冯雷：《广州象岗南越王墓的墓主》，《考古与文物》2002 年增刊；吴凌云：《南越王墓墓主问题》，《广州文博论丛》（第 2 辑），广州出版社，2005 年。
⑤ 陈松长：《西汉南越王墓出土"泰子"印浅论》，《南越国史迹研讨会论文选集》，文物出版社，2005 年。

也说"瓯骆联盟"和"瓯骆国"

　　岭南民族史上西瓯与骆越的关系历来众说纷纭，覃圣敏先生将此学术悬案概括为"同支""异支"两说，并以"瓯骆联盟"来解释"瓯、骆"与"瓯骆"的句读名实之争，提出"两种歧见并不矛盾"的新说[1]，产生较大影响[2]。覃文认为，为抵御秦军而建立的"瓯骆联盟"败退至越南北部，建立起见诸越史文献的"瓯骆国"。本文结合中外学者对"瓯骆国"的讨论，就这些问题提些不同认识和补充意见。

一

　　在讨论西瓯与骆越关系时，经常会引用《史记·南越传》的两段记述："高后崩，即罢兵。佗因此以兵威边，财物赂遗闽越、西瓯、骆，役属焉，东西万余里"；"陆贾至南越，王甚恐，为书谢，称曰：'……且南方卑湿，蛮夷中间，其东闽越千人众号称王，其西瓯骆裸国亦称王'"（中华书局标点本）。

　　在这两段记述中，瓯、骆之间是否断开，或者还有其他句读方式，有许多讨论。"其西瓯骆裸国亦称王"一句就可能有"瓯、骆、裸国"、"瓯骆、裸国"、"瓯、骆裸国"甚至"瓯骆裸国"几层词意。"瓯骆"连称时经常遇到这种情况，比如汉平南越时"越桂林监居翁谕告瓯骆四十余万口降"[3]，又如《盐铁论·地广篇》的"荆楚罢于瓯骆"。

　　"瓯骆"可以作为联结名词。《史记·建元以来侯者年表》和《汉书·景武昭宣元成功臣表》记黄同"以故瓯骆左将斩西于王功侯"，此事迹《汉书·闽粤传》记为"故瓯骆将左黄同斩西于王，封为下鄜侯"[4]，此"瓯骆左将"中的瓯、骆显然无法断开。另外《史记索隐》引《广州记》"后南越王尉佗，攻破安阳王，令二使者典主交趾、九真二郡，即瓯骆也"，此处"瓯骆"之间也不能句读。至于太史公"瓯骆相攻，南越动

　　① 覃圣敏：《西瓯骆越新考》，《百越研究》（第一辑），广西科学技术出版社，2007年。以下引覃文未出注释者同。
　　② 有学者认为，"在研究百越族的问题上，有关骆越与西瓯之辩，一直是学界争论的焦点。……近来，覃圣敏在《西瓯骆越新考》中提出新的看法，可能解决了相关问题"。见卢智基：《从考古看骆越与滇的关系》，《百越研究》（第二辑），安徽大学出版社，2011年。
　　③ 《汉书·西南夷两粤朝鲜传》。
　　④ 《史记·建元以来侯者年表》言"元年四月丁酉，侯左将黄同元年"，《索隐》注"西南夷传'瓯骆将左黄同'，则'左'是姓，恐误。汉表云'将黄同'，则'左将'是官不疑"。《汉书·闽粤传》"将左"当为"左将"倒文。

摇"① 这句评述，即便将"瓯、骆"视为两支也能够讲通——南越国"役属"下的瓯、骆两支越人彼此相攻，疆土动乱，以致"南越动摇"。

《史记集解》解释"财物贿遗闽越西瓯骆，役属焉"时引《汉书音义》曰'骆越也'"，《汉书音义》到底是讲"西瓯骆"是"骆越也"，还是讲"骆，越也"，仅从字面上是无法说清楚的。而且中华书局标点本的"财物贿遗闽越、西瓯、骆，役属焉"句，还可能有其他断句方式②。赵佗的谢罪书在《汉书·南粤传》中记为"蛮夷中西有西瓯，其众半羸，南面称王"，将《史记》中的"西瓯骆裸国"省为"西瓯"，事情就更复杂了。

二

诚如覃圣敏先生所言，西瓯与骆越的关系"如果单是从文字上来争论，是永远没有结果的"，通过"瓯骆联盟"来考察"瓯、骆"与"瓯骆"之争，不失为新颖思路。覃文调和"同支"和"异支"两说，拟构出瓯、骆两支越人"分—合—分"的发展脉络，推测为了共同抵抗秦军，"本来各自独立的瓯、骆整合成了一个整体，这个整体的名称就叫作'瓯骆'，或者新称为'西瓯'"，认为南朝梁人顾野王③ 和唐人颜师古④ 的说法（"同支说"）并没有错。

为抵抗秦军而建立的"瓯骆联盟"只是基于历史背景的推测，并没有直接证据。在确定"瓯骆联盟"的真实存在，以及凿实"瓯骆联盟"可以称作"瓯骆"或者"西瓯"之前，这些假想认识并不能作为立论前提。《汉书》将"西瓯骆裸国"省为"西瓯"，或许是因为西瓯在这些族群集团中最为重要；顾野王以为"交趾，周时为骆越，秦时为西瓯"，也可以理解为交趾地区族群的先后更替，这在逻辑上完全讲得通。

将"西瓯骆"解释为以"新称连缀旧称"不好理解。民族史上相似的联结名称，或者是并列关系，例如秽貊、羌胡、巴蜀，但这类名称显然不是指一个民族；或者是限定关系，例如拓跋鲜卑、铁弗匈奴、蒙兀室韦等，表示鲜卑集团中的拓跋部族之类（抑或反之，表述为"匈奴河南楼烦、白羊王"⑤ 这类包含关系）；或者是补充结构，例如"月氏胡"的名称是在强调小月氏已经胡化。西瓯、骆越两支越人形成的新的民族共同体，称为"西瓯骆"、"瓯骆"已是可疑，又如何能够省称为"西瓯"？

要之，我们认为瓯、骆是两支族群集团，"异支说"的若干疑点尚有其他解释空间。字面上的"瓯骆"或者可以断为"瓯、骆"，或者只是因为地域相邻、习俗相近而

---

① 《史记·南越传》。

② 例如《安南志略》点校本断句为"财物贿遗闽越、西瓯，骆役属焉"（"西瓯"后断为逗号），见［越］黎崱著，武尚清点校；（清）大汕著，余思黎点校：《安南志略·海外纪事》，《安南志略·赵氏世家》（卷十一），中华书局，2008年，第270页。

③ 《史记·赵世家》张守节《正义》："《舆地志》云'交趾，周时为骆越，秦时为西瓯'。"

④ 《汉书·西南夷两粤朝鲜传》颜师古注"西瓯即骆越也，言西者以别东瓯也"。

⑤ 《史记·刘敬传》。

连称，如同秽貊、巴蜀的例子。史家经常将一些具有某些共性特征的族群集团视为前后相继的发展阶段甚至直接等同，诸如杜预称"北戎、山戎、无终三名也"①，服虔谓"山戎盖今鲜卑"②，《汉书音义》曰"乌丸，或云鲜卑"③，晋灼云匈奴"尧时曰荤粥，周曰猃狁"④，顾野王、颜师古的说法与此如出一辙，不足为凭。至于晋人郭璞注杨雄《方言》（卷一）称"西瓯，雒越之别种也"，理解为"异支"或"同支"均无不可，因为"别种"的含义本来就模糊不清（据刘庆先生不完全统计，仅二十四史民族传中关于"别种"的史料即有六十余条⑤，很多时候只是"一个习惯性概念"⑥）。

　　"瓯骆联盟为了抵抗秦军建立"、"联盟中心从马头古都迁移到螺城"、"安阳王的瓯骆国曾被秦军攻破过"、"瓯骆国秦亡后复国"、"被赵佗击破后瓯骆国仍然存在"等设想，太过复杂，也许是将简单问题复杂化了。不过，"瓯骆联盟为了抵抗秦军建立"的意见确实有启发性。现在需要解释的，是文献中信疑参半的"瓯骆国"，以及无法将瓯、骆拆开的"瓯骆左将"。

三

　　越史传说中有鸿庞氏的泾阳君、雒龙君及其后世十八代雄王（或碓王，正写当为雒王，即骆王），国号"文郎"，蜀泮征服雄王后建立"瓯骆国"。瓯骆国建立时间说法不一，或云"周末"、周赧王五十八年（前257年），或者认为与秦统一岭南的战争有关。

　　《越史略》⑦、《史记全书》⑧、徐中舒先生⑨等均以为瓯骆国建立较早。《越史略》称碓王"周末为蜀王子泮所逐而代之。泮筑城于越棠，号安阳王，竟不与周通"；《史记全书》以周赧王五十八年（前257年）为安阳王元年，"王即并文郎国"。徐中舒认为"安阳王征服瓯雒或尚在秦始皇三十三年（前214年）取南越以前"。

　　覃文认为瓯骆国的建立与抵抗秦军的瓯骆联盟有关，这与越南学者陶维英的意见相似。陶维英认为，安阳王虽然与碓王有过战争，但是在抵抗秦军入侵之前"西瓯和雒越彼此间没有历史关系"，"安阳王在领导了雒越人和一部分西瓯人抵抗秦朝军队侵

---

① 《史记·匈奴传》张守节《正义》："左传庄三十年'齐人伐山戎'，杜预云'山戎、北戎、无终三名也'。"
② 《史记·匈奴传》司马贞《索隐》引服虔。
③ 《史记·匈奴传》裴骃《集解》引《汉书音义》。
④ 《史记·匈奴传》裴骃《集解》："晋灼云'尧时曰荤粥，周曰猃狁，秦曰匈奴'。"
⑤ 刘庆：《"别种"杂说》，《北方文物》1988年第1期。
⑥ 有学者认为别种仅是"古代史家为区别历史上联系密切、关系复杂的各族而使用的一个习惯性概念，主要是针对历史上活动区域相近或相同、习俗相近的两族易混淆而难以分辨的客观情况，所采取的一种模糊的区别方式，并无特殊意义"。见姚玉成：《"别种"探微》，《北方文物》2000年第1期。
⑦ 原名《大越史略》，越南最早的编年史书，陈朝（1225～1400年）末期成书，作者佚名。
⑧ ［越］吴士连《史记全书·外纪》。又名《大越史记》，后黎朝圣宗洪德年间（1470～1497年）成书。
⑨ 徐中舒：《〈交州外域记〉蜀王子安阳王史迹笺证》，《四川大学学报丛刊》（第五辑），1980年。以下引徐文未出注释者同。

略百越的战争中取得胜利以后，就将追随自己战斗的雒越和西瓯各部落集合在一起而成立了瓯雒国"①。

秦发兵岭南的时间有秦王嬴政二十五年（前222年）、秦始皇二十六年（前221年）、秦始皇二十八年（前219年）和秦始皇二十九年（前218年）四说②，战争中秦兵三年"不解甲驰弩"③，岭南最终平定时间可以相应地分别推算在公元前218年、前217年、前215年和前214年。覃文认为瓯骆国的建立时间为公元前216年～前215年，越南历史学家文新认为瓯骆国建立于公元前208年（陶维英认为此年秦二世罢兵岭南④，覃文以为前208年可能为瓯骆国复国时间）。

值得注意的是，《交州外域记》讲到蜀泮建国称王是在交趾设置郡县之后⑤。虽然中原地区"东周之世，诸大国中所苞之郡县，固不少矣"⑥，但是交趾地区只能是秦势力深入岭南之后才可以分瓯骆国设置郡县（L.鄂卢梭认为是在秦征服"瓯骆之地"之后⑦，陶维英认为是在赵佗征服瓯骆国之后⑧），因此瓯骆国的建立时间宜考虑在秦始皇三十三年（前214年）设置岭南三郡⑨以后。

关于瓯骆国灭亡时间，覃文指出有"赵佗称王"（前204年）和"高后崩"（前180年）两个时间节点可供参考。这两个时间节点（其中"赵佗称王"的时间说法不一）基本就是各家说法（包括安阳王国）的年代推算基点。

其一，据《史记·南越传》，"秦已破灭，佗即击并桂林、象郡，自立为南越武王"，覃文认为赵佗击并"桂林、象郡"时间在公元前206年（秦"破灭"）至公元前204年（赵佗称王）之间，赵佗在此期间攻破瓯骆国，汉武帝平南越后瓯骆国彻底灭亡。《史记全书》以安阳王五十年（秦二世二年）瓯骆国灭亡⑩（至前208年）。

其二，同传记"高后崩，即罢兵。佗因此以兵威边，财物赂遗闽越、西瓯、骆，役属焉"。徐中舒认为"高后时西瓯骆已役属于南越，此西瓯骆如包括交趾在内，则此时安阳王就已为南越所灭"。文新认为瓯骆国存在于公元前208年至前180年，共计二十八年。

"南越以财物役属夜郎，西至同师，然亦不能臣使也"⑪的文例，显明"役属"与

---

①　［越］陶维英著，刘统文、子钺译：《越南古代史》，商务印书馆，1976年，第192、193、198页。

②　参见张荣芳、黄淼章：《南越国史》（修订本），广东人民出版社，2008年，第18～24页。

③　《淮南子·人间训》。

④　［越］陶维英著，刘统文、子钺译：《越南古代史》，商务印书馆，1976年，第206页。

⑤　《水经注》卷三七"叶榆水"引《交州外域记》："交趾昔未有郡县之时，土地有雒田，其田从潮水上下，民垦食其田，因名为雒民。设雒王、雒侯，主诸郡县。县多为雒将，雒将铜印青绶。后蜀王子将兵三万，来讨雒王、雒侯，服诸雒将，蜀王子因称为安阳王。"

⑥　吕思勉：《先秦史》，中国友谊出版公司，2009年，第298、299页。

⑦　［法］L. Aurouseau著，冯承钧译：《秦代初平南越考》，商务印书馆，1934年，第63、104、105页。

⑧　［越］陶维英著，刘统文、子钺译：《越南古代史》，商务印书馆，1976年，第189页。

⑨　《史记·秦始皇本纪》："三十三年，发诸尝逋亡人、赘婿、贾人略取陆梁地，为桂林、象郡、南海，以谪遣戍"。

⑩　［越］吴士连《史记全书》："癸巳，五十年（秦二世亥二年），行南海尉赵佗复来侵，南军溃，王走入海，蜀遂亡"。

⑪　《史记·西南夷传》。

"臣使"不同，"役属"不等于占领。东山文化的岭南越式文物不多，从侧面说明南越国占领交趾的时间不长。陆贾文帝元年（前 179 年）出使南越，赵佗称"其西瓯骆裸国亦称王"[①]，若称王的"瓯骆裸国"即是瓯骆国，可以理解为在追溯前时事，也可以理解为在言当时事。公元前 180 年南越国虽然已经"役属"西瓯、骆，但是瓯骆国仍然可能存在。

综合上述分析，若是将瓯骆国视为历史真实，其建立时间宜推定在秦末，历史背景当与秦军进入岭南后的社会动荡有关。南越国击破安阳王时间必然在赵佗辞世（建元四年，前 137 年）之前，若是相信安阳王在位 50 年的记述，则瓯骆国破的年代以文景时期可能性最大。另外一种可能性是，安阳王在"周末"已经击破雄王立国，在秦末战乱中进一步吸纳"西瓯"成分后称为"瓯骆国"。瓯骆国年代宜落实在秦末至西汉前期。

需要指出，蒙文通先生明确否认所谓"瓯骆国"的存在，认为安阳王建"瓯骆国"之说为谬种流传[②]。他将蜀泮建立的国家称为"安阳王国"，将蜀泮入骆越时间推定在公元前 230 年，认为高后八年（前 180 年）"是安阳王之失国最早亦不得过是年也"[③]。L. 鄂卢梭则将蜀泮建立的国家称为"蜀朝"或"安阳王国"，认为蜀泮建国于公元前 210 年（秦始皇去世）～前 207 年（赵佗击并象郡）之间，公元前 208 年末（或前 207 年初）亡于赵佗[④]，蜀泮立国至多四年。

四

徐中舒和蒙文通将安阳王蜀泮与蜀王子孙南迁联系，蒙文通并且认为安阳王就是古蜀王国的开明王[⑤]，但是越南学者多认为蜀泮是本土越人。还有学者联系南方民族的竹崇拜，推测"蜀王子"其实是"竹王子"[⑥]。虽然《史记全书》记载蜀泮来自巴蜀[⑦]，而且古蜀文明与越南北部近来显露出一些考古学因素交流的线索[⑧]，但是这个问题还可以存疑。

瓯骆国都城在今越南河内附近的螺城，当地本是骆越分布区。蒙文通认为"骆越之与西瓯，自民族言本为二族，自地域言本为二地，自政治组织言亦本二'国'"[⑨]，不过有些学者认可"瓯骆国"的真实存在。既然以"瓯骆国"为名，就需要解释其与西

① 《史记·南越传》。
② 蒙文通：《骆越与西瓯》，《越史丛考》，人民出版社，1983 年。
③ 蒙文通：《安阳王杂考》，《越史丛考》，人民出版社，1983 年。
④ ［法］L. Aurouseau 著，冯承钧译：《秦代初平南越考》，商务印书馆，1934 年，第 63、74、75、105、106 页。
⑤ 蒙文通：《安阳王杂考》，《越史丛考》，人民出版社，1983 年。
⑥ 蓝鸿恩：《蜀王子乎？抑或竹王子乎——对安阳王族属质疑》，《学术论坛》1992 年第 4 期。
⑦ ［越］吴士连：《史记全书》："安阳王（讳泮，巴蜀人也，在位五十年。旧史谓姓蜀，误）。"
⑧ 参见雷雨：《从考古发现看四川与越南古代文化交流》，《四川文物》2006 年第 6 期。
⑨ 蒙文通：《骆越与西瓯》，《越史丛考》，人民出版社，1983 年。

瓯的关系，比如徐中舒认为"雒民属于西瓯"，陶维英认为蜀泮的基础部落属于西瓯支系①。我们觉得在"瓯骆国"名称所反映的历史背景和族群关系上，更重要的考察点是"骆"人的越化。

学界一般未将"骆"和"骆越"加以明确区别。"骆"可以是单称，指代的族群集团较早，如《交州外域记》提到的"雒田、雒民、雒侯、雒王"。而"骆越"联称是东汉，而且文献中不止一次出现"越骆"②。高诱注《吕氏春秋·本味篇》的"越骆之菌"时称"越骆，国名"，以"越骆"为"骆越"倒文似乎强为说辞，但是两者所表达的族群关系确实有些相似。我们认为"骆"在百越集团中特殊，所谓"越骆"是指"越地之骆"或"越化之骆"，"骆越"则是在"骆"的基础上经由"越骆"这一阶段发展而来。

有些学者认为骆越实为百濮③，而濮、越关系有许多争论，即便濮是越④，也应当有所差异。战国秦汉时期岭南越人影响增强，势力扩展至"骆"地（广西左、右江流域和交趾），"骆"人持续"越化"，出现"越地之骆"或"越化之骆"。既然强调"越骆"，反证当时有"不在越地之骆"或"尚未越化之骆"，也就是原来的"百濮之骆"。"越骆"一词若是强调"越地之骆"，则略与湟中胡、卢水胡、南山羌、赤山乌桓这类名称相若；若是强调"越化之骆"，则与"匈奴河南楼烦、白羊王"这类名称相仿佛。

赵佗击破瓯骆国之后分封了西于王，进一步强化了交趾地区的越文化色调，东汉遂出现"骆越"之名。建武初年九真郡境内"骆越之民无婚嫁礼法"⑤，马援建武年间"于交趾得骆越铜鼓"⑥，此处李贤注"骆者，越别名"，是在强调"骆地之越"、"骆族之越"，指明"骆越"这支越化之"骆"在百越集团中的特殊性。"骆越"之称，庶几可与"月氏胡"比拟。

虽然瓯、越两字不能相通⑦，但是西瓯无疑是越人。瓯骆国名称一方面表明当地确实有西瓯成分，更重要的却是反映了西瓯在安阳王国家中所发挥的主导骆人越化的作用。瓯骆国的名称固然可以理解为"瓯、骆联合的国家"，但在文化史的意义上更应该理解为"瓯化骆人的国家"。瓯骆国时期，对应的就是从"骆"发展成为"骆越"过程中所经历的"越骆"这一历史阶段。

《索隐》解释"财物贿遗闽越西瓯骆"时引邹氏云"又有骆越"，姚氏案"寻此骆

① ［越］陶维英著，钟民岩译，岳胜校：《越南历代疆域》，商务印书馆，1973 年，第 32～35 页。

② 例如旧本《水经注》卷三六"温水"："盖藉度铜鼓，即越骆也"，卷三七"叶榆水"："击益州，臣所将越骆万余人"。

③ 范勇：《试论骆越非越》，《贵州社会科学》1986 年第 6 期；何乃汉：《骆越非百越族群说》，《广西民族研究》1989 年第 4 期。

④ 参见尤中：《汉晋时期的"西南夷"》，《历史研究》1957 年第 12 期；江应樑：《说"濮"》，《中国社会科学》1980 年第 5 期。

⑤ 《后汉书·任延传》。

⑥ 《后汉书·马援传》。

⑦ 《逸周书·王会》篇附《商书·伊尹朝献》言"越沤，剪发文身"，《史记·赵世家》云"夫翦发文身，错臂左衽，瓯越之民也"，罗泌《路史·国名记丙》载"瓯越"为越人名目。若是瓯、越相通，即是言"越越"或"瓯瓯"，文法不通。

即瓯骆也"，此处将"骆"注疏为"骆越"和"瓯骆"，实际是指越化之"骆"。当然，前面分析的"骆"和"越骆"可能只是存在于族源、词源意义上，多数情况下"骆"和"越骆"可以通称为骆越。

五

战国秦汉时期骆越主要活动在"今邕江及左右江流域至于海滨以及越南北部地区"[①]，海南岛上的"骆越之人"或许只是泛称[②]。

新石器时代晚期至青铜时代桂西南地区的考古学文化以大石铲和绳纹夹砂陶为代表，许多学者认为大石铲文化与骆越先民有关[③]。暂不论骆越先民的说法是否成立，至少新石器时代晚期至青铜时代后世骆越之地的考古学文化与岭南其他地区（发展起几何印纹陶遗存）已经有着显著差别。

广西右江流域的武鸣马头元龙坡[④]、马头安等秧[⑤]、独山[⑥]等墓地一般认为是骆越遗存，李龙章先生认为年代相当于战国晚期至西汉，其中圜底陶器，铜鼓、铜铃、羊角钮钟等随葬器物具有浓厚的滇式特征[⑦]。蒋廷瑜先生并且将战国秦汉时期骆越地区流行的斜刃钺、弓形格剑、一字格剑、铜鼓和靴形钺等青铜制品在器类或形制方面与西瓯遗存加以明确区分[⑧]。

越南北部的东山文化年代约在公元前5世纪至公元1世纪，陶维英认为属于骆越遗存[⑨]。东山文化与云南"红河青铜文化类型"有着密切联系[⑩]，陶器群以"侈沿短颈鼓腹平底陶釜、侈沿腹微鼓的圜底陶釜、陶瓶、陶叉"为典型组合[⑪]，铜戈、铜剑、铜鼓、铜提筒等器物显示出石寨山文化的影响[⑫]。东山文化与滇池地区、红河流域和右江流域的考古学文化因素多有相通，而与岭南其他地区的战国秦汉遗存差异很大。

百越集团与百濮集团战国秦汉时代大致在广西左右江流域、滇东南和越南红河平原形成文化交汇地带。南越国建立以后，岭南越人社会出现质的飞跃，发展成为与中

---

① 韦仁义：《武鸣马头墓葬与古代骆越》，《考古》1988年第12期。

② 潘雄：《骆越非我国南方诸族先民考》，《史学集刊》1984年第2期。

③ 谢日万、何安益：《桂南大石铲应是骆越人先民的文化遗存》，《百越研究》（第一辑），广西科学技术出版社，2007年。

④ 广西壮族自治区文物工作队：《广西武鸣马头元龙坡墓葬发掘简报》，《文物》1988年第12期。

⑤ 广西壮族自治区文物工作队、南宁市文物管理委员会、武鸣县文物管理所：《广西武鸣马头安等秧山战国墓群发掘简报》，《文物》1988年第12期。

⑥ 武鸣县文物管理所：《武鸣独山岩洞葬调查简报》，《文物》1988年第12期。

⑦ 李龙章：《广西右江流域战国秦汉墓研究》，《考古学报》2004年第3期。

⑧ 蒋廷瑜：《西瓯骆越青铜文化比较研究》，《百越研究》，广西科学技术出版社，2007年。

⑨ 参见［越］陶维英著，刘统文、子钺译：《越南古代史》，商务印书馆，1976年，第323~340页。

⑩ 王大道：《云南青铜文化及其与越南东山文化泰国班清文化的关系》，《考古》1990年第6期。

⑪ 王大道：《云南青铜文化的陶器及其与越南东山、泰国班清文化陶器的关系》，《南方民族考古》（第三辑），四川科学技术出版社，1991年。

⑫ 张增祺：《滇池区域青铜文化内涵分析》，《云南青铜文化论集》，云南人民出版社，1991年。

原文化相混融的"次生越人"文化①，在华南、西南和东南地区最为强势。南越国"役属"闽越、西瓯、骆和夜郎，"西至同师"②，岭南越文化因素广泛地渗透到桂西南、滇东南、黔西北、黔西南等地，并在秦汉之际较大规模地进入越南北部。

右江流域战国秦汉遗存的文化面貌具有混合性状，当地骆越文化因素和来自云南方向的百濮文化因素以外，随葬铜兵器以及部分矛、戈、剑的形制属于岭南青铜文化传统，刮刀、叉形器更是岭南青铜文化的典型器物③。安等秧墓地出有"西瓯青铜文化特征"的"几何印纹硬陶、扁茎无格剑、双肩铲形钺、竹叶形刮刀等"④。东山文化的文化因素构成也是多元的，其中见于两广地区的器物有"器身装饰几何纹样的双肩和靴形铜斧（钺）"和"人面纹铜短剑和人形柄铜短剑"，"满布几何纹的铜或陶的提筒、双腹圜底瓿形器等特征性很强的土著器物也在两广到闽赣等华南百越文化中不同程度地出现"⑤。右江流域和红河平原战国秦汉遗存中的岭南越文化因素，是当地越化浪潮的体现，反映着从"骆"发展至"骆越"的历史过程。

六

我们曾经讨论过南越国"西于王"事迹⑥，涉及"瓯骆左将"和安阳王的一些问题，其中与本文相关的认识主要有：①南越国的"西于王"与抵抗秦军的"西呕君译吁宋"无涉；②赵佗击破安阳王后，分封在交趾的赵氏西于王实际处于独立地位，汉军灭亡南越的战争并未实质性地影响西于王的统治；③在镇压闽乱的同时，汉军在南越故地同时有军事行动，只是规模较小，因此"瓯骆左将"斩杀西于王的事迹附在《汉书·闽粤传》，并非"是《汉书》此传明显有误"⑦。

覃文注意到武帝平灭南越时还有"瓯骆左将"和西于王，认为被赵佗攻破的瓯骆国"没有灭亡，只是臣服于赵佗南越国而已"，"而汉武帝平南越后，瓯骆国才彻底灭亡了"。我们认为赵佗攻破瓯骆国后分封的是赵氏西于王，与瓯骆国和安阳王无关，西于王灭国时间晚至汉武帝平定闽越的战争。而且，若将瓯骆国的存在时间限定在秦末至西汉前期，秦和南越国也可能郡国并行，或者实行类似"属国"的羁縻制度。《广州记》"诸雒将主民如故"等记载，以及我们对西于王的讨论，都可以说明这种可能性，不一定要从"秦末复国"的角度来考虑瓯骆国的延续。

① 郑君雷：《俗化南夷——岭南秦汉时代汉文化形成的一个思考》，《华夏考古》2008年第3期。

② 《史记·西南夷传》。

③ 李龙章：《广西右江流域战国秦汉墓研究》，《考古学报》2004年第3期。

④ 韦江、杨清平：《广西武鸣河流域先秦墓葬的初步研究》，《百越研究》（第一辑），广西科学技术出版社，2007年。

⑤ 吴春明：《东山文化与"瓯骆国"问题》，《东南考古研究》（第四辑），厦门大学出版社，2010年。

⑥ 郑君雷：《南越国"西于王"事迹钩沉》，《新果集——庆祝林沄先生七十华诞论文集》，科学出版社，2009年。

⑦ 蒙文通：《骆越与西瓯》，《越史丛考》，人民出版社，1983年。

　　吴春明先生认为东山文化就是瓯骆国的考古遗存[①]，表述不甚严密，因为东山文化年代与瓯骆国时限并不完全重合，尤其是东山文化的年代下限已经进入东汉纪年，这已经是瓯骆国灭亡、甚至南越国和西于王灭亡以后。东山文化的内涵和年代实际上还可以讨论，现在只能讲东山文化某些期段（大致在秦至西汉前期）的遗存可能与瓯骆国和西于王有关。

　　东山文化基本就是"骆"和"骆越"遗存。李龙章认为"越南东山文化之所以受到中国南方青铜文化的诸多影响并在西汉时期空前繁荣，这主要与南越国和汉武帝略定越南密切相关。比较靠谱的要数安阳王的传说"[②]，瓯骆国和西于王时期是"骆"发展为"骆越"的关键阶段。此阶段的东山文化（或其中某些类型）应当归入"安阳国和西于国考古学文化系统"，西汉郡县时代逐渐与"中原考古学文化系统"融合，东汉以来最终式微。"安阳国和西于国考古学文化系统"与骆越遗存既有重合又有差别，在空间、时间和文化类型上均只是骆越遗存的一部分。

　　瓯骆国和安阳王不见于《史记》、《汉书》等正史，成书于元代的越南重要史籍《安南志略》也没有记载，因此许多学者怀疑瓯骆国的真实存在。但是这些传信传疑的记述却反映着战国秦汉时代中国西南、岭南地区社会文化和族群关系的变迁整合，以及红河平原得以开发的历史真实，正如吴春明所讲到的，"安阳王是否就是所谓的巴蜀人，这并不重要"，重要的是从中可以见到"瓯骆建国有来自北部势力、北方'移民'的介入"[③]。

　　前面有关瓯、骆关系和瓯骆国诸问题的讨论，与其说是在讨论具体史实，毋宁说是更关注"瓯骆国"作为文化符号所反映的骆人越化的历史背景和历史过程。倘若认可瓯骆国的真实存在，其内部族群关系的性质或可以类比于战国时期燕辽地区的"燕貊邦"[④]；瓯骆国境内的西瓯集团反客为主、后来居上，这种例子还见于拓跋鲜卑的得名[⑤]。

---

　　① 吴春明：《东山文化与"瓯骆国"问题》，《东南考古研究》（第四辑），厦门大学出版社，2010 年。

　　② 李龙章：《岭南地区出土青铜器研究》，文物出版社，2006 年。

　　③ 吴春明：《东山文化与"瓯骆国"问题》，《东南考古研究》（第四辑），厦门大学出版社，2010 年。

　　④ 参见林沄：《"燕亳"和"燕亳邦"小议》，《林沄学术文集》，中国大百科全书出版社，1998 年；郑君雷：《战国燕墓的非燕文化因素及其历史背景》，《文物》2005 年第 3 期。

　　⑤ 参见郑君雷：《早期东部鲜卑与早期拓跋鲜卑族源关系概论》，《青果集——吉林大学考古系建系十周年纪念文集》，知识出版社，1998 年。

吴越文化与中原文化交融轨迹的解析
——兼论江浙地区汉文化形成发展的"共生类型"

东南和华南地区新石器时代晚期以来的几何印纹硬陶遗存与百越及其先民有关。在几何印纹硬陶研究中，李伯谦划分的宁镇区（包括皖南）和太湖区（包括杭州湾地区）[①]、彭适凡划分的江浙区[②]、吴春明划分的江南湖网平原地带中的宁镇皖南至浙北地区[③]，即是本文所谓江浙地区的核心范围。

商周时期百越人群建立了一些诸侯方国，其中吴、越两国的历史线索和考古学文化较清楚，社会发展水平最高，李伯谦明确称为"吴越文化"[④]。吴越之地以长江下游的江南和钱塘江流域为中心，与商周土墩墓遗存的分布地域（苏南、皖南、浙江、赣东北）多有重合，秦汉时期属于"东楚"[⑤]南部。在江浙地区汉代甚至更晚时期的考古学遗存中，仍然见有吴越文化因素的遗留和吴越文化传统的延续。

一

吴、越两国的早期历史在《史记》的《吴太伯世家》和《越王勾践世家》记载得较清楚，不过吴国所谓太伯、仲雍之后，越国号称大禹之后，未必能够凿实，吴越文化与中原文化发生实质性的接触交融通常认为是在吴王寿梦通中原（前585年）以后。"吴越为邻，同俗共土"[⑥]，春秋以来两国连年争战，以公元前473年越甲吞吴而告终。

《尔雅》云"吴越之间有具区"，两国大致以太湖为界。吴在西北，"吴国在春秋晚期强大的时候并不仅仅局限于宁镇地区，而是北跨长江，吞并徐国，西北越过群舒，在安徽凤台、曹县一带与楚对峙，向南奄有皖南并达江西东北部，向东占据太湖和浙

① 李伯谦：《我国南方几何形印纹陶的分区、分期及其有关问题》，《中国青铜文化结构体系研究》，科学出版社，1998年。
② 彭适凡：《中国南方古代印纹陶》，文物出版社，1987年。
③ 吴春明：《从印纹陶文化的总谱系看土著民族的地域关系》，《中国东南土著民族历史与文化的考古学观察》，厦门大学出版社，1999年。
④ 李伯谦：《我国南方几何形印纹陶的分区、分期及其有关问题》，《中国青铜文化结构体系研究》，科学出版社，1998年。
⑤ 《史记·货殖列传》："夫自淮北沛、陈、汝南、南郡，此西楚也。……彭城以东，东海、吴、广陵，此东楚也。……衡山、九江、江南、豫章、长沙，是南楚也。"
⑥ 《越绝书·越绝外传纪策考》。

北地区"①。越在东南，"勾践之地，南至于句无，北至于御儿，东至于鄞，西至于姑蔑，广运百里"②，大致包括杭嘉湖地区、宁绍地区和金衢地区。

土墩墓是吴越地区夏商之际至战国前期最有代表性的考古学遗存。杨楠将土墩墓遗存划分为宁镇地区、太湖—杭州湾区、黄山—天台山以南三区，"各区土墩墓遗存之间有着许多相同或相似的文化因素，而最基本的因素便是它们的典型器物（A 群）中都包括印纹硬陶坛、瓿、瓮、罐及原始瓷豆、盅式碗"③。郑小炉指出土墩墓遗存"与越族文化圈的其他地区有着明显的不同，反映了他们在文化传统上的重大差异"，认为宁镇地区周代青铜器的族属为句吴，太湖杭州湾地区为于越，浙南沿海为于越支族，安徽屯溪地区（包括赣东北）属于干越④。

百越文化区"夔纹陶文化和土墩墓文化这两支越人文化兴起之后，即向周边扩张，并呈南北接近态势"，但是更为强劲的楚文化阻断了这种态势⑤。随着楚文化东进，春秋晚期以来长方形土坑墓开始取代土墩墓，土坑墓中出现木椁类葬具，随葬器物的种类、组合和纹饰风格出现时代性差异⑥。楚威王七年（前 333 年）灭越，"尽取故吴地至浙江"⑦，上海青浦重固⑧、江苏武进孟河⑨等地见有楚系战国墓，浙江绍兴凤凰山⑩、余姚老虎山 1 号墩⑪等地战国墓以楚文化为主体特征（陶礼器组合、青铜器与墓葬形制），但是保留了土著文化特点（印纹硬陶）⑫。《汉书·地理志》称"本吴越与楚接比，数相并兼，故民俗略同"，无锡施墩 M5⑬、安吉五福 M1⑭等墓表明楚文化的影响存续至秦末汉初。西汉早期后段楚文化式微，"但以深土坑木椁墓和箱式木椁为特征的楚式风格仍是浙江西汉墓葬的主要面貌"⑮。

虽然受到战国楚文化的强烈冲击，江浙地区仍然普遍见有"主要是继承了当地土墩遗存的文化特点（印纹硬陶和原始瓷是最基本的随葬品，使用'石床'），同时也带有某些中原文化因素（具有青铜器造型风格的原始瓷，'二层台'现象）"的墓葬⑯，吴越文化的根脉并未被切断，楚文化的影响主要发生在钱塘江以北地区。秦代在江浙地区设置会稽郡和鄣郡，但是秦文化的影响是表层面的。经过秦汉时期的再酝酿，暂时

①　郑小炉：《吴越和百越地区周代青铜器研究》，科学出版社，2007 年，第 176 页。

②　《国语·越语·勾践灭吴》。

③　杨楠：《江南土墩遗存研究》，民族出版社，1998 年，第 57 页。

④　郑小炉：《吴越和百越地区周代青铜器研究》，科学出版社，2007 年，第 161、176～179 页。

⑤　杨豪：《广东早期青铜文化试析》，《华夏考古》2010 年第 3 期。

⑥　参见杨楠：《江南土墩遗存研究》，民族出版社，1998 年，第 110、111、137 页。

⑦　《史记·越世家》。

⑧　上海市文物管理委员会：《上海青浦县城固战国墓》，《考古》1988 年第 8 期。

⑨　镇江博物馆：《江苏武进孟河战国墓》，《考古》1984 年第 2 期。

⑩　绍兴县文管会：《绍兴凤凰山木椁墓》，《考古》1976 年第 6 期。

⑪　浙江省文物考古研究所：《余姚老虎山一号墩发掘》，《沪杭甬高速公路考古报告》，文物出版社，2002 年。

⑫　杨楠：《江南土墩遗存研究》，民族出版社，1998 年，第 139 页。

⑬　谢春祝：《无锡施墩五号墓》，《文物》1956 年第 6 期。

⑭　浙江省文物考古研究所、安吉县博物馆：《浙江安吉五福楚墓》，《文物》2007 年第 7 期。

⑮　胡继根：《浙江汉墓》，文物出版社，2016 年，第 280 页。

⑯　杨楠：《江南土墩遗存研究》，民族出版社，1998 年，第 139 页。

蛰伏的吴越文化以新形式在适宜的土壤中更茁壮地成长起来。

<h1 align="center">二</h1>

西汉时期江浙文化区的影响范围扩展至江淮东部[①]，大致相当于西汉扬州刺史部的会稽郡北部、丹阳郡（秦鄣郡，武帝时更名）和徐州刺史部的广陵国、临淮郡、泗水国和东海郡东部地区，发掘报道的西汉墓见诸江苏扬州、仪征、盱眙、盐城、无锡、苏州、吴县、南京、上海、安徽天长、浙江湖州、安吉、海宁、杭州、余杭、绍兴、上虞、余姚、嵊州、义乌、龙游等地点。

在魏航空的三楚地区西汉墓研究中，以扬州、上海一带为中心分布的西汉墓属于"福泉山类型"，是来自中原地区的西汉文化与当地吴越文化传统相结合而产生的一个地方类型，其范围南起浙北的金衢盆地和宁绍平原，西北和北部抵苏北的盱眙和连云港一线，最西进入皖东南的长江沿岸平原。福泉山类型的本体因素继承了东周吴越文化传统，还受到长江中游、苏北地区和岭南地区的影响，从惠帝时期至王莽前后一脉相承，至东汉早期仍有一定势力[②]。

惠帝至景帝时期江浙地区楚文化因素大幅减退，吴越文化因素复苏，是福泉山类型得以形成的基础。魏航空还注意到从武帝前后至成帝时期，福泉山类型的越文化因素增加并且向江淮平原西部扩张，胡继根亦指出东南沿海地区西汉中期汉墓"随葬品以高温釉陶占主流，硬陶的数量大大增加"[③]，吴越文化传统张力强劲。福泉山类型的中原文化因素主要表现在木质葬具、铜器、铁器、漆器，以及彩绘陶器、陶制模型明器等方面。

根据王莽时期和东汉晚期墓葬形制、器物组合两次大的变化，黎毓馨将江浙地区汉晋墓分为西汉、王莽至东汉中期、东汉晚期至西晋计三大期[④]。江浙地区汉晋墓的地域特色突出，墓地"多选择于冈、墩、山等高亢之处"[⑤]，湖州地区和钱塘江北岸平原"墓地的营建传承了先秦遗风，即采用人工堆筑土墩或利用史前或先秦时期的土墩，然后在土墩内挖坑埋墓的方式"，宁绍地区山脊（顶）类型"墓地的选择与墓葬的分布具有明显的于越遗风"；西汉墓中还见有"传统的用整段原木刳凿而成的独木棺"[⑥]。随葬器物的种类、形制亦见地方特点，高温釉陶、泥质硬陶比例大，仿铜陶礼器以高温釉陶为主，东汉晚期以来青瓷制品尤其繁多。

---

①　西汉时期江淮东部地区的江苏新沂、盱眙、安徽天长等地或者见有土墩墓，或者汉墓中出有鼎、盒、壶、瓿、罐、钫、匜等釉陶器，与吴越文化传统有着密切关系。

②　魏航空：《三楚地区西汉墓葬的考古学文化谱系》，吉林大学硕士学位论文，1990年。

③　中国社会科学院考古研究所：《中国考古学·秦汉卷》，中国社会科学出版社，2010年，第477页。

④　黎毓馨：《论长江下游地区两汉吴西晋墓葬的分期》，《浙江省文物考古研究所学刊》，长江出版社，1997年。

⑤　黎毓馨：《论长江下游地区两汉吴西晋墓葬的分期》，《浙江省文物考古研究所学刊》，长江出版社，1997年。

⑥　胡继根：《浙江汉墓》，文物出版社，2016年，第14、15、279页。

三

汉代边远地区设置郡县以后，中原文化因素通常迅速增加并逐渐占据主体。云贵高原比较特殊，西汉中晚期土著青铜文化和汉文化并行发展，土著青铜文化迟至东汉早期衰落。江浙地区更特殊，以印纹硬陶和土墩墓为代表的吴越文化的传统因素西汉时期一直存在，印纹陶器"泥条盘筑的制作方式、器表拍印几何纹的装饰技法仍贯穿于整个两汉时期"①。

江浙地区西周春秋时期印纹硬陶和原始瓷器烧造业的兴盛，与吴、越贵族的特殊需要有关②。东周以来，江浙地区经历过楚文化的强烈影响，尤其是秦汉设置郡县的冲击，但是从印纹硬陶、原始瓷发展至青瓷的技术传统却一脉相承，"刚从原始瓷演进而来的东汉晚期的瓷器，无论在造型技术和装饰风格等方面，都与原始瓷器有许多相似之处"③。汉代土墩墓的随葬器物以高温釉陶为主，高温釉陶作为西汉开始烧制的"一种新型陶器"，虽然"在产品种类、施釉方法和釉色、原料等主要方面"与"原始瓷迥然不同"，但是为"东汉成熟瓷器的烧制成功打下了坚实的基础"④。

江浙地区的汉代土墩墓近来引起广泛注意⑤。汉代土墩墓以杭嘉湖地区分布最密集，主要地点有湖州杨家埠⑥、安吉上马山⑦、杭州大观山⑧等，长兴县登录汉代土墩墓数百座⑨，安徽广德⑩和苏南地区的苏州、无锡、常州等地亦多有发现。汉代土墩墓的中心分布区与商周土墩墓密集区在很大程度上重合，"自然的地理环境因素并不足以解释这种近乎于顽固的文化现象"⑪。

虽然江浙地区汉代土墩墓与商周土墩墓在营建方式和内部结构等方面存在差别，

---

① 胡继根：《浙江汉墓》，文物出版社，2016 年，第 109 页。

② 蒋赞初：《试论长江中下游陶瓷文化的历史地理背景》，《长江中下游历史考古论文集》，科学出版社，2000 年。

③ 中国社会科学院考古研究所：《中国考古学·秦汉卷》，中国社会科学出版社，2010 年，第 682 页。

④ 胡继根：《浙江汉墓》，文物出版社，2016 年，第 107 页。

⑤ 参见中国社会科学院考古研究所、浙江省文物考古研究所：《秦汉土墩墓考古发现与研究——秦汉土墩墓国际学术研讨会论文集》，文物出版社，2013 年。以下引文注释简称为《秦汉土墩墓考古发现与研究》。

⑥ 浙江省文物考古研究所、湖州市博物馆：《浙江省湖州杨家埠古墓发掘报告》，《浙江省文物考古研究所学刊》（第七辑），杭州出版社，2005 年；浙江省文物考古研究所：《湖州市扬家第二十八号墩墓》，《浙江汉六朝墓报告集》，科学出版社，2012 年；浙江省文物考古研究所：《浙江湖州市方家山第三号墩墓》，《考古》2002 年第 1 期；浙江省文物考古研究所、湖州市博物馆：《湖州市白龙山汉六朝墓葬发掘报告》，《浙江汉六朝墓报告集》，科学出版社，2012 年。

⑦ 安吉县博物馆：《浙江安吉县上马山西汉墓的发掘》，《考古》1996 年第 7 期；田正标、游晓蕾：《安吉古城及上马山汉墓群的调查与发掘》，《秦汉土墩墓考古发现与研究》，文物出版社，2013 年；浙江省文物考古研究所、安吉县博物馆：《浙江安吉县上马山第 49 号墩汉墓》，《考古》2014 年第 1 期。

⑧ 浙江省文物考古研究所：《杭州大观山果园汉墓发掘简报》，《浙江汉六朝墓报告集》，科学出版社，2012 年。

⑨ 胡继根：《浙江"汉代土墩墓"的发掘与认识》，《秦汉土墩墓考古发现与研究》，文物出版社，2013 年。

⑩ 陈超：《汉代土墩墓的发现与研究》，《秦汉土墩墓考古发现与研究》，文物出版社，2013 年。

⑪ 李晖达：《论浙江汉代土墩遗存中的"越地"因素》，《秦汉土墩墓考古发现与研究》，文物出版社，2013 年。

"最核心的差异在于汉代土墩墓内的墓葬为平面布局且有深坑和棺椁"[①]，但是多数学者认为汉代土墩墓是吴越土墩墓传统的延续，"借墩现象正可以说明汉代人们对于当地土墩墓形式的认同。吴越土墩墓和汉代土墩墓杂处的现象也反映了该地区从吴越时期到汉代古文化发展的连续性"[②]。不过汉代土墩墓"已经没有无坑的现象，都是竖穴土坑或是砖室墓，有棺有椁，墓葬形制与中原地区土坑竖穴墓没什么区别。可以看出两汉时期的土墩墓是大一统形式和地方文化特点的产物"[③]。

湖州杨家埠白龙山的汉六朝墓"都葬于经熟土堆筑的岗地上，有土墩墓的特点"，"或许反映了土墩墓趋于消亡时的形态"[④]。吴越文化传统的张力还表现在汉代土墩墓向江浙以外地区的扩散。湖南常德南坪[⑤]、山东日照、胶南、沂南、胶州[⑥]、广州萝岗园岗山[⑦]、广西合浦双坟墩[⑧]、桂平大塘城M3001[⑨]、云南曲靖八塔台和横大路[⑩]等地均发现"土墩"或"土堆"形态的坟丘，其中一些当与江浙越人的迁移和文化传播有关。

四

东汉以来江浙文化区的重心居于长江下游的江南，大致相当于东汉扬州刺史部的吴郡（顺帝时从会稽郡析出）、丹阳郡和会稽郡北部地区。东汉中、晚期之际是江浙地区考古学文化发生嬗变的节点之一，从东汉晚期开始江浙地区的墓葬制度出现了较明显变化。

东汉晚期以来中原文化的影响在江浙地区持续深入，例如与洛阳地区相比"前堂横列墓的流行时间几乎相同，东汉晚期至西晋的墓葬形制比较接近"，偶见与鲁南、苏北形制结构比较一致的画像石墓和石室墓，以及"大型多室砖墓的盛行，耳室和穹隆顶结构的产生、日常生活用器和明器种类的增多，奠器的出现"等。另一方面，吴越文化传统继续得以发育，新的地域文化特征继续显现，例如"谷仓罐在本区也发现很多"，尤其是随葬青瓷器种类、数量繁多，整体上取代了漆器、铜器和陶器[⑪]。

---

① 施劲松：《商周两汉的土墩墓》，《秦汉土墩墓考古发现与研究》，文物出版社，2013年。

② 刘兴林：《汉代土墩墓分区和传播浅识》，《秦汉土墩墓考古发现与研究》，文物出版社，2013年。

③ 陈超：《汉代土墩墓的发现与研究》，《秦汉土墩墓考古发现与研究》，文物出版社，2013年。

④ 施劲松：《商周两汉的土墩墓》，《秦汉土墩墓考古发现与研究》，文物出版社，2013年。

⑤ 常德博物馆：《湖南常德南坪西汉长沙国郎中令廖福家族土墩墓群发掘简报》，《湖南省博物馆馆刊》（第八辑），岳麓书社，2003年。

⑥ 郑同修：《山东沿海地区汉代墩式封土墓有关问题探讨》，《秦汉土墩墓考古发现与研究》，文物出版社，2013年。

⑦ 广州市文物考古研究所：《广州市萝岗区园岗山越人墓发掘简报》，《华南考古》（2），文物出版社，2004年；富霞：《合浦汉墓及相关问题研究》，中山大学博士学位论文，2015年，第156、157页。

⑧ 广西文物保护与考古研究所：《广西合浦县双坟墩土墩墓发掘简报》，《考古》2016年第4期。

⑨ 广西文物考古研究所、桂平市博物馆：《桂平大塘城遗址汉墓发掘报告》，《广西考古文集》（第4辑），科学出版社，2010年。

⑩ 云南省文物考古研究所：《曲靖八塔台与横大路》，科学出版社，2003年。

⑪ 参见黎毓馨：《论长江下游地区两汉吴西晋墓葬的分期》，《浙江省文物考古研究所学刊》，长江出版社，1997年。

江浙地区春秋时期尚称"君无守御，民无所依；仓库不设，田畴不垦"[①]，西汉尚称"江南地广，或火耕水耨。民食鱼稻，以渔猎山伐为业"[②]，"率依阻山泽，以渔采为生"[③]，东汉中期却已经可以调出余粮赡给外地[④]。东汉三国西晋时期越窑青瓷的品种、数量和质量远超长江中游地区[⑤]，江浙地区社会经济的快速发展在以会稽郡山阴县（绍兴）和吴郡吴县（苏州）为中心的铜镜制造业和以"越布"为代表的纺织业[⑥]上亦有强烈体现。在东汉中晚期以来社会经济快速发展的背景下，江浙地区考古学文化的六朝特色逐渐形成，表现在城墙建筑用砖、陵墓石刻、青瓷、以神兽镜和画像镜为代表的"吴镜"体系、以"竹林七贤"为题材的墓室画像砖等诸多方面。

五

"楚越水乡，足螺鱼鳖"[⑦]，"东南之地，险阻润湿，又有江海之害"[⑧]；越人"水行而山处，以船为车，以楫为马，往若飘风，去则难从"[⑨]，"习于水斗，便于用舟"[⑩]。地理环境的影响以外，江浙地区汉文化形成发展的特殊性，根源于百越族群与中原地区居民"文化基质"的差异，这些差异体现在体质特征、考古学文化、语言和人文民俗等诸多方面。

中国大陆北纬30°（大致以长江为界）以南直至中南半岛马来亚南端，属于美国学者索尔海姆（Wilhelm G. Solheim Ⅱ）提出的"大陆东南亚"范围，林惠祥、凌纯声等学者较早时期即将"史前和上古时期华南、东南亚至大洋洲的土著文化关系"纳入"亚洲东南海洋地带"和"亚洲地中海文化圈"加以讨论[⑪]。陈仲玉概括，"就以环南中国海地区诸地的地理、人种、交通、贸易和历史背景等方面观察，中国东南沿海诸省和台湾，几乎是东南亚区域的一部分"[⑫]。

朱泓认为先秦时期主要分布在浙、闽、粤、桂地区的"古华南"体质类型与现代东南亚的印度尼西亚人、大洋洲的美拉尼西亚人等比较接近，"可能代表了广义的'古

---

① 《吴越春秋·阖闾内传》。

② 《汉书·地理志下》。

③ 《汉书·王莽传下》："荆、扬之民率依阻山泽，以渔采为业"。

④ 《后汉书·安帝纪》记永初元年（107年）"调扬州五郡租米，赡给东郡、济阳、陈留、梁国、下邳、山阳"。

⑤ 蒋赞初：《长江中游地区东汉六朝青瓷的初步研究》，《长江中下游历史考古论文集》，科学出版社，2000年。

⑥ 参见周琍：《论秦汉时期江南纺织业的发展》，《南方文物》2005年第1期。

⑦ 《史记·货殖列传》张守节《正义》："楚越水乡，足螺鱼鳖，民多采捕积聚，椎叠包裹，煮而食之。"

⑧ 《吴越春秋·阖闾内传》。

⑨ 《越绝书·越绝外传记地传》。

⑩ 《汉书·严助传》淮南王刘安上武帝书。

⑪ 参见陈洪波：《华南与东南亚新石器时代的比较考古研究》，国家社科基金结项报告，2016年，第2页。

⑫ 陈仲玉：《台湾考古学的回顾与前瞻》，《中国考古学跨世纪的回顾与前瞻》，科学出版社，2000年。

越人'的种系特征"①。周广明等认为至晚商周时代中国南方的几何形印纹陶就已经传播到南洋一带，形成当地印纹陶的发展系统②。吴春明提出"华南越系土著民族文化与'南岛语族'间是一个巨大的跨界民族文化共同体体系"③，例证之一是江苏武进淹城的"三重圆形土城、水城布局"与越南古螺城、泰国班清等地青铜文化遗址相似④。

吴越语言属于胶着语⑤，与齐语（上古北方汉语）、楚语（上古南方汉语）均不通。罗香林、林惠祥、戴裔煊等学者对百越人文民俗的特异之处颇多讨论，吴绵吉进而将越人文化特征归纳为稻作农业和渔捞经济、葛麻纺织、石锛和有段石锛、青铜宝剑铸造、干栏式房屋、几何印纹陶器和原始青瓷器、古越语、断发文身和拔牙习俗、鬼神崇拜和鸡卜、崖葬（悬棺葬、船棺葬、土墩墓）、蛇图腾、原始婚俗（群婚，从妻居残余及妇女婚后长住娘家）等方面⑥。

春秋吴、越两国已有海上交通的确切记载"⑦，凌纯声评论越王勾践所言⑧"非有海外航行经验，不能及此"⑨，并将"珠贝、舟楫、文身"的海洋性文化特质与华夏大陆性文化特质的"金玉、车马、衣冠"相比较⑩。面向海洋的地理环境造就了百越族群的海洋人文特性⑪，表现在百越都城的海洋性特征⑫等方面，汉晋句章故城（会稽郡句章县治）"依河成邑"的城址形态和临江近海的地理位置⑬，汉代东南沿海与辽东半岛、朝鲜半岛海路文化交流的畅通⑭，神兽镜及其制作技术向日本列岛的传播⑮，以及东汉六朝瓷

① 朱泓：《中国南方的古代种族》，《吉林大学学报》2002年第3期。
② 周广明、彭适凡：《试论南方地区印纹陶与环中国海区域的关系——以台湾、东南亚地区为例》，《南方文物》2005年第3期。
③ 吴春明：《"南岛语族"起源与华南民族考古》，《东南考古研究》（第三辑），厦门大学出版社，2003年。
④ 吴春明：《东山文化与"瓯骆国"问题》，《东南考古研究》（第四辑），厦门大学出版社，2010年。淹城建筑于西周晚期，春秋中期基本废弃，"所谓淹君可能就是春秋早期左右为吴所灭的小方国的君主"。见南京博物院、常州博物馆、淹城旅游区管理委员会等：《淹城——1958～2000年考古发掘报告》，科学出版社，2014年，第193、194页。
⑤ 林惠祥：《南洋马来族与华南古民族的关系·后篇》，《厦门大学学报》1958年第1期。
⑥ 参见吴绵吉：《越人文化特征及其形成的条件》《百越文化简论》，《中国东南民族考古文选》，香港中文大学中国考古艺术研究中心，2007年。
⑦ 凌纯声：《中国远古与太平印度两洋的帆筏戈船方舟和楼船的研究》（民族学研究所专刊之十六），集成图书公司，1970年，第96页。
⑧ 《越绝书·越绝计倪内经》记勾践曰："西则迫江，东则薄海，水属苍天，下不知所止。交错相过，波涛浚流，沈而复起，因复相还。浩浩之水，朝夕既有时，动作若惊骇，声音若雷霆。波涛援而起，船失不能救，未知命之所维。念楼船之苦，涕泣不可止。"
⑨ 凌纯声：《古代闽越人与台湾土著族》，《中国边疆民族与环太平洋文化》（上册），联经出版事业公司，1979年。
⑩ 凌纯声：《中国古代海洋文化与亚洲地中海》，《中国边疆民族与环太平洋文化》（上册），联经出版事业公司，1979年。
⑪ 蓝达居：《百越海洋人文与福建区域人文模式》，《百越研究》（第一辑），广西科学技术出版社，2007年。
⑫ 曹峻：《百越都城海洋性的探讨》，《东南考古研究》（第三辑），厦门大学出版社，2003年。
⑬ 宁波市文物考古研究所：《句章故城——考古调查与勘探报告》，科学出版社，2014年。
⑭ 郑君雷：《汉代东南沿海与辽东半岛和朝鲜半岛海路文化交流的几个考古学例证》，《汉代考古与汉文化国际学术研讨会论文集》，齐鲁书社，2006年。
⑮ 参见王仲殊：《关于日本三角缘神兽镜的问题》，《考古》1981年第4期；王仲殊：《日本三角缘神兽镜综论》，《考古》1984年第5期。

业格局中海洋性征的初现 [①] 等，都是例子。

六

　　百越族群的"文化基质"在江浙地区汉文化的形成发展过程中得以积淀保留并且发挥出重要作用。"汉化了的越人不可避免地、程度不等地保留了先人的土著文化因素，而南迁的汉人在'与越杂处'、'居越而越'的过程中吸收东南土著文化因素的现象也是普遍存在的" [②]，"东南沿海壮侗语族各系和汉民人文社区中，百越—南岛土著系统的语言和文化积淀"非常丰富 [③]。

　　复旦大学的研究表明，良渚和马桥文化居民的某些基因结构传承至当地战国和明代居民，与"现代百越"群体的族属关系极为密切，"成为百越文化消亡后的一部分遗流" [④]。朱泓推测"南迁的北民与当地土著'古华南类型'居民在长时间的共存、同化、融合的基础上形成为今天的华南汉族和众多少数民族" [⑤]。杨锡璋推测现代汉语南方方言地理分布的基础格局先秦时期已经奠定，今天包括吴语在内的汉语南方方言是在此基础格局上与北来移民交流融合的结果 [⑥]。

　　在江浙地区汉文化的形成发展过程中，中原文化和吴越文化这两个结构独立的文化系统持续接触互动，更多地表现为一种"交融"状态，而不仅限于所谓的土著越人"汉化"。异质特性突出且张力强劲的吴越文化传统不时"反弹"，中原文化也在不断适应着"吴风越俗"。吴越文化传统在江浙地区汉文化的形成发展过程中发挥着"反作用力"，从印纹硬陶经原始瓷一脉相承发展起来的青瓷即是吴越文化传统在此历史过程中产生的巨大回馈。我们或许可以简洁明了地将江浙地区汉文化理解为是由中原文化体系和百越文化体系共同塑造而成，称其为"汉文化形成的共生类型"。

[①]　参见王新天：《中国东南瓷业海洋性的历史进程》，天津古籍出版社，2015 年。

[②]　吴春明：《东南汉民人文的百越文化基础》，《百越研究》（第一辑），广西科学技术出版社，2007 年。

[③]　吴春明：《"南岛语族"起源与华南民族考古》，《东南考古研究》（第三辑），厦门大学出版社，2003 年。

[④]　黄颖、李辉、高蒙河：《古代基因：百越族群特征新证》，《东南考古研究》（第三辑），厦门大学出版社，2003 年。

[⑤]　朱泓：《中国南方的古代种族》，《吉林大学学报》2002 年第 3 期。

[⑥]　杨锡璋：《南方古印纹陶与汉语南方语言》，《中原文物》1990 年第 2 期。

西方学者关于游牧文化起源研究的简要评述

　　畜牧业是工业革命以前人类社会最主要的经济类型之一，游牧经济则是畜牧业的发达形态。从世界范围观察，即便是今天，游牧仍然是许多族群的主要生业形式，游牧经济在人类社会经济生活中仍然占有重要地位。按照 The Nomadic Alternative[①]（《游牧的选择》）一书的介绍，现今世界上存在着五个主要游牧地带：①横贯非洲大陆的撒哈拉沙漠以南至非洲大裂谷一线的东非热带草原。②撒哈拉沙漠和阿拉伯沙漠。③地中海沿岸经安纳托利亚高原、伊朗高原至中亚山区一线。④从黑海延伸至蒙古的欧亚大陆草原。⑤西藏高原及其邻近山区高原。另外还有两个可以视为典型游牧社会变体的特殊地区：①欧亚北部高纬地区。②南美安第斯高地。饲养美洲骆驼，牧民的经济传统是高山农耕与牧场相结合。

　　游牧文明是人类发展史上主要文明类型之一，但是现代学者对于游牧文明的关注和了解可能与其在世界文明史上应该占有的位置是不相称的。英国历史学家汤因比的文明体系包括 14 个独立文明、6 个失落文明和 16 个卫星文明，"邻近欧亚与亚非大草原地带的各土著游牧文明"只是以整体被列为卫星文明中的一个[②]，似乎不足以反映诸游牧文明在历史长河中的地位和不同特质。原因或许可以归纳为三条：首先，绝大多数学者是站在根植于农耕文明和工业社会的现代视角下来审视游牧文化的，在认识角度上存在对游牧社会的隔膜和误读；其次，历史文献中关于游牧族群的记述绝大多数出自农业社会，偏见和疏漏之处在所难免；最后，由于经济形态和政治格局的变革，游牧社会在发生变迁，游牧文化日渐式微，民族志材料的重要性在降低。游牧文化的起源问题是西方学术界研究游牧文化的一个热点，却也是难点。汤因比认为游牧文明的发生是某种由简单到复杂的经济生产方式在渐进式发展过程中脱离标准发展道路的选择结果，"我们甚至不能大概地给出假定的农业生产方式的渐变时间，如果说这个过程是一个隐含未露的谜，那么游牧生活的起源则是这个谜中最隐秘的部分"[③]。现代学者将游牧文化起源视为研究难点的原因还可以再加上一条——游牧生活特有的流动性、质朴性和分散性决定了相关考古学材料的相对匮乏。

　　有的中国学者认为"在游牧文明的起源问题的研究上，学术界长期以来以摩尔根

　　① Thomas J. Barfield. The Nomadic Alternative. Prentice-Hall, Inc. A Simon & Schuster Company, 1993.
　　② ［英］阿诺德·汤因比著，刘北成、郭小凌译：《历史研究》第九章（修订插图本），上海人民出版社，2000 年。
　　③ ［英］阿诺德·汤因比著，刘北成、郭小凌译：《历史研究》第十八章（修订插图本），上海人民出版社，2000 年。

为代表的单线进化论占主导地位，他们都坚持前亚是游牧文明一元起源论。摩尔根认为："中亚和蒙古草原的游牧民源于闪族和雅利安人的迁徙和传播"[①]，他在《古代社会》中这样表述："到野蛮时代中期阶段开始之时，东半球最先进的部落显然不知有谷物，却已经有了家畜，因而能得到肉类和乳类的供应，他们的生活状况远胜于美洲土著；处于同期的美洲土著虽会种植玉蜀黍等作物，却没有家畜。闪族和雅利安族之所以从大群野蛮人当中分化出来，似乎就是由饲养家畜开始的……雅利安族和闪族之所以得天独厚，主要是由于他们之重视牲畜的繁殖犹如重视他们自己一样。他们事实上已将牲畜，包括它们的肉、乳和筋，统统安排在生活计划之内。人类当中没有其他任何种族，做到他们这一步，而且在他们两者之中，雅利安族又比闪族更进一步。无论是雅利安族或闪族，当他们一旦习惯于畜牧生活以后，势必要学会种谷物，以便在远离草原的地方维持其大群牛羊的饲料，然后才有可能带着他们的畜群重返亚洲西部和欧洲的森林地带。因此，如前所述，谷物的种植看来很可能是出自牲畜的需要，并与这些部落向西方迁移的运动有关；而且，他们由此获得的知识终于使他们自己得到了淀粉食物"[②]。

"前亚地区游牧文明一元起源论"的理论基石似乎不能单纯地归结为以摩尔根为代表的单线进化论，实际上它包括两个方面的内涵。其一，是认为游牧文明发生于某个特定地区，然后逐渐向其他地区传播。这种认为某种特定文化现象出自一个共同起源的观念通称为传播主义（当然摩尔根的进化论思想亦肯定文化现象的横向联系），自英国人类学家泰勒（E. B. Tylor）1871年出版《原始文化》以来广为流行。传播主义者未能解释文化特质的最初起源，并且将文化现象与人及其社会的作用相割裂，其明显的理论缺陷已经被许多学者所诟病。就游牧文明的起源研究而言，20世纪中后期以来的西方学者其实已经超越"前亚地区游牧文明一元起源论"的束缚；其二，则是认为游牧经济形态的出现早于农耕。

摩尔根关于人类社会普遍从发展阶梯的底层开始迈步，从简单到复杂通过共同途径进化的思想虽然被批评为"单线进化论"，但是将游牧视为从狩猎进化至农耕的一个中间阶段，或者是将游牧视为狩猎向农耕进化过程中的某种变异性选择，从这样的前提出发来研究游牧文明起源问题确实是早期西方学者的思维取向。以涂尔干（Emile Durkheim）为代表的法国社会学派亦深受影响。涂尔干根据社会组合的程度（复杂程度）划分社会类型，认为游牧群体是最简单的社会，所有社会类型都是这一类型的复杂形式；游牧群体集聚为氏族，进而演化为部落，氏族联盟固定下来成为村落，村落社会之上是由各种氏族部落形成的简单多形式社会，然后逐渐融合为高级多形式社会[③]。汤因比的观点颇具代表性："经济生活方式是假定逐步由简单到复杂，由几个

① 孛尔只斤·吉尔格勒：《游牧文明史论》，内蒙古人民出版社，2002年，第35页。
② ［美］路易斯·亨利·摩尔根著，杨东莼、马雍、马巨译：《古代社会》，商务印书馆，1997年，第21~24页。
③ 黄淑娉、龚佩华：《文化人类学理论方法研究》，广东高等教育出版社，1998年，第82、83页。

彼此衔接的阶段——狩猎采集、动植物的驯化栽培、农业和家畜饲养业相结合的定居——构成的。根据这个模式，游牧生活被假定为一种从动物驯化阶段的标准发展道路分离出来的有选择的体系，因为游牧生活基本上是一种高度专业化的畜养牲畜的形式"[1]。

因此早期西方学者对于游牧文化起源的解释通常是围绕将游牧作为渐进式社会经济形态发展过程中的一个阶段而展开，代表性观点包括：①游猎人群在追逐兽群的过程中收容受伤和弱小动物（如驯鹿）加以驯养，从而形成游牧人群[2]。②移动的狩猎者从邻近的农业聚落中取得牲畜形成游牧。Bacon 和 Vainshtein 均以为那些从邻近的农民手中借来牲畜的猎人是欧亚草原的第一批游牧民[3]。③气候干旱化导致作为狩猎对象的动物群消失，狩猎者只有通过从事原始农业和饲养那些无处觅食的野生动物来获取生活资料；随着干旱的加剧，这些已经定居的农业生产者和家畜饲养者被迫离开日益缩小的可耕地，驱赶着牲畜在草原上寻找暂时的牧场，季节性地迁移，形成四处游牧的生活方式[4]。④早期人群需要应付人口增加的压力，却无力改进现有的生产技术，不得不谋求生存手段的多样化，例如他们学会了栽培植物和饲养动物，其后部分人群逐渐走向游牧生活[5]。

王明珂先生介绍，"对于这样一个人类生态上的重大变迁，学者们一直有相当的兴趣，但在七十年代之前，学者在这方面的认识还很有限。后来由于社会人类学在游牧社会的研究积累了相当的成绩，加上在考古上微骨质标本的采集分析受到重视，自七十年代始在这方面有了些很好的研究。这些研究主要集中于近东，后来又及于东非、中亚、北非及阿拉伯世界"[6]。

实际上，西方学者在 20 世纪 70 年代以前的一些研究已然逐渐丰富和改变了对于游牧社会的传统认识。以对东非游牧族群的研究为例，P. 蓬特对吉埃人、卡拉莫乔人、图尔卡纳人、桑布鲁人、马赛人，D. 图坦对穆尔西人，埃文思 – 普里查德对努尔人，拉达和内维尔. 戴森 – 哈德逊对卡里莫炯人的考察都是比较著名的例子[7]。东非游牧民主要放牧牛群，牛是东非牧民生产生活和思想观念中最重要的牲畜，他们通常兼营农业，但是固守"畜牧至上"的观念。例如卡里莫炯人在农田附近建造棚屋和畜栏，定

①　［英］阿诺德·汤因比著，刘北成、郭小凌译：《历史研究》第十八章（修订插图本），上海人民出版社，2000 年。

②　A. M. Khazanov. Nomads and the Outside World. Cambridge: Cambridge University Press. 1983.

③　Elizabeth Bacon. Types of Pastoral Nomadism in Central and Southwest Asia. Southwestern Journal of Anthropology, 1954, 10 (1): 44-68.

④　［美］R. 潘派里：《在土耳其斯坦的探险：1904 年的探险活动，阿诺的史前文明》（Explorations in Turkestan: Expedition of 1904: Prehistoric Civilizations of Anau），第 2 卷，华盛顿，卡内基协会，1908 年。转引自阿诺德·汤因比：《历史研究》第十八章注释。

⑤　Peter J. Ucko and G. W. Dimbleby. The domestication and exploitation of plants and animals. London: Gerald Duckworth, 1969.

⑥　王明珂：《鄂尔多斯及其邻近地区专化游牧业的起源》，《历史语言研究所集刊》第六十五本，第二分，1994 年。西方学者 20 世纪 70 年代以来关于游牧社会的研究请参阅王文注释部分。

⑦　中国社会科学院民族研究所：《非洲狩猎民族游牧民族》，1982 年。

居点设置供老幼妇孺全年居住；成年男子旱季在牧场上游牧，雨季亦住在定居点；他们将大量时间和精力投入到作物种植上，而且农产品在饮食结构中十分重要，但是他们首先将自己视为牧民①。努尔人定期在雨季村落和旱季牧牛营地间迁移，旱季早期青年牧民还有小营地间的迁移；家庭可能从村落的一个地方迁至另一个地方，也可能从一个村落迁到另一个村落；当牧场和农园资源衰竭时便会放弃村落（村落一般在十年以后便会出现衰竭迹象）；他们雨季兼营农业，居住棚屋，棚屋和牛棚大约五年以后便需要重新建筑；旱季居住简易棚屋（风屏），这时捕鱼业非常重要②。

　　对欧亚草原游牧族群的研究同样如此。通常认为，自新石器时代晚期以来，中国北方草原经历了一个干旱化过程。虽然草原地区土壤肥沃，水资源亦称丰富，但是缺乏足够的湿度和较短的生长期限制了农业发展，农耕并不能成为稳定可靠的生计方。不过民族志材料说明游牧民存在少量农耕以满足季节性迁移的需要。在喀尔喀人（Khalkha）中，部族中的贫苦人家为富裕牧户帮耕，并在他们出外游牧时照料庄稼，农业生产技术较为原始粗简。这种互助式农耕只是蒙古游牧社会的多种农业形式之一。嫩江流域（Nonni River）达斡尔人（Daghur）的农业生产更为普遍和专业化。塞伦卡（Selenga）谷地的情况与纳罗奔琴地区（Narobanchin）的喀尔喀人相似。而且草原地区可以种植春小麦、燕麦、黍子等耐旱作。因此 Khazanov 认为欧亚草原最普遍的游牧经济形式是农业作为辅助手段与放牧牲畜相依随，实际上是半游牧的特征③。

　　通过这些研究，西方学者认识到"在非工业化经济中，大多数牧人都过着游牧生活。……在一个群体里，年份不同，流动的程度也不一样。这取决于环境、社会和经济条件。同样，这些条件也决定着专业化的范围，即一个民族依靠畜牧业的程度。只有很少的群体单纯依靠牧群来维持生计。……一旦环境允许，牧人总是要推行一条更广泛的生计策略，在饲养动物的同时，至少种植一些庄稼。……实际上，绝大多数牧人，不管他们多么专业化，都主要靠粮食而不是动物产品过活"，"如果牧民自己不种植物食物，他们就会通过交易得到农产品"④。

　　社会人类学关于游牧民与定居农耕居民互动关系的研究揭示了游牧社会的经济实质，游牧民通常并非处在与农业社会相隔绝的状态，游牧经济也不能满足一切基本需求，定居农业人群与游牧民存在各种联系。这是认识论上的提升，Lattimore 曾经认为中国北方的游牧民完全自给自足，后来他修正了认识，承认草原游牧民需要来自中原

① ［美］F.普洛格、D.G.贝茨著，吴爱明、邓勇译，黄坤坊审校：《文化演进与人类行为》，辽宁人民出版社，1988年。
② 埃文思－普里查德著，褚建芳、阎书昌、赵旭东译：《努尔人》，华夏出版社，2002年。
③ Nicola Di Cosmo. Ancient Inner Asian Nomads: Their Economic Basis and its Significance in Chinese History. The Journal of Asian Studies, 1944, 53 (4).
④ ［美］F.普洛格、D.G.贝茨著，吴爱明、邓勇译，黄坤坊审校：《文化演进与人类行为》，辽宁人民出版社，1988年，第199、200、224页。

的产品，特别是谷物、纺织品和铁器①。

　　游牧社会的经济基础绝非单一，其维系并不能够完全脱离农业或者农产品，那么其发生自然亦有可能与混合经济有关。随着对游牧社会经济本质更加深刻的把握，近来西方学者倾向于游牧出于混合经济的观点。这里结合王明珂先生和 A. M. Khazanov 的总结介绍一些关于游牧起源的代表性观点，西方学者列举的动因大致有自然条件变化、人口压力（以及相应的农业扩张、都市发展和聚落扩展）、工艺专门化、贸易联系、政治环境、迁徙等②。

　　许多学者将游牧专业化的发生归结于气候条件的变化。Khazanov 认为欧亚草原游牧类型和近东游牧类型的形成均与气候干燥化有关，干旱的气候使得部分牧业农民放弃农业而成为游牧民。Marshall 将东非专化游牧业起源的部分原因归于 3000 年前雨型的转变。Jacobs 亦认为在讨论东非游牧类型的最终形成时应该考虑特定时期的干旱气候。有些学者则认为亚洲北部苔原地带驯鹿游牧业的发生与气温下降有关。

　　人类活动造成的生态环境变化亦催化游牧业的发生。Marvin Harris 在讨论中东地区新石器时代养猪业的衰落时认为，由于人口密度增加和农庄领地的扩展，造成森林被毁，森林边际的农耕地和放牧地也随之遭到破坏；其一般的连续效应是从林地到耕地，再到放牧地，乃至沙漠；每一阶段的演进都有利于牛、绵羊、山羊等反刍动物的发展，而不利于饲养猪③。

　　牲畜增加和草场资源枯竭迫使畜牧者迁移终于形成游牧。Khazanov 认为早期畜牧人群的迁移有助于欧亚草原游牧业的形成，而草场资源枯竭是迁移原因之一；Oliver 认为牲畜增加和草场资源枯竭是游牧族群常见的迁移原因。

　　人口压力是被经常提及的动因，有些学者认为灌溉系统的发展是导致人口增加的原因。Smith 和 Young 认为专化牧业产生于早期短期休耕农业，受人口压力的影响，部分人口放弃农业而成为专业牧人。Lees 和 Bates 推测畜牧与基于灌溉支撑的农耕的分野刺激了经济专门化，认为"雨量分布不稳定的区域需要实行灌溉农业，灌溉农业造成人口增加，人口增加使得农业延伸到边缘地区，因此牲畜需移到更远处以取得草场。如此，动物的移牧及保护所需人力增加；另一方面，灌溉农业的人力支出增加，收获减少，与大规模的畜类牧养不能相容，因此造成专化牧业"。

　　与 Lees 和 Bates 相似的是 F. 普洛格和 D. G. 贝茨的解释——沟渠灌溉系统或许提

---

　　① 拉铁摩尔（O. Lattimore）关于中国游牧业起源的论文请参阅：Inner Asian Frontiers of China. Repr. 1962. Boston: Beacon Press, 1940. The Social History of Mongol Nomadism. In W. G. Beasley and E. G. Pulleyblank, eds. Historians of China and Japan, pp. 328-343. London: Oxford University Press, 1961. The Geographical Factor in Mongol History. Repr. in O. Lattimore, Studies in FrontierHistory, Collected Papers, 1928-1958, pp. 241-258. London: Oxford University Press, 1962. Herders, Farmers, Urban Culture. In L' Equipe ecologie et anthropologie dessocietes pastorales, ed. Pastoral Production and Society. Proceedings of the International Meeting on Nomdeic Pastoralism, Paris1-3. Dec. 1976, pp. 479-490. Cambridge: Cambridge University Press, 1979.

　　② 王明珂：《鄂尔多斯及其邻近地区专化游牧业的起源》，《历史语言研究所集刊》，第六十五本，第二分，1994 年；A. M. Khazanov. Nomads and the Outside World. Cambridge: Cambridge University Press, 1983.

　　③ ［美］马文·哈里斯著，叶舒宪、户晓辉译：《好吃：食物与文化之谜》，山东画报出版社，2001 年。

高了产量，使得人口增长和居住区域扩大成为可能。随之耕地增多，牧地相应减少，牧区被推移至距定居点较远且牧草不甚茂盛的地区，牧人被迫长途跋涉以寻找牧草和水源；同时牲畜更易遭到掳掠，这样照料牲畜便占用了原本从事农业的精力，而且疏通、修筑和护理沟渠河道亦占用农时；因此可能会导致策略上的分化，即某些家户逐渐专门从事精耕农业，而其他人则集中发展畜牧业。此外，沟渠灌溉的局限性（如粗陋的灌溉系统有时可能失效；水位下降造成水井和沟渠干涸；土壤的盐碱化等）有可能刺激农民把注意力转向畜牧业。最终，农业群体和畜牧群体的策略不同导致彼此在空间和文化上的差异，从而产生截然有别的牧人和农民群体[①]。

有些学者将人口压力与相应的都市发展和聚落扩展以及工艺专业化结合起来。Rosen 指出"都市不但提供游牧人群货物交换中心，而且都市的专业化工艺更提供他们无法制造及取得的物品"。"Gilbert 认为游牧出于混合农业带；由于人口压力、都市成长带来农业扩张，畜养业专化。专业化的畜牧业需要长距离移动，因此脱离农业；并且为了抵抗政治控制，使得游牧人群与农业人群分离"。Levy 认为人口增加使得对土地资源的利用增加，定居聚落扩张，使得畜牧必需移至远离定居聚落的地区，以保护密集耕作的土地。同时他也强调专业化牧业的出现与工艺的专业化发展、贸易网的出现有关。

游牧民可以通过贸易得到农产品和其他无法制造的产品，借此得以专注于发展畜牧业，因此有些学者强调贸易在游牧起源中的作用。Robertshaw 和 Collett 认为随着农民在邻近地区出现，原来兼营农耕和狩猎的畜牧者便可以通过贸易获取农产品，而不必亲自耕作；当他们一旦从农耕的束缚中解脱出来，便可以增加牲畜并集中精力于专业化的畜牧经营，同时全体成员都可以随牲畜自由移动，为游牧奠定基础[②]。Caskel 认为阿拉伯的游牧化与阿拉伯定居城邦的毁灭和商队贸易的衰落有关，这刺激了部分定居者转化为游牧民。

政治压力和社会环境亦对游牧业的发生产生影响。Khazanov 认为欧亚草原西部的畜牧者成为真正游牧民的转化与在黑海北岸、中亚及这两个地区边缘地带定居国家的出现同时，与农业国家的各种交流有助于他们完成游牧专业化。Lattimore 认为亚洲内陆的游牧民的先祖最初活动在中国边疆，从事混合经济，随着中原居民的农业扩张而被驱逐至草原，最终放弃农业成为游牧民。

西方学者列举的这些观点并不是同一层面上的问题。其一，自然条件的变化和人口压力可以视为游牧业起源的内在动因，其他因素则在某种程度上类似催化剂、助燃剂的作用。其二，这里面有的是在讲游牧文化的最初发生，有的则是在讲某种游牧特征的最终形成。其三，从地域角度可以将各地游牧业的发生分为两类，一类强调在某

---

①　［美］F. 普洛格、D. G. 贝茨著，吴爱明、邓勇译，黄坤坊审校：《文化演进与人类行为》，辽宁人民出版社，1988年，第201、202页。

②　P. T. Robertshaw and D. P. Collett. The identification of pastoral peoples in the archaeological record: an example from East Africa. World Archaeology, 1983, 15 (1): 67-78.

一区域独立起源，似可称为原生型，一类强调在其他区域起源，传播至另外地区，对于这一另外地区而言似可称为次生型。

Khazanov 全面总结了各地游牧业的起源情况（欧亚草原及沙漠和半沙漠地区、中东、近东、非洲、欧亚北部高纬地区和亚洲内陆高原）[①]，反映了西方学者在这一领域的新近研究成果，下面重点加以介绍。

欧亚草原及沙漠、半沙漠地区食物生产经济向畜牧经济的转化历时数千年，其过程亦较复杂，认为从邻近农民手中借来牲畜的猎人是欧亚草原第一批游牧民的观点是不成立的。时至青铜时代（公元前第三千纪后半叶和公元前第二千纪）存在几种变体的食物生产经济最终成为遍布欧亚草原的主导产业。公元前第五、第四千纪，东欧南部居民已经掌握了牛、小牲畜甚至马匹的驯养；至公元前第四至第三千纪之交欧洲草原某些地区（特别是伏尔加河与乌拉尔河之间）已经出现畜牧业超过农业的迹象。从新石器时代至青铜时代的动物骨骼分析，这一时期欧亚草原的畜种构成及其比例关系未见明显变化，而以长期定居的遗址最为常见。虽然南俄草原马匹的使用不会晚于公元前第四千纪，但是没有确切证据证明公元前第四千纪的人群已经掌握骑马术。很难设想当时人们徒步畜牧这些刚被驯化的马匹，因此没有证据说明公元前第三甚至前第二千纪的畜牧者是真正的游牧民。一般认为马匹最初是作为挽畜而被捕获的，其后才成为骑乘动物。不过有些学者认为是一个相反的过程。但是骑乘术即使在公元前第四、第三千纪乃至更晚出现也并未得到发展，因为根本没有发现哪怕是最原始形态的马具，这时的骑马偶尔为之。第一位真正意义上骑马者的出现应该是在公元前第二千纪中叶。公元前第二千纪的"草原青铜文化"均属于畜牧－农业甚至农业－畜牧混合经济，绝非游牧经济。青铜时代甚至铜石并用时代的草原居民已经开发了河谷，并且扩散至草原深处（乌拉尔河和伏尔加河流域有距离河谷 15～90 千米远的墓地，墓主包括妇女和儿童）。公元前第三千纪的气候较后来更为湿润，有可能一些家庭甚至群体已经脱离定居相当一段时间了。鉴于动物牵引的轮制车辆不晚于公元前第三千纪从西亚传入东欧，因此畜牧者开发草原的时间可能更早一些。公元前第三、第二千纪草原畜牧者的生活方式可以设想为——流动性的放牧羊群，有可能徒步或者在牛马牵引的车辆上、甚至骑马放牧少量大牲畜。不同地区的畜牧经营方式不同，其中最具流动性的人群显然属于牧人畜牧业，有些地区则是半游牧畜牧业，更甚至存在完全脱离农业的人群。不过他们与后世的游牧人有所不同，属于复杂的畜牧—农耕经济社会的组成部分。

欧亚草原青铜时代畜牧者的相对流动性促进了迁移，有证据说明在公元前第四、第三、第二千纪这种情况已经发生。公元前第二千纪出现在西亚、伊朗、印度的印欧语族居民肯定是源出南俄草原的畜牧者。人口压力、草场耗竭、农耕文化或文明中心的吸引力则是迁移的动因。但是公元前第三、第二千纪这些仍然从事农耕的畜牧者的迁移与后世山地游牧者不同，其迁移速度缓慢而渐次，新土地适于农业的吸引力丝毫

① A. M. Khazanov. Nomads and the Outside World. Cambridge: Cambridge University Press, 1983.

不逊于新兴的畜牧业。

畜种构成、长期游动实践、畜牧业的普遍化、乳制品业、动物牵引的轮制车辆、骑乘技术是游牧业出现的必需技术前提，这些因素不晚于公元前第二千纪中叶出现在欧洲和哈萨克草原，但是在草原青铜文化中观察不到转化迹象。公元前第二千纪和前第一千纪之际（特别是前第一千纪开始阶段）出现了值得注意的间断，其前阶段的定居生活停止了，出现了明确存在骑乘术和游牧迹象的考古学文化，古代文献开始将草原居民称为"牛奶的饮用者"或"母马的挤奶"，稍后出现了"辛梅里安人"（Cimmerians）、"斯基泰人"（Scythians）、"塞种"（Sakas）等专称。这一复合系统约在公元前第二千纪中叶出现，至少有 500 年的模糊期。其动因与气候变化、经济变化和当地政治形势变化有关。

公元前第二千纪最干旱气候是畜牧者放弃农业成为真正游牧民的最终刺激因素。而且这一转化与在黑海北岸、中亚及这两个地区边缘地带定居国家的出现同时，游牧民与农业国家存在大量经济、社会和政治联系，农业国家提供的各种便利有助于他们完成游牧专业化。这种转化在欧亚草原东部和内陆的发生不会晚许久。Lattimore 认为公元前第一千纪前半叶中国北部和西部的戎狄是兼营农业的畜牧者，马匹作为骑乘动物和真正游牧民在中国边境的出现晚至公元前第三、第四世纪，这些亚洲内陆的游牧民的先祖在中国边疆最初从事混合经济，随着中原居民的农耕扩张，他们被驱逐至草原成为游牧民。但是许多苏联汉学家认为公元前七世纪的狄人部落属于斯基泰人，是伊朗语族的游牧民。考古学和体质人类学材料证明公元前第一千纪来自哈萨克斯坦、中亚、可能还有阿尔泰地区的畜牧者扩散至蒙古。

当前西方学者在游牧起源问题研究上的几个取向值得重视。

第一，对于现代游牧社会的研究与游牧业起源研究密切相关。西方学者对现代游牧社会生态环境、经济基础、生活方式、社会组织、政治结构和思想观念等方面的研究深刻地把握了游牧业的实质，对研究游牧业的起源具有重要的启示作用。近年来关于游牧起源研究的进展亦得益于 20 世纪 70 年代以来对于世界各地现代游牧社会研究的深入。

第二，认为各地游牧业的起源存在不同背景。Thomas J. Barfield 按照自然地理和经济文化类型将现今世界上的游牧区域划分为横贯非洲大陆的撒哈拉沙漠以南至非洲大裂谷一线的东非热带草原、撒哈拉沙漠北部和阿拉伯沙漠、地中海沿岸经安纳托利亚高原和伊朗高原至中亚山区一线、从黑海延伸至蒙古的欧亚大陆草原、西藏高原及其邻近山区高原、亚洲北部高纬地区和南美安第斯高地等几块，不同地区的游牧生产生活方式均有差异，政治组织和社会形态亦有不同，现今差异暗示着游牧业发生背景的复杂。Khazanov 结合起源背景，将游牧社会划分为欧亚草原类型、中东类型、近东类型、东非类型、欧亚北部类型和亚洲内陆高原类型，各类型的发生均有自己的具体背景，包括气候干旱、气温下降、人口压力、农业扩张、沟渠灌溉、都市发展、聚落扩展、工艺专门化、贸易联系、政治压力、牲畜增加、草场枯竭、迁徙等方面。

第三，Khazanov 将游牧业的发生归纳为两种途径。他认为欧亚草原类型、近东类型、欧亚北部类型首先是对自然条件适应的结果，就整体而言，在向游牧的转化方面基本是独立形成的，但是并不排斥借用驯养动物和技能。而中东类型和亚洲内陆高原类型的游牧业起源则是以传播扩散为特征的另一条道路，由若干相互衔接的阶段组成：游牧民先是出现在另外地域的某处地域中心，然后依仗军事优势等背景向适宜的环境带传播，并且逐渐适应新环境，最终占据新环境带。但是这两种游牧业起源的道路有相通之处，前者亦是首先发生于某个畜牧中心，然后在当地环境带传播，后者适应新环境带的进程也可能同时是游牧专门化的适应过程。东非游牧类型的形成过程也可能属于后者。

第四，认为游牧业的起源是对自然环境和社会环境适应的结果。Lattimore 在讨论中国北方游牧族群的起源时强调社会政治环境的影响。Khazanov 则以为游牧业的发生首先是对自然环境适应的结果，同时承认适宜的社会政治环境有利于游牧业的发生。

第五，认为游牧业的发生需要根据相关的经济技术前提、特定动因刺激和社会政治背景几个方面综合考虑。对农耕和定居生活的不适应、适应新环境的畜种及其比例关系、长期游动实践、畜牧业的普遍化、乳制品业、牲畜牵引的轮制车辆、骑乘技术等是游牧业出现的必需技术前提。而游牧业的最终形成则需要特定动因刺激，在大多数事例中均与气候变化有关。同时需要结合社会、政治、文化等背景因素，其中一个重要方面是外部农业社会对游牧社会的压力、影响以及相互间的联系和交流。

第六，认为各地游牧业的发生均出自混合经济，绝大多数地区是出自农业—畜牧或畜牧—农业经济，欧亚北部游牧类型则是源自渔猎－畜牧经济。他们认为一切含有相当畜牧成分的混合经济均存在向游牧转化的潜能和趋向，在特定环境下便有可能发生经济形态的转型；而大多数畜牧社会都是游牧生活，当然流动程度因群体、年份和游牧专业化程度的差别而有异。

第七，新近的研究成果表明各地游牧业的起源普遍较传统观点为晚，甚至晚得多。例如近东游牧类型的发生最初有早至公元前第七千纪的新石器时代的意见，后来始自青铜时代（公元前第二、第三、甚至第四千纪元）的观点比较流行，新近的研究则晚至公元前第一千纪甚至公元以后；欧亚北部游牧类型的形成更是 18、19 世纪之交的事情。除去新材料的增加和对原有材料的不同阐释等原因外，造成这种情况还与对概念的理解不同有关，例如，对某种牲畜的驯化和专业化饲养的不同理解，对某一游牧类型发生和基本特征最终形成的不同理解。更关键的是对"真正的游牧民"、"纯粹游牧"、"半游牧"等概念的不同理解，民族志材料表明"纯而又纯"的游牧社会几乎是不存在的，概念上的歧义直接影响到以什么样的标准来判断游牧业的发生或游牧类型的形成问题，造成年代学上的巨大差异。更极端的例子是，F. Plog 和 D. G. Bates 甚至将北美密西西比河以西大平原上骑在马背上以狩猎野牛为生的印第安部落的经济生活称为畜牧业①。

第八，在具体研究方法上特别注意对游牧族群的畜种构成情况的分析。Thomas J. Barfield 指出各个游牧区域均有自己的主导性牲畜，成为主导性牲畜需要满足四个条件：该种牲畜必须适应当地自然条件以便于大量畜牧；必须是基层游牧组织畜群中的组成部分；其饲养必须优先于其他牲畜；该种牲畜必定在某种程度上限制游牧民与社会、政治和经济的关系。他认为撒哈拉沙漠以南至东非热带草原的主导性牲畜是牛，撒哈拉沙漠北部和阿拉伯沙漠是骆驼，地中海沿岸至中亚山区一线是羊，欧亚大陆草原是马，西藏高原是牦牛，亚洲北部高纬地区是驯鹿，南美安第斯高地是美洲骆驼。他将游牧族群的牲畜依用途分为三类，第一类是用以消费或贸易的生产性牲畜，包括绵羊、山羊和牛；第二类是运输性牲畜，包括马、驴、牦牛和骆驼；第三类是警戒性动物犬②。Khazanov 认为复合畜种（牲畜饲养种类多样化）的游牧社会具有强大的生产力、转化力和扩展力，单一畜种（驯鹿、牦牛和美洲骆驼）的游牧社会则具有地域限制。另外西方学者还对各种牲畜的习性、生理结构、畜产品等方面进行细致研究。Marvin Harris 指出牛、绵羊、山羊的野生种曾经生活在阳光充沛的半干旱草原，适应炎热气候；而且牛、绵羊、山羊是反刍动物，可以消化含有高纤维素的植物，喜食草、麦秸、干草、灌木、树叶等，因此适宜游牧饲养。而猪则是杂食动物，没有反刍结构，虽然在哺乳动物中将植物转化为肉类的效率最高，但是与人类争食；并且猪的身体调温系统极不适应炎热、日晒环境，因此早期猪种更喜爱有着充足荫凉和水淖的森林环境，绝不适于游牧饲养③。基于对游牧社会畜种构成情况的这种深刻理解，在根据骨骼材料对游牧业起源进行解释时便可以切中关键点，如特别注意对马匹、骆驼骑乘技术出现的考古学研究。

西方现代文化人类学理论对游牧社会的研究产生了深远影响，从游牧业起源研究的新近认识中可以看出"新进化论"的启发。"新进化论"代表人物怀特（L. A. White）提出"能量学说"，他认为文化是人类为了在自然界生存下去而需要采用的适应机制，即一方面从自然界获取能源，一方面利用能源来维持社会集团的继续存在和向前发展；他将文化划分为技术系统、社会系统和思想意识系统，其中技术系统起到主导和制约作用。斯图尔德（J. H. Steward）始创"文化生态学"，提出"文化-适应机制"，着重考察分析三个内容：开发技术或生产技术与环境间的相互关系，利用特定技术开发特定地区的行为方式，确定此种行为方式影响文化其他方面的程度④。西方学者关于游牧业起源的新近认识实际上基本是围绕"文化整体观点"、"适应理论"和"技术分析"而展开，简单地说，就是从技术分析的角度考察游牧社会内部诸子系统之间、游

---

① ［美］F. 普洛格、D. G. 贝茨著，吴爱明、邓勇译，黄坤坊审校：《文化演进与人类行为》第七章附《大草原上的畜牧业》，辽宁人民出版社，1988 年，第 226～228 页。

② Thomas J. Barfield. The Nomadic Alternative, Prentice-Hall, Inc. A Simon & Schuster Company, 1993.

③ ［美］马文·哈里斯著，叶舒宪、户晓辉译：《好吃：食物与文化之谜》，山东画报出版社，2001 年。

④ 黄淑娉、龚佩华：《文化人类学理论方法研究》第九章，广东高等教育出版社，1998 年，第 289、290、306、311、312 页。

牧社会与其依存的自然环境之间以及游牧社会与外部世界之间的相互适应情况。

西方学者对于游牧业起源研究的成果和价值取向对于探讨中国游牧业的起源问题颇具启示意义。曾经一段时期中国学者的视野局限在境内，希望根据经典作家的论述在中国境内解决中国游牧业的发生问题。同时由于受到《史记·匈奴列传》和《汉书·西羌传》的影响，中国学者往往将先秦时期的戎狄视为游牧族群，以为中国北方长城地带很早以来便为游牧族群所占据。在经典著述中，游牧经济的出现是原始居民经济生活形态发生重大变革的标志之一[①]。长期以来中国学者认为恩格斯表述的"第一次社会大分工"是指农业和游牧业的分离，但是在黄河流域及其以南的新石器遗址中似乎观察不到游牧部落从农业部落中分离的显著迹象[②]，而认为先秦时期的戎狄从事畜牧－农业混合经济的意见[③]亦逐渐引起重视。

近年来，中国台湾学者王明柯和大陆学者杨建华、林沄、乌恩等先生的相关著述[④]应该说将这一领域的研究推进了一大步。与西方学者近年来将欧亚草原游牧业的起源向后推移许多相似，他们都认为中国游牧业的起源年代较之既有认识要晚近些，北方长城地带游牧文化因素的出现或者向游牧专业化的转型是在春秋战国时期。王明珂先生认为春秋晚期鄂尔多斯地区部分从事混合经济的人群完成向游牧专业化的转向，其前有可能向阿尔泰地区的游牧民学习了游牧观念和技术，至战国时期形成游牧洪流。乌恩先生认为中国北方游牧业的形成是在春秋中期偏早，而且有可能是在中国境内独立产生的，甚至在整个欧亚草原也是游牧业发生的最早中心之一。林沄先生认为北方长城地带游牧文化带的最终形成是在战国中期，与游牧的北亚蒙古人种的大批南下有关。较早时期 Lattimore 的意见也较有影响，他认为公元前第一千纪前半叶统治中国北方和西北的戎狄兼营农业；中国北部边界马匹作为骑乘动物的出现和游牧民的出现是公元前4至前3世纪的事情；中国北方边疆的游牧民是随着中原势力的扩张被驱逐到草原地区的戎狄的后代，他们在草原上由狩猎－农业混合经济转向为游牧经济。

当前中国学者已经开始将中国游牧业起源的问题放在欧亚草原的大背景下来进行研究，并且注意借鉴西方学者在游牧业起源研究上的成果和理论方法。通观西方学者对游牧业起源问题的研究，我认为在探讨中国游牧业的起源问题时需要注意几点：①考虑各种发生途径。作为欧亚草原、沙漠半沙漠的组成部分，北方长城地带游牧业的起源存在受到境外影响和冲击的可能性，包括技术因素传播和移民。同时，夏至战国时期北方长城地带大致可以划分为以甘青为主的西段、以河套陕北晋北为主的中段和以燕山南北为主的东段，各自又可以划分出若干小区；各区块的考古学文化、自然

① 恩格斯：《家庭、私有制和国家的起源》，人民出版社，1972年。
② 黄崇岳：《我国的原始畜牧业及其与农业的关系窥探》，《中原文物》1983年第6期。
③ 林沄：《戎狄非胡论》，《金景芳九五诞辰纪念文集》，吉林文史出版社，1996年。
④ 王明珂：《鄂尔多斯及其邻近地区专化游牧业的起源》，《历史语言研究所集刊》第六十五本，第二分，1994年；杨建华：《春秋战国时期中国北方文化带的形成》，文物出版社，2004年；林沄：《中国北方长城地带游牧文化带的形成过程》，《林沄学术文集》（二），科学出版社，2008年；乌恩：《欧亚大陆草原早期游牧文化的几点思考》，《考古学报》2002年第4期。

条件和社会环境不尽相同，因此亦存在各区块的游牧业起源各有不同背景的可能性。②结合特定的社会政治背景，尤其不可忽略对农业因素、定居社区和中原文化在北方长城地带进退消长及其影响的分析。③注意游牧业起源技术前提的考古学分析，着重分析遗存中有关畜种构成、长期游动实践、畜牧业普遍化、乳制品及其他畜产品、动物牵引的轮制车辆、骑乘技术等方面的信息。④明确游牧性质遗存的判定标准，关于此点笔者另有专文可参阅[①]。⑤北方地区的早期岩画对分析畜种构成很有帮助，在研究游牧业起源问题上是很有意义的线索。⑥加强对北方长城地带青铜时代自然环境的研究。⑦提倡考古学者参与对中国现代游牧族群的民族学调查，以全面深入地把握北方游牧社会的特质。⑧借鉴西方社会人类学对游牧社会的研究成果，在把握中国北方游牧社会特质的基础上，以新视角对历史文献再阅读，当有新理解和新启示。

原载《社会科学战线》2004 年第 3 期

---

① 郑君雷：《关于游牧性质遗存的判定标准及其相关问题》，《边疆考古研究》（第 2 辑），科学出版社，2004 年。

北方草原造型艺术研究的开篇

——读《中国北方游牧民族的造型艺术与文化表意》

按照造型艺术的通行定义，考古遗存庶几都可以被纳入造型艺术的范畴；而且在古代器物造型发展史上，设计艺术的第一次飞跃就是陶器的发明和使用[①]。考古学这门在世人眼中沾满泥土的学科，原来还可以吐散时尚的芬芳。不过我向来认为考古学就是考古学，考古学没有必要为提高身价或追求时尚而刻意去与艺术、科学挂钩，人文并不比艺术或科学等而下之。当然考古学研究与艺术、科学的交叉是另外一码事儿，考古学的前身之一本来就是艺术史。何况就学术大势而言，跨学科研究已成趋势。张景明的著作[②] 大量利用考古学材料，运用文化人类学理论方法讨论北方游牧民族的造型艺术和文化表意，我目前执教的中山大学，是大陆高校中唯一将考古专业设置在人类学系的教学科研单位，觉得这部著作的内容和研究方法很亲切，因此增添了拜读的愿望。

作者将北方游牧民族的造型艺术从时间上打通（自北方游牧民族诞生之际至近现代蒙古族），从地域上打通（自河西走廊至大兴安岭的北方草原地区，文化交流的讨论涉及中原、中亚、西亚、南俄罗斯草原和外贝加尔地区），从门类上打通（根据用途和质地分为"物质载体的造型艺术"和"抽象的造型艺术"，具体分为绘画、雕塑、玉石、骨木、皮毛、金银、铜铁、陶瓷、剪纸、刺绣、乐器、舞具、建筑等类别），囊括性地占有材料，全景式地展现材料，穷尽型地研究材料，堪称集北方游牧民族造型艺术资料收集和梳理之大成。作者的另一层立意是透过北方游牧民族造型艺术的形状、图案、工艺等"物像"载体来研究艺术特征和文化现象，在文化的象征表意层面进行阐释，通过艺术形式来审视北方游牧民族的艺术发展历程、文化传承交流、艺术风格、价值观念、文化心理、社会阶层性等。字里行间，能够读出作者通过北方游牧民族造型艺术的研究实例来充实中国学术界本土化理论与方法的努力；而对北方游牧民族造型艺术的非物质文化遗产界定和保护的讨论，则表现出作者强烈的现实关怀和社会责任。

《造型与表意》的另一个优点，是有着完整的认识论作为写作指导。作者在"绪

---

① 朱和平：《中国古代器物造型艺术发展的阶段性及其特征》，《艺术历史与理论研究》，中州古籍出版社，2005年，第2页。

② 张景明：《中国北方游牧民族的造型艺术与文化表意》，知识产权出版社，2013年。本文简称为《造型与表意》。

论"中归纳本书的新意主要表现在下面几点：①论证北方游牧民族工艺文化与造型艺术的概念、研究对象、理论依据和在中国造型艺术中的地位，以及部分造型艺术品作为非物质文化遗产的定论；②从社会历史背景和自然背景的角度，论述北方游牧民族造型艺术产生的渊源；③在分类研究上，按类别从古至今论述北方游牧民族造型艺术的传承与变迁；④通过造型艺术的主要内容，反映诸民族的风俗习惯、等级差别、艺术风格和思想表述；⑤阐释工艺品的造型和装饰艺术所蕴含的深刻的文化象征意义；⑥显明北方游牧民族造型艺术在与周邻民族、中原地区、南方地区、西方国家的互动发展中形成的独特文化内涵；⑦强调必须重视北方游牧民族传统造型艺术的抢救与保护工作，建立原生态文化区，促进现代造型艺术的创新与发展。以上几点，其实是作者对于北方游牧民族造型艺术研究的整体认识体系。有此认识论，才会有作者融通艺术学、文化人类学、考古学"三位一体"展开研究的方法论。《造型与表意》一书的研究方法，其实就是作者归纳的"北方游牧民族造型艺术理论与研究方法"的具体实践，这部著作的新意正是在此具体实践中得以体现出来。

《造型与表意》的第三个优点表现在写作效果上。作为2007年国家社会科学基金艺术学项目的研究成果，应该说，这是国内第一部系统研究北方游牧民族造型艺术和工艺文化的学术专著。也许是考虑到一般读者的知识背景，这部著作语言平实，没有太多"高深"的名词术语。很多人对北方游牧民族向来好奇，不过无论是古代和今天，还是中国和西方，对游牧文化都有误读——有些是浪漫想象，有些是刻板印象。想必一般读者了解到西汉外贝加尔地区的匈奴居然有汉式宫殿和铭刻着"天子千秋万岁常乐未央"的瓦当，突厥、契丹的金银器造型和装饰技术上渗透着来自中亚、西亚的文化因素，隋唐以后龙、凤、鹿、麒麟、鸳鸯、蝙蝠等动物纹饰和莲花、牡丹、葫芦、石榴等花卉图案作为北方游牧民族造型艺术象征符号的寓意与中原地区并无二致，将会对中国北方游牧文化的内涵有着更为深刻的认识。《造型与表意》一书的"内容提要"说，"该书采用图文并茂的形式，不但对艺术学、人类学、民族学、考古学等研究者有重要的参考价值，还可在广大的普通读者中展示游牧民族的工艺文化，让世人更多地了解北方游牧民族造型艺术的真谛和精髓，以推动现代民族造型艺术的发展与创新"，这个评价是中肯的，也反映了作者的写作初衷。

以北方游牧民族造型艺术的认识论为指导，在立意与效果之间，还要有章节体例的设计作为桥梁。以造型艺术、工艺文化为研究对象的著作，容易出现两种写作倾向，一种是图录资料式的、鉴赏式的，优点是通俗易懂，但是缺乏深层次的文化内涵探究和理论方法支撑；另一种是理论型的、纯学术型的，当然会有大量思辨火花和哲理启发，但是也容易流于空泛或陷入抽象，而且限制了读者范围。这两种写作方式当然都有其存在价值和写作意义，而"取长补短"的"第三条道路"也应该甚至更应该得到鼓励。《造型与表意》一书能够将材料与理论、描述与研究初步融通，亦与体例设计有关。全书十章，依北方游牧民族工艺文化的发展历史与现状、北方游牧民族造型艺术的理论与研究方法、渊源、分类研究、象征表现、传承与交流、风格与审美思想、社会阶层性、社会功能、非物质界定与保护等问题展开，各章相互关联，逐层递进而浑然一体。尤其是第四章《北方游牧民族造型艺术的分类研究》虽然有大量资料性的内容，但是放置在北方游牧民族发展的历史背景和社会背景下，紧扣草原生态环境和游牧生产生活方式展开，较好地处理了"资料"与"阐释"的关系。

作为北方游牧民族造型艺术研究理论和实践领域具有原创意义的著作，在宏阔的叙事空间和理论建构中，难免出现不周全的地方。阅读《造型与表意》一书，感觉美中不足之处主要有两点，其一是材料选取上庞杂，有泛化的缺憾；其二是对北方游牧民族造型艺术的特性表述得不鲜明，时有与"汉地"相混淆的感觉。究其原因，当是与"北方游牧民族"概念的界定有关。《造型与表意》一书中关于"北方游牧民族"概念的理解和使用，与一般艺术学、历史学研究者基本相同。但是作者的基础专业背景是考古学和民族学，恰恰这两个学科对"北方游牧民族"有着异于其他学科的新鲜研究成果。作者如果能够充分考虑这些新认识，这部著作的内在逻辑就会更清晰，于艺术学领域的贡献也就会更显著。

首先是北方游牧民族的出现时间，也就是北方游牧业的发生时间问题。作者认为公元前16世纪北方草原地区由于气候条件的变化，"生态环境趋于典型草原类型，生活在这一地区的人类群体已不再单纯地去从事农业生产，逐渐转向牧业生产，直到西周时期完全变为游牧式的生产和生活方式。从此，在北方草原地区逐渐诞生了游牧民族"（第5页），并在后面章节的讨论中将山戎视为最早冠有名号的游牧民族。一些考古学者近年来指出中国北方游牧业的起源时间较之既有认识要晚近许多，认为北方长城地带游牧专业化的转型发生在春秋晚期①，或者战国前中期②。这与作者设定的北方游牧民族的诞生时间有着相当大的时代差距，也有悖于先秦时期的戎狄不是游牧人的晚近认识③。新石器时代和夏商时期的材料对于讨论北方游牧民族造型艺术产生的背景和渊源确实有必要，但是应该与后世北方游牧民族明确区别开来。作者其实于此有着清醒认识，因此使用了"北方游牧民族诞生前造型艺术的象征符号"（第195页）、"北方游牧民族出现以前的造型艺术交流"（第219页）等表述方式，但是在实际论述中却并未加以明确区分，时常出现"在早商至春秋中期，在北方草原地区正是游牧民族的诞生之际，造型艺术开始出现游牧民族的特征"（第224页）这类表述。考虑到这部著作的学术性，我觉得在组织材料和论述时还是应明确区别开来为宜。

其次，所谓"游牧民族"只是习惯性的表述，其经济生活方式绝非单一，也不是一成不变。北方游牧民族进入中原以后，有些已经失去了游牧文化特征。我理解，作者讨论的"北方游牧民族"，强调的是在草原生态背景下以游牧作为生产生活方式的人群集团；讨论的"北方游牧民族的造型艺术"，强调的是游牧人群在对生态环境和社会

① 王明珂：《鄂尔多斯及其邻近地区专化游牧业的起源》，《历史语言研究所集刊》，第六十五本，第二分，1994年。
② 林沄：《中国北方长城地带游牧文化带的形成过程》，《林沄学术文集》（二），科学出版社，2008年。
③ 参见林沄：《戎狄非胡论》，《林沄学术文集》（二），科学出版社，2008年。

环境的适应和互动中产生的造型艺术的"民族性"和"地域性"特征。因此论述重心当是全在"游牧"这种经济文化类型，而非"族群"本身。经济文化类型是历史进程的产物，社会发展、文化交流和环境变迁均有可能带来经济文化类型的更替，而且同一民族可能分属不同经济文化类型。北魏洛阳城营建的历史背景与统万城、辽上京显然不同，似不宜作为北方游牧民族建筑造型艺术的个案进行讨论；近现代蒙古族相当一部分已转向农耕，仅仅因为是蒙古族画家便将其作品纳入北方游牧民族绘画艺术的范畴似也不妥；在"西周至北朝的陶器造型艺术"目下还介绍了西汉遗址和墓葬出土的汉陶材料（第 129～130 页），虽然指明"与游牧民族有较大的关系"，但总觉牵强。诸如此类，还需要作者斟酌。

　　作者的学术根基是考古学和民族学，有能力较之一般艺术史学者将"北方游牧民族"概念背后所隐含的社会、文化、生态和族群意义考虑得更周全、更深刻。中国现代经济文化类型划分体系中的"畜牧经济文化类型组"包括苔原畜牧、戈壁草原游牧、盆地草原游牧和高山草场畜牧四个类型[1]；王明珂将汉代北方游牧社会分为"草原游牧的匈奴"、"高原河谷游牧的西羌"和"森林草原游牧的乌桓与鲜卑"三种情况[2]，都充分表明游牧生活在自然背景和社会背景适应方面表现出来的多样性。此外，《造型与表意》在讨论造型艺术时一般是以"物像"的整体展开，而造型元素（即点、线、面、体和纹样、文字等）最能反映北方游牧民族对社会背景和自然背景的认知细节，最能体现北方游牧民族对生态环境和文化环境变化的适应和协调。例如准格尔旗西沟畔 M2匈奴墓出土的虎豕咬斗纹金带饰和虎形银节约上錾刻标记重量和制作机构的汉字（第228 页），实际涉及这些器物的产地（当地制作还是流入）的问题；库伦 1 号辽墓壁画出行仪仗图上"绑缚在一起"的五面大鼓（第 180 页，其实并未"绑缚在一起"）表现的其实是辽代的旗鼓制度[3]。作者于"造型元素"虽然也有许多认识，但是还可以作更精深讨论。

　　以上想法多是从考古学出发，自然不全面，也不一定正确。何况作者目前从教于艺术学科，著作又是国家社科基金艺术学项目的结项成果，考虑问题的侧重点自然有所不同；而且受篇幅限制，这部著作只是通论性质的，许多问题也无从充分展开。作者选择的是一个大题目，在北方游牧民族造型研究领域取得了初步的却是开创性的成果。《造型与表意》一书使用的材料其实更具"北方草原地区"的地域取向，因此将这篇读后记称为"北方草原造型艺术研究的开篇"。手头正在为文物与博物馆专业硕士学位的研究生开列书单，我把这本《中国北方游牧民族的造型艺术与文化表意》写了上去。

　　原载《中国文物报》2014 年 8 月 22 日第 4 版。发表时有较大删改，现据旧稿酌补

① 林耀华：《民族学通论》，中央民族大学出版社，1997 年，第 88～96 页。
② 王明珂：《游牧者的抉择——面向汉帝国的北亚游牧部族》，广西师范大学出版社，2008 年。
③ 林沄：《辽墓壁画研究两则》，《林沄学术文集》，中国大百科全书出版社，1998 年。

广东海上丝绸之路史迹中的"航线遗存"

广东沿海与海上丝绸之路相关的历史遗迹数量众多、遗存类型齐全。在"广东省海上丝绸之路遗迹调查、研究和编辑出版"的课题研究中，我们注意到广东沿海"航线遗存"在海上丝绸之路（中国段）历史文化遗产价值开掘和申报世界文化遗产上的意义，在此加以概述和简要讨论。

一、海上丝绸之路申遗史迹中的"航线遗存"

2008 年完成的《申报中国世界文化遗产预备名单：海上丝绸之路（中国段）》（以下简称为《申报文本》）① 指出，"海上丝绸之路（中国段）包含了承载遗产价值的海港航运体系遗存（包括海湾、码头、航标建筑、造船场、仓库、祭祀建筑、贸易管理机构、驿站、桥梁、道路、海防设施、商业街）、外销物品生产基地与设施遗存（外销瓷瓷窑、丝绸织造工场），以及文明及文化交流产物（宗教建筑、外国人聚居区及墓葬区、贸易市场）、贸易物品遗存（珠宝、香料、药材等）等主要遗产类型及其代表性遗存要素"。参照以上"主要遗产类型及其代表性遗存要素"的划分体系，我们将广东海上丝绸之路遗迹初步遴选划分为以下类型：

A. 海港航运设施。包括：①广州南海神庙明清码头、澄海樟林古港等海港码头约 30 处。②虎门炮台、深圳大鹏所城等海防设施近 30 处。③其他与海港航运设施相关的造船场、摩崖石刻等 10 余处。

B. 贸易管理机构和商埠市场。包括广州粤海关旧址、开平赤坎古镇、雷州骑楼街等近 10 处。

C. 广州南海神庙、汕尾凤山祖庙、珠海淇澳天后宫等海神信仰建筑 40 余处。

D. 海外贸易产品生产基地和设施。包括：①广州西村窑、佛山石湾窑、潮州窑、雷州窑等外销瓷烧造窑址 30 余处。②罗定箩渣冶铁场、连州过水塘采石场、云浮豪塘村制蓝场等外销手工业产品生产工场 10 余处。

E. 中外文化交流遗存。包括：①广州光孝寺、广州怀圣寺及光塔、肇庆利玛窦仙花寺等宗教遗迹约 30 处。②广州清真先贤古墓、台山方济各沙勿略墓园等 5 处外国人墓地。③广州南越王墓和南越王宫苑遗址、遂溪边湾村波斯银币出土点等舶来品出土

① 广西等 6 省（区）政府：《申报中国世界文化遗产预备名单：海上丝绸之路（中国段）》（征求意见稿），2008 年。本文关于六胜塔、姑嫂塔、圣寿宝塔、怀圣寺光塔、琶州塔和蓬莱水城的材料介绍均引自《申报文本》。

遗址与墓葬 10 余处。④其他与中外文化交流相关的碑碣、旧宅、宗祠等 10 余处。

《申报文本》注意到，"具有文化线路类型遗产特征的航线遗存（沉船等物证、重要地标等）、相关地理环境要素遗存、非物质文化遗产等，有待根据海上丝绸之路遗产价值研究和价值载体分析进行深化、补充提名"。《申报文本》提出的有待"深化、补充提名"的"航线遗存"在广东沿海有相当数量，并且具备前期研究基础，有必要作为海上丝绸之路（中国段）申报世界文化遗产的独立类型加以讨论。

在航线遗存中，"沉船"属于航线物证。"重要地标"应该理解为在地理节点意义上成为航线指南的重要地理标志物（即"航海地标"）。航海地标可以表现为沿海城市、港湾、海岛、河口、海峡、水道、岬角等具体形态（甚至包括沙洲、暗礁），具有突出的自然地理特征。某些沿海城市、海港能够得以发展并且成为航海地标，与其选址的地理位置有关。因此航海地标本质上均应当表现为某种自然地理形态，或者与某种自然地理环境密切关联。

在《申报文本》中被列入海港航运体系的"航标"，同时兼具航线遗存的特征。航标指引航道，引导船舶航行、定位、抛锚和避让滩险等碍航物，一般是专门建造设置的人工设施，"惟据外人所著海道图说所载，则知沿海显著之处，业有宝塔、守望楼、土丘、石堆及石椿等之建设，但皆用以指示帆船及渔舟于昼间行驶者也"①。

古代航标依靠船员的直接观测，属于"视觉航标"②，因此专门设置的航标设施以外，航道附近突兀醒目的楼、塔等建筑也能发挥航标作用。《申报文本》列出 6 处航标遗存，其中 5 处是佛塔（泉州六胜塔③、泉州姑嫂塔④、福州圣寿宝塔⑤、广州琶州塔、广州怀圣寺光塔）、1 处为蓬莱水城⑥，这些建筑设施的航标功能是附属性质的。当然，某些山峰、岬角、岛礁等天然存在的物体也可以起到航标作用。

专门设置以外的其他各种"航标"和所谓"航海地标"只是相对意义上的，"航海地标"与"航标"相比较显然具有宏观特征。作为"航海地标"或"航标"的海峡、河口、湾澳、岛礁、山峰、岬角等地理形态和自然物体，作为"航海地标"的沿海城市、海港等建筑设施，与地理环境直接关联，同时是海上丝绸之路"相关地理环境要

---

① 班思德：《中国沿海灯塔志》第一章《海关海务科之沿革及其工作》第一节《海务科之缘起》，海关总税务司公署统计科，1933 年印行。转引自周修东：《赫德与潮汕沿海灯塔布局和建设》，《南澳一号与海上陶瓷之路学术研讨会论文选》，（香港）天马出版有限公司，2013 年。

② 按照工作原理，古代"视觉航标"以外，近代出现"音响航标"（在雾、雪等能见度不良天气中以雾号、雾笛、雾炮等方式向附近船舶警示有障碍物或危险性），现代又有"无线电航标"（利用无线电传播特性向船舶提供定位导航信息，包括雷达反射器、雷达指向标、全球定位系统等）。参见百度百科"航标"词条。

③ 六胜塔宋政和初年（1111 年）始建，元顺帝至元二年（1336 年）重建。花岗岩建筑，八角五层，通高 36 米，是泉州湾岱屿门主航道的古航标。

④ 姑嫂塔南宋绍兴年间（1131～1162 年）始建，清乾隆四十年（1775 年）重建。坐落于泉州湾海岸的制高点，花岗岩建筑，塔身空心，通高 21.7 米。

⑤ 圣寿宝塔北宋政和七年（1117 年）始建，明永乐十一年（1413 年）和万历年间（1573～1620 年）重修。仿楼阁式石塔，八角七层，通高 27.4 米。北临闽江口，是郑和船队的瞭望塔和出入太平港的航标塔。

⑥ 蓬莱水城包括海岸军事防御设施、小海及沿岸基础设施、海神信仰的文化史迹等遗存。北宋庆历二年（1042 年）始建"刀鱼水寨"，现存形制定型于万历二十四年（1596 年）。

素遗存"的组成部分。此外,在航线指南意义上不足以称为"航海地标"的其他沿海城市、海港等人文景观,亦是航线遗存的组成部分。

二、广东海域的沉船遗址

随着 20 世纪 80 年代中期以来水下考古学在中国的迅速发展,中国海域陆续发现一批古代沉船。主要包括海南西沙"光华礁一号"南宋沉船、福建连江定海"白礁一号"南宋至元代沉船、辽宁绥中三道岗元代沉船、福建平潭"碗礁一号"清代沉船等[①],其中广东海域主要有"南海Ⅰ号"南宋早期沉船和"南澳Ⅰ号"明代晚期沉船。沉船虽然未发现船体残骸、但是确实存在海上航行活动遗留下来的"原生文化堆积层",构成沉船遗址[②]。

沉船遗址通常形成于船难,不是主动性的人类行为,与一般考古遗址的形成原因和过程有差别,但是沉船所表现出来的船舶制造技术、航海技术(包括航线选择)和船载贸易物品却蕴藏着真实的历史信息。中国海域发现的古代沉船是否属于海上丝绸之路历史遗迹的范畴,需要根据船舶性质和船货内容(不过丝绸、茶叶、书籍等有机物质不容易保存下来)等具体情况加以判断。例如泉州湾后渚宋代沉船上的大量香料显然与海外贸易品的输入有关;而福建海域"由于大部分的沉船遗址均采集到数量较多瓷器,而且这些瓷器都是成批的、未经使用过的,应该都是用来销售的商品,因此可以初步判断为这些沉船应该是出发前往国外或国内其他港口的船只,而不是从国外返航的船只"[③]。

广东海域经过水下考古调查和发掘,已经确认"南海Ⅰ号"和"南澳Ⅰ号"沉船与海上丝绸之路的贸易活动有关。还发现其他一些沉船遗址线索,其中仅有湛江吴川市吴阳镇沙角旋、汕头达濠广澳港等少数沉船遗址进行了水下考古调查[④]。

"南海Ⅰ号"南宋早期木质沉船 1987 年发现于川山群岛阳江海域,沉没于海面以下 24 米。随后中国历史博物馆与日本国水中考古学研究所合作进行水下考古调查,1989 年~2004 年国家文物局组织力量进行了 8 次水下考古调查勘探。2007 年沉船整体打捞出水,移入阳江海陵岛的"广东海上丝绸之路博物馆"继续进行水下考古发掘与保护。沉船船体结构保存较好(甲板面以上无存),推算长约 30 米、宽 9.5~9.8 米、型深 4~4.5 米。历次考古调查、试掘出水陶瓷、金属、漆木和石质文物万余件,船货以陶瓷器皿为大宗,主要是中国东南沿海窑口生产的外销瓷,来自景德镇窑、龙泉窑以及福建德化窑、闽清义窑、福清东张窑、晋江磁灶窑等窑口。

"南澳Ⅰ号"明代晚期木质沉船 2007 年发现于汕头南澳岛三点金海域,沉没深度

① 张威:《水下考古学及其在中国的发展》,《水下考古学研究》(第一卷),科学出版社,2012 年。
② 羊泽林:《福建水下考古发现与相关问题初讨》,《水下考古学研究》(第一卷),科学出版社,2012 年。
③ 羊泽林:《福建水下考古发现与相关问题初讨》,《水下考古学研究》(第一卷),科学出版社,2012 年。
④ 赵嘉斌:《水下考古学在中国的发展与成果》,《水下考古学研究》(第一卷),科学出版社,2012 年。

约为 27 米。广东省文物考古研究所、中国文化遗产研究院等单位进行多次水下考古调查、试掘和发掘。船体保存较好（上层结构已无存），长约 27 米，初步判定现存至少 25 个舱位。出水遗物以瓷器为主，其他有陶器、金属器、石器、骨器、漆木器等，以及 2 万余枚铜钱、上万件珠饰管饰和各类有机物遗存。瓷器多为漳州窑青花，也有景德镇民窑和广东梅州窑、潮州饶平窑产品。

广东海域还有其他一些唐、宋、南明、清代沉船遗址或沉船遗址线索，主要包括：湛江徐闻县灯楼角遗址的海滩地段发现瓷碗、高足盏等唐代遗物，推测附近海域可能有唐代沉船；湛江吴川市吴阳镇沙角旋沉船地点距离海岸约 500 米，沉船大部已被沙石覆盖，推测为唐代沉船；汕头饶平县公鸡岗沉船邻近福建海域，打捞出水银锭和瓷罐密封的宋代铜钱；汕头达濠广澳港和汕尾白沙湖的两艘沉船打捞出水南明遗物，与郑成功在东南沿海的活动有关；汕头南澳岛青澳湾沉船具体位置不明，打捞出水的青花瓷器年代约在清道光时期；茂名电白县莲头西海湾沉船埋在沙底，船载货物均为槟榔，沉船年代不明。

此外，湛江硇洲岛海域（出有瓷器、西班牙银币和大量清代铜钱）、珠海伶仃岛附近海域和荷包岛以南海域、汕头南澳岛屿至汕尾沿海及近海岛礁海域、湛江雷州半岛至茂名电白一带海域等地还有一批沉船遗址（或水下文化遗存）线索[1]。前述广东海域诸沉船遗址、沉船遗址线索或水下文化遗存线索多数未经过水下考古调查清理，除新会官冲乡崖门海域（银洲湖）沉船遗址和沉船疑点主要与崖门海战有关外，其他地点与海上丝绸之路的关联有待于确认。

三、广东海岸的航标遗址

广东海岸的海上丝绸之路航标遗址主要有列入《申报文本》预备名单的怀圣寺光塔、列入《申报文本》后备申报遗产点的琶洲塔，以及课题研究中初步遴选的镇海楼、赤岗塔等遗址。广东海岸航标遗址的“航标”功能多数为附加性质。

怀圣寺光塔位于广州市区光塔路北侧，寺塔合一，坐北向南。始建年代有唐、北宋、南宋诸说（或寺、塔建造时期不同说）。历代多次重修，光塔塔顶后期改造较大，但是基本样式未发生重大变化。塔身呈圆柱形，青砖砌筑，现高 36.3 米。怀圣寺是伊斯兰教传入中国后最早建立的清真寺之一，为唐宋时期广州城西“蕃坊”内的标志性建筑，是唐宋以来在广州贸易和定居的阿拉伯商人最重要的宗教活动场所。唐代光塔街一带是广州内港的主要码头区，光塔作为中国伊斯兰教的标志性建筑，兼具灯塔引航功用。《申报文本》将怀圣寺光塔列为文化交流产物类型中的“伊斯兰教史迹”和海港设施类型中的“航标”。

琶洲塔位于广州市区珠江南岸的海珠区琶洲村（原为珠江洲渚，以形似琵琶故

---

① 赵嘉斌：《水下考古学在中国的发展与成果》，《水下考古学研究》（第一卷），科学出版社，2012 年。

称）。宋代以来琶洲为广州外港，琶洲山（高20～24米）为海船导航标志。明万历二十五年（1597年）在山上建琶洲塔，清代道光年间（1844年）修缮。琶洲塔为八角形楼阁式塔，砖木结构，外观九级（内17层），高50余米。琶洲塔由于相关保护、管理、研究等基础资料缺乏，《申报文本》列为后备申报遗产点。

广东海岸与海上丝绸之路有关的航标遗址还有广州越秀山"镇海楼"（明洪武十三年始建，五层楼阁，是广州城的标志性建筑物，清代列入羊城八景）、广州珠江南畔"赤岗塔"（明万历四十七年倡建，天启年间续建完成，八角九级楼阁式砖塔。与琶洲塔、莲花塔并称广州三塔，是珠江口的导航标志）、阳江阳东县北津村"独石塔"（清乾隆年间初建导航石标，嘉庆二十二年重建为圆锥形实心石塔，兼具文塔功能）、揭阳惠来县神泉镇"玉华塔"（清乾隆十八年倡建，八角七层贝灰夯筑实心塔，为神泉港航标）、揭阳惠来县神泉古庙"烟墩"遗址（由一些天然巨石垒砌而成，唐代以来是闽、粤、浙商船的航行标志，也是商贾民众朝拜、登高望远的场所）和江门台山市川岛镇石笋村"航海石标"（花岗石，推断1514年葡萄牙人首次来华时设立）等。

四、广东海上丝绸之路史迹中的航海地标

航海地标具有时代特征，也具有层级特征，海上丝绸之路上不同形式（航程、规模、性质等）的航海活动可能对应着不同层级和各种形式的航海地标。因此，广东海上丝绸之路上的沿海城市（诸如广州、汕头、汉代徐闻）、海港（诸如饶平县柘林港[①]、吴川市芷寮港）、海峡（琼州海峡）、河口（诸如珠江口、韩江口）、岛屿（诸如川山群岛、南澳岛）、湾澳（诸如雷州湾）、水道（诸如崖门水道、担杆水道）等均可能潜具航海地标的意义。

举例而言，吴川市吴阳镇的芷寮古港是明代福建、广州、潮州商船集散地，"明万历间，闽广商船大集，创铺户百千间，舟岁至数百艘，贩谷米，通洋货。吴川小邑耳，年收税饷万千计，遂为六邑最"[②]。芷寮古港的商贸辐射范围虽然仅限于闽广地区，并非海外贸易港口，但是对往返芷寮古港的闽广商船而言仍然具有航海地标意义。

再如，西汉武帝元鼎六年（前111年）徐闻置县，汉代徐闻是海上丝绸之路南海航线的主要始发港口之一[③]。徐闻二桥遗址南临琼州海峡，推断为西汉合浦郡治和两汉徐闻县治。琼州海峡平均宽约30千米，平均水深44米，东西潮汐差异大，风向、海流复杂，航行危险，因此唐代自交趾航海归来仍然在此舍舟登陆入粤[④]。汉代徐闻港作

---

① 柘林港位于潮州市饶平县柘林湾东部旗头山下。唐宋至明清柘林港是潮州对外贸易主要港口和民众出洋谋生的口岸。清代海禁解除后，港内常停泊"红头船""大龟船"三四百艘。潮州货物自此北上津沪，南下吕宋、安南、马来亚等地。

② （清光绪）《吴川县志》。

③ 《汉书·地理志下》记"自日南障塞、徐闻、合浦船行可五月，有都元国；……"

④ （唐）刘恂：《岭表录异》记"舟子曰：此鳅鱼喷气，水散于空，风势吹来，若雨耳。交趾回人，多舍舟，取雷州缘岸而归，不惮苦辛，盖避海鳅之难也"。

为潮汐变化的缓冲地带，成为观测季风海流俟机起航的船舶集结地[1]，是海船通行琼州海峡或者舍舟登陆的航海地标。二桥遗址"前临海。屺起三墩，中有淡水，号龙泉"[2]，三墩则是进出徐闻港的航海地标（也可以理解为进出徐闻港的航标）。

又如珠江口西部的川山群岛（包括上川岛、下川岛及周围小岛），作为明代葡萄牙人海洋航行的重要据点（现存川岛镇大洲湾商贸遗址[3]和大象山方济各沙勿略墓园[4]），可以视为明代葡萄牙远东海洋贸易的航海地标。而东沙群岛[5]发现有汉代以来的古钱币，《郑和航海图》上称为"石星石塘"，也具有航海地标的意义。

在此重点讨论航海地标特征特别突出的南澳岛。南澳岛是广东省最大海岛（主岛面积约 108 平方公里），地处韩江入海口外侧的闽、粤、台三省交界海域（南澳岛至台湾高雄猫鼻头之间连线为南海与东海地理分界线），素称"东南之门户，闽粤之咽喉"[6]，历史上是闽广沿海及其与东南亚等地商贸航运的重要港口，"南澳Ⅰ号"明代沉船即发现于南澳岛云澳镇东南的三点金海域。

考古发现证明南澳岛唐宋时期已经成为海上丝绸之路上的港湾，明清时期地位更加突出。明代有"海上互市"和"番船渊薮"[7]之称，从漳州月港往返东南亚的外国商船"必经此路"[8]，吕宋、琉球、占城、暹罗、真腊等国"番舶为患"[9]。郑和船队曾经五次停靠南澳岛，在《郑和航海图》上记录为导航"望山"。16 世纪初至 17 世纪上半叶南澳岛成为中外私商的贸易据点，是葡萄牙人"日本贸易航线"和荷兰人"台湾—日本—东南亚三角贸易"的中转港口，荷兰人称为"好望角"[10]。南澳岛也是明清时期闽广沿海商贸活动的中转港口，"凡闽船入广，广船入闽，皆不能外"[11]。由于地理位置特殊重要，明万历三年（1575 年）置福建、广东两省共管的南澳副总兵，清康熙二十四年（1685 年）升南澳总兵，管辖闽南、台湾、粤东海域军事。

南澳岛以其优越的地理位置和自然环境积聚海洋贸易商旅，与地方行政机构、军事机构和渔业聚落结合，发展成为因海外贸易而兴盛的"海港—要塞—渔业聚落"型

---

①　陈立新：《论汉代徐闻港在海上丝路史上的地位和作用》，《海上丝绸之路与中国南方港学术研讨会论文集》，《岭南文史》2002 年增刊。

②　（清宣统）《徐闻县志·舆地志》。

③　大洲湾遗址是明代葡萄牙殖民者在中国最早进行陶瓷贸易的地点，出土瓷器对研究明代中期建立的中西海上陶瓷之路的早期历史具有重要价值。

④　方济各·沙勿略（Francois Xavier，1506～1552 年），西班牙人，是首位来华的天主教耶稣会传教士。方济各·沙勿略卒葬于上川岛（1553 年迁葬于印度果阿），墓园始建于 1552 年，后经多次重修和扩建，现有墓堂和墓塔等建筑。

⑤　东沙群岛最早见于（晋）裴渊《广州记》："珊瑚洲，在（东莞）县南五百里，昔有人于海中捕鱼，得珊瑚"。东沙群岛清代有"石星石塘"、"石里长沙"、"南澳气"、"落漈"、"大东沙"、"月牙岛"、"月塘岛"等名称。参见《中国海岛志》广东卷第一册（广东东部沿岸），海洋出版社，2013 年，第 655 页。

⑥　（清道光）齐翀：《南澳志》卷三"建置"。

⑦　（明）陈天资：《东里志》。

⑧　顾炎武：《天下郡国利病书》，上海古籍出版社，1995 年，第 321 页。

⑨　（明）杨彩延：《南澳赋》。

⑩　[荷兰]Capo de Goede Hoop 著，程绍刚译：《荷兰人在福尔摩沙 1624～1662》，台北联经出版事业公司，2000 年，第 133 页注释。

⑪　（清道光）齐翀：《南澳志》卷三"建置"明万历三年《请设南澳总兵疏》。

岛屿。作为海上丝绸之路（中国段）南海航线和东海航线的交汇节点和贸易枢纽，南澳岛在海上丝绸之路（中国段）航线上的航海地标特征和相关地理环境要素遗存特征非常突出，成为广东海上丝绸之路航海地标的突出代表。

五、广东"航线遗存"与海上丝绸之路（中国段）申遗

广东海上丝绸之路"航线遗存"一般符合世界文化遗产价值标准的第 iii、iv、v、vi 条。

（1）标准 iii：能为传衍至今的或已消逝的文明或文化传统提供独特的或至少是特殊的见证。

沉船遗址作为海上丝绸之路文化遗产的特殊类型（水下遗迹堆积），沉船、航标和航海地标作为航线遗存，将海上丝绸之路（中国段）表现为一个动态的海洋航运体系，具有"文化线路"类型遗产的典型特征，为以海上丝绸之路为代表的中国古代海洋文化、海上交通和海外贸易提供了物证。

（2）标准 iv：人类史上一个或几个重要阶段中的某种景观类型的杰出范例。

海上丝绸之路（中国段）由海港航运体系、外销物品生产基地与设施遗存、文明及文化交流产物等各种类型遗存共同构成一套完整的海洋航运体系和海洋人文、商贸交流的景观体系，"航线遗存"类型是此海洋航运体系和景观体系的重要组成部分。

（3）标准 v：是某种人类传统定居或对土地或海洋的使用方式的典型范例。

海上丝绸之路（中国段）的航海活动是中国古代居民致力于开拓海洋经济、利用海洋资源的体现。古代海船的船体结构及其远洋航行活动，船标和航海地标所代表的航线选择，表现出中国古代居民对海洋地理环境的适应以及对航海知识（泊驶、导航、季风和洋流等）的精准掌握。沿海城市、海港、岛屿作为航海地标，亦与其兼具补给港、中转站和货物集散地的功能有关。因海外贸易而兴的"港口型城市"或者"港湾型岛屿"，涵括市政建设、海港设施、贸易市场、行政设施、军事防御等诸多内容，是中国古代居民充分利用滨海和海洋地理环境资源的典范。

（4）标准 vi：与具有突出的普遍意义的事件、活传统、观点、信仰、艺术作品或文学作品有直接或实质的联系。

航线遗存本身就是"海上丝绸之路开通"这一世界航海史和经济文化交流史上重大事件的产物。兼具航标功能的寺塔与佛教、伊斯兰教东传有关，作为航海地标的沿海城市、海港和岛屿普遍存在"妈祖"等海神信仰。不同"航线遗存"往往还有各自关联的具体内容，例如"南澳 I 号"沉船与明代后期"隆庆开海"[①]有关，南澳岛与"郑和下西洋"联系密切。

---

① 明洪武三年（1370 年）罢市舶司实行海禁。隆庆元年（1567 年）开放月港，允许漳州、泉州商人进行有限制的海上贸易，至崇祯六年（1633 年）月港"洋市"关闭。"隆庆开海"是中国明清经济史和海外交通贸易史上的重要事件，中国商人借此积极参与东亚和太平洋贸易圈的商贸活动，促进了明朝国内商品经济和社会的发展。

广东"航线遗存"扩展了海上丝绸之路（中国段）文化遗产类型的遗存分布地域，并且在不同层面上表现出遗存时间上的明确性、遗存内涵上的代表性和地理空间上的节点性等价值特征，文化遗产的真实性和完整性、遗产价值的丰富性和代表性、发掘保护的科学性和开发利用的前瞻性等特征也较突出。但是广东"航线遗存"在海上丝绸之路（中国段）申报世界文化遗产上的最大意义，还是遗存类型上的补充性。

《申报文本》提出："针对海上丝绸之路（中国段）整体价值构成的复杂性，组织全国的学术研究力量，深化海上丝绸之路遗产价值研究的系统性，通过遴选和扩展符合突出普遍价值的、可对丝绸之路整体价值做出支撑的缺失线路遗产品类，使之渐趋完善"。2012 年国家文物局公布扩充后的海丝申遗预备名单，具有文化线路类型遗产特征的航线遗存和相关地理环境要素遗存仍属空白，遗存类型的完整性有所欠缺。作为海上丝绸之路遗产类型上的重要补充，广东"航线遗存"的遴选确定，显著地完善了海上丝绸之路（中国段）的遗产类型和遗产要素，这正是本文写作的初衷。

本文为郑君雷、张晓斌合作

北魏洛阳外郭城复原研究的初步检讨

北魏洛阳城的考古勘查始于1954年[1]，不过既往复原研究主要是根据《洛阳伽蓝记》[2]等文献进行，涉及营建规划、形制以及城门、道路、里坊、市场、寺院、水道等诸多方面,周祖谟[3]、宿白[4]、王仲殊[5]、杨宽[6]、孟凡人[7]、贺业钜[8]等先生还绘制出复原示意图。仅就外郭城考古工作而言，20世纪60～80年代对北郭、东郭和西郭城垣和周围水道进行了勘探试掘[9]，1985年以来对西郭城进行了钻探和发掘[10]。根据外郭城和水道的考古勘查材料，可以对既往复原研究作些检讨。

一、文献复原与考古勘查

北魏洛阳三城环套，其中外郭城范围为"京师东西二十里，南北十五里"，内城（汉魏洛阳城）"亦曰九六城"[11]。曾经有学者否认外郭城的存在，不过代表性的观点以为，"外郭城城墙，史籍无明文记载。城东因《洛阳伽蓝记》提到有郭门，估计会有城墙。其他三面，西有张方桥，北依邙山，南临洛水和伊水，这三面是凭借山水以代城墙，还另筑城墙，只好待将来考古勘查或发掘时来定"[12]。

根据考古勘查，北魏洛阳外郭城至少北、东、西三面有城墙。邙山南坡的北郭城墙20世纪60年代尚存1300余米；西郭城墙依北南流向壕沟（"长分沟"）走向，在其东侧"略呈西北至东南方向的折拐修筑"，"城垣夯土残存长度为4400米，按直线长度距离计算长度应为3800米"；"东廓城垣基本与内城东垣平行，呈直线形。残存夯土城垣断续连接，长度约1800米"；但是"在洛河故道南面、伊水北面的地带内"尚未发

① 阎文儒：《洛阳汉魏隋唐城址勘查记》，《考古学报》1955年第9期。
② 以下简称《伽蓝记》。本文引用史料未出注释者均见周祖谟：《洛阳伽蓝记校释》，上海书店出版社，2000年。
③ 周祖谟：《洛阳伽蓝记校释》，中华书局，1963年；上海书店出版社，2000年。
④ 宿白：《北魏洛阳城和北邙陵墓——鲜卑遗迹辑录之三》，《文物》1978年第7期。
⑤ 王仲殊：《中国古代都城概说》，《考古》1982年第5期。
⑥ 杨宽：《中国都城制度史研究》，上海古籍出版社，1993年，第143页。
⑦ 孟凡人：《北魏洛阳外郭城形制初探》，《中国历史博物馆馆刊》1982年第4期。
⑧ 贺业钜：《北魏洛都规划分析》，《中国古代城市规划史论丛》，中国建筑工业出版社，1986年。
⑨ 中国社会科学院考古研究所洛阳汉魏城工作队：《北魏洛阳城外廓城和水道的勘查》，《考古》1993年第7期。以下引用外郭城考古勘查数据均出自该文。
⑩ 中国社会科学院考古研究所：《北魏洛阳城内出土瓷器与釉陶器》，《考古》1991年第12期。
⑪ 《元河南志》卷二《成周宫阙古迹》。
⑫ 孟凡人：《北魏洛阳外郭城形制初探》，《中国历史博物馆馆刊》1982年第4期。

现南郭城墙的迹象。

北郭城后据邙山，地形局促，且《伽蓝记》对"城北"记述不多，并称凝玄寺"地形高显，下临城阙"，因此多数学者认为北郭城与内城北城墙之间为"二里之地"或"两列里坊"（南北方向）。考古勘查表明北郭城墙"与现存地面上的内城北垣基本平行，两城垣最近距离为 850 米"，说明既往依据文献对于北郭城的复原是正确的。争论较大的是相对于内城而言，东、西郭城是否基本对称布局，以及南郭城的范围、南郭城是否有城墙。

关于东、西郭城，多数学者根据《伽蓝记》建春门外"七里桥"和"出阊阖门城外七里长分桥"两条，认为范围大致相若，加内城东西六里之数合为"京师东西二十里"。孟凡人先生则认东郭城宽约五里，西郭城宽约九里。就史料分析而言，孟文对于东、西郭城范围的考察显然更加周全。但是考古勘查表明，"西廓城距离内城西垣，短者 3500 米，相距最长处为 4250 米"，东廓城墙"位于内城东城垣东 3500 米"，东、西郭城墙整体上大致与内城对称布局。虽然西郭城墙较曲折，但是东、西郭城的范围不至于偏差到"九里"与"五里"之大，这个矛盾如何解释？

南郭城处在今洛河和洛河故道范围，考古勘查难度较大，对于南郭城范围以及是否存在南郭城墙，争论最多。据"宣阳门外四里"的"永桥"条，多数学者认为南郭城主体在洛河以北，以此南郭四里、北郭二里、内城九里相合，适为"南北十五里"的京师范围；但是同意洛河南岸"永桥以南、圜丘以北，伊洛之间，夹御道"两侧的四夷馆、四夷里等处仍然属于南郭城范围。由于里坊数量记载不一，有些学者认为洛河南岸的郭城建设并未完成，"御道"两侧还应当预留有建设用地。

二、坊里、道里与营建里

作为北魏洛阳城复原的基础史料，《伽蓝记》等文献中与数字连用的"里"字，有时用为道里之"里"（长度计量单位），如"京师东西二十里，南北十五里"；有时用为里坊之"里"（行政区划单位），如"合有二百二十里"。不同语境中的"里"字究竟指代什么，以及作为长度单位的"里"与今天长度单位的换算比值，需要认真讨论。

《元河南志》称汉魏洛阳（即北魏洛阳内城）"俗传东西六里，南北九里，亦曰九六城"。《后汉书·郡国志》注引《帝王世纪》记为"城东西六里十一步，南北九里一百步"，《晋元康地道记》记为"城内南北九里七十步，东西六里十步"，精确到只能用作长度计量单位的"步"，反证《元河南志》的"里"也是长度单位。劳干先生否认北魏洛阳外郭城的存在，认为北魏洛阳城仍魏晋旧制，因此误以"京师东西二十里，南北十五里"是指闾里[①]。

"出青阳门外三里，御道北有孝义里"、"出阊阖门城外七里，有长分桥"、"（白马）

---

①　劳干：《北魏洛阳城图的复原》，《历史语言所集刊》第二十本（上册），1948 年。

寺在西阳门外三里御道南"这类记述中的"里"字首先应该理解为长度单位。"出建春门外一里余，至东石桥"显然更是长度单位；"七里桥东一里，郭门开三道"也是在讲距离，因为七里桥以西的东郭范围只有建阳里、绥民里和崇义里3个里坊，而且城门不能开在里坊内。而寿丘里"其间东西二里，南北十五里"则是指里坊，因为在实测图上，洛河故道在处郭城西南处（西石桥村至孙家岗村西北）明显向北弯曲，"南临洛水，北达邙山"之间的距离显然不足"十五里"。

　　考古勘查材料发表以后，有学者注意到"京师东西二十里，南北十五里"与实测数据的矛盾，指出"根据考古勘察确定的外郭城范围，可见其东西距离在二十里以上，南北距离应古洛河的曲折而有变化。若以洛河浮桥或浮桥以东的南界计算尚不足十五里，而浮桥以西地区则可能超过十五里"[1]。这个问题需要从古今长度单位的计量换算比值、《伽蓝记》等文献记述的精确度、南郭城的范围，以及郭墙并不规整等方面一并考虑。

　　北魏洛阳城复原和研究中，有些学者以1里300步、1步5尺、1尺为29.6厘米（北魏后尺）推算北魏1里约合444米。实测图上，闾阖门至建春门延长线上的东、西郭城距离约为10300米（依道路，略有曲折），合北魏23里余，超出"东西二十里"。在南北方向，北郭城墙至故洛河北岸大郊寨（村庄北侧，永桥附近）不足6200米，约合北魏14里；至王圪垱村南（一般认为圜丘在此位置）距离约9200米，约合北魏近21里，均与"南北十五里"有出入。还有学者以1里300步、1晋步为6尺，1晋尺为0.24米，合每里为432米[2]；甚至"以每步一米计"[3]，差距会更悬殊。

　　陈连洛先生根据方山永固陵的文献记载和考古实测数据，推算北魏"营造尺"为32厘米、"营造里"为576米[4]。以此折合，则北魏洛阳外郭城墙东西距离（闾阖门至建春门延长线）约合北魏"营造里"不足18里，数值出入程度与前种换算方法近似。在南北方向（北郭城墙至永桥附近）约合北魏"营造里"将近11里，与文献记载差距太大（南北方向如果延长至王圪垱村南，约合北魏"营造里"16里，稍超出"南北十五里"）。陈文的尺、步数值换算还可以讨论[5]，但是"营造里"的概念确实有启发性。

　　堪可注意的是，《隋书·律历志》记有"东后魏尺"（或作"东魏后尺"、"东魏尺"[6]），陈梦家先生认为此"山东民间大尺"[7]即东魏、北齐以来"山东"地区的长尺，"比隋开皇、唐大尺（29.5厘米）约为一尺二寸，比汉尺约为一倍半"，推算长度有约

　　① 李久昌：《北魏洛阳里坊制度及其特点》，《学术交流》2007年第7期。
　　② 王铎：《北魏洛阳城规划及其城史地位》，《华中建筑》1992年第2期。
　　③ 张金龙：《北魏洛阳里坊制度探微》，《历史研究》1999年第6期。
　　④ 陈连洛：《从大同北魏永固陵制看古代的长度单位一里》，《山西大同大学学报》第23卷第3期（2009年）。
　　⑤ 陈文以方山永固陵"室中可二丈"折算尺长0.32米；但是以封土"广为六十步"（实测为117米），以六尺为步折算尺长0.325米似有问题。旧时"营造尺"皆以五尺为步，而且封土流失只能使尺值变小、而非变大。
　　⑥ 《隋书·律历志上》记"东后魏尺实比晋前尺一尺五寸八毫"，"齐朝因而用之"。"东后魏尺"在《宋史·律历志》及《玉海》记为"东魏后尺"，武英殿本《隋书》作"东魏尺"。参见陈梦家：《亩制与里制》，《中国古代度量衡论文集》，中州古籍出版社，1990年。
　　⑦ 《旧唐书·食货志上》"又山东诸州，以一尺二寸为大尺，人间行用之"。

34.7 厘米和 35.4 厘米两个数值[①]。取中间约数 35 厘米／尺，以 1 步 6 尺计，则 1 里合 630 米。以此换算，北魏洛阳城外郭城墙东西距离约合当时 16 里余，南北距离约合当时 14.6 里（至王圪垱村南），略与"南北十五里"相当。

以上三种换算方法或在南北方向，或在东西方向，与文献记载比较均有未妥之处，因此需要考虑是否还有其他换算方法。一般认为，中国古代长度计量单位以"六尺为步"和以"五尺为步"的变化发生在唐代，但是 1 里为 1800 尺的基础比值一直不变（即 1 步为 6 尺时，1 里 300 步；1 步为 5 尺时，1 里 360 步；变化的只是步数和尺值）。陈连洛先生即是以六尺为步推算"营造里"长度，但是，唐代以后历代"营造里"却均以五尺为步。

北魏是中国度量衡史上单位量值增长最剧烈的时期，孝文帝改革后不久风行"长尺、大斗、重秤"[②]。东魏、北齐的山东长尺也许渊源自北魏，或者杨衒之（时为东魏抚军府司马）写作《伽蓝记》时使用东魏尺度，皆合乎情理。能否认为，东魏的"营造里"虽然是 1 里 300 步，不过仍然是 1 步 5 尺（尺值约 35 厘米，山东长尺），则东魏"营建里"折合 525 米。以此检验北魏洛阳外郭城墙东西距离（阊阖门至建春门延长线），适为近似 20 里，与《伽蓝记》记载最为符合。依此换算比值，则圜丘宜推定在大郊寨与王圪垱村之间，大致在倪家庄以南位置，合当时 15 里。

古代里、步、尺的换算关系和尺值较复杂，同时也有演变、稳定、沿用的过程。明乎此，验之考古实测数据，我们发现《伽蓝记》等文献的记述实际使用了不同里程尺度标准。

第一，以东魏"营造里"折算的 525 米／里（换算方法为 1 里 300 步、1 步 5 尺、1 尺为 35 厘米）检验，并且将圜丘推定在倪家庄以南，与《伽蓝记》对外郭城四至里程的记述最相符合；但是与《伽蓝记》对内城、郭城的其他记述差距颇大。

第二，以北魏"营造里"折算的 576 米／里（假设数值准确，换算方法为 1 里 300 步、1 步 6 尺、1 尺为 32 厘米）检验，只有"出阊阖门城外七里长分桥"条较合文献，阊阖门至张方沟实测约 4250 米，合当时 7.4 里不足。但是与《伽蓝记》的其他记述差距甚大，如从建春门至"七里桥东一里"的"郭门"实测距离不足 3600 米，仅合北魏"营造里"6 里余。

第三，以通行方法折算的 444 米／里（换算方法为 1 里 300 步、1 步 5 尺、1 尺为 29.6 厘米）检验内城范围，阊阖门至建春门一线实测距离为 2680 米，折算后适为 6 里稍奇，合"九六城"之数；再如实测图上白马寺至西阳门一线不足 1200 米，只有以 444 米／里换算，方大致符合"三里御道南"之位置。但是这种折算方法与文献记载的郭城四至范围不符；验之"长分桥"条，却折合当时约 9.6 里，恰为孟凡人先生复原的西郭城里程。

杨衒之记述北魏洛阳时或许掺杂使用了几种里程尺度，记述京师范围似乎用的是

① 陈梦家：《亩制与里制》，《中国古代度量衡论文集》，中州古籍出版社，1990 年。
② 王云：《魏晋南北朝时期的度量衡》，《中国古代度量衡论文集》，中州古籍出版社，1990 年。

东魏营造里制，记述内城和郭城内部时主要是北魏里制，其实都不严格。这恰恰是北魏洛阳城有一个营建发展过程的反映。杨衒之"重览洛阳"，感"黍离之悲"而成书，没有必要刻意记述、也未必知道精确里程，而且还可能有以"里坊"不严格地借指"里程"的情况。

作为行政区划的"里"本自长度单位，理论上两者长度等同，事实上里坊却大小不一。北魏洛阳城里坊的标准面积为"方三百步为一里"的444米见方，实际差异悬殊。"京邑诸坊，大者或千户，五百户……"①，暂不论寿丘里，景明寺"东西南北方五百步"、归正里"三千余家"，都是例子，这些情况与隋唐长安城是相似的。但是这并不排除有些排列较为整齐的标准"里坊"与"道里"存在逐一对应关系。

"青阳门外三里"云云，多数是习惯上的经验表述，况且北魏洛阳的外郭城墙并不规整。仅依据"七里桥"和"长分桥"两条记载，认为东、西郭城范围各自七里，实际上是将"里程"完全混同于"里坊"；而将城东复原为五里、城西九里，就里坊数目而言可能正确，但这并不是距离内城的实际里程。

三、东郭城以及建春门外诸石桥

孟凡人先生根据《伽蓝记》关于东郭城的记载，"以'方三百步为一里'推算，并考虑里坊间以及里坊与桥的间距"，认为大致"崇义里距建春门约三里余；七里桥近四里，郭门约为五里"。在此不能将建阳里、绥民里和崇义里均以"方三百步为一里"来推算里程，至少"方三百步"的建阳里无论如何也不可能盛置"璎珞等十寺"再加上"二千余户士庶"②。

多数学者认为《伽蓝记》东郭城的"七里桥"即是《水经注》七里涧上的"旅人桥"③，孟凡人先生认为"七里桥的'七里'是指对洛阳宫的距离而言。洛阳宫与内城东城墙的距离，依考古勘查实测图观察，约为三里。这样，七里桥距内城东城墙的距离约为四里，……以此为准，大致可以推断七里桥在今大石桥村西附近，郭门则在七里桥东一里"。我们认为，七里桥的位置，以及该桥是否旅人桥，需要结合东郭城的水道一并考虑。谷水环绕洛阳城内外的流段一般称为阳渠或渠水，在建春门外大道阳渠（上谷水东流）一线，《伽蓝记》和《水经注》共记载了4座石桥，实际至少5座。

考古勘查"建春门外的阳渠水道，一条南流环城而行；另一条则向东流去。这条东流的水道位于建春门外大道的北侧，二者并行，相距约15米左右。……距离建春门约800米的位置处，水道向南拐折，其东西宽度为30米，建春门外大路在此处架桥而

① 《魏书·甄琛传》。
② 《洛阳伽蓝记》卷二："（建阳）里内有璎珞、慈善、晖和、通觉、晖玄、宗圣、魏昌、熙平、崇真、因果等十寺。里内士庶，二千余户。"
③ 《水经注》卷十六：谷水"出自城池也。其水又东，左合七里涧。……涧有石梁，即旅人桥也"。《水经注疏》卷十六"谷水"杨守敬按："《环宇记》引陆机《洛阳记》，城东有石桥以跨七里涧。"

通行。……水道过建春门外大路后，复折拐向东略偏南方向延伸，穿过外廓城东城垣
继续向东"。与《水经注》"谷水又东屈，南经建春门石桥下……又自乐里道屈而东出
阳渠"相符。

　　"谷水周围绕城，至建春门外，东入阳渠石桥，桥有四石柱，……出建春门外一里
余，至东石桥。南北而行，晋太康元年造。桥南有魏朝时马市，刑嵇康之所也。……
魏昌尼寺，……在里东南角。……东临石桥。此桥南北行，晋太康元年中朝时市南桥
也。……崇义里东有七里桥，以石为之"。这段记述明确讲到阳渠石桥、东石桥、市南
桥和七里桥 4 座石桥。

　　《伽蓝记》记述"东石桥"至"市南桥"一段辞意混乱，因此周祖谟先生在"魏
昌尼寺"条"即中朝牛马市处也，刑嵇康之所"校释"此与上文重复"，并将"市南
桥"误为《水经注》中的"马市石桥"；熊会贞也误将"东石桥"和"市南桥"混为一
桥，称为"马市石桥"。《伽蓝记》自建春门依向东记述，揣度文意，魏昌尼寺当在绥
民里而非建阳里，东临"市南桥"。东石桥"桥南有魏朝时马市"，更东石桥称为"市
南桥"，很明显是两座桥。

　　建春门外的"阳渠石桥"和"东石桥"，应当即是《水经注疏》熊按"建春门外二
桥，一纵一横"①。但是熊会贞以纵者为"建春门石桥"、横者为"马市石桥"又误。无
论"马市石桥"是东石桥还是市南桥，皆已明言"南北而行"或"南北行"（纵）。而
"阳渠石桥"（即"建春门石桥"）建筑在"南流环城而行"的阳渠之上，直建春门外大
道，当为东西向（横）。东石桥则建筑在东流阳渠上，即《水经注》中的"马市石桥"
（亦可称为"魏时马市"以北的"市北桥"）；东流阳渠与建春门外大道交叉处当有第 3
座石桥，距建春门 800 米，只能是东西通向，不会与"南北行"的"市南桥"混淆。
第 4 座"市南桥"已在道南；第 5 座为"七里桥"，因为阳渠东流，只能是南北通向。

　　朱超石《与兄书》云："（旅人）桥去洛阳宫六七里，悉用大石，下圆以通水，可
受大舫过也，奇制作"②。考察这几座石桥，只有第 4 座"市南桥"最接近此里程数。
第 3 座石桥实测距离宫城东墙约 1750 米，以 444 米 / 里折算，近似当时 4 里；第 5 座
"七里桥东一里"即是郭门，实测宫城东墙至郭城东墙距离（建春门东西延长线）约为
4600 米，扣除 1 里 444 米之数，约合当时 9 里余。《水经注》称旅人桥"题其上云：太
康三年十一月初就功，日用七万五千人，至四月末止。此桥经破落，复更修补，今无
复文字"③，所以《伽蓝记》强调"澄之等盖见此桥（市南桥）铭，因而以桥为太康初造
也"④。至于七里桥的方位，当在大石桥村东南。

　　北魏洛阳城的水道系统建设颇具规划。"谷水周围绕城"并引入城内，自建春门

---

　　① 《水经注疏》卷十六"谷水"熊会贞按："《御览》七十五引戴延之《西征记》，建春门外二桥，一纵，一
横。所谓纵者，指此，所谓横者，指下马市石桥也"。
　　② 《水经注》卷十六"谷水"。
　　③ 《水经注》卷十六"谷水"。
　　④ 《洛阳伽蓝记》称市南桥建于"晋太康元年"似有误，原因大概也是将"东石桥"和"市南桥"混为一桥。

外东流一支《水经注》以为即七里涧，局部河段亦谓九曲渎、洛阳沟。七里涧这条漕运通道始自巩县西的洛口，至建春门外沿内城东墙外侧阳渠道至太仓。北魏洛阳内城十二门"皆有双阙石桥，桥跨阳渠水"[①]，东郭的旅人桥是中国最早的石拱桥，南郭的永桥是浮桥，西郭的"长分桥"则是分水桥。

四、南郭城兼及北魏洛阳里坊数目

北魏洛阳城在洛河以南有四夷里等建筑，而且文献中对里坊数量记载不同，加之考古勘查暂未发现南郭城墙遗迹，因此南郭城的情况对于北魏洛阳城复原，以及了解洛城的营建规划和里坊数量至为关键。

关于郭城南界和郭城南墙。有些学者认为洛河就是郭城南界，以此复原方案，外郭城略呈横长方形，南郭城墙当建筑于洛河北岸；或者认为当时洛水即是天然防线，没有必要沿洛水北岸建筑南郭城墙。有些学者认为永桥至圜丘之间南北约5里、东西约4~5里的区域亦是南郭范围，则外郭范围略呈"凸"字形。还有些学者认为永桥至圜丘之间洛南里坊的东西两侧有待于扩建，甚至认为外郭城南北规划距离亦是"二十里"。

首先指出，宣阳门至永桥距离不是通常认为的4里，而是3里。《伽蓝记》此条宜句读为"宣阳门外四里，至洛水上，作浮桥，所谓永桥也"[②]，即第4里之地已经是洛水之上的永桥；而非"宣阳门外四里，至洛水，上作浮桥"。根据实测图，宣阳门（大致复原位置）至故洛河北岸（大郊寨）不足1300米，依444米/里折算勉强合3里之地。有文献记为"城南五里，洛水浮桥"[③]，似是为在宣阳门一线补足"南北十五里"之数。宣阳门一线的考古实测，说明所谓"南北十五里"是指北郭城墙至圜丘而非至永桥的距离。

还需要说明，依据前面里程换算的讨论，圜丘位置宜推定在大郊寨与王圪垱村之间的倪家庄以南，而非通常认为的王圪垱村南。《水经注》仅言及"伊水又东北至洛阳县南，迳圜丘东"[④]，并未说"迳圜丘南"，圜丘不一定邻靠伊河北岸。因此"永桥以南，圜丘以北，伊洛之间，夹御道"的诸里坊，范围应当小于通常认为的南北约5里，东西方向（尤其是西侧）或可相应地扩大一些。

另外，《伽蓝记》记述寿丘里已经"南临洛水"，津阳门以南仅言及"门外三里御道西"的高阳王寺，开阳门以南仅言及"门外三里"的报德寺及附近的"汉国子学堂"，宣阳门以南"3里之处"有永桥，因此洛河以北的南郭建筑范围可能止于内城诸南门"外三里"的东西连线（即永桥的东西延长线），在此连线以南至洛河北岸的区域

① 《水经注疏》卷十六"谷水"熊会贞按：《环宇记》引《晋书》，洛阳十二门，皆有双阙石桥，桥跨阳渠水。"
② 周祖谟：《洛阳伽蓝记校释》，上海书店出版社，2000年。
③ 《昭明文选·闲居赋》李善注引《河南郡县境界簿》。
④ 《水经注》卷十五"伊水"。

（基本是永桥以东）尚有待于建设。

既往有些复原方案大致以南郭一带的故洛河为东西平直走向，以为邙山至洛河间已经达"南北十五里"之数，显然错误。由于洛河故道弯曲，南郭一带河道整体呈西北—东南走向，有些学者认为大致以宣阳门至永桥连线为界，以西区域不足"南北十五里"，以东区域基本为"南北十五里"，仍然不尽妥帖。现在已经明确，京师"南北十五里"已经到圜丘，显然洛南里坊也是外郭城的组成部分，故洛河当穿城而过（在营建理念上对北魏洛阳城有所继承的隋唐洛阳城即是"洛水贯其中"[①]）。考虑到"凸"字形的城市布局与邺城以后中古城市的发展线索扞格不通，因此永桥至圜丘之间洛南里坊的东西两侧确实有待于扩建。

南郭洛南部分既然有待扩建，南郭城墙大概暂时未筑，洛河北岸城墙当然也就不存在。其实《伽蓝记》太上公东、西二寺"并门邻洛水"、灵台南"了无人家"和"高岸对水，渌波东倾"等记述已经说明洛河北岸没有城墙。不过南郭城墙建筑之前，确实有可能依洛河之险或洛河堤坝护卫洛北主体城区。永桥"南北两岸有（四）华表，举高二十丈"，与城北大夏门"造三层楼，去地二十丈"神形兼通，相当于临时城门。

北魏洛阳南郭的范围还与里坊数量有关。《伽蓝记》言二百二十里，《魏书》记为三百二十坊[②]或三百二十三坊[③]。对此里坊数目之正误与矛盾，解释颇多，我们认为220里与320坊（323坊）两个记载不宜相互否定。暂以每个里坊500米见方（包括里坊间道路）计，根据考古实测，外郭城四至以内东西方向上约可容纳20余个里坊，南北方向（至圜丘，倪家庄）可容纳近16个里坊，总数略超出320。但是要注意这320个里坊是指跨越洛河两岸的数字，而且洛河以南有些里坊并未建成（洛北也有）。320为规划里坊数字、220为洛河南北实有里坊数字（只是指居民区，而且大小不一）的解释似乎较合理。当然，张金龙先生认为323坊包括洛阳县下辖其他地区的里坊，有些可能距城较远[④]，也值得考虑。

附记：魏存诚先生是我的硕士研究生导师，当年为本科生讲授"魏晋—隋唐考古"；后来我接替先生主讲这门课程，因此对北魏洛阳城复原一直有兴趣。欣逢先生七十寿辰，遂成此文为贺。另，文中许多数据是我根据考古实测图折算出来的，误差在所难免，但是不影响说明问题，提请读者注意。

原载《庆祝魏存成先生70岁论文集》，科学出版社，2015年

---

① 《新唐书·地理志二》。
② 《魏书·太武五王传》记"（广阳王）嘉表请于京四面，筑坊三百二十，各周一千二百步"。
③ 《魏书·世宗纪》记景明二年（501年）"九月丁酉，发畿内夫五万人筑京师三百二十三坊，四旬而罢"。
④ 张金龙：《北魏洛阳里坊制度探微》，《历史研究》1999年第6期。张金龙认为《隋书·百官志》记载东魏北齐京师三县（邺、临漳、成安）里坊总数为323，而北齐邺都规划建筑模仿北魏洛阳，"反证北魏洛阳县（包括后来分出之河阴县）也确实存在323里"。

后　记

　　我在吉林大学考古专业学习、工作了十六年，2002 年调动到中山大学人类学系工作，转瞬间十几年又过去了。虽然在学术上几无所成，但还是比较努力，写了一些文章（有些是合作），涉及领域以战国秦汉考古为多。

　　中国考古学有历史学价值取向和人类学价值取向两大流派，各自走向极端均失之于偏，但融合起来又谈何易；而且中国考古学与社会科学其他学科的隔膜也是不争的事实。吉林大学和中山大学这两所著名高校考古专业学术传统的较明显差异对我触动很大，加之这些年中国考古学的学术价值取向也发生了很多变化，于是我想尝试一下"会通"。

　　在吉林大学学习和工作期间，我主要关注东北及周邻地区的考古研究，到中山大学工作后自然要接触华南地区材料，将主要精力继续放在东北地区不现实，而且"名不正，言不顺"。我考虑，既然对东北和内蒙古地区的考古工作比较熟悉，现在接触华南地区材料又很便利，先前由于三峡考古的缘故也涉及过四川地区，这其实已经占据了中国历史边疆的很大一部分体量，何不将这些地区串联在一起，再扩展些视野，做些整体性探讨？我对边疆考古和民族史向来有兴趣，因此不自量力，将关注点铺向了整个"边远地区"，当然，是以战国秦汉时期为主。

　　在这种想法的支配下，这些年写的文章、指导的学生论文也就全面铺开了，还为本科生开设了一门"中国边疆考古"的选修课。杨建华先生说："郑君雷的研究好玩，他是转着一个圈在写。"只是人的精力和能力有限，"面"宽了，"深度"就不够了，这些年写出的文章自己不满意，学术会议上提交的论文有时自己也汗颜。甚至不止一位学界朋友问我是研究什么的？或者问我这些年在干什么？我总不能回答"正在转圈"，实在是一言难尽！

　　不过我想这种"转着圈的研究"也有意义。虽然每个区域开掘深度不够，但是串联成整体就会有启发，有些认识可能会较具"整体观"和"历史观"，因此经常拿"量变引起质变"这句话自我安慰。我现在感觉有些骑虎难下，"转在圈里"出不来了，只能接着"转"，也许"识得庐山真面目，只缘身在此'圈'中"。我想将这些在"转圈"中写出的文章以"边疆考古学与民族史"的名称陆续结集（有些文章勉强可以称为民族史研究），编排上也有意形成了这么一个体例。

　　本集文章多数已经发表，收入时有所增补删改。文集为 2016 年度教育部人文社会科学重点研究基地中山大学历史人类学研究中心重大项目"史前和历史时期山东半岛、辽东半岛以及朝鲜半岛之间的人群迁徙与文化整合——兼论民族学上的'辽海民族走廊'和考古学上的'东北文化区'"阶段性成果,本书出版得到教育部人文社会科学重点研究基地项目(项目批准号:16JJD780012)资助。中山大学考古专业卓猛、金海旺、余小洪、李光辉、易琳、张红艳、陈林琳、邓鑫、郑嘉怡等同学参加了文稿校对工作,卢荣俊同学和董少清先生参加了插图绘制工作;中山大学历史人类学研究中心主任刘志伟教授,科学出版社闫向东、樊鑫和赵越同志对文集出版贡献尤多,在此一并表示感谢。

郑君雷谨记
2016 年 12 月 15 日